血紀

從文革到平反

二部曲

孔令平——著

寫在《血紀》出版前

上世紀八十年代初，中國有過幾年的「傷痕文學」時期，我看《天雲山傳奇》、《漩渦裡的歌》、《牧馬人》、《淚痕》，感覺這些作品產生於中共監視之下，留著專制主義的影子。它們不敢真實暴露毛澤東時期的內幕，缺乏中國史學秉筆直書的傳統，缺了脊樑。

《血紀》記述了我所經歷地獄裡，一些人間煉獄的過程，他們怎麼生龍活虎走進來，被餓死、打死，踢死的真實過程，令人為之驚心！同時記述了他們中不堪壓迫的一批人，毅然在劊子手屠刀下舉起了「火炬」，他們雖然

這部長篇傳記，取材於我個人的親身經歷，我想通過它反映出中共統治中國半個世紀的歷史一角。所以，它既是我個人一生不幸的記錄，也是那個時期的歷史悲劇。

中國是世界的一部份，中國人是人類的一部份，組成這個時代的統治者和被統治者；壓迫者和被壓迫者，也許都在想，自己這一生為什麼而生存？為什麼而奮鬥？任何人在回憶自己一生時，是想為自己樹碑呢，還是想真實總結過去，拿出一點對人類有益的教訓以告誡後代？

倒下了，但他們舉起的「火炬」永遠照亮著這片苦難的熱土！

可惜，在今天「一切為經濟發展」的指導中心下，在金錢誘惑和生活壓力下，人們越來越不瞭解中共歷史上最血腥的毛澤東時代。今天，毛澤東留下的種種流毒沒有被批判，真相依然蒙蔽，黑白仍被顛倒。這樣，歷史完全可能重演新一輪的悲劇，這是我們這一代親歷暴政者最擔心的事。

看到年輕一代對中共獨裁專制帶給中華民族的巨大災難渾然不知，想到一個個犧牲烈士們的生前囑託，我無法安享「改正」後的晚年。於是，本著對民族負責的精神，整整二十年來每夜每夜，我在燈下伏案疾書，點點滴滴記下我所親歷的這段血腥歷史。

《血紀》尋找到它的根：一小撮掌權的中共頑固派，死守著既得利益不放，死守「獨裁」不放。

我想，有著像我一樣的情感和經歷的海外人士、為中華民族前途而奔走呼號的人不在少數。相信會在大家幫助下，克服重重因難，使《血紀》能儘快問世，與讀者見面。為我們共同總結這段歷史，並為中華民族今後怎麼走路，提供一點教訓。

當這本書有幸與你相逢時，讓我們珍惜這種來之不易的相識，為融化中國專制主義，建立中華民主而共同增加一把火。

——作者：二〇〇七・七

僅以此紀念在反對獨裁專制主義中
為中國民主事業犧牲的烈士們！

在二〇〇九年國際法蘭克福書展上對《血紀》的介紹

／武宜三

孔令平的《血紀》三部曲，全書共一百多萬字；是史詩式的展現了作者一家在極權中國的困難圖卷；是作者被打成右派之後九死一生的親身經歷、所聞所見，極具震撼性，是中國的《古拉格群島》。

此書未曾面世已轟動，二〇〇九年參與此書編輯的荊楚先生，被廣西新聞出版局局長秦某、桂林新聞出版局局長陳某等中共宣傳部門官員約談，警告如敢出版，將報復其妻子和孩子。而且聲稱此書的出版，將影響中國的穩定，有關人等將治以「煽動顛覆國家政權罪」。

孔令平父母都是一介書生，對抗日救亡和建設新教育有過貢獻。孔祥嘉，在一九五一年鎮反中，被抓進監獄並蠻橫的拒絕通知家屬，也拒絕向家屬提供判決書。直到一九八二年，四川省公安廳才在發了一紙共三十二個字的《來信來訪通知》中說他一九五六年死在獄中。

一九五七年孔令平和母親方堅志先後以替父親翻案而打成右派分子，年幼無知弟弟於一九六七年被不明不白殺害。母親因忍受不了非人虐待而投塘自殺（未果），孔令平也幾乎被處死。

《血紀》再現了毛澤東一手製造的大躍進、全民煉鋼、人民公社、高產衛星、社教運動、一打三反直到文化大革命中所發生的場景，以及人們被活活餓死、被鬥爭、被打死的心驚場面。《血紀》描述被監督勞動的飢寒交迫和所受非人虐待：遭打罵、戴內圈有倒刺的小銬、吊打繩捆，關禁閉、陪殺場等，還要在飢餓中服苦役。記錄了他們被打死、捆死、踢死、自殺死，以及為活命逃亡被擊斃，餓死在途中的真人真事……

《血紀》也記載難友們在暴力的侮辱、摧殘下，奮起反抗的故事：陳力、張錫錕、劉順森、皮天明等烈士們將作為中華民族的靈魂，永遠活在人們心中。

國家不幸作家幸，一生在苦難的血淚中浸泡的孔令平，終於把嘔心瀝血的《血紀》貢獻出來了。這不朽《血紀》三部曲也將使它的作者成為不朽的人物；孔令平又是幸運的作家。

《血紀》告訴了你什麼

這一部長篇回憶錄，是通過我一生經歷的回憶，用事實揭示中共統治中國大陸六十年的歷史，因為它的真實性，可以成為研究中國大陸從一九四九至二〇〇九年期間歷史的參考，為不瞭解大陸真相的年輕朋友，提供一本關於認識獨裁專制的讀物。

中國的悲劇已引起世人的關注，包括中共內部的異見者，他們在讀到這本書時如果引起良知和人性的震撼，感到不應固守著毛澤東獨裁衣缽不放，而毅然接受民主，投身到民主大潮中，便是我衷心的願望。

願它成為「中國的良心」，留給我的民族，並獻給年輕一代。

《血紀》全書分上「從反右到文革」、中「從文革到平反」、下「從平反到改革開放」三集，全書共一百萬字，上集從中共建國寫到一九六四年「文革狂飆」，中集從一九六五年寫到一九七九年「平反」，下集從一九七九年寫到二〇〇九年。

上集，敘述了我的家被中共破碎的過程：我的父母都是新教育的開拓者，他們對抗日救亡和建設新教育有過貢獻。我的父親孔祥嘉，中共對他洗腦後，仍於一九五一年底抓進監獄，判處結果不告知家人，不發判決書。

直到我「平反」後，向公安機關一再追問（共發信十一封），先說下落不明，直到追問到四川省公安廳，才在一九八二年發了一紙共三十二個字的「來信來訪」通知，說他一九五六年死在獄中。

如此草菅人命還不算，還對我們一家四口進行了殘害：一九五七年我和母親先後因替他翻案打成右派，我的年幼無知弟弟以「黑崽子」在一九六七年被不明不白殺害。我的母親因忍受不了非人虐待而投塘自殺（未果），我也幾乎被處死！

這種對無辜者無緣無故的「滅家」，便是毛澤東口口聲聲的人道主義！幸好我大難不死，今天我得以利用這個機會，向世界講述我二十三年冤獄和六十年來的所見所聞——

「血紀—從反右到文革」記載了在農村中我所見到的場景，再現了毛澤東一手製造的「大躍進」、「全民煉鋼」、「人民公社」、高產「衛星田」、「社教運動」、直到「文化大革命」所經歷的歷史，揭示了大陸餓死幾千萬人的原因，剝開毛澤東的畫皮，這是一個中華歷史上從未有過的暴君；一個中華民族的千古罪人！

本書描述了年僅二十歲的我劃成右派後，被「監督勞動」受到非人虐待；記下了我入監的過程，為了扭曲我，逼我「認罪」，我被頸上吊三十斤重的磚頭，遭暴打；還要在晚上睡覺時戴上內圈有倒刺的小銬子；使我整夜痛徹心脾，吊打繩捆是我受到的家常刑罰。

一九六四年鹽源農牧場小監裡關了我和陳力倆人，後來我又在農六隊與張錫錕、劉順森等人一起戰鬥，今天他們都先後去世多年了，若非神靈安排我一個傳揚他們的使命，我哪能堅持長達二十年自始至終寫完這部巨著？特別是今年清明節，我們再訪鹽源時，神又將四十餘年前的現場完好地呈現在我們面前，並將當地老百姓親眼所見提供給我們，以充實《血紀》。

當年流放甘洛，我被餓得皮包骨頭，一個一百七十公分的人，靠水腫的雙腳支持著三十公斤的骨架，形同骷髏。已這般可憐，而隊長並不放過我，白天逼著我們開荒，因飢餓偷地裡的玉米，我被捆死在山野裡的水溝邊餵毒蚊；把我捆在黃桷樹下學老鴉叫；我在獄中只有用絕食表達我軟弱的反抗，沒有人性的劊子手居然剝奪我喝屋簷水的權力；為了侮辱我，在我睡覺時用刺刀劃破我的頭；用繩子五馬傳蹄捆著把生病的我抬上工地，至於關我的禁閉、陪殺場、用死亡威脅我更是常事……我驚嘆我頑強的生命力，支持著我撞過了一個又一個鬼門關。

《血紀》用大量篇幅揭露「無產階級專政」的殘暴：描述獄吏的貪婪，自私。直到今天這些故事仍被當局禁談，正好說明中共對血腥的過去十分心虛，更害怕老百姓覺醒，起來聲討他們，推翻他們！

《血紀》用大量篇幅記載了奴隸們向施暴者進行的反抗，「血紀—從文革到平反」記載了難友們在暴力摧殘下，奮起反抗的故事。

陳力：早先加入共產黨，參加「抗美援朝」立過「戰功」，後來生活使他認識了毛澤東，認識了中共，因宣傳鐵托而被捕入獄，入獄後更加認清了中共，痛感自己被騙。在獄中留下痛斥劊子手的五十萬字檄文，聲討毛澤東，痛斥中共。

一九六九年八月二十一日，昂頭走上刑場，他的英勇就義故事至今仍在民間傳頌：膽怯而殘暴的劊子手，怕聽到他臨刑前的斥責，割下了他的舌頭，並用刺刀逼令他跪下，他卻扭過頭去將口中鮮血向他噴去。惱羞成怒的劊子手舉起槍用槍上的刺刀向他後膝彎刺去。這壯烈的一幕至今還在鹽源老百姓中傳頌。

張錫錕：為反抗中共的暴虐，他在獄中舉起反抗的火炬，在獄中製作刊物驚動了中共公安部。事情敗露後，瘋狂的劊子手用寬大誘他交待出「同夥」，他坦然回答：「要我交代我的同夥嗎？那麼我告訴你，全中國在你們鐵蹄下受壓迫的六億老百姓都是我的『同夥』！」他犧牲於一九七五年八月二十六日，臨刑前被劊子手殘暴的用鐵絲鎖住喉嚨。

劉順森：在獄中高舉「火炬」，他淵博的知識和口才成為流放奴隸人人尊敬的良師益友，被當局認為最危險的煽動家。張錫錕的犧牲並沒有嚇住他，反而更激發了他探求光明的意志，抱著追求光明，一九七六年越獄，被抓回鹽源後，於一九七七年九月二十七日在鹽源就義，臨刑前劊子手用鐵絲鎖住了他的喉。

皮天明：火炬忠實的追隨者，一九七六年掩護劉順森越獄，為反抗狗的盯哨和欺侮，用利斧怒劈狗腿子，一九七六年七月二十八日在鹽源農場從容就義。

烈士們都有一個共同點：他們都曾被中共宣傳所騙，當他們覺悟到被騙後，便以十倍的憤怒向施騙者還擊。抱著為真理而犧牲的信念，無悔無怨獻出了生命，這種反抗暴力的動力，是中共永遠都沒有估計到的，這正是中華民族魂在近代的復生，欲知其中細節，請閱讀《血紀—從文革到平反》。

《血紀—從平反到改革開放》記載了中共鄧小平開創的後極權時代，以平反冤假案開場，因此我的下集就以「落實政策的馬拉松」開始，寫下了平反的自相矛盾及受害者為爭生存權而鬥爭，特別是在家破人亡後，修復「家」所留不可克服的「後遺症」，這場冤獄將無盡的苦難留給了下一代。

此外我以典型的案例描述了一群官僚在落實政策中的胡作非為，把這場消弭毛澤東的遺害，變成一場踢皮球甚至向受害人的勒索。

《血紀》「下集」以真人真事描述中共「改革開放」的混亂。「不管黑貓白貓抓著耗子才是好貓」論，否定了毛澤東的「階級鬥爭」一抓就靈論。正好說明共產黨是「沒有任何主義」的黨。「沒有主義」怎麼執政？

中共建立的特權卻是不可觸動的，於是一群自私的官僚變成了國庫裡的碩鼠，碩鼠的特權加沒有主義的「執政」，社會被搞得一團糟。「六四」為什麼在北京風起雲湧？當年學生舉起的大旗中明明白白寫著：「反對腐敗，反對官倒」。

結果沒有主義的中共在學生運動中分裂了；結果鄧小平慌忙決定用坦克碾壓「自由村」，創下當今世界驚聞，於是鄧小平驚呼：「穩定是壓倒一切的中心」，我們看到中國共產黨正走向滅亡，一股復活毛澤東的力量蠢蠢待動。

我想通過這本書對這個「沒有主義」的中共進一言，希望能從中華民族大局出發，從全人類出發，能直接面對過去，對所作所為能向受害的中國人有一個交代，向全體人民有一個交代，若能放棄獨裁，走民主的路，人民幸矣，國家幸矣，中華民族幸矣！

但願我善良的願望不致又一次落空！

子乙於二〇〇九・八

目次

寫在《血紀》出版前 3
在二〇〇九年國際法蘭克福書展上對《血紀》的介紹 6
《血紀》告訴了你什麼 8
第一章：文化「大革命」 20
第一節：宮廷政變．我對文革的看法 21
（一）激辯 22
（二）夜深沈 25
（三）最後一點「理性」 29
第二節：加刑——第二次判決 32
第三節：文化的浩劫——人權的厄運 39
（一）鑽死角的災難 40
（二）「算總帳」 41
（三）第三次絕食鬥爭 46
（四）鬥爭潘朝元 57
（五）王氏膏藥 62

第四節：牢卒子們的內鬥　64
（一）林扯高鬧劇登臺　65
（二）「好人」打「好人」　70
（三）高歡和童管教　74
（四）紅衛兵「墳」　78
第五節：軍事管制——打人狂潮　82
（一）「請罪」及打人風　83
（二）我被打昏的體驗　90
（三）大搜查　98
（四）為一張畫像被打得半死　102
（五）打中了　104
（六）陪殺　109
（七）「狗」也挨打　112
（八）因報告聲「太小」而凍昏的人　114
（九）目睹殺人比賽　116
（十）年關在爾　122
第二章：背負重枷的煉獄　128
第一節：栽秧和收割　128
第二節：挑草　133
第三節：曹季賢：「我要回家」　138

第四節：飢餓逼出來的…… 146
第五節：暴虐的「罰吃」 150

第三章：嬗變 154

第一節：殺一小批運動 155
（一）槍殺陳力 155
（二）殺蔣正君和劉志和 164
第二節：九．一三衝擊波 169
第三節：公有奴隸制下的特權階級 176
（一）特權 177
（二）小秋收 181
（三）模範共產黨員張劍波 186
第四節：十年生死兩茫茫 191
（一）尋母 192
（二）一包砍皮瓜子 202
（三）照像的見聞 203
第五節：我們還不如你們 207
（一）偶遇 208
（二）情緣 214
（三）歸宿 217
第六節：喋血蘋果林 219

第四章：地獄裡的火炬　229

第一節：打李分站和三代會　230

（一）鬥　230

（二）張錫錕　233

第二節：舉起反抗的火炬　236

第三節：猶大們　238

第四節：十一．八鬥智鬥勇　252

（一）被抓　252

（二）奮起自衛　257

（三）闖險　260

第五節：火炬戰士，無愧當今的英雄　263

（一）回答審問　264

（二）會場上　268

（三）從你身旁走過　273

第六節：上蒼對猶大的懲罰　274

（一）陳賢士　275

（二）劉資元　278

（三）黃學全　282

（四）王世春　285

第五章：「文革」尾聲 287
第一節：變臉 289
（一）報復的挨捆 289
（二）「特赦」 291
（三）苛刑 293
（四）四個馬鈴薯人 296
（五）特大喜訊 299
第二節：瘋狂的油庫彎 302
（一）監獄學「大寨」 302
（二）神仙土下 308
第三節：尋找光明 316
（一）地震棚裡 316
（二）逃亡 319
（三）追蹤 321
第四節：強弩之末的猖狂喚醒皮天明 326
（一）劉順森不幸捕回 326
（二）二胡情誼 328
（三）掩護 333
（四）怒劈狗腿子 336
（五）永別了，二十年後再見 342

第五節：變態劊子手林扯高最後下場 345
（一）冤魂找上他 346
（二）「上馬」和「下馬」 349
（三）好險！ 352
（四）家庭「革命」 354
（五）打死你這爛賊 356
（六）重上井崗山 360
第六節：最後犧牲的「火炬」烈士 361
（一）濫殺 362
（二）為少年精英送行 364
（三）縣裡召開的公判大會 370
（四）賠殺場的「五類」 372
（五）血的祭奠 376
第六章：中共後集權時代 378
第一節：風向陡轉？ 380
（一）清溝聽聞 381
（二）高德勝的死訊 383
（三）獄中「自由」 386
（四）就業員的窩棚區 389

（五）再逢李培連 395
（六）山溝裡的平反 401
（七）李大漢 404
（八）勞改隊的狗也傷人 406
第二節：看守莊稼 411
（一）首次外宿 411
（二）夜襲 418
第三節：「平反」第一回合 425
（一）複查人的醜惡表演 426
（二）第一次到詹大媽家 433
（三）飛起來吃人 438
第四節：如此恢復自由 444
第五節：在鹽源的最後兩天 452
（一）走狗懺悔 453
（二）拜別難友 459
（三）陳文仲和鄧揚光 462
（四）離開二道溝 468
第六節：再見！鹽源的老媽媽 471

第一章：文化「大革命」

一九六六年五月，我們在成都參觀前後，中共內部的「宮廷」較量，以「社會主義教育」的形式拉開了序幕。毛準備多時，利用青年學生的盲目輕信，將全國人民對中共的不滿正在轉嫁給「資產階級司令部」。

不識其陰計的彭真們果然上當，抛出了《二月提綱》，並且掀起了二月鎮反運動。當然全國的紅衛兵運動，一些往這個運動中鑽的毛孩子們，輕易上當，充當毛澤東發動的宮廷政變槍手，就在預料中了。

「文化大革命」就這樣開始。在邊遠的鹽源小城同全國一樣，鹽源農場組織的社會主義教育工作組，派往各所屬的勞改中隊。

這些工作組顯然並沒有弄清楚「二月提綱」骨子裡要賣什麼藥，只憑他們的本能，跟著黨中央的決定走。按照他們對中共運動的理解，照例是抓一批反革命向中央交差。

六隊是農牧場重點關押反革命份子的中隊，派赴的「社教工作組」陣營特別龐大，由五名科級幹部組成。

六月初正是農場栽種的農忙季節，為了「保證」學習，場部規定下午五點鐘便按時收工。收工回來後，組織我們學習一系列中共中央的「文革」檔案：《評新編歷史劇海瑞罷官》、《三家村札記的反動本質》。

全隊集中收聽了播出的（中共中央委員會）通知後，便以「你對文化大革命的看法」為題，組織了全隊人員的分組討論。

然而這些年，備受折磨害怕中共那套「放長線釣大魚」欺騙的農六隊流放者，大家都以沈默來回答。第一天的分組討論，會場上冷了場。

已經失去了民心，甚至失掉了中共黨心的毛澤東，由於獨裁本性使他不可能吸取教訓退位禪讓。相反的，從一九五九年廬山會議開始，到一九六四年，經過了將近五年的準備，一個反對黨內反對派的陰謀終於拋了出來。

《五一六》通知已經攤牌，李培連十天以前的那番講話還響在我的耳際。雖然我的心裡堵得慌，幾次想痛斥文化大革命的險惡動機，可是又覺得應當再觀察一下，到口邊的話被我吞了回去。

第一節：宮廷政變．我對文革的看法

第二天場部派出的工作組，再次作了動員，講到了這次「文革」的「偉大」意義，重中這次運動與以往任何學習都不同！宣佈了會場三大承諾：

暢所欲言，各抒己見；對於在開會時公開發表的意見不抓辮子，不作記錄；保證不作秋後算帳。農場的社教工作組組長，政工處蒯處長，見全場依然同前一天一樣冷清，便指名點姓要我和陳力分別在兩個組進行「發言」，並向我們提出不抓辮子，不打棍子的保證。

這幾年承蒙共產黨的「教育」，讓我明白，毛澤東發動的每一個運動都預先把「革命」對象作了界定，不管你對運動持何種「態度」，只要被劃為挨「整」範疇，是一定逃不掉的。

（一）激辯

我清楚的看到，本次運動挨打的對象是中共內一批對三面紅旗不滿的人，其中不乏「海瑞」式的「直臣」，他們並沒有成熟的政治主張，但畢竟在當時較能體察民情，深知毛那套理論帶給大陸的災難，儘管這些人壓迫過我們，與我們本無共同點，但為推翻獨裁勢力，仍有必要同他們聯合。何況我不入地獄，誰入地獄？

想到這裡，我從凳子上站起來，向蒯處長提出要求「我的發言不作記錄，不負法律責任」。

在得到他的點頭應許後，我開始了我的長篇發言：

「首先，《五一六》通知中一個提法值得在場的人認真思考。」我的開場白吸引了在場兩百號人的注意力，全場鴉雀無聲。

「我們知道，我們國家的名字叫人民共和國，毛主席不是說，我們的國家是一個比以往資產階級共和國更進步更民主的國家嗎？這叫以工人階級為領導以工農聯盟為基礎的人民民主共和國。」

「中共領導人不是說，共產黨的領袖人物都是在革命運動中產生的嗎？何嘗有培養接班人一說？那是只有在封建時代皇帝廢立太子時，才可以說，自己在培養繼位人。而在培養繼位人中你死我活的權力鬥爭，才是封建宮廷之爭。現在這樣說等於承認所謂人民民主專政不過是皇上的專政，許諾給人民的民主權力全是假話！」

「掛共產主義的羊頭，賣一貧如洗的狗肉的北京領導人，面對年年歉收，到處餓死人的局面，卻偏要說形勢從來沒有這樣好，逼著老百姓贊三面紅旗好，這不是指鹿為馬麼？」

坐在我對面的周學祝舉起了手，可惜，蒯處長沒有理會他。

於是我接著將歷史追溯到九年以前，從五七年毛澤東打壓知識份子，封人之口的反右運動，講到「三面紅旗」；從人民公社和社教運動，講瞎指揮下的一場浩劫；從放衛星到大寨運動，講違背社會正常的運行規律帶來全國大幅歉收；從大煉鋼鐵講強徵民間勞力，煉得一堆廢鐵，勞命傷財。結果造成大飢荒，餓殍遍野，國家元氣大傷。

「老百姓最初懷著模糊不清的希望，以為毛澤東的『社會主義』會給他們帶來共產主義的繁榮，半信半疑地跟著他的部署走！煉鋼煉鐵，成立人民公社，辦公共食堂。」

「結果疲憊不堪的農民從原先的窮困走到了飢餓和死亡！於是大家才明白毛澤東不是神人，他只不過像『燕山夜話』裡，用一個雞蛋的家當落地破碎的泡影，哄了大陸老百姓。」

「歷史終於走到了今天，走到了連他當年的親密戰友都無法相信的絕境中，走到了共產黨領導核心都無法維持統一的一九六六年。因此，任何有現實感的人都應當看到，文化大革命，是一場毛澤東排斥黨內持不同意見者發起的宮廷政變！」

我斬釘截鐵的為我長達半個多小時的發言作了結論。

也許，「宮廷政變」這麼一說在當時確實語出驚人，令主持會場者出乎意外，大家目不轉睛地盯著我。好像提出了一個他們沒有想到，也不敢想的問題，讓他們開了竅。使他們「發聾振聵」了。

突然，坐在我對面的周學祝霍地站起身來，向蒯主任遞了一個諂媚的眼色說：「我認為孔令平藉學習會在公開宣揚三家村言論，應該給予批判，還要讓他自己消毒！」

周學祝這人因背是駝的，我們叫他周駝背。李培連因為此人也是右派，具有大專文化程度，平常很擅打「小報告」，所以指定他任我們這個特殊學習班的組長。看來，經過兩個月的辯論學習，對他這種找機會都想從狗洞中爬出高牆的人，並沒有起到任何作用。

現在他也許看到，他面前又是一個很好的

「立功贖罪」的機會，豈能放過？

被人猛然提醒，蒯處長顯得侷促，一面應和道：「對，大家要對孔令平這種藉學習討論，進行放毒的言行加以批判。」

但是，我卻不動聲色的坐在那裡，提醒蒯處長在我發言前所許諾的條件。周駝背見我坐著不動，便走過來拽我站起來，一邊說：「毛主席說的凡是毒草就要批判，你今天明明用報紙上正在批判的話在這裡放毒，哪有不消毒的。」

我並不示弱，順著他來拉我手的力量輕輕一送，便將他送出了兩公尺外，跌倒在地上。

被這出奇不意的一推所惱怒。周駝背一邊從地上爬起來，一邊拼命的狂喊：「反改造打人啦！反改造打人啦！」並再次向我撲過來。頓時我們倆扭成一團，會場中立即哄鬧起來，蒯處長連忙叫人將我們拉開。

正在鬧得不可開交之際，鄧揚光從圍牆的拐角處冒了出來，自從李培連接手農六隊的管教工作後，他便從六隊消逝了幾個月。今天突然露面，想必與工作組的派駐有關，說不定他便是工作組的總指揮。

他走到我面前，我才發現他的手上提著一付手銬，身後還跟著兩名武裝士兵。沒問任何話，我便被那兩個士兵按倒在地，反剪著雙臂，戴上了一付沒有任何活動空間的土手銬。看來，他早已準備好了。

陳力和劉順森們一齊發出怒吼聲：「還講理嗎？動不動打人！」

鄧揚光將身子轉向陳力，冷冷的說道：「你少囂張一點，我們對你們這樣頑固不化的份子，有的是辦法。」

今天的鄧揚光把他在古柏的那兇惡面孔重顯出來。在他的指揮下，我和陳力被兩名士兵連推帶搡地關進了東北那一排，靠崗樓下最角落裡的兩間房間，那裡當時是用來堆放糧種的臨時倉庫。

我和陳力罵不絕口，直到被重重地摜在那

屋裡，鎖上大門以後，工作組驅散了圍觀的流放者。

（二）夜深沉

天色完全黑淨，沸騰的院壩慢慢靜下來。

倉庫裡寂黑一片，蚊子發出的嗡嗡聲從四面八方響起，好像無數轟鳴的飛機在看不見的地方朝我們攻擊！向著我的臉上、頸上亂撲亂咬！我只能用嘴吹著氣，不停地地驅散它們！

從方才的激動中平靜下來後，憑感覺我此刻正背靠在一條裝滿玉米的麻袋上，由於身體的壓迫，反銬的雙臂被壓得又酸又麻，努力想站起身來，雙手被手銬箍著的手腕，因手臂的運動而劇烈刺痛，一點也搭不上力。

此時，我才感覺出手腕被箍的頸部，那過小的鐵箍內圈「利刺」扎進了肌肉裡，稍一動彈那些刺便會在肉裡攪動，令我挖心般的疼痛，不禁罵了一聲：「好歹毒的鄧揚光！」

憑藉腰力慢慢地移了一下身體的位置，靠腿的力量慢慢站起身來，藉著面前鐵窗織子縫泛進來微弱的光，我辨清了門的方位，便挪動腳步，朝著窗口方向挪去。

我移近那鐵欄的窗子面前，向對面的隊部辦公室的房頂望去，在那房頂與我們的房簷之間，我看見了那一片很窄的夜空。星星在那裡眨著眼睛，而院壩裡卻是寂黑一片，什麼也看不見，側耳聽去，除了蚊群的轟鳴，四下悄無人聲，便用腳去踢那木門，想弄明白，此時，在院壩裡巡邏的哨兵躲在哪一個角落裡，但院裡沒有任何回應。

隔壁的房間傳來了相同的踢門聲，這是陳力給我的回應！此刻在這萬籟俱寂的黑夜裡，彷彿唯獨只有我們倆才沒有睡意。越是如此的清醒，越感到時光在黑夜中停滯一般。

靜謐的夜，像一尊巨大的石頭壓迫著我的心，使我悶得發慌。想到剛剛發生的一切，眼看北京城一場政變風暴已經來臨。中共上層醞釀已久的大分裂，終於演為激烈的內鬥公開化了。

處在水深火熱之中的人民，就像埋藏在地底積鬱很久的火山岩漿，終要衝出岩層噴發了！此刻正經歷著火山爆發前地殼的沈默時段。

可惜，令我鬱悶的是，為什麼偏偏毛澤東靠了一群孩子先發制人占了上風？形勢會發生什麼變化？吃盡毛澤東苦頭的人民會不會勇敢站起來，在中共對壘的兩軍之中起決定作用呢？

我對著那長夜天空長舒了一口氣。然而當我想起剛剛發生在這院壩裡的一切！那張牙舞爪的周學祝，那變臉的鄧揚光，以及那手足無措的蒯處長，便深深感到偏僻的流放地，還是那麼的黑暗和複雜。

心中悶得發慌，便背過反銬的雙手，挺著胸，貼在鐵欄上面，放開了喉嚨，朝著院子裡高聲吼道：

「為毛澤東賣命的農民弟兄們：你們這幾年嘗盡了飢餓和災難，還不明白，這一切都是因三面紅旗給你們帶來的麼？」這一聲是對那些在崗樓上的士兵們喊出的，因為他們絕大部份都是農家子弟。

「不要再發狂的鬥下去了，這幾年還鬥得不夠麼？階級鬥爭，給你們鬥出什麼來？除了飢餓和災難，你們得到了什麼共產主義果實？」「你們想想，你們的領導人都同毛澤東鬧翻了，連他們都不相信毛澤東的欺騙宣傳，你們信麼？」這是對這些幹部們喊的，又是對看不清形勢的沈默的中國人喊的。

我相信在這深沈的黑夜裡他們會靜靜反思，靜靜權衡，恢復被蒙蔽的理智。

「天快亮了！文化大革命是宮廷政變！連你們的領導們都看清楚了的，你們還看不清嗎？你們該清醒的站在哪一方，」

我大聲吼道：「天快亮了！天快亮了！」

那喊聲一迭迭的在院壩裡迴響。

這喊聲是對專制魔王的詛咒！這喊聲像驚

雷，震得整個院子嘎嘎直響，震得沉睡的人們驀然驚醒！

這喊聲是沈默了好多年，數千萬地下的餓鬼發出的吶喊，這喊聲如此的淒厲，如此震撼人心。

靜夜適合於人們招回失去的良知。沈默除了證明他們的心虛外，在我看來不會有其他的原因。

除了蚊蟲的轟鳴，沒有任何回應，然而我不相信此時的鄧揚光呼呼大睡沒有聽見；我更不相信，距我咫尺的哨兵沒有聽見；他們之所以沈默，不正是在對我的吶喊進行思考麼？

人到了這個地步，便沒了畏懼。沒有堅定的必勝信念作後盾，就不可能有大無畏的犧牲精神。

第二天的清早，當開飯的時候，大田組的組長，曾當過派出所長的王家祥，把飯端到離我窗口不到五公尺的土墩子上，頻頻向我致意，他一再把他的大拇指翹向天空，並且大聲地笑吟：「天明不覺曉，處處聞啼鳥……」接著是王大炳、劉順森、周志他們都用不同的手勢，向我致意。

經過一夜的吶喊，雖然很累，但全無睡意，頭腦異常的清醒。而那反銬著的雙手，最初的疼痛似乎已經麻木了。奇怪的是無論是站崗的老管還是管教幹事，竟沒有一個人干涉我。

吃過早飯，大家出工以後，打開我的房門，為我解下手銬的是一個我從來沒見過的年輕管教幹事。當他解下我的手銬，只是皺著眉頭，望著我那紅腫得像饅頭的手，沒有說話，便轉身走出了院壩。

不一會拿來了一個小瓶子，裡面裝的是碘酒。一邊自言自語著什麼，一邊瞇著他那高度近視的眼睛，慢慢地為我擦著兩個血淋淋的手腕，最後他又拿起已經下下來的手銬，湊在眼前細細地觀察著，再提著那有刺的銬子走了出去，換了一付大手銬並將我改成前銬。什麼也沒說。

好像昨晚他壓根就不知道發生過什麼事，也沒有聽到我的喊聲一樣。

裝糊塗原本就是解脫無奈的最好辦法，這年月誰又沒看到中國的災難，誰又看得清將來會是怎樣的呢？所以還是對我這種態度鮮明的人保持裝糊塗為好。

到此時，蚊蟲已經飛去，我才感到又困又累，便就地撿了幾張麻袋鋪在地上，倒在地上呼呼地睡去。

一周以後，這個新來的管教何慶雲便將我下了手銬，並且從那間臨時倉庫中放了出來，回到我原來那個組裡。

隨後，何慶雲將李培連組建的學習組解散了，我被編入了蔬菜組。指定周駝背專門對我監督。唯獨陳力卻依然關在倉庫裡。

兩個月以後，正當文革如火如荼之際，他被押解到鹽源縣城看守所，直到四年以後在那裡犧牲。

不久《十六條》公佈了。

《十六條》隻字不提全國老百姓最迫切的生存問題；而是利用各級地方官吏曾在二月中鎮壓學生的機會，定下大民主的基調；向走資派奪權，是決定中國命運壓倒一切的任務。又以「炮打司令部」的大字報，向年輕學生們吹響向鎮壓他們的走資派奪權的號令。鼓動他們砸碎「資產階級」教育的桎梏，衝出學校，並號召他們在全國進行大串連。

他命令將全國大大小小的倉庫打開，將這幾年全國老百姓節衣縮食的血汗儲備，分發給他們。

甚至不惜將軍械庫打開，慫恿他們為「奪權」而武鬥！這些從學校放出來的孩子們在權欲的支配下，以保衛毛主席為旗號，戴上「紅衛兵」的袖套，肆無忌憚的對社會進行公開掠奪、殺人放火。

借助他的親信和特務，利用學生們對中共統治各級當權派的仇恨，搖身一變裝成了學生們敬仰的領袖。將自己抬上「偉大的領袖，偉大的導師，偉大的舵手，偉大的統帥」寶座，而全國大大小小的「當權派」陷入了「人民戰爭」的汪洋大海之中，公檢法也暫時全部癱瘓。

當時我同劉順森等人討論到紅衛兵現象時，他說道：「你看現在的中國紅衛兵像不像法蘭西大革命時，波旁王朝路易・波拿巴在五月十八日組織起來的十二黨人保衛王朝的那一段歷史？」

我答道：「豈止如此，紅衛兵對社會的破壞，遠遠超過了由流氓地痞組織起的十二月黨人，一個獨裁狂人為挽回民心，會在民主潮流的歷史條件下，使用『大民主』這種手段。它的災難要過若干年後才會顯露，不過縱有再多的陰謀，最終還是逃不過對他罪惡清算那一天。」

任何一個社會在變化的「臨產時期」都會有「陣痛」出現。這真是「夏桀之常違兮，乃道焉而逢殃。後辛之菹醢兮，殷宗用而不長！」一場空前的民族內戰和浩劫，就這樣開始！

不要以為公檢法的癱瘓，使中共對我們獄中的迫害稍會放鬆，要知道這種癱瘓是毛澤東奪權的需要，只要毛澤東還穩坐在皇位上，對於按他的旨意而劃的五類，歧視和鎮壓只能更加劇，只有幼稚的紅衛兵們為表白對「紅太陽」的忠心，拉出可憐的黑五類來「殺雞給猴看」。

（三）最後一點「理性」

李培連苦心設計的理性「感化」時期結束了，農六隊瘋狂的軍人逞威、肆意打人的年代開始了。雖然現實的荒唐，絕對不能為他的感化提供令人信服的證據。現實中充滿了欺騙，但總還有讓人說話的時候，毛澤東竟然連這也絲毫不能容忍，他需要吹捧他的奴才，而不是有思想的人。

不久，李培連本人落入獄中，生活的實踐會糾正他原先的幻想。面對著這個更瘋狂年代的到來，我感到當局已無理可講，就只好等著客觀的辯證過程將它演變到「彼岸」去了。

我們擔心在這種時代消亡過程裡，弄不好對政治犯進行大屠殺的慘禍將降臨我們身上。李培連勸我靜靜觀察的意見被我採納了。

從此以後，我改變了過去同當局正面交鋒的態度，保持一種沉默，我的沉默，被高德勝注意到了。

一九六七年三月在我沉默了足足八個月以後，高德勝在六隊主持了最後一次全農場管教工作會議，並指定我為中心發言人。

參加這次會議的是全場各中隊的主管幹事以及管教科的全體成員，共三十餘人在六隊召開。我當時並不完全清楚高的用意，究竟是想借我的口說出他不敢說的話，還是想證明他主張的感化教育所取得的成果？無論如何，我只能原原本本和盤托出我的想法。

第一次當著這麼多專業的管教幹事們來講自己的思想，我表現出了一種費解和懷疑。但是我仍本著一貫的態度，講了我對文化大革命的看法：

「這是一場毛澤東為剷除政治上的異己，而發動的一場宮廷政變。」同八個月前的發言幾乎沒有任何兩樣，雖然我明白，現在誰公開反對紅太陽，紅衛兵可以把你當場打死。

我沒有去看主持會場的人有什麼反應，因為一個人的信念一旦成熟後，會不顧一切的堅持下去。

人們終有一天會從狂熱中靜下來反思這個歷史時期的前前後後，他們終要認識所幹的蠢事，原來都是受了毛的慫恿。等到他們認識這一點時，大致歷史才開始用實事求是來評價。

我那一次的講話足足用了一個小時，會場裡很安靜，沒有人反對我的話，叫我中途反省，那比我在大學時的批判會文明多了。

但是，只要我還沒有被逼感到我的生存受

到威脅時，冷靜的思考是我能夠接受的，其實我們每個人都不能不隨著形勢的發展在改變自己，調整自己的行為，以更好的適應生存的需要。不過這不是說，我在接受強加給我的改造。因為首先，我認為強加在我身上的罪惡是根本不存在的，也不要寄望於我會放棄我已經形成的觀點，因為誰都承認，認識來源於客觀的存在。

到了這一年的年底。有一天，新調六隊任中隊長的郭川小到蔬菜組的菜棚子裡把我叫到一邊，悄悄告訴我說，高書記將去五七幹部學校學習了，在去學習之前想特別的找我談最後一次話。

第二天我按照約定的時間，到了緊靠蔬菜地的小河邊楊柳林中，他穿著一身麻色的中山裝，看樣子很蒼老，也很焦慮。我明白他的官早被罷了，革了一輩子的命到頭來，馬上就要變成被革命的對象了，可以想像得出，他的心情也許比我們還沉重，但是作為並不知他底細的「犯人」，我不可能對他說什麼了，我所講的全都寫在紙上了，從小監到現在，也有兩年多的時間，想來他都已經仔細閱讀過了，在他的心目中，我是什麼人，會一輩子記在心中。

正在接受審查的他，把我找來，一定有一種發自內心的牽掛。郭川小是他當年的警衛員，要不是他，我們恐怕這次見面都很困難。

那次談話只問了我現在生活得怎樣？關照我不要辜負他的一片苦心，便慢慢的離開了那裡，搖晃著他老邁的身姿，消失在田坎的盡頭。

從此以後，我再也沒有看到過他，但我看到在他這種還保存著良知的中共幹部身上，我的話起到了震撼的作用。我深信他必會在「文革」的煉獄中，徹底的弄清楚中國共產黨的本質，徹底扔掉對毛澤東的崇拜和幻想，甚至背叛那個追隨多年的中國共產黨。

第二節：加刑——第二次判決

六七年四月二十一日因「二月逆流」而處在癱瘓前夜的鹽源公檢法，根據鹽源農牧場呈報的四十多名「重新犯罪份子」整理的材料，報經鹽源法院批准，對四十多人所犯的「新罪」，履行了最後一次的職能，在鹽源農場召開了最後一次「公判大會」。

出席這次公判大會，是全場八千名犯人和兩千「刑滿釋放犯」。近萬人從三個分場幾十個中隊，集中在農業三中隊的大壩子裡，聲勢浩大。那一次公判大會，還允許被宣判的人站在審判臺上，表達自己對宣判的要求和態度，儘管中國已處在法不是法，權就是法的最混亂時期。

對我的「加刑」是一九六六年那場「你對文化大革命看法」的學習討論上所作的發言，以及那一晚上上手銬後在保管室裡所呼喊的「反動口號」。以反革命罪被處加刑兩年，那判決書至今我還保存，全文寫道：鹽源縣彝族自治區人民法院刑事判決書（六七）法刑字第三十九號：

「孔令平於一九五七年乘黨整風之機，因攻擊我黨的領導，被劃為右派，五八年在農村監督勞動，又大肆進行反革命活動，一九六〇年八月經重慶市南岸區人民法院判處有期徒刑十八年，判刑後仍繼續堅持反革命立場，一貫拒不認罪，多次無理申訴。六六年六月三十日在犯人中惡毒地誣衊毛主席著作，謾罵我偉大領袖毛主席和黨的領導，六六年在學習會上明目張膽地攻擊我文化大革命，並經常惡毒的污衊我社會主義制度，蓄意攻擊我三面紅旗，『大躍進』得不償失，人民公社搞早了，搞糟了……同時還煽動鬧監，呼喊反動口號辱罵我幹部武裝。反革命氣焰極為囂張。查孔犯頑固堅持反革命立場，一貫不認罪服法，抗拒改造，敵視我黨和政府，攻擊污衊偉大領袖，攻擊我無產階級文化大革命，審理中孔犯供認不諱，為鞏固無產階級專政，保障社會主義建設的順利進行，加強對罪犯的改造，依法與以懲，處特判決如下，對孔犯加判有期徒刑兩年，合併原判為二十年……」

一看這張判決書反映了鹽源農場當局的應付和無奈，連我的原判是由重慶南桐法院判處，弄成了南岸區法院。我的劃右是「替父翻案」而含糊說成「攻擊黨的領導」。

我明白了，我所交的無數次的上訴，他們根本就沒有看過，便扔進了字紙簍中，他們根據的是北京的毛澤東「政策」。

後來的管教幹事無論是鄧揚光還是何慶雲、黎爾榮，曾多次在私下警告我：「在這種時候，你還敢把毛主席比作秦始皇，說他比秦始皇還要殘暴不是找死麼？就憑這一點就可以送你的命。」

這話倒真不假，因為無論是從鹽源縣裡傳來的消息，還是後來入獄者親眼目睹，有人就因為在公開場合下，說毛澤東不講理，被紅衛兵當街擊斃。六月卅日晚上我呼喊了一夜的口號，那不明明是當著幾百人對監管理人員的打倒毛澤東的宣傳麼？

後來想起那晚真夠玄的，當時場部的幾個當權派中，只要有一個是毛澤東的死黨，吾命休矣！現在我的加刑，只用兩年刑期便作了結論，平心而論，這確是「大事化小了」。

如此看來，人心是肉做的，只要堅持以正義和理性，憑事實是可以說服某些獄吏的，即使是很頑固的人，我們平時日積月累的反抗，對他們所起的潛移默化的作用，在關鍵時刻顯露了出來。

自從由甘洛的鬼門關裡撞過來以後，心也橫了，對活命已無甚依戀，人不怕死，奈何以死懼之？半飢半飽任人奴役而苟活，不如壯烈去死。在毛澤東橫行的天下，就是有公民權又怎樣？

生活在人人自危的「無產階級專政」壓迫下，敢說真話麼？敢伸張正義麼？就連遊行，還得打「保衛毛主席革命路線」的小旗，喊著「毛主席萬壽無疆」的咒語，宛如在日本淪陷區時，漢奸們組織的「良民」隊，打著「大東亞共榮」的小旗是一樣的，那可是不恥於人的勾當。

今天倘若哪一個敢在大街上喊出，「三面紅旗弄得餓死好多老百姓」這麼一句千真萬確的話，那還不把你當場打成肉餅才怪？

與其在監獄外像烏龜一樣苟活，還不如在監獄裡蹲著，大家遭遇都相同，臭味也差不多，又有大兵保衛，且等著看中共怎麼導演這台好戲，等著把牢底坐穿時，看又是一個什麼結局？

如此想來，便覺得李培連用楊修之死勸我固然表達了他的阿Q精神，卻符合當時的形勢，權且看看吧。

宣判大會的主持人鄧揚光，身穿中山服，正襟危坐在主席臺中央，他的前方台前就是受審人所站的被告席位置，他的面前和被告席地方放著兩個話筒，被告席位置的話筒是留給被審人表態用的。

他的身旁坐著書記員，那瘦瘦的藺幹事正進行記錄，另一側是一個年輕人，正翻著一疊厚厚的檔案，按照排定的先後次序，將一張張判決書依次遞給鄧揚光，使他注意力集中地注視著整個會場，然後接過判決書點著被判人的名字。

待到被判人驗明正身走到台前位置站好以後，便對著他面前桌上麥克風，宣讀判決。宣讀完畢還要被判處人在前臺的麥克風中表態，並走到主席臺的面前領取那一張紙。

當喊到我的名字時，我不慌不忙地走上了

前臺，面對著主席臺下黑壓壓一片人頭，鎮定的站好，靜靜地聽著身後鄧揚光宣讀完判決書，當他按慣例向我發問道：「你還有什麼要說的嗎？」

我向右前的話筒挪動了一下位置，正對話筒以後，側身向那女書記員回答道：「藺幹事，請你記下我說的每一個字不要漏掉。」

我視覺的餘光，查覺出此時鄧揚光疑惑的眼睛睜得特別大，便一字一字地吐出了如下的話：

「自從我選擇了我的政治道路那一天起，我便不打算回頭，今後也絕不會回頭。」這一段話，我想熟知我的鄧揚光一定體會得比一般人更深！

我聽見了麥克風清晰的把這句話傳到了廣場的四方。

我看到在我說完的那一瞬間，就在我的腳下，人們被震動著，彼此交頭接耳，大致是因為在我以前，所有走上我這個位置，接受宣判的人，都一律回答：「沒意見」，便沒有其他的聲音，所以我的回答特別令人刺激。

靠我最近的那幾排人，投過來明顯贊許的目光，我想如果在自由國度裡，他們定會站起身來向我歡呼致意。

此時一股熱流衝向我的腦門！因為此時的我，無異於當著這萬人的面莊嚴的宣誓；我會為我的信仰戰鬥到底！

坐在我身後的鄧揚光發出了一聲無奈的命令：「下去」，聲音裡十分惱怒，是認為我在欺侮他的「寬大無邊」，還是認為沒有讓我這顆「花崗石」腦袋不吃飯而後悔，我不知道。

在一萬雙眼睛的目送下，我從容走下了那宣判台，我聽見鄧揚光在距麥克風較遠的地方向誰發話，擴音器裡傳出了他隱約的命令聲：「這傢伙太猖狂了，把他銬起來再說。」

我微笑著走回我的座位，全場的人幾乎有一半的人站起身來看我落坐。

他們在交談著我和陳力在小監裡的那些故

事，其中絕大多數人對我只聞其名，不見其面，今日看到不過是一個身披爛棉衣，極不起眼的人。

何慶雲提著一付亮閃閃的洋銬子走到我的面前，叫我站起身來，給我反銬了雙手，全場的視線再一次的向我這裡集中。

宣判會繼續開下去，不過此時的秩序已亂起來，整個的會場好像在開無數的小組討論會，亂哄哄的。

鄧揚光在主席臺上不停地喊著，指揮各隊隊長維持秩序。今天宣判中有四個人是一九六三年路過雅安監獄那次搶饅頭的「主犯」、當宣判到鍾平波時，判決書記著他的兩筆帳，其一記著雅安搶饅頭的帶頭肇事者，其二便是六六年春節在農一隊壩子裡的那一場傑出表演。

我看見他也是那麼自信的走上審判台，當宣判完畢，鄧揚光發問「你有什麼要說的？」麥克風裡傳來了他引用《絞刑架下的報告》中，伏契克（Julius Fucik）臨刑時留給世人的一句話：「歷史將宣判我無罪」，話音裡充滿了自信。

是的，歷史總有一天會作出公正的裁決，那一定是在黑暗被清算那一天，而我們已經在今天站在這裡，理直氣壯滿腔正義的向法庭表示了我們的渺視。

今天，這個對無辜者審判的會，變成了伸張正義和信念的講臺，我們挺直腰向當局鄭重宣告：我們永遠不會被打殺所征服，也告訴所有在場的人們，當局連手無寸鐵的囚犯都鎮壓不下去，何能去對付全中國的老百姓？

至於鄧揚光自己也許沒有想到，自從這一次主持了全農場的公判大會以後，就再沒有主持過這種會了。尤其可悲的是他已被場部奪權上臺的革命委員會圈定為「走資派」，等著他的是，去場部剛剛辦起來的「毛澤東學習班」，接受別人的審查和勞動改造了！

在狂暴的文革時代，像這種還保持著讓被

宣判人表態的公判大會，從此暫告結束。代之以對被宣判者濫用毆打、綑綁、鎖喉的種種非法虐囚酷刑，這些慘不忍睹的場面，只有反映納粹監獄對猶太人，以及當年日本鬼子對待被俘抗日義士的影片中才能看到。

今天濫施的刑罰，除揭示那個時代的暴虐，遭到全世界人們同聲譴責外，等待他們的是正義審判。

宣判大會就這麼結束了，我雖然戴著刑具回到六隊，然而換來了精神上的舒暢。

吃過午飯後，何慶雲按照鄧揚光的旨意，佈置了各小組討論會，要大家結合自己的思想談出對今天宣判大會的體會。而我卻被單獨地叫到他的辦公室裡。

「為什麼你今天在宣判大會上公開反對？」他冷靜地發問。

「我向來不說假話，心裡怎麼想就怎麼講，你們不是一向倡導這樣嗎？既要我表態，我只能按照我當時真實的想法說。」我的回答，使他答不上話來。然而他卻扯到了另一個話題：「你也看到了，該好好想想，為什麼全中國人民那麼擁戴毛主席？」

我沒有計較他對我的無理訓斥，在中共統治下，弱者的地位只能由強者任意的擺弄！不過，他提的問題卻真的值得深思，為什麼一個殘害那麼多百姓的暴君，還會受到一大群小青年橫流涕灑的擁戴？

能說清這個現象的只能用實例來回答他。於是我舉了赫赫有名的希特勒。

「請問！當年希特勒以國社黨黨魁的身分登上了國家最高元首以後，他的那些『崇拜』者，可能比今天的紅衛兵更加熾烈的擁護這個殺人魔王，難道說希特勒會因此而改變他的法西斯臭名麼？他的張牙舞爪能挽回最後滅亡的厄運嗎？」我回答了他。

利用社會矛盾，利用人們對權勢的盲目崇拜，取得一時聲勢的政治野心家，歷史上比比皆是。這是一個人信仰領域深層次的誤區！宗教的迷信，就是這種誤區的結果，將權力神化，變成想像中不可戰勝，絕對正確的宗教信條，最終將它歸之於至高無上的神。

再例如：跪著走上布達拉宮的石階，去向最高的喇嘛祈禱，卻不顧自己窮愁潦倒的現狀；清朝末年還將一個女人慈禧，神化為主宰一切的「老佛爺」。

如果人類沒有這種盲目崇信權勢的劣根，歷史上恐怕就沒有暴君逞威作福的舞臺了，「暴君」一詞也不會存在！當秦始皇在位時，哪一個臣民不三呼萬歲？

然而多行不義必招致人心的背向，人心的向背又必使暴君遺臭千古。秦始皇駕崩，他顯赫一時的地位和始業也就隨之完蛋。

我不能同這位工農兵學員說清這些道理，歷史的罪過決不可以通過靠權力而轉嫁他人的，不是麼？毛澤東不是把災難轉嫁給了老天爺和為他接生的產婆蘇聯麼？現在又轉嫁給劉少奇們這些曾被他稱作「親密戰友」的人了。

於是我問道，當人們看到毛澤東輕輕擺平劉少奇時，懾於他的詭計而高唱「大海航行靠舵手」的接班人林彪，又怎麼想呢？

何慶雲又陷入了沉思，只是再次告誡我：「多聽聽全國人民的聲音，不要固執己見。」

於是，我只好回答他：「歷史還長得很，文革才剛剛開始，大家都不要把結論下早了，至於什麼才是正確的結論，只能是事實而不憑誰怎麼說。」

他再沒有同我辯論，只向我提了一個要求：「寫一個檢查吧！我們可以取消你的手銬，但要認錯明白麼？」接著他還說了一大堆場部管教科的苦心，說像我這樣大的罪，場部從輕處理，目的在促進我的轉變，要我認清形勢，不要辜負政府的一再挽救和教育。

然而，我沒能接受他的勸告和「好意」，只簡單的向他表態：「我不可能寫什麼檢查，就是寫了，任何人都會認為是假的，我何必幹這種自欺欺人的勾當？但是你今天提的，要我尊重中國人民的感情，想想他們何以會如此，我會冷靜下來觀察，並且在觀察期間，管住我的嘴，儘量不替你們找麻煩。」

這算是給何慶雲一個相當滿意的回答了，當時我想，形勢已十分惡劣，必須沈住氣留下時間和空間，觀察這個正在中國大地上席捲的政治風暴，怎樣破壞我們的國家，又怎樣走向它的反面。

就這樣，我就一直戴著那刑具，白天勞動去掉手銬，晚上睡覺繼續上銬，直到一九六八年八月，足足戴了一年零四個月。

第三節：文化的浩劫——人權的厄運

一九六八年這一年四月二十一日的晚上，我戴著銬子睡在床上，翻來覆去沒法入睡，白天激動的餘波在靜夜中又喧沸起來，我真想同劉順森，或者張錫錕傾訴我的內心，但是我無法接近他們，聽見那睡在我前面的周學祝所發出的鼾聲，我便輕輕地坐起身來，這一天正是陰曆的三月下旬，滿天濃雲，院子裡很黑。

我想到院壩裡走走，但那是絕不允許的，何況我戴著手銬，崗樓上的哨兵是要干涉的，弄得不好還會招來意外的麻煩。

我此刻想到這大監還不如小監，倘如此刻我還在小監中，無論是糧庫還是羊圈，我可以起身在屋裡徘徊，調整一下自己的神經。因為今天，對我來說，可算開始了一個新的起點。當著萬名流放者在審判臺上「宣誓」，可不是一時痛快博取他們對我精神上的一句稱讚話那麼簡單！

回想三十年我的人生歷程，還不滿二十歲被懵懵懂懂圈成了「右派」，中國人講名份！孔子就說過「名不正則言不順」！

「右派」這頂我根本就戴不住的帽子壓在我頭上，實際上是用歧視、飢餓和勞獄壓迫我稚嫩的神經，扭曲、扭曲再扭曲。

過度的刺激使我神經失常，過度的失望使

我想了結自己的生命！我就這麼為反抗個人的不幸，苦苦掙扎到今天。當我親身經歷了中國百姓的苦難，才在我無知和虛幻的頭腦中，紮下了對暴君仇恨的根。

然而：「決策不仁者險，陰計外洩者敗」。這便是我今天在審判臺上表達的意願，也許，到了這個時候，我一直被扭曲的神經才得以恢復。看到了中國的前途，也看到了自己的前途，戴在我頭上沉重的大帽子被我甩掉了，我此刻的心情不再那麼壓抑，三十歲是我人生中一個新的里程碑！

（一）鑽死角的災難

「清宮秘史是賣國主義還是愛國主義」一發表，本該由毛所戴的叛徒、內奸、賣國賊罪名統統都戴在劉少奇的頭上。等待著把一大批人打翻在地，再踏上一隻腳叫他們永世不得翻身。

「五類份子」又要增丁添口了。

那些正被劃為走資派的人，為了逃避厄運，表現自己對毛澤東革命路線的忠誠，更以「極左」面孔對我們進行瘋狂的虐待。

新的場部領導派出了工作組坐鎮農六隊，制定了批鬥計畫，將六隊「頑固不化」的反改造份子進行了排隊，準備一個一個的推上鬥爭會收拾。

這樣的批判鬥爭，從五五年反胡風運動開始，至今也有十三年的歷史，掌握鬥爭會的老當權派們積累了豐富的經驗，知道鬥垮一個被推上批鬥席上的人，首先要有一個足以使被鬥者精神互解的「鋼鞭」，將被鬥者行為中可以引起公憤的東西無限誇大，不惜無中生有的捏造。

例如：過去管過財務的，可以以帳目不清為突破口逼他承認自己貪污；愛占小便宜的盡可以歸入偷盜；個性強，愛與別人逞強打架、必可以說他是「流氓」；有男女親密跡象的，更可以無中生有的說成「通姦」等等。

但是對於監獄長期關押的我們，什麼都扯

不上，於是只好在「語言」和「思想」上做文章，被鬥者語言稍有不慎，便會被無限上綱，扣上「對社會主義或三面紅旗進行惡毒攻擊」或「對偉大領袖造謠誣衊」之類的大帽子。

當然，像我這樣，不用他人戴帽自己就會承認的極端頑劣份子，便會以「死不悔改的反革命修正主義的代言人」、「帝修反的應聲蟲」之類套上，最後只有用「死路一條」來結論了。

然而，經念得不靈，敲木魚的人會厭煩，有時鬥爭會反被鬥爭者搶了理，數落起老百姓的苦難，共產黨宣傳盡說假話之類的時候，甚至主持會議的還要借被鬥爭者之口，趁機大發牢騷，使鬥爭會越來越開不下去。最後，變成了參加會的人胡謅瞎扯的龍門陣會。

自從《毛主席語錄》問世以後，組織鬥爭會時根本就不講什麼事實。主持人都學會用毛主席怎麼說就給被鬥爭者定了框框。偶然出現那被鬥者，據理力爭，那麼要使鬥爭會取得勝利結果，還必須仰仗操縱會議的打手班子。

文革一開始鬥爭會，無不以語錄開始，打手退神光，演出一齣一齣的醜劇。

四月二十一日，場部宣判大會以後，鹽源農場的氣氛一天緊似一天，首先是崗哨上的衛兵「加強防範」，列出許多新的規定，晚上解小便上廁所，只要一跨出監門必須呼喊報告。如果報告聲音太小，被認為沒有喊，輕則被老管們叫到崗樓下面罰站，重則哨兵從崗樓上下來人，一頓的毒打。

進出大門，必須先立正呼喊報告，得到崗樓兵允許後才准開步，否則便要被院子裡的巡邏哨兵攔住又是一頓打！在這種緊張的「階級鬥爭」氛圍下，鹽源農牧場批鬥牛鬼蛇神的鬥爭會，便從農六隊開始了。

（二）「算總帳」

九月下旬的一天，剛剛吃過早飯以後，隊長徐世奎和管教何慶雲從出工的隊伍中叫了八個人出列：

紅爐房的鐵匠吳興全曾當過鄧錫候員警的成都地頭蛇；木工鄧自權，一個在成都碼頭拜過袍哥紅旗管事的老痞子；當過國民黨軍隊上校作戰參謀，去成都參觀的朱國驥；曾任過原國民政府雅安城防司令的上校司令官王德權；曾是解放軍西藏軍區當過上尉軍需官，因投敵「叛國」而受到成都軍事法庭判刑二十年的馬文華；以及周學祝，馮俊伯，代朝謀這些在六隊有代表性的「紅毛犯人」。

他們判刑前身分各異，「罪名」也不相同，但想從狗洞裡爬出去，獲得減刑的渴望卻是一樣的，為減刑而不惜踩在其他犯人的肩上，滿肚整人的壞水都一樣。

被叫出列以後，他們開了足足一上午的會，到中午我們收工回來時，都還沒有從隊部辦公室裡出來。

吃過午飯以後，何慶雲滿臉嚴肅的向全隊宣佈，下午不出工，全隊學習，並把我叫到了辦公室去，先將我的手銬上成反銬。我正猜測不知又要對我作何處理，何慶雲已經告訴我：「今天下午召開你的鬥爭會，反省這麼久，也該把污衊毛主席的言行及攻擊三面紅旗，文化大革命放的毒，統統地消了。」

自一九六二年我在孫家花園反省室裡挨鬥爭以來，鬥爭會日漸少了，其中的原因，恐怕主要是這些鬥爭會無法開下去，比如說三年前在甘洛張棒棒組織的鬥爭會，幾乎變成了快要餓死的流放者的訴苦會。

近來，所採取的手段變成李培連所貫徹的「說服為主」，但沒理的理怎能說服人？說而不服，反被受教育者反過來說服了。

明明全國弄得來老百姓啼飢號寒，怎可強人接受「形勢大好」？即是方法和態度再講究，要把黑的說成白的都只能枉費心機！

當然魔王在一片反對聲中，正在組織新的陰謀，毛就說，已找到使「社教」運動有效進行新的方法，生養修整已整四年，到他反撲的時機了。

現在，又回到五年前了。對於老參加鬥爭會的「運動員」，自反右以來，積累了豐富的經驗，我知道這樣的會早已「方式化」了。

第一步叫「退神光」，先對被鬥爭者拳打腳踢，輔之以口號，讓他先膽寒幾分，失去控制！接著便是在頸項上掛上水桶，使被鬥者無法將頭抬起來，只有埋著頭接受批判，名曰：「端正態度」！

第二步才是檢舉揭發，參加鬥爭的人站在被鬥者面前指奪著被鬥者鼻子，一邊辱罵，一邊戲謔，罵得性起，時不時給被鬥者的臉上、頭上搧上幾耳光，或者幾個人圍著被鬥者像打排球一樣把他當演練拳藝的肉靶子。

最後圍鬥的人玩累了，便讓被鬥者頸上掛著水桶，彎著腰站在中央，而大家便各自吹著與鬥爭會完全無關的龍門陣。

我不知道，中外歷史上有沒有這種「鬥爭會」的記載，還是毛澤東階級鬥爭的新發明，而專其利的。

總之鬥爭會是對被鬥者人格和身體的一種當眾羞侮，因經受不起這種人格羞侮和肉體折磨，文革中死於自殺的人無以數計，除非明白了這層用意，便不會被這種羞侮所擊倒。

何慶雲通知我以後，鬥爭會立刻進行，我還有點出其不意。按經驗，對付鬥爭會我要做的事，便是保護自己的前胸不被暴徒們打傷，今天雙手銬著，剝奪了我自衛前胸的能力，如果心黑的暴徒當胸給我兩拳，打斷了肋骨，或傷了胃、脾或下身，縱然不死也成了終生殘疾。

馬上想到該反穿一件棉背心應戰，哪怕是陰曆八月，為了防止胸部被打傷，熱一點也無所謂，但是時間已經來不及了，只好硬著頭皮，倉卒上陣。

我從何慶雲那裡回到寢室正在納悶，鄧自權和吳興全兩條老狗，已經兇神惡煞地跟著我到監舍來，兩人連推帶搡的把我扭到了一年前關押我的那間臨時保管室裡，現在那屋裡已經騰空。

屋子裡已塞滿了人，除「主持」會場的何慶雲坐在一張從辦公室搬來的凳子上，其餘的人全都站著，中間大約一公尺半徑的半圓圈，站著從各組選拔出來參加鬥爭會的打手。

我被鄧自權抓進門來便被他猛地一推，踉踉蹌蹌還沒有站穩，就聽見那吳興全雷鳴般的吼聲：「把反改造份子孔令平抓出來」，周圍的人附會那喊聲一齊吶喊，喊聲震得屋頂的瓦格子都在咯咯作響。

我剛站穩身子將頭抬起來，冷不防在我身後的馮俊伯和周學祝，一邊一巴掌，打在我的後腦勺上使我一驚，正要扭過頭去向他問理，站在我兩邊的代朝謀、馬文華，從左右兩側又給了我兩拳，與此同時站在我面前的王德權和朱國驥，用手指戳著我的額頭吼道：「你看清了，今天專門就是要打你的囂張氣焰，今天你不老實交代問題，便是自討苦吃！」

雙手背銬的我，即使沒有被吊上水桶，在幾個打手的包圍中，也完全失去了自衛的能力。那吳興全再次接連不斷地呼喊口號，他喊一句，其他的人跟隨應和著，聲音響得像打雷，接著，拳頭雨點似的向我頭上落下來。

神光退完，態度「端正」後，何慶雲假惺惺地止住了打手們的亂拳，眯縫著他的近視眼睛看著我，他今天既是檢查者又是督戰官，他要檢查所組織的八名打手，是否按預先規定的方式在進行。

周學祝第一個發言，這個周駝背自去年六月二十八日晚上公開表示以後，便成了何慶雲最相信的大組長。成立「特殊學習班」時，由李培連提名任了這個小組的組長，雖常常將我和陳力的言論記錄下來，打成「小報告」，但因為李培連主張，「擺事實講道理」「以理服人」，並沒有多去理會這條狗。

那時他裝出知識份子的溫文爾雅迷惑大家，因為知道我和陳力語言刻薄，打心眼裡渺視他，所以表面上對我倆十分謙恭，從不同我們發生任何正面衝突，縱有不同「看法」提出來之前都要聲明：「僅供大家學習參考！」

文革風向陡轉，場部「工作組」一進六隊，他便靈敏地嗅出了全國的火藥味，立即變臉，六月二十八日晚上當著工作組的一齣表演，活畫出那種轉風使舵，投機取巧的能事，加上對我的言行都記錄在他那本隨身攜帶的筆記本上，能準確舉出說話的時間地點以及原話，這都是何慶雲所需要的。

這些材料既是向我「算總帳」的依據，又是他請賞邀功，爭取減刑的材料。

「今年三月十六日中午，你在第二監舍門口，拿著人民日報指著那上面的標題，向全監舍的人高喊『這樣的世界領袖誰承認』？那標題寫著：『毛澤東思想是世界革命人民的燈塔』。你還說，外國的人不像中國人那樣愚蠢，中國已經在他的引導下，連飯都沒得吃了，現在憑什麼拿來害別人?!」

「第二天下午，你在工地上散佈現在不是秦始皇時代了，不用霸道統治中國是萬萬不行的……」

周駝背的鋼鞭材料剛剛抖出，那個鄧自權便接著喊道：「不許反改造份子污衊偉大領袖毛主席！」朱國驥也緊接著眨著他那紅腫的眼睛吼道：「孔令平不交代，今天休想過關！」

周圍一陣「毛主席萬歲」的口號，雖喊得七零八落，喊得肉麻，但十幾個人關在這不透風的屋子裡聲音像炸雷，令人頭痛，根本也不可能有我申辯和發言的餘地，我只好沈默。

「還有」，周學祝拿著他那筆記本繼續地念道：「今年四月五日上午在菜蔬地你向王世春說：『紅衛兵是毛澤東手裡的洋娃娃，想怎麼耍就怎麼耍。』你膽敢污衊紅衛兵，就憑這句話把你交給社會上的革命小將，就要把你捶扁，看你長得幾個腦袋？」

駝背話音一落，王德權立即補充：「你平時經常的把我們願意靠攏政府的人說成走狗、打手。今天要你說清楚，誰是走狗？」馮俊伯氣呼呼地吼道：「對，今天要你說明白，究竟你是反動派的走狗，還是我們是政府的走狗。」又是一陣口號聲。吳興全扯足了嗓門吼道：「打倒反改造份子的囂張氣焰！」「孔令平不低頭認罪只有死路一條！」

「說，現在讓他說！」代朝謀吼道！

「對，要他說！」馮俊伯和周學祝一齊朝我吼道！突然，我的頭上挨了猛的一拳。隨即一聲：「端正他的態度，他不說，就是軟抗！不說，就端正態度！」那是周學祝的喊聲，這喊聲如同號令，拳頭從四面八方雨點般向我的頭上身上落下來。

為了保護自己毫無屏障的胸部，我不得不將腰彎成一百二十度，前胸緊緊貼在我的雙膝上，背朝著上方，迎接著拳雨。

突然，有誰對我亮在背上的洋銬子狠狠捏了一下！那銬子立即收緊，裡圈的韌口像刀子一般地切入了我的手腕。一陣劇烈鑽心的疼痛後，我感到一股濕漉漉的血水浸了出來。

「好了，大家停手吧！」頭頂上傳來何慶雲的聲音，那聲音裡對剛才這一幕由他策劃的端正態度的開場，十分贊許！我被他從拳雨中「解救」出來，心中明白，為了鎮壓我的「囂張氣焰」，今天這緊湊的鬥爭方式中絕沒有我說話的餘地，在這時我只能咬緊牙關挨打，什麼也不說。

反正這樣的會以折磨人為目的，直到何慶雲向他的「領導」報告說：「我們已徹底鬥垮了這個頑固傢伙，他現在再不敢在小組會上公開攻擊文化大革命了。」

（三）第三次絕食鬥爭

從下午兩點到七點，我被整整折磨了五個小時，晚上何慶雲打開了我的手銬，那銬子上的血垢已經變黑，他一邊故意看我的手臂，腿腳到處是青一塊紫一塊的累累傷痕，頭上頸上，更是疼痛不敢觸摸，一面還要奚落我，他的幸災樂禍顯然是對自己的詭計一種得意的欣賞，比之一年前，六月二十九日那晚剛來時，第一次打開我的土銬子的臉部表情，有多大的區別！

陳力被關進鹽源監獄，劉順森、鄧小祝，潘朝元被嚴密監視，成為一個個等待批鬥對象，使我無法接近他們，誰也不敢接近我，否則被發現後隨時可以被哨兵拉到崗樓下飽以拳腳，在恐怖氣氛中個個只求自保了。

那一晚上我想了很久，最惡劣的時候終於到了。

我不可能對加給我的侮辱保持沈默，不作任何反應，但苦於無人商量，我又一次陷入極度孤立無援之中，已瘋狂的暴徒們更不講理了，如果用絕食來表達我對這場無理鬥爭的反抗，未必能對何慶雲起任何作用。

但是，我只能用這種「最無用的方式」來表達我的憤怒和反對了。

第二天清早起來，當何慶雲走來打開我的手銬時，我只向他宣佈了我的決定：「我抗議昨天下午對我的無理毆打，從今天開始我將絕食，直到你們取消這種殘暴無理的打人會為止。」我的第三次絕食鬥爭就這麼開始了。

我開始絕食的第一天，天氣陰霾。九月下旬的鹽源已是深秋時節，身上少了血液似的，穿著棉衣還感到冷，今天我摸不清還繼不繼續開我的鬥爭會，所以，早上起來就作了準備，趁何慶雲打開我的銬子後，便趕緊把棉被心反穿著，等待著厄運的進一步降臨。

吃過早飯後沒有喊我出工，特別將王德權專門留了不來，並由他口傳了何管教的三項「指示」：（一）不准我走出本監舍一步；（二）每頓由他負責給我拿飯菜，但過一個小時不吃，便由他收回廚房，任何人不得偷吃；（三）不准我吃其他的食物和水。

交代完畢便同我一道留在監舍裡，此人雖說當過雅安城的上校城防司令，可現在看不出一點威風凜凜的「師座」氣派！大概由於十幾年的監禁使他身材極瘦，面色蠟黃，配以身著千巴萬補的棉衣，像乾柴棒一樣乾枯的雙腳支撐著乾瘦的身體，僅從外表看極像前清時期的乞丐。

平時他的生活極為儉省，凡有吃不完的罐罐飯都捨不得給人，而是留在碗架上，有時放過幾天那飯已經酸臭發霉，仍倒進他那鐵缽裡，拿到烘爐房的爐子裡煮開了吃。

不久前的一天，我們蔬菜組為了給苗鋪篩一點炭灰，以備過冬菜的保暖施用，在監獄大鐵門前那堆伙房裡倒出來的炭渣中篩灰，休息時他卻跑到附近垃圾堆裡去，撿來一大捧又破又臭的破衣服，那是看守們的家屬倒出來的東西。周學祝問他，撿那東西幹什麼？他說：「洗乾淨了補衣服。」

下班後他果然把這些破爛，拿到自來水龍頭沖洗，當時非常缺肥皂，平時洗衣用的是一種叫酸薑草草根泡水，洗淨後晾乾，就在那件千巴萬補的棉衣上，留下這些撿來的花花綠綠的爛布補的巴。

他說進監獄整整十五年了，家裡從來沒給他寄過一封信，更沒有寄過一點吃的東西，全憑苦苦的熬過來的。看到他同我一樣的孤身一人，如果不是昨天的鬥爭會和今天由何慶雲指派他來「監督」我，我對他一直抱著惻隱的同情心，可現在，我對他充滿了厭惡！

我問他：「你當城防司令那會，看到那些街上的乞丐，比你現在如何？」他尷尬的笑了笑，臉上全是苦澀，在我看來，他活得太可憐！本來可以不管的事，可他卻偏偏要做當局的狗，軍隊中有如此的軍官怎能指揮部隊克敵致勝？

我忍著全身劇烈疼痛，靠在監舍的牆上，靜靜凝視著窗外灰色的天空出神。忽然，王德權走過來，坐在我的旁邊，和顏悅色向我規勸道：「我們已夠苦了，何必還自討苦吃？」我斜視了他一眼，這個把命看得高於一切的人，是根本無法理解我的，我看見了他內心深處，良知被扭曲顯示出來的無奈和尷尬。

「聽說你在場部以前絕食兩次？」他繼續問道。關於我絕食的故事，來六隊以後我還從來沒有向人提起過，他又是聽誰說的？我十分注意聽他怎麼說。

「我覺得何必去雞蛋碰石頭呢？比如說你上次絕食留下了什麼呢？大家都說你裝作不吃飯，暗地裡把自己的罐罐飯拿去同基三隊的小子們換雜糖吃。」

說到這裡，他那瘦削的臉上滑過一絲奸笑，彷彿在揭我的短，見我毫無表情，便接著說下去：「所以我說，玩這些都沒用，人不吃飯怎麼可以呢？我看你用不著給自己過不去，人到屋簷下，豈能不低頭，你我又算什麼？我看與其讓人奚落還不如吃飯為好！」他說完這番話，兩隻眼睛試探地盯著我。

對這個猥瑣的王德權，用自己可憐的小人肚腸來揣測我倒也罷了，反正他們根本無法理解我！可惡的是這何慶雲竟如此來詆毀和誣衊我！

這個政權對大批餓死的無辜農民，尚無一點自責和反省，今天在文革非常時期，發生區區一個政治犯絕食，不是自找苦受麼？想到這裡，我的心裡開始徬徨起來……

晚上，院壩裡下著濛濛細雨，隔著我所在第二監舍足有五十公尺遠，昨天那間對我拳打腳踢的會場，正傳來口號聲和打人聲，鬥爭會照開不誤！只是今晚的主角變成了蔡先祿。

我這時的心，被鬥爭會傳過來的野蠻囂叫和痛苦呻吟衝擊著，我的絕食鬥爭，連阻止召開這種野蠻的打人會都不予理會！不是非常悲哀麼？但是，我仍然咬著牙關堅持下去！因為我們可不是隨意像兒戲那樣鬧著玩的。我不能壞自己的人格！否則中華兒女對暴力的抗爭都成了兒戲，中國人還有什麼價值和尊嚴？

兩天、三天，王德權不再同我說話，空閒時間他仍在縫補他的千巴衣，炊事員周玉生把罐罐飯送到我監舍門口，他便接過來放在我的床頭，一個小時以後，他又端出去放在門邊的窗臺上。每天就只做這麼一個「動作」，他當然體會不到飢渴每分每秒在撕裂我肉體的痛苦。

我不禁想起兩年前在基三隊那次我同陳力的聯合「絕食」，那時那麼多年輕人關心我們，不但口頭上聲援我們，其中確曾有人，用零花錢買來自己都捨不得吃的雜糖，悄悄塞在我和陳力的鋪下，直到將我倆分開的那一天才被鄧揚光查出搜了去，這王德權聽說我們用罐罐飯換雜糖，大概就是指這麼一回事。

現在，我卻孤身一人，所有同情我的人此時都自身難保，準備迎接不知那一天便輪到自己上臺的「鬥爭會」。

其他的同難們都被這種兇猛的聲勢懾服，遠遠地隔著我，連經過窗口前都不敢向裡望一眼，最多只會在老遠處向我投過來一束同情的眼光。

我雖沒看過民主國度裡發生絕食的事，但我知道有這種事發生時，政府不但要專門進行調查和調解，對絕食人特別保護，在絕食期間還要對他們強制輸液，讓他們保持充沛的體力。允許新聞記者採訪絕食者，政府對絕食者提出的各種要求給予公開回答！

而今天，在「無產階級」專制霸道的淫威下，不但將絕食抗議的消息封鎖在高牆之內，還要用禁止被囚者在絕食期間喝水，以「徹底」征服一個手無寸鐵的抗議者！逼抗議者屈服。

窗外不斷地傳來高音喇叭的雜訊，那是場部的有線廣播站發出來的廣播聲。除了「奪權」、「奪權」的囂聲亂哄哄一片，一點也聽不清楚在說些什麼！但我知道，那喇叭傳出來的中央人民廣播電臺廣播聲。

這幾天在中南海，正是紅衛兵揪鬥劉少奇的關鍵時刻，曾被規定為黨員必讀，紅極一時的《論共產黨員的修養》一書，突然成了一本「宣揚修正主義」的大毒草，劉少奇此刻正身陷紅衛兵的揪鬥圍攻之中，也許他正處於人生最無奈的悔恨之中。

北京傳聞，在揪鬥劉少奇的大會上，他對圍攻他的紅衛兵說：「我是中華人民共和國主席，也是中華人民共和國的公民，為什麼你們要違反憲法的規定，剝奪我的人身權，你們這樣做是犯法的。」

可悲的是，這真是：「勢利使人爭，嗣還自相戕」，歷史自會對劉少奇本人作公正的結論。在我看來，他只不過是一個用「共產黨員的修養」來包裝自己，充當獨裁政治在中國全面實施的吹鼓手，充當寡頭政治出謀劃策的幫兇，一個用三自一包這樣的修補，來延長毛澤東統治的幫閒政客，最後仍落得在獨裁營壘中自相傾軋的犧牲品。

當然，這一切都是因為當時的歷史背景所決定了，封建專制之中是不會產生中國一代民主主義優秀鬥士的，劉少奇自不會例外。沒有民主主義意識紮根的社會中，是不會產生為中國民主事業獻身的領袖的。

有趣的是，從當時北京傳出來的鬧哄哄廣播聲中，有一則當時「北京五一造反兵團」在中南海上演的一幕「揪劉絕食」鬥爭戲。在這個組織發表的絕食誓詞中，依裡哇啦的喊道：「為了保衛毛主席、保衛黨中央，我們飯可以不吃，覺可以不睡，頭可斷，血可流，絕食到底，不把劉賊揪出中南海誓不甘休。」

當然，在這場戲中所提的絕食鬥爭目標，肯定是要達到的。不過向一個即將淪為囚犯的人採用「絕食」，將他揪出中南海，可謂在中國文革上寫下了一則令人作嘔的笑話！當時也有這種權慾薰心的人會採用這種絕食鬥爭形式，達到不可告人的政治目的。

當時有一句出名的咒語「捨得一身剮，敢把皇帝拉下馬麼？」劉少奇算老幾？他不過是披在毛身上穿厭了的舊衣服！在毛澤東字典裡「國家主席」不過是一個隨時可以廢去的傀儡。

不過，被他唆使的五一造反兵團的頭們，這種被人愚弄的人可知，今天愚弄天下人，明天也會被他們的最高統帥當成一雙穿破的鞋，扔進垃圾桶的下場麼？

難怪何慶雲們對我的絕食，採取這樣的卑劣手法。他們既不明白我們在為什麼而鬥爭，也不會把我們的生死放在心上，還以為我也是同他玩這種「訛詐」的遊戲呢！

當然，像何慶雲這類人，壓根就不存在人性，一個「權」字指揮他的一切！這難道不是「文革」教育他們的嗎？這難道不是共產黨對他多年培養的麼？如果當時劉少奇掌權，這些人也會「誓死」保衛劉主席的。

五天以後，飢渴將我擊倒在囚鋪上，與其說是缺乏營養威脅著我的生命，不如說是水在索我的命，何慶雲授權王德權，要他嚴密監視我嚴禁我喝水，存心讓我「生不如死」。我能不能挺過這關，全憑老天爺了。

窗外飛起雨來，鹽源地區十月便要進入風季，在雨季結束以前總要下幾天雨。我聽見房簷水滴進門前陽溝中的滴答聲，雨聲誘惑著我將身體移向靠窗子的位置上，把窗子打開把頭伸了出去，我多麼想它能飄進屋裡來，濕潤一下乾涸如火的嘴唇。

王德權警惕地盯著我，猜測著我打開窗子想幹什麼？於是把頭探出了門外，四下張望著。

那院子裡沒有一個流放者，只有一個披著雨衣巡邏的士兵，見王德權鬼鬼祟祟的樣子，便向他這裡走來，向著站在門口四下探望的王德權喝道：「你幹什麼？」，王德權一驚，立即把頭縮了回來，滿臉堆笑現出一副諂媚的樣子回答道：「我看孔令平打開窗子幹什麼？」

哨兵板著臉指著他的頭冷笑道：「老傢伙你不要耍花招，以為會騙過我的眼睛。」

王德權平白無故的受了這幾句搶白，面子上尷尬極了，心底裡一定在罵道，「老子在過去早剝下你的皮。」但他表面上仍畢恭畢敬的站在那裡，垂著頭裝出一副可憐相。

那士兵走進屋來四下探望著，見我睡在舖上，毫無表情地看著他，便回頭輕蔑的向他喝道，「老實一點，別耍什麼鬼花招」，才慢慢出去了。

王德權一臉尷尬，當著我又不敢發作，只是搖了搖頭，過了一會便開始「繼續勸導」我，重複說些要識時務，不要自討苦吃的話。我已沒有精力去理他，只躺在那裡，繼續舐著乾得冒火的嘴唇。

這一天夜裡，我實在無法入睡，飢餓像貓爪一樣抓著我的胃，可此刻已被乾渴所替代，整個晚上我兩眼盯著天花板，一秒一秒地數著：一、二、三、……腦子裡全是水！水！

聽到房簷水滴在水溝裡的聲音，我忽然想起了放在床底下的尿盆，不知道那裡面還有沒有一點殘留的尿可喝，便爬起身來探頭去看，那床下放著的尿盆乾乾的連一點浮水印都沒有。我想起來了，絕食頭一天屙的尿已被王德權全倒掉了，以後接連已經五天沒有屙一點尿了。

我又盯著那舖前的碗架子，不知那上面的碗裡有沒有留著沒倒淨的水？我知道，一個正常的人只要七天不喝水便會死亡，那大概是因為血液因缺水而凝滯，無法正常迴圈了吧，何況我還是一個挨打受傷的人。

五天臥床，挨打的地方，青包雖沒那麼痛了，但傷痕依舊，出血處的血痂已乾了巴，我意識到我正向死亡一秒一秒地接近，倒真想一下子昏厥過去，什麼不知道，免去了那份難煞的痛苦。

此時我想，現在所有的人都盯著我，好像正經歷著一場馬拉松的決賽，無時無刻地注意著我的一舉一動，倘若我挺不過去，中途使絕食流產，必會被何慶雲在鬥爭會上，沾沾自喜的奚落說：「對反動派不能講人道，過去一段時間我們太寬大無邊，這些人囂張之極，你看現在我們遵循毛主席：『對階級敵人決不手軟』，以及反動的東西不打不倒的教導，他們便規規矩矩的求饒了。」

從今以後，我們將絕對服從高定額的勞動任務，將無條件的被無理的抽打辱罵，不敢反抗，像王德權這樣的奴才也會譏笑我：「逞什麼硬骨頭，最後還不是服了拳打腳踢，真是賤骨頭。」所以無論怎麼樣，我必須堅持下去，悍衛人的尊嚴寧可死！

然而，又反過來想，在這幫失去人性的劊子手面前，用絕食正投合了他們殺人的陰謀呢，即使死了，拖出去埋了不算，照樣會被他們以「自棄於人民」相嘲笑，中共統治十七年來，在歷次運動中，自殺的人還少嗎！

這麼多年，無聲無息餓死的中國人有幾千萬！而活人，還不照唱「大海航行靠舵手」，呼毛主席萬歲。死人能損他一根汗毛麼？而我如果能活到這個專制崩潰那一天，我不但要做埋葬這個制度的掘墓人，還會做這監獄暴力虐待的見證人，這可比悄悄去死強過百倍。

於是我那焦渴冒煙的喉嚨裡，第一次吐出了喊聲：「王德權給我……水喝。」王德權詫異地放下手中的針線，湊過來盯著我，樣子怪怪的，不知道是在觀察我是不是馬上就要死去，還是覺得何慶雲的計畫終於得逞，我是不是要吃喝了？馬上把飯菜送到我的面前，我看見那裡面還有菜湯，我重新閉上了眼睛。

過了一會，我又低聲喊道：「我要喝水」，這一次他聽清楚了，卻連連擺手道：「啊，對不起，何幹事規定不能給你水喝。」他膽怯回答我，既怕違背了主人的規定，又怕我從床上翻身起來，抓住他死去，成了一條他欠下的冤魂孽債。

現在舌頭實在是強住了，說話全是打哆嗦，「水，我……喝水。」我看著窗外的大雨，說也奇怪，我的每次絕食，蒼天都在下雨，是他可憐我而在垂淚？還是灑下這甘霖以支持我的勇氣？我想上一次絕食時，我就是接的那發黃的屋簷水解渴，使我堅持了整整十一天！

想到這裡，我拼命地從床上爬起來，那王德權吃驚地注視著我，等到我踉踉蹌蹌的從碗架上面取下了一個盅子時，他才明白，慌忙的來搶我捏在手中的盅子，一面發抖的問道：「你要幹什麼？」我直直地盯著他，估計當時那樣子，一定非常令人恐懼！但是毫無力氣的我，還是被他從我的手上搶走了盅子。

趁他轉身放盅子的時候，我突然衝出了門，赤腳站在陰溝裡仰著頭，那從屋簷上如注般淌下的屋簷水，像甘霖一樣的沖刷著我的焦灼的臉，流進了我乾涸得裂開了血口的嘴唇。

然而我被王德權叫來的人強行拖進了屋裡！被重新按倒在舖上。

五分鐘以後何慶雲從隊部辦公室打著傘來了，這一次他沒有說什麼！晚上加派了一個周駝背，兩個人守著我！

第六天晚上，唐啟榮進來了，按脈、聽心，一番診斷後，出去拿了一支針給我打了一針。第七天下午，頭腦似乎涼了許多，我被何慶雲叫到了隊部辦公室去。

「怎麼樣，硬骨頭還能撐多久？」他坐在我對面的辦公桌前，戲謔地開口道。對於面前這人，我連看都不願看他一眼，何況，此時我已衰渴到連話都說不出來的程度，焦渴乾裂的嘴唇努了半天，想對他這種卑鄙的手腕提出抗議，想申明，我這叫絕食而不是絕命，

想說「飯是你們給的，為了表達抗議和蔑視，我絕食。但是水是蒼天賜的，我沒有也不可能絕水。」但一句也沒有說出來，反倒是他幸災樂禍的說，「你不是絕食麼，怎麼連房簷水都要偷喝？」

對這種無賴已無需再費口舌，重新閉上了雙眼。良久，他終於開口勸道：「我勸你放明白一點，不要自討苦吃，要知道我們對你有的是辦法，你不過是找活罪受，我勸你不要再去喝屋簷水了，還是吃飯吧，至於你提什麼條件，純屬多餘，鬥爭會開不開不由你決定。只要你今後不再亂說亂動，我們也沒有發

瘋，把你整成什麼樣子，還不是你自己找的，所以，只要你保持沈默，我們不會開你的鬥爭會，這幾天，你沒有說話，你的鬥爭會不是停了麼？」

好一個會下臺階的何慶雲，好一個狡猾的狐狸。

雖然，我絕食開始提的條件答應了，但也只能適用於我一個人，而且還要用封住我的嘴，作為交換條件。不過，到了這種地步我也不想說任何的話！何況何慶雲的承諾，對我也算「小勝」了。我依然閉著眼睛什麼話也沒說。

「這樣吧！你已經整整七天沒有吃東西了，開始吃東西還不能吃乾的，否則腸胃受不了，弄不好會出大問題，今晚我已安排了炊事員為你特別熬了一鍋稀飯，先喝稀飯，把缺的水補充一下，才能開始逐漸進食。」此時他的語言非常軟和，好像又恢復到去年六月三十日，第一次他打開我的手銬時那種態度。

我沒有說話，眼下這個人可不是高德勝，這時我根本開不起口，乾澀的喉嚨好像被黏住了一般。晚上炊事員端了一個小鍋走進我的監舍來，何慶雲早已守候在那裡，屋子裡圍了好些人，其中有劉順森還有蔡先祿，他挨得我特別近。

王德權拿著勺湊過了來要餵我，卻被我推開了，雙手端起那盛稀飯的盅子，卻控制不穩，哆嗦發抖，慢慢喝下那盅稀飯。

稀飯下肚，一股暖流迅速地沖貫著我已僵硬的全身，我想，這時候幾乎要停止流動的血液，開始重新在我的體內流動了起來。

還沒有過半個小時，肚子裡嘰嘰咕咕直叫，我還沒有來得及站起身來，一股水像腹瀉一樣的瀉了我一身一床。何慶雲起身捏著鼻子走了出去。面對著如此失態，我只能閉著眼睛。

接著又是腹瀉，這才真叫對穿對過。比起上一次基三隊來，這一次厲害得多，大約是因為嚴重失水的緣故！

蔡先祿忙著來幫我脫下打髒了的衣服和被褥，順便在我的枕下扔下了一個小口袋，後來我打開看，那是一包他家送來的葡萄糖，我在心底裡默默的感謝這位貌不出眾的人，感謝他的善良，他曾經是虔誠的基督徒，以後每在復活節的那一天，他都要頌讀經文，他常說：「願主清除人們心靈中的罪惡。」

(四) 鬥爭潘朝元

果然，六隊的鬥爭會，並沒有因我的絕食抗議而停止。鬥爭會場已由原來那間臨時糧倉搬到了壩子裡，還專門停下了生產，有一段時間從上午開始，將被鬥爭的對象扭送到院壩裡臨時搭起的台前，整整一天在壩子裡鬥！其模式、喊的口號、方式與鬥爭我時一樣。

我能起床走動的那幾天揪鬥的是潘朝元，潘朝元是當時農場中所關注的國民黨人員中級別最高的人之一，也是農六隊年紀最大，在官方看來最有影響的「歷史反革命」。他既不屑王德權的下流無恥，又不取張清雲的「見風使舵」。

平時一言一行頗有一點「萬古綱常擔上肩，脊樑鐵腰對皇天」的遺風，所以一直受鄧揚光的關注！被他列為重點監視的對象。

他平時言行一貫謹慎，遇到任何事都不急著發言，而是慢慢觀察。但是一旦出口，必「過經過脈」，切中要害，語言精練，這大概是他的文化素養和長達十七年的牢獄生活，積累起來的，因為他經常利用中共言行的矛盾，散佈與政府明顯對立的言論，而又不被抓住，所以當局始終把他看成一個最危險的人物。

例如去年六月二十八日晚上，我和陳力因發表對文化大革命的看法，大鬧農六隊，而遭到禁閉。第二天晚上，工作組仍然繼續舉行各組討論會，討論題目依然是：「你對文化大革命的看法？」這一次蒯處長指名點姓要他發言，開始他一直不願說話，耐不住蒯處長的一再催促，於是，他便講出了如下一段見解：

「依我看，黨中央根本不可能出現絲毫不統一，這道理很簡單，不是說毛澤東思想是放之四海而皆準麼？何況他說統一戰線是一個法寶，對於非共產黨員的人，尚且要團結他們，共同為中國革命而鬥爭，怎麼可能對一起打江山的久經鍛鍊的共產黨人，說他們是叛徒呢？如果誰這麼說，我認為這是對中國共產黨的誣衊，對共產黨的誣衊就是犯法。」

「所以，我認為，我們不能隨便談中國共產黨的鬥爭。毛澤東在《關於正確處於人民內部矛盾的問題》裡，第一條就規定得清清楚楚，他說：有利於團結各族人民而不是分裂人民。人民都不允許分裂更何況中國共產黨內部。至於文化大革命是怎麼一回事，我確實糊里糊塗的，我們是接受共產黨長期教育的，不敢亂說，也不能亂說。」

這一段話講得那蒯處長在旁連連點頭，那周學祝看主持會場的人都在點頭贊許，也想唱一段文革頌歌，又覺得這不是時候。

我與他相處，始於我剛剛到孫家花園工廠第一天，有緣使我們至今很少分開過，我瞭解他藏而不露，秘而不宣的個性，在六隊我不止一次聽他講戰國時期齊魏爭霸中「圍魏救趙」的故事。

對秦始皇統一六國的評價，他講出來的就不是中共文革對嬴政統一六國的肯定，而是講他濫徵民工修長城，築阿房宮，對當年僅兩千萬人口的國家行督責暴政，對無辜老百姓無端殘殺，以為這樣可以保住江山千秋萬代永不變色了。然而，他在沙丘剛剛歸天，陳勝、吳廣便在大澤鄉揭竿而起，劉邦在沛縣聚眾起義，秦王朝便在人民的反抗中，結束了短短十五年統治。

由於他平日待人寬厚，時時站在長者位置上給周圍的人幫助，他年事已高，無論資歷和知識都是六隊的同難中無人相比的，大家都尊稱他為「潘翁」。

他平時作為，被當局在犯人中的耳目收集，何慶雲對那「潘翁」稱謂十分反感，因此就認定他在六隊中處在「坐地使法」和「搖鵝毛扇」的位置，特別受到「關照」。所以繼我的鬥爭會，便把他推上了批鬥會的「主席臺」上。

不過，他畢竟不像我借「申訴」為屏障，常出怨言。開我的鬥爭會，我說的話信手掂來，平日抗拒出工頂撞幹部「違犯監規」的事，不勝枚舉，只消何管教一佈置，向打手班子一交代，便立刻可把我抓出來，打罵齊下或刑具交加，或絕食收場，頗有點死豬不怕開水燙，令何管教感到棘手。

可鬥爭他就不那麼容易了，說言論他並無公開攻擊中共的東西，講他公開抗拒出工，呼喊煽動性的口號，或逃跑就更沒有證據，縱然可根據「語錄」本的條條給他加罪，但要鬥垮他就不容易，所以他的鬥爭會往往以冷場結束。這次何管教經反覆收集，找到三條「鋼鞭」要他在批鬥會上「老實交代」：

第一條是根據當時「中央文革領導小組」下發的檔案，要求各地利用文革的大好形勢，認真清查在管期間的歷史反革命份子，過去沒交代完的餘罪。

何慶雲進行了排隊，認為他極有可能「餘罪未清」。因此，在這次「批鬥運動」中要他主動交代：解放前夕任金華地區行轅主任期間，殺害共軍的餘罪。

第二條：根據周學祝的記載，兩個月前有一天在開晚飯時，因天下了雨，院壩裡地上有點滑，抬飯的炊事員在進入監獄大鐵門時不小心滑倒，隨著抬飯槓子從他的肩上滑脫，盛著滾燙的稀飯桶傾斜著地，巨大的慣性使飯桶幾乎側翻傾倒。坐在蔬菜組最前面的老潘失聲驚叫：「飯桶要倒了。」

被後面的周學祝聽成「共產黨要倒了」！並加油添醋，說當時潘朝元正在讀報，那報紙上正是北京「反二月逆流」的綜合報導，他脫口而出這句話，分明別有所指。

這便成了鬥爭潘朝元的第二大罪狀，叫做極端仇恨無產階級專政，公開詛咒共產黨垮臺！要他在這次鬥爭大會上徹底交代。

第三條：也是根據周學祝的筆錄，當時根據犯人的食油供應，每人每月有二兩菜油，二兩豬肉。炊事員為了集中使用這點油，平時按勞改隊常規每頓都是無油的水煮菜，每週安排一頓油煎菜，被稱為「小牙祭」。

這可是一個月只吃得到四次的油煎菜，所以每逢打小牙祭時，炊事員為了打給每個人的菜儘量公平，所以每瓢菜總要沾點油湯，舀時手中的瓢篩了又篩。

有一次，潘老端著一份剛剛從菜盆裡接過油煎馬鈴薯絲，帶著詼諧的口吻說：「喏，你們說人參貴，我看那李正祥打菜的樣子，真把馬鈴薯絲當成人參鬚了，哎，人參鬚，你們說像不像？」

這句話經周學祝一番製作，變成了在勞改隊吃一頓馬鈴薯絲比吃人參還要精貴，十足反映了潘朝元對現實生活的不滿。

今天說到這些，你未必相信當時監獄裡充滿荒唐，狗腿子挖空心思想立功減刑，到何等卑鄙的程度！

經何管教一整理，潘朝元犯有殺解放軍隱瞞不交代；在服刑期間攻擊黨的「人道主義改造」政策；公開詛咒共產黨早日倒臺，三大罪狀，潘老成了隱藏極深，死不接受「改造」的歷史反革命份子。

「文字獄」是中國封建專制實行獨裁的手段之一，中共的「無產階級」專政建立之初，民國廢棄不用的這種殘忍做法，被各級爪牙濫用，其氾濫遍於中國。文革時期姚文元寫出《評三家村札記》，把文字獄發揮到登峰造極的地步。

歷代王朝中在文字上做文章的著名皇上，便是出身微賤當過和尚的朱元璋，由於忌諱他當和尚的童年，所以對「光」、「禿」一類的字眼十分忌諱。朱元璋起事，曾被官軍稱為賊！做皇帝後，他最忌諱這賊，在官員進表中不能用「則」。

有一次，一位官員上表中有一段文字：「光天之下，天生聖人，為世作則。」他看後罵道：「生」者僧也，「光」是剃髮，說我是禿子，「則」是明目張膽說我當過賊。於是，降旨殺頭。

毛澤東畢竟不像朱元璋這文盲，隨意加以附會，但民間有人說「朱毛聯手」他便硬說是影射「豬毛」來咒罵他。寫他的語錄，錯一個字而落入死獄者何止一人？朱元璋還只限於在官員上表和儒生作文上大造文字獄。

對毛澤東三個字犯了名諱的老百姓受到追查，坐牢的就更「群眾」性了。姚文元、康生等人用筆殺人，使著名中共黨內秀才鄧拓喪命。過去在宮廷裡發生的慘絕人寰勾當，經毛澤東的文革寫作班子一效仿，便成為遍及國中之災了。

像鹽源這種偏僻的山野之地，周學祝這樣的小倀鬼都會根據流放者的隻言片語，牽強附會的拿到鬥爭會上作為鬥爭材料，在全國各地也不知有多少？畢竟是近代，殺人也貼告示，文革期間看到貼出殺人佈告，動輒就是一小批，這些佈告中，根本不以「法律」為準繩，抓住「犯人」的隻言片語，死在倀鬼們製造的冤獄的無以數計。

何慶雲扭著要潘朝元交代「餘罪」就鬥了他三天。那正是我開始絕食以後，鬥爭會的場地離監舍較遠，那幾天，我睡在床上聽不清楚那裡在鬥爭誰。加上王德權的嚴格監視，我也無法知道鬥爭會的全過程。

直到後來，我才聽說，就連「潘翁」這個戲稱，也被說成反革命份子加的「官號」，用來煽動人心之用，被何慶雲一口咬定，鬥爭會變成了對他的逼供審訊。恐怖氣氛，籠罩了農六隊，那幾天人與人相逢，眼色不對都要拿到鬥爭會上追究。

還好，「偉大領袖」，因施政上太不得人心，使皇威「一落千丈」。加上共和多年，共產黨的信條，已無封建皇權那麼大。他的復辟，以及為復辟而恢復的封建時代種種酷刑，施行起來有相當阻力，所以才不至於肆無忌憚效仿古代皇帝的做法。但其玩弄百姓的手段可謂集古今之大成所沒有。

（五）王氏膏藥

從一九六七年四月二十七日，在農三隊召開的那次全場宣判大會後，農六隊便成立了「嚴管組」。何慶雲將平時認為對政府最不聽話，想越獄逃亡的人收進了這個組中，這個組出工時，要集合點數，並由兩名武裝士兵押解外出，劉順森、王世春、劉資元、鄧小祝等人便是這個組最初的組員。在八月批鬥的人中這個組便占了三人，鬥爭會最後一名運動員便是嚴管組的王世春。

雖然這個人平時喜歡信口開河，譁眾取寵，按其人品和素質不是當局特別關注的重點人物，然而他的一段對毛澤東語錄的「評論」，確是別開生面，十分「惡毒」，因此而將他關進了小監，並上報材料至鹽源法院，準備以他「不殺不足以平民憤」的罪惡秋後問斬。

事情翻開一年前的老帳，去年十月份在全隊疏通堰溝的勞動時，他向身旁的人挑逗性的發問：「都說毛澤東語錄靈驗得很，一句頂一萬句，但你們可能不知道，這紅寶書靈在哪裡？」大家都摸透了他的脾氣，為了譁眾取寵經常說一些笑話。便有人逗他說：「王世春，你又有什麼新發現？不妨說出來我們聽聽。」他便做了一個鬼臉說道：「紅寶書，可以燒成灰作毛氏膏藥，也可以口服，包醫百病你們可曾聽說？」

周圍的人都把臉轉向他，尖起耳朵聽聽他說些什麼？王世春見大家的注意力已被他吸引過來，便歪歪嘴做了一個令大家發笑的鬼臉開口道：「江湖人士王世春特為大家開出『寶書一族』藥方，供諸君一試，爾等聽著：有病可以治病，無病可以強身。

你若是害了多年的老哮喘，可以取毛主席語錄一本，燒成灰後用水沖服，立馬平咳止喘，化痰祛寒，每日早晚服用，十天一療程即可以斷掉病根，此方名曰：『階級鬥爭一抓就靈散』；你若患多年不治之風濕老頑疾，則可將寶書灰調入老白乾二兩貼於患處，只消一夜，你抬不起的手，直不起的腰，舉不動的腳，都會靈活恢復如年輕時候一般，此方名曰：『被敵人反對是好事』追風祛濕膏；若不加酒，孕婦則敷在小肚皮上，則可以保胎補血，養陰養血，此方名曰：『好得很，完全不是什麼糟』安胎藥；小兒用來貼肚臍眼，包管他夜不流尿，不哭不鬧，此方又名：『綱舉目張』膏！咳！還可貼在你的丹田上專治陽痿，保管你雄風勃起，此方又稱：『東風壓倒西風』春藥，如此良藥各位不妨都試用一下。」

當時正值文革初潮，打人風初起，空氣已被弄得十分緊張，被他這麼一取笑，大家都哈哈大笑不止。「萬歲」經典，如此嚴肅的禁區，竟被他輕鬆之中奚落無餘。在周圍一片鬨笑聲中，被值班員馮俊伯掏出筆記本記錄下來，當晚即報告鄧揚光。

不過，當時還沒有任何人注意。事隔一年後，卻被何慶雲翻了老帳，指示批鬥小組將王世春推上了鬥爭會的「主講台」。

殊不知，一連三天挨打鬥爭，王世春便招架不住了，立刻在批鬥會上連連認錯，希圖用告饒的方法使鬥爭會不再繼續下去。他說：「那天發生的事，本來在逗大家樂，並沒有想到就此犯下了侮辱偉大領袖的滔天大罪。今後絕不敢胡說八道了。」殊不知他這麼一自白，反倒激怒了主持會議的人。

如此精心組織的批鬥會，豈容幾句認錯就可金蟬脫殼？非但沒有讓他「下去反省，寫出檢查」了事，反而加大了「火力」。

接連幾天的鬥爭，暴拳已使王世春遍體鱗傷，將他的左腳打瘸，腰部打傷，彎著身子，再也抬不起頭來，在拳打腳踢下王世春跪地求饒，聲淚俱下的認了「罪」，一面抓屎糊臉把什麼「想組織監獄暴動」、「組織反革命集團」。這些根本與他風馬牛不相及的屎盆子，都拿來扣在自己頭上，還上挖曾祖父那輩，說他的祖先如何如何對共產黨刻骨仇恨，把死去一百年的亡靈，也請來在鬥爭會上陪他挨鬥，賭咒發誓，再也不敢污衊毛主席了。

殊不知一百年前共產黨還沒有出世，這不明明又讓何慶雲抓了辮子，把自己越套越緊？再次的拳打腳踢，逼著他寫了一個洋洋五千字的「交代材料」。承認他是六隊中最最狡猾的反改造份子，而被戴上刑具下到小監中，聽候「秋後問斬」。

直到三年後，林彪事件發作，對「毛主席語錄」在犯人中清查時，他才從小監中活著出來。

第四節：牢卒子們的內鬥

一九六八年十一月份，「鹽源農牧場的革命委員會」經過一年多的磋商後宣佈成立，「革命委員會」主任是一個從西昌軍區派來的文革領導小組成員，本場一個取名為「紅色造反總部」的頭目，叫林高明的人當上了革命委員會副主任的角色，原來農場的領導幾乎全部靠邊站。

高德勝消失了。聽說，他進了「毛澤東思想學習班」，在騾馬堡被關在牛棚裡接受「監督」勞動，李培連也在那裡。

在宣佈革命委員會成立的大會上，原任西昌勞改大隊隊長段其豐，親自為成立大會佈置會場。從八月鬥爭系列會一直沒有露過面的鄧揚光站立一旁，成了為新上任的革命委員會主任講話時，端茶送水的服務員。

（一）林扯高鬧劇登臺

「革命委員會」成立以後不幾天，那位新上任的革委會副主任林高明，便親臨六隊為重刑政治犯作「形勢和政策」報告。

這一次，我親自看到了這位幾次交過白卷的農校中專生的「風采」，也看到了靠邊站著等候進入三結合領導班子的段其豐對林主任的恭維。

八點多鐘，就在院子裡平時開鬥爭會的地方擺著一張桌子，鄧揚光畢恭畢敬的宣佈報告會開始，請場革委會副主任林高明為大家宣讀中央文件。

林高明昂著頭很神氣地從鐵門牆角處走出來，坐在段其豐專門給他端來的靠背椅子上，鄧揚光為他端來了茶杯。等他入坐後，兩個戴著紅袖套的年輕人，也從那隊部辦公室走了出來，並站在林副主任的身旁。

我猜兩個青年人，多半是林高明的「保鏢」，一身軍服，標準的紅衛兵打扮，這大概算是我第一次看到的紅衛兵了。

此時，我只能憑外表來判斷這三張「陌生」面孔，年輕挺威武的，像在哪兒見過？我突然想到了近代京戲！那打扮不正是臨摹舞臺上的麼？不過，當我再去看看那站在一邊的段其豐和鄧揚光時，腦海裡頓然閃出了三個奇怪的字：「走馬燈」。

時隔大約半年，原先的主角變成了跑龍套的，而新主角又換了新演員。

「今天向大家宣讀中央文革領導小組的最新檔案。」林高明拉長了嗓音長聲悠悠的宣佈報告會開始。這種顯示氣派的方法又不知是從哪裡學來的？想了一陣，便立即想到，每天廣播裡傳出來的副統帥就是這個聲調？不過，他這麼一開講顯得怪彆扭的，我的身旁響起了一陣輕微的笑聲。

「在宣讀檔案之前，讓我們打開毛主席著作，先來學習一段毛主席的指示。」林高明頓了一下，壩子裡立刻又鬨起了一陣笑聲，而他卻用威嚴的目光鎮壓了這笑聲。「毛主席的湖南農民運動考查報告是一篇光輝照人的著作，誰又在笑？真討厭！這些反革命！」他又停了一下，用眼向會場裡搜索著。但沒有看到是誰，於是便朗聲的繼續讀道：

「農民在村裡造反，攪動了紳士們的甜夢，鄉里消息傳到城裡來，城裡的紳士立刻大嘩。我初到長沙時，會到各方面的人，聽到許多街談港議。」

又是一陣哄笑，林高明停頓下來，他暗自想：這也真彆扭，平時說順了的字，怎麼同這上面寫的字就不同了呢？比方說這紳字怎麼是這樣寫的？甜字怎麼寫成甜。巷字怎麼變成港了呢？大致自己都被弄得莫名其妙，讀起來怪拗口的。

所以，也就不好再「鎮壓」下面的笑聲了，只好拗著口繼續讀下去：「從中層以上社會至國民黨右派，無不一言以蔽之曰：『曹得很……』」他突然中止了，覺得特別難讀，平時在嘴上背誦的「順口溜」讀起來怎麼一下子全走了樣？一瞬間會場上再次發出了一陣笑聲。

鄧揚光慌忙地走過來，附在他耳上輕輕說了幾句，顯然在提醒他讀別字的地方，這使他非常難堪，逗了這些犯人一笑倒也無所謂，需知毛澤東的著作，一字一句是萬萬改不得也錯不得的，就在這些剛剛倒地的走資派中，就有許多人因竄改毛主席語錄的。而這些犯人中，恐怕少不了因曲解毛著或撕毀語錄而被打被關。

自己不是當著造反派的「同志們」面，一再宣誓不折不扣的按毛主席的指示辦事麼？但是這錯別字，如果碰上了關鍵字一錯，就是事關「問罪」的原則問題了，豈不嚴重？想到這裡，面對鬨笑不止的會場，他的臉上浮現出了一層難看的沮喪。先前開場時那種神氣活現的表情頓然消逝了。

然而，這又怪誰呢？毛主席不是說，資

產階級教育路線應當批判麼？不是說越有知識越反動麼？不是說最為乾淨的還是大字不識的工人農民麼？讀幾個錯別字，不正好表現出那很「純」，很「乾淨」的勞動人民本色麼？勞動人民本來就是大老粗，去他媽的「本本主義」。

想到在學校讀書那會兒成天玩耍，師道顏面掃地了，苦讀正被批判！「萬般皆下品唯有讀書高」，早成了過街老鼠。文化大革命來了，拿著紅本本搞「批資產階級學術權威」，抓出老師喊打倒「臭老九」，那真帶勁，自己雖讀到中專！還是覺得不學為好，學了既苦，反而成了「革命」的對象！

而今雖如同文盲，不過這也並沒有什麼不好，出了校門，拿著紅本本，奔全國，搞串聯，背誦著那上面的「經典」，也並不去弄清那上面寫了些什麼？

「奪權」靠的就是權術和出生成份，今天混到了這種地步，當上了這麼大農場的副主任，還不正是靠著在軍內的老漢和造反派兄弟們的支持？他腦海裡這麼一想，又恢復了先前那種神氣活現的樣子。

然而，當官也真不容易。首先，要讀從上面轉發下來的檔案，做報告、寫文章可就不像「串聯」、「奪權」那麼痛快！過去，不顧一切的去抓別人的辮子，就是鑽「當權派」不讀毛主席書的空子。現在讀錯了一句毛主席語錄都要被打翻在地，再踏上一隻腳。

座位打了一個掉，方才知道：「其實，讀書沒有用心還真碰上了今天這種麻煩！」

看來，為解眼下的尷尬局面，只有把手中的那紅本本關上，講自己已經熟悉的行話。

於是，他便將手中的紅寶書輕輕的扔在一旁，左手撐著下巴開始用他熟練而粗魯的口氣訓話：「我聽說你們當中有他媽幾個老混蛋，老反革命，頑固堅持反動立場，看不清今天一派大好形勢，硬要雞蛋碰石頭，同偉大共產黨對抗！以為自己那條命碰你一下濺你一身蛋黃。」

「聽說還有幾個大學生，特別囂張，讀了幾天臭書便『扯』高氣揚！你們哪一個敢站到這裡與我較量一下？老子不把你那『扯』高氣揚的勁頭打掉，教你永遠不再『扯』高氣揚，我就不姓林。」

說著便站起身來把他的皮衣向兩邊撩開，露出了別在腰上的槍套。先前臉上一時泛起的尷尬頓時一掃而空，代之以一副橫空出世的「氣慨」。

他這一番話中將「扯高氣揚」四個字讀得特別的響，將十二萬分的反感和仇恨都落在對他的奚落和挖苦上。

但是我想笑卻笑不出聲來了，這小子太狂，扣人帽子用了「成語」「趾高氣揚」卻沒弄清它的本意！同時還將趾字讀成了「扯」字！這一字之差便使這成語成了不類不倫！趾！指的是名詞和器官，而扯則是動詞，而今這中專生竟用來挖苦面前這些衣衫襤褸的囚徒！這味道有多酸卻是品不得的。

也罷！既然他喜歡用這個詞，並深惡痛絕這種對他藐視和不恭，就用此作了他的「雅號」吧！於是六隊給他取了一個方便大家都好稱呼的綽號：林扯高。

然而，尼姑坐不穩法台！

林彪事件敗落以後，他便從革委會副主任的寶座上迅速跌落下來，並被分配到農六隊當一名普通的管教幹事。在以後的幾年中，我目睹他怎樣借六隊的張錫錕「反革命」重案，用無辜者的生命染他的紅頂子，讓他東山再起，一度又奪回了他失去的權力。

接著又被他的「同志們」重新推下臺來，直到九年以後，毛澤東命歸黃泉，文革收場，他的政治賭注也跟著全部輸光時，還癡迷到進入駐軍營房偷取槍枝，逃往毛牛山，揚言要「繼承毛澤東的遺志走井崗山的路」，最後以「上山為匪」的罪名被他的「同志們」送進了大牢，這是後話了，本文在以後章節中，還將繼續寫這個小丑的故事，給讀者一個完整交代。

六十年代，瘋狂的奪權運動使這些沒有靈魂的人渣，在「革命」浪潮中沉浮，出現林高明現象，全國十分普遍。他們是一批獨裁者手中的槍手，在被高層玩膩後，便拋在一邊，後來帶著他們一起殉葬！

他的訓話完畢，對擺在他面前的檔案看了看，也許意識到像他這種文化程度，萬一將檔中的關鍵用辭讀錯，被他的同事們抓住可不得了，因讀錯語錄而被抓進監獄的事，他親手就辦過好幾個案子，他明白周圍那些想打他主意的人正緊緊盯著他。於是他把它交給了守候在旁的鄧揚光。

一貫主持會場的鄧揚光正巴望著靠攏造反派組織，從被打倒的泥潭中早些「解脫出來」，見這位革委會副主任新上司如此賞識自己，便畢恭畢敬接過「林主任」遞給他的檔案。他明白這樣重要的事派給了自己，已經證明被打倒以來，他向新的權力靠攏了一大步，官復原職是指日可待的事，這叫做革命的「歸隊」。

可知，他在失去權力的一年中，受過不少的委屈和奚落，像他這種人不可一日無官位的，怪不得他今天態度這樣謙卑。

接過檔案端坐在方才林主任的位置上，清了清嗓門，他一字一句地宣讀：「關於在鹽源農牧場成立革命委員會」的決定。

當宣讀革委會成員名單中讀到林高明的名字，鄧揚光用一種說不出的目光，向坐在一邊的林高明致意。

革命委員會的誕生，表示毛澤東導演的宮廷政變已向政權基層擴展，文革兩年了，在奪權中失勢的人們正盼著這場「傀儡戲」的收場，這對於置身其外的我們，只冷眼旁觀小丑們鬧劇，並無任何興趣。

閻王殿裡誰做閻王，小鬼們都是上刀山下油鍋的料，「災害」年代，我們大量死於飢餓，而文革期間又大量死於棍棒和殺場。文字獄肆虐著中華民族！表面看太上皇用一種仇視知識份子的面孔，依靠像林高明這樣的連一個檔案都讀不下去的「文盲」們。

從那次大會以後，林高明開始取代了原來的何慶雲，暫時成為六隊的主管幹事！不過，尼姑坐不了法台，林高明的「主管」官運並不亨通，僅僅二年，便又重新被何慶雲奪了過去，並由此而演出了一場場笑劇！

我在下面講述的故事，與官方檔案裡記載的不同，這些事，反應當時社會關係進一步被扭曲的真，作為文革的特寫，它們更真實的揭示了這個執政黨的又一段歷史。

其實文革初潮，無論是老當權派，還是躍躍欲試的奪權派，誰也沒有摸清這場宮廷政變的本質和毛澤東布下的遊戲規則，大家都直覺到風向陡轉的形勢，崗哨上和隊部這幾天異樣的變化，沒有人給我們傳來準確的「內部消息」，須說是一牆之隔，隊部那邊傳來的追殺聲和慘叫聲，誰也說不準那裡發生了什麼事……

（二）「好人」打「好人」

一九六八年大約十月初的某天晚上，大約九點鐘，我們聽見隔牆的隊部辦公室過道上，傳出了一陣陣吶喊聲和棍棒相擊的聲音。監獄的大門突然打開了，我們看到了滿臉是血的張事務長，正手提一根被打斷的青槓棒，從圍牆拐角處閃身而出，向那打開的鐵門狂奔著，在他的身後緊緊追趕著四個士兵，狂喊著：「抓住他，抓住他！」一齊跟著張事務長撲向大鐵門外，消失在夜幕之中。

大約五分鐘左右，通往場部的那條下坡機耕道方向，傳來了幾下清脆的槍聲。接著，童幹事以及新來的高歡，一齊從隊部辦公室向大監門外跑了出去，何慶雲關上了監門，暫時又什麼也聽不見了。

到了第二天便聽見住在養豬場的蘇代卓

說：「昨晚張事務長被打傷了，現在住在醫院裡性命難保。」大家議論開了，問炊事員，張事務長什麼事得罪了當兵的？他也含含糊糊說不清。

只說六隊今年自己餵的過年豬，推說過年要自己殺的，拒絕駐軍要一頭豬的要求，前幾天就在幹部小食堂裡吵起來了，那些當兵的是「支左」派，誰惹得起？吵架時候，當兵的就揚言要收拾張事務長，叫他小心點。

但是，我們想不到就因此動刀動槍的殺起仗來。當然，當兵的又全是新兵，二十歲左右的人，本來其中大部份都加入過紅衛兵，現在又是毛澤東最最信任的支左部隊，就憑著手裡的槍桿子誰敢違抗他們？

不過，獄吏對囚奴作威作福，並沒收斂，因而加大了對關押囚奴的任意打罵。從六八年的開始，他們重新規定了一套對犯人更苛刻的「報告」制度。

白天出工收工，一律都要向崗哨上「報告」，沒有得到他們的回應誰都不敢動一步，凡是他們認為稍不順眼或違反了規定的人，都會拉到崗哨下面的「反省圈」裡，罰站並被拳打腳踢。有一段時間白天站在那裡挨繩子的人幾乎天天有，六隊院壩裡一時鬼哭神嚎。

當時分管蔬菜組的，是同我們一起從甘洛調來的湯幹事，我們早已風聞，他原是國民黨部隊的起義投誠人員，對於像他這種歷史背景的人怎麼會被留用於監獄成為一個管理犯人的幹部，我一直不清楚。

因為在戰場上受傷，他的右眼被打瞎，左腳被打斷，平時總是戴著眼鏡，走路也是一跛一拐的。大抵正因為與同事相比他自覺矮人三分，所以平時對我們還和氣，當時我們因為一直吃不飽，偷吃生蘿蔔、黃瓜是常有的事，他看見了也要把臉背過去，裝著什麼也沒看見，平時常幫著菜蔬組做些力所能及的事。

正因為這樣，我們一直對他都非常尊重，不同他頂嘴，也不做使他感到為難的事，只因為他手中的權力太小，事事處處他都要小心翼翼，有幾次我因為肚子痛，向他請假去醫院看病，他都回絕道：「你去找何幹事吧！」

知道他膽子小，我們再沒向他請過假，只是偷偷的到醫院看病，即使抓住了，也只是說「我自己來的」便與他無關。

然而崗樓上這些當兵的，卻一直對他呼來喝去，把他當奴婢在使用，最令他為難的，便是冬天對他們的蔬菜供應。

一到冬天，嚴霜和西北風使二道溝地區的菜地裡，再不會生長新鮮的蔬菜，農六隊大約五畝靠著水塘的菜蔬苗圃地，冬天靠那水塘裡積存下的死水，維持著蘿蔔、大白菜過冬，這些數量有限的鮮菜靠用炭灰「護兜」，稻草「護頂」，僅能滿足幾個幹部的供應，冬天犯人們吃的，全是夏天曬製的乾菜。

按照場部和駐軍在建場開始時所訂的「協議」，駐軍的蔬菜基本上由他們自己生產出來，場部為他們專門劃出了一片土質最肥沃的菜蔬地，還向他們提供需要的菜種和菜秧，不過，這些剛剛脫下千巴萬補的破衣裳，剛剛辭別「糠菜半年糧」的農家子弟們入伍以後，一穿上嶄新的軍衣，吃上優質伙食，用不了多長時間便忘掉了原先是老幾。

尤其以打砸搶為能事的「中學生」，習慣了拿來享用的習慣，那由場部劃給他們那片最肥沃的蔬菜地，經常長滿了亂草無人照料。

他們所吃的蔬菜基本上都是從鹽源縣城，甚至從兩百里外的西昌城裡用車拖回來的，然而駐軍們常嫌菜不夠鮮，特別在隆冬季節很少吃到蔬菜時，便向場部攤派，農六隊的駐軍把手直接伸向槍桿子底下這六隊「隊部」，於是每年從秋天開始，崗樓上的士兵對「鮮菜」的需求，便成了隊部最煩心的事。

那不到一個班的營房駐地，不知有什麼不可洩露的東西，平時絕對禁止囚奴們進入的，送鮮菜的活最先指定由守苗圃的夏守愚承擔，後來又改為菜蔬組長賀春濤，總之由老管親自選定的人來完成。

一九六七年以後，給營房送菜的差事，全落到了湯幹事一人頭上。我曾不止一次看見他背上一個小背兜，跛著腳一瘸一拐的爬上那通向崗樓的梯坎，為這些年輕人送菜上去，冬天菜枯，於是他每天都要爬上梯坎，好像是這些士兵的勤務兵。

這些士兵卻很以為自得，不管地裡已砍不出什麼鮮菜，湯幹事心中一百個不情願。但支左時期，場裡的科長們，尚且要被挨整，何況他？也只能在背地裡咕嚕道，「一個個年輕力壯的，不但挑好吃的要，自己吃的菜還要給他們送到手邊。」

雖然這麼說，在槍桿子下面只好規規矩矩的服從，忍氣吞聲的承擔這個誰也沒有指派他的任務，宛如當年日本佔領時候的皇協軍，強迫維持會的村長，完成交給他們的攤派一樣。

守苗圃的犯人叫夏守愚，其窮兇極惡不在周學祝之下，當時六隊常住在外守棚子的僅只他一人，為了經營苗圃這個他個人的安樂窩，這個老傢伙手段之一，便是千方百計討好這些橫不講理的兵大爺。為了投這些士兵的好感，他專給他們供平時缺稀的菜。有時候幹部食堂都吃不上的菜，而在士兵的「伙食團」裡卻應有盡有，不但品質好，而且經常不計秤。

為了防止囚奴擅自撞進他的領地，夏守愚專門沿水庫，用竹片做了一圈欄杆，整個苗圃地留著兩道小門，一個通向六隊，一個通向場部，誰如果擅自進入他的苗圃，公開毀掉他小門的人，都會被老管門押到六隊壩子裡崗哨下的「反省圈」裡，挨他們的鞭打。

有一次快過春節了，因為苗圃地裡還留著大約只有三厘地的芫荽和小蔥，上面蓋著厚厚一層穀草，隊部向夏守愚打了招呼：「這點斟料，是留給幹部食堂過年的，沒有經隊部批准任何人不得私自取用。」

這事很快就被崗哨上的士兵知道了，開始還用命令的口氣，攤給湯幹事為他們辦點小蔥和芫荽，湯幹事回答說「苗圃裡已沒有這種菜了，你們不如到西昌採購」，想不到兵大爺自己跑到苗圃地裡，很快找到了那片芫荽地，便毫不客氣的將僅剩的全部挖淨。

湯幹事趕來問是怎麼回事？那士兵卻向湯幹事喝斥道：「你不說苗圃什麼也沒有嗎？姓湯的你還是識相點，否則有你好看的。」

那湯幹事明知是夏守愚串通了老管們幹的，卻並不敢去責問夏守愚，而是朝著挖得亂七八糟的泥土嘀咕道：「這哪像解放軍，簡直比土匪都不如。」

這叫一報還一報，槍桿子裡出的不僅是政權，更出霸道，獄吏們也有被欺侮的時候。

(三) 高歡和童管教

自從六隊的鬥爭會中止以後，「軍管時期」到了。

張事務長的挨打，只是我們所見到的第一幕，自嚴管組建組以來，新來的高歡因特別對犯人下得了毒手，所以分管了嚴管組，這人同古柏中隊的李鐵臉都是北方人，沒有其他的本事，就是打人很下得了手。

那時每次嚴管組收工回來，都有人因各種雞毛蒜皮的事被他叫出列，站在崗哨下面「反省圈」裡，免不了挨他一頓毒打。特別是他那厚厚的軍用皮鞋，鞋尖處釘有鐵塊，被他踢過的人，要青腫幾個月才會消。

短短不到一年，在他腳尖下受傷的人，不會少於十人之多，故有外號人稱高鐵腳，然而，他的鐵腳也只能在備受凌辱的流放者身上逞威。

一九六七年十月的一個夜晚，晚上值班點名的正輪到他，按照往常的規定，他應當拿出點名冊，一組一組點名，清點人數確已到齊，才可下令解散，各回各的監舍就寢，後來有相當一段時間，值班的人為了省一點事，點名改為各組報數，各值班員只要清點本組人數到齊，便可報告值班幹事，由值班幹事發令解散。

既然「規矩」經過修改，這高歡自不例外，點名時並沒有帶點名冊，叫各組值班員自己清點人數。

當晚壩子裡響過報數聲後，中隊值班大組長馮俊伯向高歡報告了人數，他解散的命令剛響過，立即從崗樓上射下了一束白熾探照燈，崗哨上傳來一聲西充口音的大吼：「誰叫你們解散的？」

聽到這一聲吼，站在燈光下的犯人誰也不敢動，每個人心裡明白，在這段時間裡，誰如果違抗這些當兵傳出來的喝令，就是被打死也只能自認倒楣。

大家靜靜的觀察這高歡如何解決這種尷尬局面，只聽見那探照燈的背後另一個人又大聲吼道：「姓高的，幹啥吃的！晚上點名不帶點名冊，這就是你的工作態度？政府的工資就那麼好拿嗎？你這種馬馬虎虎的工作態度還配稱得做管教幹事？」那話音聽來幾乎像打雷，其語氣的尖銳同管教們平時對犯人的訓斥幾乎一樣。

那高歡被崗哨上傳下的命令喝住，平時那種對付犯人的威風勁此時不知哪裡去了，在探照燈光下站在那裡發呆。好一會，喃喃的向崗哨上的哨兵解釋道：「以往都是這樣清點人數的。」那崗哨上頓時發火道：「你還有什麼理由嘴硬，要不要你們管教科長向你說話？」

高歡心裡明白，站崗士兵哪有資格來管幹事們的事！這不等於爬到我高歡頭上拉屎嗎？當著這兩百號犯人朝我臉上吐口水，我這臉往哪兒擱？

沒想到他一點都沒有發脾氣，而是順從那士兵的命令，低頭一聲不吭向大門方向走去，不一會他取來點名冊，開始點名。

不過，那點名的聲音在顫抖，在槍桿子逼迫下點名，夠他銘記一生的。

解散後，大家回到自己的監舍，靜靜地聽那隔牆隊部辦公室有什麼動靜。按照我們的估計，平時那麼兇狠的高歡，不可能無緣無故受這一肚子氣而善罷甘休的，他回到隊部必會搬出救兵，狠狠地教訓那哨兵一頓。

可是我們想錯了，當時隊部靜悄悄的什麼反映也沒有。

第二天高歡就從六隊消失了，再沒有露面。為這件事六隊曾經議論了很長一段時間，有人說高歡本來就有軟處被支左部隊抓住，又有人說他去場部告狀提出辭呈再也不回六隊了，但這種明顯的黑吃黑竟被流放者目擊，共產黨不就講一個權嗎？誰在權力鬥爭中占上風，誰就贏得一切。

嚴管組的人不少人挨過他的踢，至今還留著傷痕，便齊聲咒罵這高鐵腳。

從此以後，晚上清點人數的「制度」又換了新方式，除按往常那樣站隊集合，還要由值班幹事按點名冊點名完畢，才由值周犯人大組長，向崗哨上報告當晚在監的總人數，等到崗哨上值班的哨兵回答一個「去」後，點名才算完畢。

如果那天碰上的那個哨兵情緒不快樂，存心刁難，在向他報告了人數後，卻遲遲的不喊出那個「去」字，那麼全體人員，包括當天值班的幹事還要傻呼呼站在那裡陪那士兵，被人捉弄慣了的流放者，早已對這種捉弄習以為常，然而這不明擺著欺侮到獄吏頭上了麼？

沒過幾天，晚上當班的是童幹事，六隊八名幹部中數他最年輕，調來農六隊後，同其他幹部素無來往，在六隊兩年多，只知道他下班後別的地方哪兒也不去，常一個人上水庫釣魚，誰要有事找他，在水庫上準會找到他。

「文化大革命」鬧得沸沸揚揚，唯獨他哪派都不介入，我們聽說，他是場部的一名「逍遙派」，自從張事務長發生意外後，六隊就把事務長的工作分給他管。

那天晚上他仍按原來的老規矩，晚上學習後，他空著兩手走到院壩裡，當天值班的代朝謀，口令集合以後，他漫不經心說：「各組清完人就解散吧！」代朝謀猶疑了起來，站出列，悄聲把現在點名的規矩向他講了一遍，但他喊道：「你在講什麼呢？我聽不清楚，別哆嗦了，白天勞動了一天還沒有累啊，報數！」

各個組七零八落的報完數，完了，童幹事一聲解散的口令剛響過，崗樓上果然響起嚴厲的苛責聲，又是那個固執的西充佬，此時帶著怒不可遏的語氣大喝道：「站住！怎麼，規矩不懂麼？又要復辟麼？」

但是童幹事根本不理他，一面向大家擺擺手，一面好像沒聽見似的，扭頭朝監獄的大鐵門方向大步往回走。所有的流放者並沒有散去，而是站在那裡，看看這場神仙仗又會怎麼結果，西充佬怎麼對付這個「逍遙派」。

崗哨上的探照燈立刻打開了，燈光的光束死死地跟著童幹事，「站住！站住！」西充人氣急敗壞地吼道：「回來，不然老子要開槍了！」童幹事停住了腳步，回過頭去對著探照燈射出的地方平靜回答道：「要幹什麼？」

「老子要你懂規矩，重新點名！」西充人在上面繼續咆哮道。不料，這位平時很少說話的童幹事抬起頭來，朗聲哈哈大笑，只聽他說道：「什麼玩藝兒，也不照照鏡子你算老幾？」話音剛落，身體已經走出了牆外的拐角處。

緊接著輕脆的衝鋒槍聲響了，一梭子彈打在對面小監的圍牆上，爆起了一股股飛濺的泥灰，探照燈光映出一股青煙，空氣裡散發出一股濃濃的火藥味！

隔著牆辦公室那邊傳來了喧譁的人聲，剛從場部調到六隊的最高行政長官，軍事代表林原喊下了崗哨上那個西充人，那西充人拿著手槍，惡聲罵道：「不按規矩辦事，老子一槍斃了你，你又把老子怎麼樣？」

那童幹事毫不示弱，回敬道：「量你小子沒那個狗膽，我可不是高歡。你小子可是狗拿耗子多事，你以為你是什麼人啊，你不過是一個普通當兵的，現在敢不敢把你的槍再對著我開一次？」

此時，崗哨上站著所有的哨兵，好像一觸便要爆發火拼似的。

又過了一會，大鐵門外響起了汽車喇叭聲，看來警方和獄方的高層人員聞訊趕到了，牆外的爭吵聲一直持續到第二天早上。

第二天依舊是童幹事值班，表面上仍同往常一樣，就是嚴管組這一天卻沒有出工，因為哨兵說他們今天沒人帶隊，嚴管組樂得休息一天。

晚上清點人數時，童幹事還是昨天那若無其事的樣子，按照報數的老規矩點完人數以後，便向當天值日的組長周學祝努了努嘴，示意他向崗哨上報告人數。

以後點名就按照這個方式進行下去，看來這是雙方經過一天一夜的爭執達成一個新「默契」，既沒按士兵們的規矩辦，又表示尊重警方的存在。

只是犯人們多等了幾分鐘，增加了一道犯人值班組長向崗哨報告的方式，像這種神仙打仗倒楣的總是犯人，但獄警雙方這種逞強好勝，弱肉強食的法則在文革期間多次引發武力衝突，他們本就沒有什麼統一可言。

我們從這麼一點小事上，看到全國引發武鬥血案的起因，原來就這麼簡單。如果那一天童幹事和西充人再發展一步，難保不會有一場新的血案在六隊演出。

為了毛澤東政治上的需要，全國此時也不知有多少年輕人，因互不相讓，殞身在大大小小的武鬥戰場上。

這段日子裡，無論是白天和晚上，我們都常常聽見不知何方傳來的槍聲。

(四) 紅衛兵「墳」

一九六八年十一月下旬的一天上午，我們正在蔬菜地為剛移栽的菜種地施水時，聽見農六隊山樑背後，從鹽源方向傳來了密集的槍聲。槍聲越來越近，還沒到十點鐘，中隊長郭川小跑到蔬菜地裡傳令大家馬上收工，回到監舍後，大鐵門便被上了鎖，在壩子裡巡邏的士兵，喝令我們，不得在院壩裡閒逛、偷聽。

那時，隊部辦公室靜悄悄的，好像幹事們都出去了，直到吃午飯時，也沒有看到一個人影，到下午三點鐘，羊圈方向槍聲大作。

自從四月，六隊連續兩個月輪番批鬥會後，我們便籠罩在恐怖的氣氛中。這天下午，我們被哨兵攆回自己的監房後，劉順森向我遞了一個眼色，我便按照往常的約定，進了廁所。

今天，廁所裡一個人都沒有，我們倆選取了兩個相鄰的蹲位蹲下後，他告訴我：「揀糞的人帶回最近北京發生的最新消息，毛澤東與劉少奇火拼，劉少奇已被暗殺，楊尚昆已發動了兵諫。」他一面說，一面將一捲發黃的紙塞在我的手裡，那是不知哪一個造反組織散發的傳單。

北京發生越來越公開的內訌，我們早有傳聞，劉少奇是否被人暗殺，楊尚昆是否因發動兵變而被拘捕，這些並不重要，何況，在我們這種被嚴密封鎖的情況下，在共產黨徹底垮臺以前，我們永遠都無法弄清楚這些消息的真實性，何況弄清這些消息的可靠性有必要嗎？

我們最最關心的是，毛澤東的獨裁已到了眾叛親離的程度，他的統治和開創的獨裁統治，究竟還有多長的壽命？在行將滅亡時，我們該怎麼辦？

我們倆進監獄時，都還二十歲，單純而又幼稚，入獄不到十年在煉獄中重新認識中共，但我們還不成熟，在這種複雜形勢下，單憑一腔熱血同專制主義去拼，還遠遠不夠。

曾幾何時，監獄裡一陣打人風就使一切都變了。現在恐怕像王世春那樣公開講「毛氏膏藥」笑話的人沒有了，我也不會像去年六月那樣在禁閉室裡公開吼「天都快亮了！」我們是否應在自己的思想上加以修正，否則你我死絕了，這筆中共所欠下的債由誰來清算？

我們都深深陷入了沈默之中。

那天晚上，大監鐵門緊緊的關閉著，下午離開這裡的幹事們好像並沒有回來。晚上九點鐘，也沒有按往常那樣，集合點名。只聽見崗樓上傳出了哨兵的命令，「各組清點人數，回房睡覺，晚上不准出來走動。」表面上看，很平靜的夜裡，一種說不清的危險不知潛伏在哪個角落裡。

大約十二點鐘左右，與我們一溝之隔的農一隊響起了密集的槍聲，接著就是一陣陣的哀樂，我估計就在附近，今天發生了大規模的武鬥。如果那哀樂是在給武鬥中的死者送行，那麼那槍聲是在為死者致哀了。

哀樂持續到了第二天，第二天農六隊依然閉門不出工。直到下午才看見幹部們回來了，他們神情疲憊，衣袖上戴著白花……

幾天後，本組派出去揀糞的蕭弟良悄悄告訴我，鹽源地區爆發了大規模的武鬥，從西昌開過來的全副武裝的紅衛兵造反兵團，與鹽源地區的保皇組織，在鹽源縣城裡激戰了兩天兩夜，死傷無數。

他看見那天下午五點鐘左右，從鹽源縣城開出來一支足有七八輛卡車的車隊，逕直開到了本農場農一隊大門口。這時天已黑了，護送卡車隊是十幾名全副武裝戴紅袖套的年輕人，沿農一隊進門處的過道上還布了若干的崗哨，監視著漆黑一片的野外。

車隊進入農一隊的大門後，從車上卸下了好多用白布裹好的擔架，當晚在壩子裡用綠色的帆布，搭起了一個巨大的棚帳，並在裡面設下了靈台。然後，在森嚴的戒備下，將這些白色的擔架抬進了靈堂裡。這些白布裹好的屍首，就是那天在鹽源的武鬥中「犧牲」的亡靈，靈堂裡奏起了哀樂。

從第二天開始，幾十名被挑選的就業人員，在武裝的紅袖籠監視下，就地挖了兩個大坑。坑挖好後，那些屍體就被安放在裡面，上面壘起了高三米的大墳瑩。留下一個坑，大概是供下一批武鬥犧牲者用的。已經落成的大墳包周圍，插著用鐵皮和木牌製作的靈牌和輓聯，上面寫著死者的名姓，和「以血還血」、「討還血債」之類的標語。

從此以後的一段時間，農一隊的大壩子，便被紮紅袖籠的年輕人武裝看守著，平時不准任何人進去。

大約又過了一個多月的一個夜晚，那裡又一次響起了槍聲，一支不知從那裡來的紅袖籠，夜襲了這處墳地，據說是曾與他們發生武鬥的紅色造反組織，揚言要「踏平」這個山頭，挖出被埋的人，用他們已經腐爛了的屍體，去祭那場血腥戰鬥中被打死的戰友！雙方又一次血染了這個山樑。

嗚呼，在這種「和平年代」裡，究竟有什麼血海深仇在雙方心中解不開？難道他們連自已被人操縱，都不曾絲毫察覺？難道他們在打著誓死保衛他們領袖的時候，卻沒有好好想一想，這個領袖給中華民族帶來的除了空前的災難，貧窮、飢餓、同胞相殘殺外，什麼也沒有嗎？

而今這些愚昧的死者找不到一處墓穴，他們的亡靈在這荒郊野外徘徊，擔驚受怕！

我替這些死去的年輕人悲哀，可知道曾辛辛苦苦撫養他們成人的母親，聞得他們的兒子竟落到慘死武鬥場的下場，會怎麼傷心欲絕嗎？

中國年輕一代的人性怎麼會泯滅到這種程度？他們那強烈的復仇心怎麼會落到與自已相同命運的同胞身上了呢？這難道是中華民族的災難麼，它的後果會是怎樣呢？

想到這些我感到了恐懼，我一定會在今後的無數夜晚中，做著相似的惡夢！尤其是，我怎麼都沒想到，差不多就在這同一時期，千里之外我的弟弟被造反派無緣無故的害死，我的母親因此而投塘自殺，我的家正處在毀滅中……

我們曾住過羊圈反省室背後的那山頭上，

原來是一片稀稀拉拉的松林，我們常常在這裡鏟草皮積肥。就在這一段時間，場部發了通知，禁止我們在那裡出入。後來，每當我們聽到從那裡播出的哀樂聲，便知道，那裡又增加了一片新的墳地。近段時間，那裡傳出的哀樂聲隔兩天就有一次，場部的幹部們真不知犯了什麼煞星，怎麼在短短時間內接二連三的死去？——兩年以後，當那山坡靠堰溝的土地上種上了蘋果樹，我們去那裡栽樹，有機會再去那裡，結果舊貌換了新顏，原來稀稀落落的松林中，生出了幾十個新墳墓。

從那些墓碑上的記載，知道這些墳墓的主人都掛著政委、指導員、幹事等等頭銜、年齡都在三十歲上下，這些死者雖談不上哪一級官員，但畢竟是「高踞」在我們之上的「國家幹部」。

墓碑上還記載著他們「悍懷毛主席革命路線」，因公殉職的事蹟。

可惜這些死去的人到死都不明白，自己在中國的專制主義復辟的巨大災難中，充當了可鄙的犧牲品。甚至於其中許多不悟之徒，在武鬥被槍殺時還狂呼「保衛毛主席」的口號。

第五節：軍事管制——打人狂潮

當然，神仙打仗五類更遭殃，在造反派們對監獄中大大小小當權派實行打倒在地時，又以更窮兇極惡的方式對付高牆之內的「政治犯」，除了用各種藉口動輒對我們體罰打罵，還加強了對我們實行精神上的折磨！給人洗腦是執政的共產黨對待老百姓，更是對待知識份子的一種精神虐待。

追溯起來，一個運動一開始就是「學習檔」，檔是什麼？檔就是規範人們行動的準則，在沒有法律的中國，就是靠「檔」強行規定今後應做些什麼，反對什麼。

當然洗腦是以專政作後盾的，專政是強行貫徹「檔」的保證，每個運動每個學習，非達到人們接受並認准一個新的規範才甘休。大家所做的高度統一了，便剝奪了社會成員的獨立思考的空間，對產生的後果不會再有異議。

開鬥爭會、開批判會是一種恐怖的洗腦。文化大革命，人們經歷著一種瘋狂的「大民主」洗腦，大字報滿天飛，鼓譟「壓倒一切」的主旋律。人們唱的是東方紅，東風壓倒西風。頌的是「大救星」，人們在失去獨立思考的能力以後，就像魂被追悼一樣，只會唱大海航行靠舵手，看的書只有毛澤東選集。

當我們聽到了「鬥私批修」、「在靈魂深處爆發革命」這種聳人聽聞的口號時，洗腦進入了一個新的高峰。

我們用奇怪和肉麻的感覺，看到紅衛兵們狂跳忠字舞，「早請示，晚彙報」時，一種新洗腦運動正瘋狂摧殘人性。可怕的是紅衛兵們、支左士兵們不容許我們在心裡面說些反對的話。我們最終沒有逃掉，令人噁心的「邪教」禮拜教父的儀式。

毛澤東一面縱容盲從的紅衛兵圍鬥「走資派」，一面就靠殺人和恐怖的「無產階級專政」來解脫全國餓死人的大罪大惡。

（一）「請罪」及打人風

就在我們站隊的院壩裡，東南方向的崗樓下，那裡佈置了一個早晚請罪台，臺上懸掛著一副毛澤東的彩色畫像。

按照崗樓上士兵們的規定，每天早上集合開飯和晚上集合安寢時，我們都必需站在那畫像前，將頭埋下完成向毛悔罪的儀式。

長達五分鐘之久，向一個魔鬼畫像低下倔強的頭，內心是何等憎惡！良知被強力扭曲的難受勁非同一般，這就是知識份子的軟弱！屈從是我們的可惡之處。

然而，腳趾頭終於沒拗過大腿，大家只好服從口令，站齊隊伍立正，脫帽、低頭。然後由值班大組長領頌：「向偉大領袖毛主席請罪。」他的頌聲剛一落，全體列隊回應「我有罪。」並六十度彎腰。

這時候我和劉順森，鄧小祝等人像木樁一樣地立著，嘴巴也封住了，一種莫大的侮辱，使我無法彎腰完成這喪失廉恥的動作。

「啪！」我的後腦勺上挨了重重一巴掌。「把腰桿彎下去！」我身後正站著一個滿臉盛怒的支左兵，用兇神惡煞的兩眼狠狠地盯著我，我沒有理他，仍昂頭站著。「啪！」又是重重一記，這次是用槍托打的。頓時，我滿眼金光直冒！隨即聽到一聲斷喝：「出列！」我們幾個人一齊被叫到崗哨下的那片「反省區」內站著，一直罰站兩個小時。

為了應付這種對人的侮辱，每天早晚我都打光頭，免得那儀式舉行時「脫帽」的尷尬，預先修正我的姿勢從集合開始就保持著低頭，身體前傾，免去了更為難受的「鞠躬」。儘管如此，我們因沒有向那畫像鞠躬而累遭拳打腳踢。在毛澤東授意下，士兵們把魔鬼的威風發揮得淋漓盡致。

藉著文革淫風，六隊的駐軍越來越頻繁干預獄政，他們一面指責我們「鬆懈」，作出許多新的規定，喊「報告」成了打我們經常的藉口，也成他們最快樂的事。

每個士兵隨身攜帶著兩件兇器，一根長一點五公尺，頭上磨得極鋒利的鋼長矛，用來專門刺人，一把長一米的青槓劍用來專門打人。

按照新要求，流放者出工收工除必須整隊報數外，還要向哨兵報告。哨兵認為隊伍中有誰沒有站好，或報數聲太小，即令立即出列，站到崗樓下的反省圈裡。因不慎站進那圈裡，躲不過一頓青槓劍，打夠了才准離開。如果出工的人中有人未到，全組必須站在那裡等。

個人進出廚房或外出，要整衣、立正、報告，老管隨時以你某一動作沒有做好，而把你弄到反省圈裡，修理一頓。

一到晚上一舉一動更要小心。晚上是禁止任何人進出「警戒線」的，所謂警戒線是沒有範圍的，由他們隨意劃定，圍牆邊，廁所以外，大門口，到處都是他們指定的警戒線。越出警戒線不但要被打，還有可能吃槍子。

最令人提心吊膽的是半夜起夜上廁所，走出監舍門時，必須穿好衣褲，不准打赤膊，不准衣冠不整只穿內褲。然後立正高呼：「報告管理員，犯人某某上廁所。」待到解手完畢，走出廁所必須整好衣褲，高呼：「報告管理員某某犯人解手完畢回組。」又需得到哨兵一個「去」的回應，方能走動。

僅為了小便，哨兵可以因你衣服未穿好，報告聲音太小，未經哨兵答應，或報告用詞不當等藉口，而受到青槓棒「教育」，挨打的人，每晚上不計其數。

緊張時，晚上院壩裡被打慘叫聲徹夜不停。發展到翻身都必須喊報告，否則青槓棒伺候。晚飯是稀飯，每次起夜，在跨出監舍門時，就好像跨進了一個夜鬼橫行的恐怖世界。

小便脹了卻得忍著，實在忍不住了便要先作好準備，從穿衣到向崗哨報告的用詞，都要先想好，稍有不慎任何一個細節都可能帶來毒打。

有時為了避免上廁所，將尿撒在預先準備好的便盆中，如果老管們一旦發現或者早上拿到廁所去倒時，被老管抓到了，又是一頓青槓劍。

有一天蔬菜組的王文典上廁所解小便喊報告時，哨兵說他一邊提著褲子，一邊捏著生殖器，因而被認為是對哨兵的侮辱，當即被叫到反省圈裡，三個老管圍著他一頓毒打，使他的左腳脫臼，當場昏死過去，後來竟成了殘廢人！

然而風水也有輪流轉的時候，那在鬥爭會上對同難大打出手的吳鐵匠，便撞了一次「鬼」。

這天下午五點鐘光景，他從廁所解便出來，正在轉牆角的地方，不留神同哨兵幾乎撞了一個滿懷，那年輕人立即勃然大怒，用手中的長矛指著他的臉逼他退到牆裡。沒等吳老頭站穩，不問緣由，便將那長矛直刺他的左膀，頃刻間，鮮血立即流出，那年輕人連眼都不眨一下，將矛頭猛地抽出，血從那矛刺處像泉水一樣噴出，浸透了他的袖子。

面色慘白的吳老頭蹲在地上，他那一頭白髮在痛苦抖動，然而這刺刀見了紅的士兵還沒有息怒，抬起他那裝有鐵板的軍用皮鞋，朝已蹲下的吳老頭猛踢，一面還發狠地吼道：「看你這老雜種，還長不長眼？」

周圍有人脫口驚呼道：「殺人了！」喊聲還沒完，那長矛尖又轉向了那喊的人，嚇得他連忙打住。

五分鐘後，士兵揚長而去，衛生員唐啟榮慌忙走過來替他脫下棉衣，進行包紮，才看到。那雙刃利器正好割斷了手臂的動脈血管。

吳興全被老管刺成重傷，使一段時間被壓抑的農六隊囚奴，紛紛議論：「這老狗是命中註定，活該！」「惡人自有惡人收。」

「當犯人的真可憐！那吳老頭已無兒無女只是孤身一人了，死了也沒人來認屍呢！」人們從不同角度出於複雜的心情，來評論這個在鬥爭會上像瘋狗一樣狂喊的「狗腿子」。

吳老頭挨刺，對那些鬼迷心竅，想踩在別人身上爬出監獄的人，無疑起著「當頭棒喝」的警醒作用。當時隊部組織批鬥會的「八人小組」，全都挨過打或挨過皮鞋踢，這些士兵在肆虐時才不管那麼多呢！「文革」使人的獸性大發作。

這段時間，除了在院壩裡因進出大門、夜間解手而弄得雞飛狗跳外，老管們還「深入」到各監舍去，在那裡又擺開了一個「戰場」。

夜間查房是老管們的專職，也是這些變態年輕人逞兇作惡的最好時間，「文革」時期有「好人打壞人活該」作護身符，支左部隊打死人是不會受到追究的，夜晚肆虐，是這些喪失人性的年輕人發洩獸性的最佳機會。

不過，我始終沒有弄清楚，這些年輕人為什麼會變態到這種程度？從他們身上我因此理解了德國和日本士兵，在二戰期間發生的法西斯暴行。

然而，不知道因為打人太多，心中發虛，提防被打的人也有抱一命抵一命的拼命心態，夜間突然從身後襲擊他們。老管們對夜間流放者們的睡覺作了新的規定：規定睡覺時禁止蒙頭；頭手必須伸出舖蓋外面；禁止在沒有喊報告時翻身；禁止在武裝巡邏離開監房時坐起身來；禁止在室內跟在巡邏者背後；禁止夜間起身不喊報告；禁止出監舍不喊報告。

士兵為了自己的安全，每個人都貼身穿著防彈服，查房時戴著剩下眼睛沒有蒙的大口罩，手裡握著青楨劍，只要見到蒙頭睡著的人，便不問理由也不打招呼，劈頭就朝那蒙著的頭砍去，因腳露在外面被打的人不計其數。

有一次，因為天氣有點冷，蔬菜組的楊家模白天太疲倦。蓋的被子在睡著時蒙住了眼睛，被查哨的老管劈頭一劍，那一劍正劈在楊家模的鼻樑上。

被猛擊驚醒的楊家模立刻驚慌的坐起身來，捂著鮮血直淌的鼻子。打人的士兵，立即退後兩步，抽出長矛準備迎敵，藉隨身攜帶的手電筒，看清楊家模的鼻血湧流不止，才收了長矛離去，當作什麼也沒有發生。

整個監舍被楊家模的驚叫和呻吟驚醒了，大家又不敢坐起身來，眼巴巴的看他用棉花塞住鼻孔，直到天亮了，唐啟榮才來，送到醫院確診鼻樑粉碎性骨折。

還有一個大田作業組的人被查哨的老管幾乎打瞎眼睛，被打後眼睛流血不止，當時不敢聲張，直到第二天早上他才到醫務室看，唐啟榮看時他的左眼全是血，送到醫院檢查眼球破裂，成了終身殘廢。

至於手腳伸在外面被打傷的人就更不計其數，打傷後只在唐啟榮那裡包紮一下，還得繼續一瘸一拐的去出工。

因提心吊膽防腳被打，整夜不得安睡。有的人乾脆把被子縫成一個封閉的被筒，睡覺時將腳放進筒中，再用繩子紮緊，再熱的時候也不敢露出來。

我們稱士兵們這種夜間打人，叫「鬼殺」。鬼殺使文革以來已被弄得恐怖不堪的流放者，更提心吊膽過日子，晚上一度緊張到要小便前起床前就在舖上先喊了報告，等到證明可以不挨打時，才小心翼翼地坐起身來，起了床，站在門口，辨別出門外無人，才向崗樓上喊報告。

文革中，這些打人成性的野獸，晚上變成了一群吃人的毒蝙蝠，在六隊這塊陰森的地獄裡到處亂飛，使我們生活在精神極度緊張之中無以緩和。一夜之間光監舍的報告聲就吵得人無法睡覺，毒蝙蝠好像隨時都可能出來吃人。

在這些打人狂中，有一個人因特別下得了手，使我無法忘記，這是一張保持著死人般陰沈的臉，在夜晚就像一個幽魂，他的名字我無從知道，只知道姓衛，每次他值班的晚上總要擺點流血事件才安心。

一到晚上，每到一個監舍，他都不會直接往裡撞，而是站在門外，像幽靈般閃著狼一樣的眼睛，向屋裡細細搜尋，一旦發現目標，他才跨進門，輕輕走過去，一直走到這個目標的面前，以閃電般的速度將手中的青槓劍猛的砍下。

這一劍砍下去，傷殘甚至性命的後果他是根本不考慮的，他只想從被打人的驚叫呻吟中得到快感。

從他出現以後，晚上寢室裡還沒有睡著的人，只要聽見一種特有的擦著地上輕輕的腳步聲，藉著夜色微弱的光，看見那鬼影子出現在門口，身上的汗毛就會倒豎起來。

有時，行兇後，看見他走出監舍，卻沒有想到他卻像鬼一樣的悄悄站在門外，誰如果這個時候發出咒罵，他立刻要殺回馬槍，把剛才被打的人押進崗哨下的反省圈，用更殘酷的懲罰對那人「炒回鍋肉」，所以即使被打得鮮血淋淋，被打的人還要強咬著牙不吭一聲。

我們中不免有人挨打後，對這種暴行嘀咕幾句，偏偏在這恐怖中一些新的變態鬼蜮，比周學祝、代朝謀更為惡毒。大抵為了向打人的士兵討好，往往將有人發牢騷的話記在一張白紙上。偷偷的塞給巡邏的士兵，讓發牢騷的人接連挨打，使得在緊張挨打之後，連聲都不敢吭。

鬼殺和無恥小人的密報，像一把無形的鉗，夾著囚奴的喉嚨，大氣都不敢出。

自從六八年春節時，湯幹事因一點芫荽和蔥子，被兩個老管炊事員當著流放者的面羞侮以後，隊部便將向崗哨上辦菜的事交給了蔬菜組的另一個組長賀春濤。那「崗樓重地」向來是不准犯人涉足的。

這賀春濤便用了一副專用的鐵勾交給老管們，每天十點鐘他在把菜辦好以後，用籃子裝好便提到那反省圈裡，上面的哨兵放下鐵勾來將菜提上去。

誰也沒想到，這送菜的機會成了賀春濤告密以取悅崗哨的「秘密」渠道，寫成的告密紙條放在籃子裡，瞞過了大監裡流放者的眼睛。使毒蝠準確的知道哪一個犯人，什麼時候說了老管們的「壞話」，及時加以打殺。

我因前一年四月二十一日加刑會上戴上手銬後，因拒絕寫悔過書，便一直戴到第二年的八月份。白天一天的勞累已使我疲憊不堪，晚上還要戴著手銬，被監舍裡不停的杖責，呻吟吵得幾乎無法入睡，這種折磨越來越使我忍受不住，八月十一日這天夜裡，我幾乎又是一夜沒有睡覺。

第二天早上起床時，我坐在床上憤憤的說：「這簡直比法西斯集中營還厲害，晚上這麼打人還叫我們白天幹活不？」

睡在我旁邊的陳登也隨口接嘴道：「現在連晚上翻身都要喊報告了……」既然開了口，打破了好幾天的沈默，我便索性說下去：「真的，越是忍氣吞聲，這些當兵的越不把我們當人看。」周圍的人都用贊同的眼光看著我，可是沒有人再敢接下嘴，他們害怕犯人中的鬼蜮，害怕夜裡出沒的毒蝙蝠。

殊不知，我這兩段話，原封原樣的被賀春濤記錄在一張紙條上，並且在上午十點鐘，隨同當天送的菜一齊傳遞給崗樓上面！

(二) 我被打昏的體驗

高原八月的夜，雖然時處盛夏，不但不熱，反而十分的涼。這天晚上大約十一點鐘，下弦的月亮剛剛從高牆東北方的閣亭上露出臉來，把一縷慘白的光投瀉到這高牆中。

東北風呼嘯著掠過五號樑子的曠野，越過圍牆，刮著監舍房頂的瓦楞發出複雜的怪叫撲進這片空壩中，又由四周圍牆反射以後，院子裡寒風颯颯，十分寒冷。

此時從黑洞洞的監舍門窗裡不時傳出的「報告」呼叫，以及斷續的被打人發出的呻吟，誰如果站在這陰森森的壩子裡定會不寒而慄！然而這正是毒蝙蝠出沒的時候……

晚上，因為我戴著手銬，為了便於起夜，我的頭是朝著過道方向睡的。承蒙何慶雲的關照，我是緊緊挨著周學祝，以便隨時都置於政府耳目監視之下，一天的勞累，我已忘卻了早上起床時發生了什麼事。我的另一側陳登剛已呼呼大睡了，我也帶著極度的疲憊剛剛進入了朦朧中。

突然，我光著的頭上被刺刀猛戳了一下！我立即驚醒睜開眼，一道雪亮的手電筒光直刺著我的眼睛，我立即閉上眼，隨即坐了起來。恍惚中我看見了一個戴著口罩的人，正持著那把鐵梭標站在我的床前，在手電筒光照射下白得發亮的劍頭，正指著我的鼻尖。

「下來！」那人向我命令道，聽那聲音極像平時打人最厲害的姚衛的年輕人，但因為他的聲音是從那大口罩後面發出的，聽去異常的混濁。我只好順從他的指令，爬下了「床」。

此時，我從對方特別的冷峻中意識到今夜日子不好過。迅速追索我白天的言行，哪句冒犯了這打人狂？是不是因為我早上起床時說的那兩句話。

但轉而又想，今天白天一天中本組從來沒有人同老管接觸過，周學祝上下班也一直在一起沒有離開過，而且白天也從沒有人提起這件事，事前沒有任何預感。

心中正思索著，他那長矛尖在我的臉上晃了一下，下令道：「走！」這動作和發令聲使我感到一股寒氣逼來，立即把破棉襖甩在身上披著，作好了即將挨打的準備！便緩緩邁出監舍的門，向院壩裡走去。

在靜夜中手銬發出輕微的撞擊聲。慘白的月光投射在我的身上，幾顆星星在灰白色的夜幕中眨著狡詐的眼！好像是鬼在獰笑。夜風抖開了我的破棉襖，我感到一股陰慘慘的冷，好像正步入魔鬼出入的地方，牙幫子禁不住打起寒顫來，直到走進那反省圈裡。

因為始終沒有回頭，弄不清剛才把我押送到這兒的年輕人是誰，也弄不清此刻他站在我身後的什麼位置上。準備用什麼樣的兇器，採用什麼樣的刑罰？如此默默地站著，我試圖用耳朵發覺那小子在我的背後在幹什麼？

我明白，這些人對人用毒刑是很想得出花樣的，加上這麼一年多來武鬥中所見所聞。恐怕歷史上所有酷吏使用過的怪刑，都一齊在今天派上用場。今天，我會受什麼刑呢？

但是，我站了足足十分鐘，卻聽不見背後任何動靜。先前那爬上額頭的恐懼開始滑落下來。只是身上特別覺得「冷」。

十分鐘後，一陣輕微的腳步聲從遠處向我身後移近。剛才那一股恐懼，又陡然地爬上了我的額頭。

為了驅除這種恐怖，我使勁地聳了聳肩，把手銬撞得砰砰作響。一個陰沈的聲音終於在距我身後大約五公尺的地方向我發問了：「孔令平，你知不知道，現在叫你上這兒來是幹什麼嗎？」這一句，我聽清楚了，這是摘下了口罩發的本人的原音，這分明是那個打人連眼都不眨的傢伙，姓衛！對了，肯定是他。

但是，我還是想不起來，我在哪一點得罪了他？於是平靜地回答道：「不知道。」同時也在準備挨打。

今天這魔鬼確乎不同於往常，那說打就打，說刺就刺的殺手風度，到現在還沒露出一點來。

「嘿！」一聲冷笑，「那麼好吧！你就想一想，別玩你那硬骨頭的一套！老子的刺刀是不認人的。」聲音裡透著殺氣，是想殺我幾刀，我的心頭一熱？聽命吧！但究竟又為什麼呢？可是刺刀遲遲地沒有向我刺來。

難道，他也玩「貓吃老鼠」那一套？為了捉弄已經被貓抓傷的到手獵物，「貓」在最後把耗子扯裂享用前，一定會把那遍體鱗傷的獵物放開，讓它跑，甚至還躲在老遠的地方，細細欣賞那耗子臨死前的垂死掙扎，以盡其樂趣。

經過幾次捉放，直到那耗子連爬起來的力氣也消耗盡時，才用腳爪去翻動牠！直到貓玩膩了，耗子也氣絕身亡再逗不起來以後，才把牠吃掉。

如此對峙了三分鐘，想到他那手中的長矛，只要一抬手隨時便會插入我的身體內，便打了個寒顫。

背後飄來陰森的問：「哼，你不是很聰明嗎，怎麼自己說的話不到一天就忘了？」我已感覺出貓已經完全玩夠了，該伸出利爪的時候了。但我感到奇怪，早上監舍裡，我和陳登不過兩三句話，怎麼這麼快就傳到了這惡鬼耳中了。

那兩句話不論是把監獄比作法西斯集中營，還是說老管不把我們當人看，都對他絕不過分。對於失去人性的毒蝙蝠也不會計較別人怎麼說他，他們根本沒有人性，也沒有羞恥心，只要告密者沒有另外的添鹽加醋，就憑這兩句話怎麼會陡起殺人的動機來？

想到這裡，剛才還籠罩著我心頭的恐懼在

漸漸的消失，被貓撕裂的感覺我已經習慣了！

「我並沒有說什麼。」我平靜地回答著，這麼回答當然準備著挨打了。只是這一次，那姓衛的並沒有像往常那樣歇斯底里的狂叫，用聲勢來造他打人的氣氛。略略停頓了一分鐘，從牙縫中擠出來的惡氣一字一板說出：「毛主席老人家教導我們，凡是反動的東西不打不倒！」

隨著那個「倒」字的脫口而出，我就感到我的身後橫掃起了一股疾風，那風向從背後橫掃到我的面前，就在我鼻子下方，正對人中的穴位上，挨了十分沉重的一棍。

頓時滿眼火星直迸，口中噴出了一股血腥的氣味，當即門牙被打斷，嘴唇被打爛，滿口是血。耳朵裡嗡的一聲巨響便什麼也聽不見，什麼也感覺不到了。

這可是我入監以來所受到的最利索的處罰，後來每當我想到當時的感覺，便會奇怪的想，吃槍子不過也是這個味道吧。

行兇前用教主的語錄給自己的暴行找個理由，這種當時最時髦的作法風靡全國，不知道古今中外的邪教，可否有例在先？

院子裡「撲通」一聲，隨著我的倒地，便一片沈寂。那一瞬間，可以聽得見晚風帶來十里外小金河邊農舍的狗吠聲。而那一刻，灰色夜空中，先前眨著鬼眼的星星也失聲驚叫起來，慌忙地躲到近旁的一片烏雲背後，慘白的月亮也躲進了雲端……

如此凝滯了半分鐘，那姓衛的傢伙終於按捺不住他裝出來的冷漠和沈著，一種因為沒用恐怖征服對方，以刺激自己殺人獸性所爆發的靈魂失落，猛烈刺激著他，掄起他手中的青槓劍發狂地向我身上亂砍。

院壩裡頓時一陣劈劈啪啪的響聲，然而越是如此，越使這頭瘋狂的野獸發狂，因為砍下的每一棍，就像砍在死物身上，除枯燥的「撲撲」聲外，卻唯獨缺了被砍人的慘號和告饒帶給他的刺激和快樂。

十分鐘後，大監門的轉角處閃出了林原的身影，他的老婆此時正是成都軍區，支左辦公室的紅人，成都革命委員會的副主任，他這種身分使他具有號令崗樓上所有軍人的力量，上次童幹事與軍人的僵局，便是由他出面調解的。

此時，他大步地朝我們走來，顯然他已經聽了許久，知道牆內發生的事，所以他邊走，邊喝令那姓衛的住手，這瘋狂的野獸終於收住了手中的青槓劍。

林原走到我的面前站了半分鐘，一句話也沒說，轉身走向菜蔬組所在的二號監房，吩咐彭文學將我從院壩裡背進監舍去。回身又到辦公室去，拿來了我戴手銬的鑰匙，替我解下了那副手銬。

截至今晚為止，那手銬在我的手上足戴了一年另四個月，被我的體溫冷暖了整整五百個夜晚，被我的手頸擦得雪亮亮的。

從那一天起，沒有經過正式的宣佈，再沒有給我重新上銬。

唐啟榮也提著藥箱走來了，人們開始七手八腳的對我「急救」。

大約到了第二天凌晨三點鐘光景，我才在大家的搶救下，漸漸甦醒過來，睜開眼睛，我的第一感覺便是周身像在冰窖中似的寒冷，禁不住牙幫磕出聲來。隨即感到滿口的血腥味，想吐掉那口中的瘀血卻使不出力來。感到口腔空蕩蕩的，用舌一頂，上排的門牙已經沒有了，用舌頭去舐，剛剛一伸出來，便碰著厚厚的血痂……

我低聲地呻喚起來，彭文學忙向我的唇邊遞來了一匙溫開水。我漸漸恢復了記憶，我想起來了，想起幾個小時前，我站在崗哨下的反省區內；想起了那姓衛的猙獰的面目，心中明白我遭受到的一切。便想扭動身軀，掙扎著坐起身來，陡然招來一陣劇痛一點也沒有遂願。

不光是頭部，還有胸部，雙臂，腰桿全身幾乎都不聽使喚，動到哪裡，哪裡便是一陣疼痛。

後來我傷勢好轉後，清點了全身大小四十幾處青痕血印，重點分佈在雙臂肩部和身軀，真是慘不忍睹！人間的仇隙與友情一樣，本是從人與人之間的交往和感情產生的，這種無緣無故的毒打，就是在封建時代也難看見，衙門中當差的差役要杖打囚犯，也要「堂上」大老爺開口。就是關在大牢黑房中用刑，目的在逼出口供，而我挨的這頓打又算什麼呢？它只是征服者對奴隸的任意虐待！

老天爺見證這一樁樁血腥事件，記載著這些魔鬼所欠下的筆筆血債，這種無緣無故虐殺無辜，除了當年日本鬼子曾在中華大地上犯過，便只有在今天！

一部份中國人，無端的殘殺另一些無辜的中國人，這罪惡該到何年何月才算結束？那些年代，中國無端被殘害的冤魂屈鬼，何年何日才能瞑目?!

然而禍事還沒有結束，在那個年代無辜被打傷的人誰也不敢救助，倘如誰向他伸出救援的手，便是「立場錯誤」，連救援的手也要被砍斷。對我們這些已經擺明的「階級敵人」，無產階級「人道主義」是不管用的。

我們這些人，經歷那麼多出生入死，活到現在已很不容易，現在，在這種打殺高潮期間，被這些野獸打傷後，非但不得請假就醫，第二天還得照常出工。誰如果批准受傷人留隊養傷，那麼誰等於自找麻煩，除非權力能壓倒元兇。

當時，農六隊因晚上呼報告，「不慎」被打傷的，沒有一人敢留下來休息的，比如本組的王文典、陳孝虞、鄧家訓，楊家模等人都先後挨過打，而且，王文典的腳還被打成脫臼，向湯幹事請假，湯幹事不敢准他休息。白天還要被背著上蔬菜地，「你死也死到工地去吧」！湯幹事無奈的說。

我這一次受的重傷，幸得林原的干預，總算第二天倖免了「死」在工地的厄運，一直臥床十天，方能起來走動。

然而，在那一段時間裡飲食，拉屎、拉尿我都無法自理，口腔上顎被打爛，飯食只能吃「流汁」。我咬著牙關，忍著疼同傷殘作鬥爭，但是，開始幾天由誰來給我端水送飯，倒屎倒尿便成了大問題！那姓衛的惡鬼，看見我睡在床上，雖然暫時不便發作，但是隨時都在尋找岔子。

從我開始臥床的第一天他便向蔬菜組宣佈：「誰要是替孔令平送水餵飯，便要得到相同的下場。」而且放出風來：「像這樣頑固抗拒改造的份子，就是死了真是大快人心！」

彭文學告訴我，他聽見童幹事曾與那姓衛的兵爭執過。

童幹事說：「你把人打死了，你也脫不到爪！」

衛回答：「毛主席老人家早就說過了：『好人打壞人活該，打死兩個數一雙！』」

童幹事：「共產黨的政策怕不是你說的這樣呵！」

衛回答：「現在是階級鬥爭非常時期，打死幾個階級敵人是革命的需要！」

童幹事只好冷笑而不再答他的腔。

開始，雖然我周圍的同難們可以悄悄給我拿飯菜，也可以到那間才搭好的熬藥房裡煮成稀飯。但是誰也不敢餵我，尤其是誰也不敢替我倒屎尿，因為雖然那姓衛的沒看見，內部卻有奸細，被姓衛的發現了可不得了。

在這個難堪的時候，潘老站出來了。

我受傷的第二天中午，收工歸來，他將他蒼老的臉貼在我的額頭上輕聲問道：「怎麼了，沒傷著致命處吧？」那天中午的飯菜便是他一口一口餵給我吃的，並且當眾向大家宣佈：「今後他的生活由我來負責，我這大把年紀了，活也活夠了，就是死也沒什麼，我不相信給一個重傷的人送飯餵飯就犯什麼法。」

他是與我共渡過八年患難的長者，在我最感困難的時候，面對兇殘的野獸挺身而出，冒著危險保護我更使我倍受感動！在這種精神的鼓勵下，我咬緊牙關，發誓用最快速度恢復身體，倔強地站起來，一定要儘快站起來！

從那天起，每天早起，他便端著我的尿盆，當著哨兵的面穿過屋前廊沿，端進廁所去倒掉。每頓飯食，由他專門替我領，煮成稀飯再小口小口的餵進我的嘴裡。一邊餵，一邊低聲的向我講商紂王挖比干心，把箕子監囚成奴的故事，結果周武王終於在朝歌。討滅了暴虐的紂王。

晚上蔡先祿來看我，給我送來一小墨水瓶的藥酒。我感激地接過他的酒以後，便悄悄地叫他把耳朵貼在我的嘴邊，請他務必將潘老服侍我的事向林原報告一聲，並請林管教阻止那姓衛的向潘老下毒手。

從此以後，我便在床上先練手，先活動上肢，再對受傷處按摩，加強了腿部和腰的活動能力。三天後，我的手能夠拿東西，能夠自己端飯吃，口腔裡的傷勢也很快恢復！

一周以後，我能坐起身來並能左右旋轉身體，還能將腳從床上自由放下地。十天以後，我便能下地走路。

正當我可以勉強下地走路以後，一個晚上大約十二點光景，一束強烈的手電筒光將我全身射定，我被強光所驚醒，避開那手電筒光的一瞬間。我看到了那張毫無血色的臉！想起古柏那位李管教，凡是心腸歹毒的人其臉色都這麼慘白，彷彿被魔鬼將他身上的血吸乾，變成了一具僵屍鬼。

今天他沒有帶口罩，他那鐵長矛鋒利的刃口，已在我的光頭「輕輕」點劃起來。心中一沉，做了對付新「懲罰」的準備。然而，這一次他在我頭上劃了兩下便收住了那長矛。

我頭上響起他那「鬼魂」一樣的命令：「從明天起，白天老子再看到你睡在這裡，招呼你的腦袋。」

在當時條件下，即使鬥贏他未必光彩。匹夫之勇不可取！為了早日恢復受傷的腰腿，我不能再躺下去了，我必須站起來。因此，明天我決定到工地去。

第二天一早，陳蕭虞、蕭弟良牽扶著我慢慢走出了大監的鐵門。從鐵門到菜蔬地三百米遠的距離，我們三個人走了半個多小時。

到了菜園地，他們又幫助我在一處靜僻的背山坎，在潮濕的泥土上墊了一床蓑衣。那一天天氣晴朗，空氣特別清新，從此以後，我便堅持天天上山，在大家監護下，渡過了這一段養傷日子。

(三) 大搜查

每逢過年過節，令我們最難堪和傷心的事，便是以衛生為名，對我們進行的徹底「大搜查」。

說令我們難堪，是因為我們好不容易利用休息時間找到的一些另類書籍，為積累知識所作的筆記，若不精心掩藏，就要被何慶雲搜索一空，不但為損失珍藏的東西而心痛，弄得不好還要被辱罵和毆打。

大檢查那一天，先將我們集中在壩子裡，一列士兵站在集合隊伍的後面。每個人都戴著一個大口罩，嚴嚴實實封住了臉，以防檢查過程中，犯人被窩和床上的臭氣或細菌侵入他們的鼻腔，僅留一雙鷹眼，監視著院子裡每一個接受「搜查」的人。

站隊集合以後，宣佈檢查，由中隊長宣佈「紀律」：禁止私自出入監舍；禁止來回走動；禁止藏埋東西；禁止離位；禁止相互交談；禁止互遞物品；凡有藏匿各種違禁物品的，必須立即交出。否則，後果自負。

野獸是以踐踏人類的文明為樂事的。「文革」時代，這種搜查便成了見「字」便收的程度。見到我寫的，那怕是抄下來的一首古詩，也要拿去。所以我特別憎惡這種搶劫式的大檢查。這種突如其來的大搜查，簡直是一種公開洗劫。

這種以「檢查衛生」為名的搜查，目的是

將反抗的火種，消滅在最初的萌芽中。對流放者僅有一點糧票、現金一律沒收。發現私刻的公章、介紹信、手抄文件除沒收外還要盤問追查。

「文革」時期，非毛氏的一切書刊都一律要被搜去，一律沒收。所以，每一次衛生檢查，也是對我們的一次精神虐待。

檢查開始，我們依次在士兵監視下，拖出各自的行李衣物放在自己的身旁。直到將監舍裡要檢查的東西搬空。

然後，一批檢查人員進入監舍，仔細地翻尋鋪草、床板和牆隙、壁縫，找到隱藏其中的物品，便丟在一個預先準備好的籮筐裡。

收去的東西，多是一些充飢的土豆、玉米、黃豆、大米等等。也有藏在床板和草堆中的「禁書」。所謂禁書，是指一切非毛著或非馬列著作的文學、政治、經濟、歷史、地理等讀物。也有平時為削馬鈴薯皮而準備的小刀，或扒找豆粒用的小鐵鏟之類的「鐵器」。

每一次「大檢查」，總要從監舍中搜出一大堆東西，並無理沒收，我稱之為「三光」。

另一批檢查人員，依次對站在院壩裡的流放者進行全身搜查。並令打開行李，對行李中的物品進行搜尋，搜尋最嚴密的是衣物、被蓋和鞋子。不光要仔細的搜索每一個荷包，還要反覆地按捏每一個補丁。從中確實也搜出了不少的糧票和現金，甚至還有縫在補丁裡面的各種「證件」和「書信」之類東西。

大檢查，蹂躪著我們灰色的心靈。僅僅看那堆放在自己身旁雜亂無章的破爛，看到發黑的血斑油污，都勾起自己悲慘命運的痛苦回憶：哪一天發燒在被蓋上流下的汗跡；哪一天被劃傷了腳板感染化膿留下的膿血；哪一天因被捆被打留在衣被上的血污，都展現在我面前，讓我細細咀嚼！

我那口已經破爛得無法上鎖的皮箱，手提把子早已折斷，那裡收藏著我的全部家當：裡面放著兩件舊毛衣，那是十年前母親密密織成的紀念品，帶著母愛留在我身邊；幾件補上重疤的破衣褲，是我在黯淡的光線下用歪歪扭扭的針線縫補好的護身物。

「焚書」本是毛澤東洗腦的重要舉措，抑制知識廢黜百家乃「文革」的重要保證。獄中我們的書是平時鄧揚光們最關注的，借大搜查機會正好是搜盡這些書的最好機會。對此獄吏們執行得很堅決。

幾年來精心珍藏而保存下來的書：一本發黃的唐宋名家詞選；三本補了又補的范文瀾編寫的中國通史，以及一本殘缺不全的呂振寧編寫的《中國政治思想通史》，這可是我們在獄中的唯一精神食糧。

一些讀書筆記，那裡面是煉獄中抒發出來的精神傷痛和嘆息，一直就是鷹犬們緊密追蹤的目標，這些手記和詩文，一次一次被搜去，一批批被焚毀，有心的鷹犬還專門在手記中尋章摘句，尋找在政治上致我於死地的「證據」。

每次大搜查，最令我擔心的事，便是我們挖空心思藏匿的那些書以及所寫的手記。預測到大檢查之前，我預先將它們包紮並藏好，到大檢查那一天，身在院壩中，心卻掛念著那些書籍筆記的安全，注視著他們打板撬磚、抄舖翻草，生怕那些藏了又藏的「心血」被他們搜走。

為了讓它們保存下來，我們不得不把它們硬塞在堅硬的舖板下面，忍受粗暴的擠壓，或藏在瓦縫、泥牆縫隙中飽受泥汙之苦，甚至被塞在廁所頂上發霉的麥桿中，這些書籍好不容易逃過了幾十次搜查而倖存了下來。

「你寫這些東西幹什麼？想變天是不是？」面對這些豆大的字不識一籮筐的老管和士兵，只能取沈默和忍受的態度。你可以對這些頭腦簡單四肢發達的獸兵鄙視，卻無法對這種無理糾纏提出任何抗議。

這些沒有人性的政治獵犬，在殘酷對我們進行精神虐待中，起著特殊摧殘心靈的作用。

現在，看見他們用小刀劃開平時我辛辛苦苦縫好的補疤，從中翻出一大堆破棉絮，便感到獄吏在用一雙利爪從我身體裡取出五臟六腑一樣。

這些侮辱性的盤問，在某種意義上勝過審訊，它把我所過的不堪回首的地獄遭遇挑出來，擺在我面前，再次回鍋煎熬。

「你的衣服裡為什麼縫著糧票和人民幣？是用來逃跑吧？說！你準備什麼時候跑？」「這袋米是從哪裡偷來的，你知道這是違犯監規的麼？」搜查出來後，他們毫不猶豫丟進旁邊的籮筐，而你只能眼睜睜看著無端暴虐，卻不敢反抗。

流放者為了保護好家裡寄來的，從牙縫裡擠出來的幾斤糧票和幾塊錢，被發現以後，十有八九便被奪走了。還要你承認有逃跑的動機。倘若你因此稍露不滿，那麼等待你的必是一頓皮鞋腳尖，或兩記重重的耳光。每次大搜查，都會演出一幕幕令人心驚肉跳的慘案。

「這是從哪裡來的？你把它藏起來有何意圖？想行兇麼？」當他們從被檢查人的雜物裡搜出一個普通鐵釘時，便會如此斥問，叫人如何回答？他們不會想到，這些帶著明顯的誣陷和挑釁式的找岔子，對人的傷害有多大？

每次「大檢查」等於上了一堂恐怖的現場課，無論獄方如何在宣傳機器上吹噓改造成果，說他們「把鬼變成人」的鬼話，只會讓人認識中共的欺騙是多麼露骨和無恥。

我們就在自己的一堆破爛不堪的衣物面前，咀嚼過去辛酸的往事。

大搜查是獄吏和獸兵抽動的一條精神皮鞭。在流放者毫無防衛能力的情況下，這條精神皮鞭抽打你，使你的心再次出血。

幸好自從我在大學中精神失常過以後，從此我的神經便麻痺了，在監獄中，幾乎每天都會受到強烈的刺激，因為見慣不驚而熟視無睹，又因為熟視無睹而精神麻痺。

久而久之，我對「大檢查」中打人之類的

暴行已司空見慣。我沒有毛澤東畫像，更無他的相章，倒使我少了挨打的擔心。

每次搜查，持續時間至少是五個小時，且往往是虎頭蛇尾，一般是從我這種「著名的」政治犯開始。開始時搜查十分過細，一邊搜查一邊盤問，輔之以打人、斥罵、撕衣拆被。

到十一點鐘，對犯人的人身搜查，往往才進行了一半，搜查的人大致因為人困肚飢，便加快了速度，不再像開始那樣窮搜猛查。趕在中午十二點鐘以前，便草草地結束。使後來接受檢查的人才往往僥倖躲過一次「洗劫」。

到了中午時分，在監舍裡翻箱倒櫃的獸兵，便一個個從屋裡鑽了出來。一面拍打著身上的灰塵，摘下口罩。一面抬著他們的戰利品——從囚奴身上、行李中以及監舍裡搜出來的一切。

而流放者則帶著痛惜、飢餓和失望，眼睜睜地看著自己好不容易積攢下來的糧票、現金、大米、鹽巴、藏書、筆記等，一齊抬進了隊部辦公室。

緊接著，各組自行回到監舍，收檢整理被抄得亂糟糟的「窩」。清掃整理著滿地鋪草和泥灰，又一陣塵土飛揚。

打掃完畢，也清理完畢，各自暗暗地計算著這一次自己被搜去的東西。有抱怨的，有咒罵的。最後，在無奈之中，將院壩內曝曬了一上午的行李，重新搬回到各自的鋪位上，默默無聲地坐在舖邊發呆。

（四）為一張畫像被打得半死

有一次，當大田組搜查到徐世均時，令他打開木箱，老管從木箱下面搜出了一張墊在棋盤下的畫報，畫報上有毛澤東在天安門接見紅衛兵的畫像。

老管把畫報放在那木箱上時，臉上露出了一臉兇狠和猙獰，他向場外招了招手，五個獸兵立即圍住了徐世均。

徐世均還是一個一臉稚氣的剛滿二十五歲

的年輕人，被捕時還是一個中專的學生。

此時他被五個獸兵包圍起來，個個用兇神惡煞的眼睛瞪著他，他已預感到飛來橫禍，面色鐵青，全身直哆嗦。

大禍臨頭了，五個人將他圍定，發難的獸兵指著那畫報，向徐世均厲聲質問道：「誰叫你用偉大領袖毛主席的光輝形象來墊棋盤？」

年輕人已被嚇得說不出話來，只是傻呼呼地直立在那裡，等待五個如狼似虎獸兵的發落。

「揍這狗日的，看他今後還敢不敢毀壞我們偉大領袖毛主席的光輝形象！」一個彪形大漢話音剛落，便是一記黑虎掏心，從背後對徐世均「開拳」。

於是這個可憐的年輕人，便像肉排球一樣，在五名獸兵的猛擊下，來來回回被雨點般的拳腳猛擊。聽著他撕心裂肺的慘叫，他的胸膛中似乎已被擊碎，流出來的血似乎堵住了喉嚨，他已經叫喊不出聲來了。

沒有犯人敢圍觀，甚至於看一眼都不敢，所有接受檢查的流放者，都必須老老實實地呆在自己的原位上，偷偷地看一眼露出一種慘不忍睹的恐慌。

在一陣短促的慘叫聲和「嘭嘭」的拳擊聲中，徐世均倒在地上，發出低沉而又痛苦的呻吟聲。這時候，五個獸兵像惡狼一樣將他的五臟六腑從胸腔中摳出來，他已爬不起來了，五條惡狼才暫時歇下手來。

徐世均像死去一般爬在地上一動也不動，頭枕著的地方，被嘴裡流出的一大灘鮮血染紅。

等到大搜查以後，唐啟榮才把徐世均送往醫院，醫生面對著這個身負數十處嚴重內外傷的年輕人，失去了救活的信心。唐啟榮回來後，回答圍著他詢問的人只有一句話：「要看徐世均的命大不大了。」

兩個月後，徐世均大難不死，仗著他的年輕和蒼天垂憐，他居然從死神的魔掌中挺了過來，不過醫生說他斷了六根肋骨，加上嚴重的內出血，已成了二級殘廢。

後來我見到徐世均，他已不像從前那樣腰板挺直。而是彎駝著背，面色蠟黃。為了一張畫報，徐世均付出了終生殘廢的代價。

（五）打中了

中共監獄的非人處境，一直是逼迫年輕人大量逃亡的原因。在甘洛農場的人都明白，長年的飢餓使人生不如死，逃避飢餓選擇越獄的人雖知道，隻身徒步跑出四周包圍的大山，半途就會凍死餓死在冰天雪地，或充作狼群的獵物。仍不斷有人去觸這張死亡的網。

到了鹽源農場，靠各中隊種出來蔬菜的補充，減緩了大量死亡，但飢餓依然緊隨著關押在這裡的每一個奴隸，加上虐待和殘害，囚奴逃亡也從未間斷過。

逃亡能否成功取決於兩個因素是否具備：第一，選擇的逃亡路線是否正確，能否避開警方追捕；第二有逃亡過程中對付各種惡劣環境的適應本領，二者不可缺一。

在當時戶口管理嚴密，到處是特務，到處佈滿了「群眾專政」的密網中，千里逃亡談何容易？所以逃亡者一般都必須「偷」，具備躲開人群生活的能力。

「偷」為老百姓所憎惡，留下了痕跡，也為追捕者提供了線索和目標，加上老百姓都是連飯都吃不飽的，心存戒懼，能理解逃亡者，並提供庇護的人實在太少，所以逃亡者從逃亡開始那一天，便同死神同行了。

逃亡者在最初外逃的幾天，幾乎毫無例外的要夜行日宿。為了躲開老百姓，多半露宿荒野，以山上的莊稼為食，為逃過追捕，忍受著大苦大難。

我在獄中因適應不了外逃的生存條件，想到即使僥倖逃出了監獄，在這無產階級專政的共產黨天下，我又能逃向何處？一個人能奈何這個統治嗎？

所以我雖對出逃者的勇氣和求生存的本領十分欽佩，但一直未能親自嘗試過它的滋味。

原先的農六隊靠西那排房子被改為小監後，農六隊遷到了院壩北方的那排房子裡。反省室將原先的大監舍隔成了十六間單人小監舍，每一間反省室都裝上了鐵門，門上有特製的可左右滑動的監窗口孔和報警裝置，巡邏哨兵，不分晝夜地在反省室前方壩子裡來回巡邏。

關進這裡的人要躲開哨兵的眼睛並要穿越幾道圍牆，才能越出監獄，即使本領高超的人也難以從這裡逃出去。

文革在全國打響後，關進反省室的人一天一天的增加，一九六八年以後，反省室的十六個房間一下處於滿號狀態！關進來的人除了「言論罪」，就是「逃跑罪」占最多。當局因提審地方不夠用，反省室變成了收監「預審室」的隔離小監，從這裡經草草審訊以後，速判速決。

所以小監裡幾乎像流水席，走了一批又進來一批，為減少小監房數的不足，有時待審的人就交給嚴管組邊勞動邊受審。這一時間，加刑的人數，處死的人數，都達到這個農場的最高峰。

一九六九年六月的一個下午，從古柏地區送來了一個「慣逃犯」，據說他原判刑期只有五年，關押還不到兩年時間裡就跑了十次之多，這是一個只有二十歲出頭的小夥子，本身就是為了偷糧食而入監，純屬於一個求生者。

為了防止他再次逃亡，把他送到了六隊來，專門關進了小監三號監舍裡，但是一種求生的本能，使他靜不下來。

進入三號監舍以後，他每天都在盤算著脫身的方法，坐在鋪位上抬起頭看了看沒有做望板的屋頂，從那上面出去本是最理想的，但是那足有六公尺高，沒有學過輕功，又沒有繩子和可以墊腳的東西，登上六公尺屋頂談何容易？於是他把眼睛滑向前後兩道厚厚的泥土牆上。

反覆思考以後，決定選擇從小監進門方向牆上開孔的方案。進來之前為了挖洞在布鞋裡縫了一根兩寸長的鐵釘，準備了一個洗臉盆，用來挖山上已成熟的馬鈴薯煮熟充飢。主意打定，從第二天開始了行動。

第二天炊事員送飯時，他脫下了衣服，露出背上那幾處被打傷流膿的傷口，懇求炊事員晚上給他一盅子開水，讓他洗淨瘡口的膿血，並從鞋子裡取出鐵釘，一切準備完畢。

等到晚上九點鐘，只聽見查房的老管按照往常的規律，從第一監舍打開門上的風窗，檢查並無異常現象以後關上風窗，再打開第二號監房的風窗，依次把最後的監房查看完畢，聽見那哨兵的軍靴在三合土上踩著的叭搭叭搭聲漸漸遠去，消失在小監圍牆的那道小門上。

他一躍而起，將那盅要來的開水倒在泥牆上，用麻利的動作用鐵釘在想好的地方開洞，一邊開一邊量，不大不小只要能爬出去……

就這樣一連三天，一個完全能爬出去的洞已赫然出現在眼前，剩下只等天老爺幫他了。

時值七月下旬，這一天中午天氣特別悶熱，到了下午六點鐘光景，濃雲密佈了天空，呼呼的狂風大作，到送晚飯時，天色已變得特別黑暗，眼看一場暴風雨就要來臨，天公終於給了他一直盼望的機會。

他最後下了決心，藉著狂風的掩護將自己的被套撕成了許多布條，搓成布繩後將臉盆底朝外的捆在自己背上。

晚上七點鐘開始，房頂上響過了一陣急促的雨點聲，接著瓢潑的雷陣雨便夾著狂風，將門外的壩子變成一片茫茫的雨霧，天色越來越黑，三號房這個整裝待發的人，正全神貫注的盯著雨中的壩子，藉著那頻繁耀眼的雷電光，他躲在門後，從風窗的小縫裡向外張望。

等到今晚值班的綠色雨衣身影，由遠而近的走過來，打開風窗向裡望了一眼後離去時，他立即躍起身來，利用送飯時送來的最後一盅水，將那一盅水朝那僅只有一個指頭就要通穿的凹坑上潑去。五分鐘後，便用鐵釘打通了足有臉盆那麼大的洞。

一股強大的雨霧被狂風捲刮了進來。使他倒抽了一口涼氣，便在雷聲掩蓋下迅速爬出了洞口，藉著漆黑和茫茫夜雨作掩護，在頻繁閃電的引導下，只一分鐘便穿過了前面那一片空壩，過了隔牆上的小門，進到大監門旁。

進入隊部辦公室前的走廊，靠辦公室的遮掩，他向崗樓上緊張窺探，現在只要穿過走廊，並穿過那崗哨下面狹窄的彎道，向右一拐便到操場壩了。

一道強烈的閃電以後，雨勢開始減小，他不能再等待了，立即起身彎著腰，順利地穿過了足有三十公尺長的走廊，雖然在穿越時遠處的閃電不斷，但那崗哨上大概正在躲雨，或打瞌睡竟沒有發現他。

面前是最後也是最危險的關口，他的心狂跳著。他估計，這雷聲完全可以蓋住他跑步的響聲，幫他跑出那最狹窄的彎道隘口，於是便緊貼牆角重新聳了聳背上的臉盆，等待最後逃出鬼門關的那一剎那。

一道耀眼的閃電和一聲巨雷響過後，他已分辨出，穿越這拐角隘道口的轉角位置和面前的障礙物，就那一剎那間，他驀地立起身來，向那彎道口衝過去。

就在步入那僅一點五公尺寬的拐道處，他忽然覺得什麼也看不見了，慌忙地用手去摸，想用手感判斷出處於轉角的位置，已經摸到了。就在這一瞬間，他背上的洗臉盆，撞在牆角的內側，發出一聲「砰」響。

這聲撞擊，招來一束手電筒光直端端從哨樓上向他頭上照定他，同時發出了一聲喝令：「誰」？他知道，自己已到了生死關頭，退後只能死，死前還要挨一頓毒打，拼命向前衝則還有生的可能。

不再猶豫，使出全身的力氣，他向面前的籃球場射了出去，幾乎就在同一秒鐘，崗樓上的機槍響了，「達達，達達」夾在雷鳴聲中，槍聲劃破了寂黑的夜空。

小夥子一個跟頭向前栽去，憑他急速向外撲去的慣性，重重地慣倒在操場上，頭部和胸口頓時冒出一股股血注，他掙扎著站立起來在大雨中連晃了幾下，還是倒在自己的血泊中。

而那頭部和胸部流出的血，隨著大雨，向前淌了足有十公尺遠，留下了一條殷紅殷紅的血帶！他便趴在那裡，背上還背著那臉盆，一動也不動了！

緊接著，網哨上傳出了一片歡呼聲：「打中了！打中了！」高喊著：「毛主席萬歲！」這時大約是晚上十一點鐘，雨也漸漸停住了，崗樓上穿著雨衣的軍爺們，紛紛從那上面連跑帶跳的跑下山頭，圍著操場裡死者屍體的周圍，七嘴八舌地在爭功。

爭論無非誰最先發現逃犯；誰先射手電筒喊「站住」；誰扣動機槍的扳機；第幾顆子彈擊中屍體的哪一個窟窿等等。當然他們認為這不是在殺害一個普通的求生者，而是一個「革命警惕性」結出的「碩果」。

槍聲和歡呼聲，使剛剛就寢的我們，估計牆外又發生了一次殺人事件。不過這段時間對槍聲聽慣了，聽到槍聲就以為不知是哪一個老管，追殺哪一個看不慣的幹事！那場因點名，老管鳴槍威脅童管教的事還沒過多久呢！

我們已習慣了「紅色恐怖」，當獸兵這段時間飛揚跋扈把我們當成習武的靶子，稍不留意就要吃青槓棍，所以一到晚上，外面發生再大的事，也不會去看個究竟，裝成什麼都沒聽見。

此時除了各監舍靠窗口的人，扒在窗口上向崗哨上遙望外，所有的人都躺在自己鋪位上，用耳朵聽。

院壩裡依然平靜，沒有一個人影，而那崗樓上所能看到的雜亂的手電筒光和老管們七嘴八舌的爭論，此外什麼也看不清。

（六）陪殺

一個小時後，雨已完全停止，響過頻繁查哨和院子裡此起彼落的「報告」聲後，院子裡漸漸安靜下來。天空一片漆黑！大約到第二天凌晨四點鐘左右，一名軍爺走進我睡的監舍，將我從迷糊中叫醒。我還沒來得及弄清我又犯了什麼？又要受何處份，想該如何應對？便被催著穿好衣服，跟著他走到院子裡。

不一會兒，另一名老管從嚴管組監舍，押著李克嘉向我們走來。

這李克嘉原是蘭州大學應用物理學系的學生，在農六隊的幾名「右派秀才」中，他是唯一的刑事犯。因兩次越獄逃亡，所以才被押到這嚴管隊來，加上「逃心未死」，來六隊後被編進了「嚴管組」。

他剛來，我倆並不瞭解，平時很少交談，只因他拉得一手好二胡，把內心傷痛，凝聚在弦上，加上嫻熟的琴技，在二胡聲中揉進了哀怨婉約，使我頗受感染。所以每當他坐在走廊裡調好琴弦演奏時，我會側耳聆聽，從琴聲裡聽他傾述內心自白。

此刻我和他被押著，經辦公室前的長廊，一前一後帶到牆外籃球架那躺著屍體的地方，彼此都在猜，又不知哪股禍水發作了？老管用手電筒指揮我們倆，面對屍體，坐在籃球場周圍的石蹬上。

陰暗中響起那姓衛的聲音：「你們倆是一貫死不悔改的，今天就讓你們守在這裡，好好看他的下場！你們如果還要對抗，那麼你們的下場也會這樣！」

那聲音陰陽怪氣充滿了殺氣。說完，手電筒光熄滅了，此時天還沒亮，四周一片漆黑，死者距我們僅只有三公尺遠，一股血腥氣朝我們撲來。

四周死一般寂靜，我們被黑暗中看不見的眼睛緊盯著，我明白，要我們在這時守屍體，目的在對我們進行精神摧殘！這叫陪殺場！

雷雨剛剛掠過的天空，狂風捲走了天上的

濃雲，幾顆星星從雲端偷偷窺視這裡，奇怪的望著危坐在死人旁的我倆！我的心進入了幻覺：忽然覺得面前那倒在血泊中的，是一個失去魂魄的狐狸。

為掙得自由生存，想回歸廣袤荒野中的淒息地，從魔鬼籠子裡逃出來，逃得如此悽惶，如此倉卒，以為黑夜裡，雷雨已鎮住山野的魔王。卻想不到，剛逃出關他的鐵籠子，便被魔王的利劍劈倒。

我彷佛看見他的遊魂從血腥軀殼中飄然而起，從容向我們告別，說它已自由了，可以回到他親人聚居的地方，向他們傾訴這些年在地獄中所經歷的苦難……

山坡上隱約傳來號泣聲，大概是死者的親屬，聽去分外悲慟？其實這倒好，人終有一死，像這種鼓足勇氣痛痛快快赴死，了卻多少這地獄的悲哀？

再回過頭來，望那夜霧鎖著的看不透山頭上，崗樓傳來談笑風生，魔鬼們在慶賀他們殺人成功！阿彌陀佛！我垂下眼皮，雙手合攏為躺在我面前的這無辜靈魂祈禱。

山谷底的霧氣繞著我面前這具屍體，將一股股血腥味，沖著我的鼻孔灌來，使我猛然驚醒，我的幻覺消逝了，在這靜謐的籃球場上我感到噁心。

天漸漸發亮，微茫中，白霧從溝底升起，隱約聽到五號樑子山頭上，傳來雞鳴和狗吠聲，而我仍僵硬地坐著，經過三個小時熬夜，我多麼想睡一會兒。

高牆裡有了響動聲，起床的哨聲響過後，人聲嘈雜起來，兩個軍爺才將我們叫回監舍去，大家正在在集合，集合後，照例完成每日的「請罪儀式」，請罪完畢，駐軍班長站在行列前，神氣活現宣佈昨夜當場擊斃逃犯的戰果，並向一切「亂說亂動」的人警告說：「誰繼續想跑，誰就會遭到同樣下場。」

一夜大雨後，今天天氣晴朗，我帶著沒有完全恢復的傷和一夜疲乏，躺在菜蔬地那背坎的蓑衣上，同組的人圍著我詢問昨夜所見到的情況，我搖頭說：「天一片寂黑，什麼也沒看清楚，等到天亮時，只看見那人撲在地上，背上還捆著個洗臉盆，究竟是誰，是怎麼回事？我一無所知。」

到十點過鐘，從小監倒糞回來的蕭弟良才告訴大家，昨夜三號小監靠監門方的牆被挖一個大洞，才從古柏過來的犯人乘雷雨逃出，並被當場擊斃，大家聽罷都默默無言。

中午收工回來，路過籃球場時，我還能遠遠看見躺在原處的那人，經過整整十四個小時，又是熱天，在太陽下曝曬了一個上午，從那死者身上飄起來一股血腥氣。

中飯後，何慶雲把大家集合起來，排成一隊走出大鐵門，走到籃球場上，全隊二百號人以死者為中心，圍成一圈。

那死者已由原來撲地倒下狀態，翻了一個面，面部，眼角和頸上兩處被開花彈拉扯得血肉模糊煞是嚇人。一大群金頭蒼蠅繞著那屍體嗡嗡直叫，原先血水流過的地方，變成一條黑紅色血帶，一股股腥臭沖著圍觀者，令人頭昏、噁心。

何慶雲在那裡高聲訓話，無非是講無產階級專政如何的銅牆鐵壁，誰要是膽敢逃跑以身觸法，必定粉身碎骨之類的話。誰也沒去聽，現在已無需他再加精神壓力，在這恐怖和令人噁心的場景中，大家的神經已緊繃到極點，現在稍不留意就要挨打，誰都把自己當成菜板上的肉，任人宰割。

恐怖和沈默真是一對孿生兄弟。中共頭子靠槍桿子，使中國大地空前的恐怖，也使中國百姓空前的沈默。「槍桿子裡面出政權」這話表示，誰在今天掌著槍桿子，誰就可以操持別人的死生大權，不過需要補充的，恐怕槍桿子裡不單出「政權」，還出「壓迫」，出「罪惡」！

正此時，果然聽見「噗通」一聲，隊伍中有人倒在籃球場上，大家將臉一齊轉了過去，見倒地的正是潘老。一夜幾乎未眠，加上六旬年紀，平時營養又差，身體本來不好，在太陽曝曬和血腥氣雙重夾擊下他昏倒在地。隨即又有兩個人兩眼發黑，支持不住蹲了下來。一陣騷動後，何慶雲才下令回到監房，人們便牽扶起潘老，慢慢回到鐵門裡去。

晚上學習，何慶雲佈置各組就昨晚發生的事，進行專題討論。題目是「你對昨晚發生擊斃逃犯的認識是什麼？」誰也不想說話，想到眼下所處的恐怖氣氛，除了沈默再不該有任何反應。

(七)「狗」也挨打

為了加強「警戒」，隊部對去辦公室報告的制度作了新規定。凡到隊部有事向幹部請示時，不但要在院壩裡報告老管，得到允許後，還要在轉過隔牆進入辦公室的走廊下，再呼：「報告某某幹事，××請示工作。」等到隊部辦公室裡傳出了回應聲，才能跨上走廊，進入某一辦公室時，還要再呼一道報告，得到辦公室內幹部的回答後，方能進入。

繁褥重複的報告，曾引起崗樓士兵與幹事之間激烈爭吵，神仙打仗，犯人遭殃，夾在其中的流放者往往還要受到老管的刁難，因此，一般情況，犯人是不會向隊部報告任何情況了。

而向幹事們打交道的無非是各組大組長，由於老管們對報告的挑剔和不滿，使他們兩頭為難，在挨過幾次訓斥後，值班大組長，在報告時心情特別緊張，生怕一不留意而挨罵，挨打。

一天傍晚，周學祝去隊長徐世奎那裡請示學習，也不知道是出於害怕不敢大聲報告呢，還是出於更加詭秘的心理而產生的竊聽慾。他先在走廊下怯生生的喊了一聲「報告」，就肅立著靜靜等待，分明聽見辦公室有人聲，但就是沒有回答，他偷偷望了一下崗樓上，怕大聲報告受到上面的干涉，又輕輕喊了一聲「報告」，裡面依然沒有回聲。

持續了兩分鐘，他耐不住了，在沒有聽到室內傳「上來」的回應時，便輕輕走上了走廊。站在徐世奎辦公室門外，他正側耳去聽，殊不知裡面的徐世奎正好推門而出，看見面前隱約站著一個人，天色昏暗沒看清那人是誰，不禁一驚。

「誰？」徐老大厲聲發問，「我。」周學祝戰戰兢兢回答：「隊長，我來向你請示今晚學習……」徐老大從驚恐中回過神來，立即轉為惡怒，向他一拳打去，那駝背像一個皮球滾進了階簷前的排水溝，臉正好磕在溝坎的三合土上被劃傷，血流了出來。

盛怒的徐老大，又向他身上連踹兩腳，並將他從溝中像提一個落湯雞一樣提起來，大聲吼道：「你膽子不小，偷聽什麼？」

哨聲一響，他令全隊集合，一身血污的周學祝，站在隊伍前，徐老大再次訓示：「今後任何人去隊部報告，都必須按規定，否則後果自負。」當場以偷聽隊部為理由，撤銷了周學祝蔬菜組組長職務，由馬文華擔任。

就這樣，對我的監督人，由周駝背換成了馬文華。此人原是解放軍一名駐西藏部隊的上尉軍官，據說因投敵叛國被軍事法庭判處十八年徒刑，其人究竟如何？我並不清楚，不過在靠攏政府爭取減刑上，他不會比周學祝遜色。

狼狽不堪的周駝背，從此以後再沒有「文革」開始那種「熊勁」，從蔬菜組搬到五組去後，便從「槍手」變成了死狗。他本人左手殘疾，大田組的高定額勞動一開始就使他喪了膽，承受高強度的勞役，不完成任務，晚上刮風下雨都要呆在山坡上，還要接受大家對他的冷嘲熱諷和「夾磨」。

自此以後，我經常看見他總是低著頭，發黃的臉上一愁莫展，看到他那副狼狽像，一群人圍著奚落他時，我還勸大家不要過分。雖知他狗性難改，但我確實缺乏痛打落水狗精神，幾次我見他晚上八點過才回來便勸他慢慢適應。

有一次農忙，我們蔬菜組抽調人參加大春栽插時，他悄悄向我道歉，說過去是一時糊塗，做了許多對不起我的事，希望我原諒他。

嚴酷的現實會改變一個人，嚴格說，我自己也是在殘酷壓迫下，才從一無所知變成今天這樣子。我想，一切在文革中陷身的共產黨人，不管他們地位有多高，過去對共產主義的信仰多真摯，對中共抱有多少幻想，都會在受到打擊時認識到自己的迷悟，幡然醒悔。

真善美既遭無情的猥褻而泯滅，人和人之間剩下的只有相互的敵意和殺機。以利害維繫人和人的紐帶，會因利害的衝突而斷裂。

因此，「階級鬥爭」除教會人奉行陽逢陰違，更使人奉行「害人之心不可有，防人之心不可無」。

處於亂世，因文字獄猖狂，往往壓抑自己內心的憤恨，低頭當「良民」，避免當局敏感的話題，防範那些身邊的異類。不過，恰恰是當局的殘暴，使那些想靠我將他墊出監獄的狗，也在轉變。

（八）因報告聲「太小」而凍昏的人

地處雲貴高原的鹽源，就是在夏天，氣溫一般在三十度以下，腹中憑白菜蘿蔔這種粗纖維，皮下脂肪長不起來，身上散發的熱能全都被高強度勞動所耗掉。所以，就是三十度的「盛夏」季節，也要身著棉衣，以防一陣風吹來惹上感冒。

一件棉衣發下來，便要一年四季頂著穿，加上棉花和棉布的品質又差，穿著棉衣幹活，與肉體和農作物的磨擦碰撞加劇了破損。所以一件新棉衣，穿了一年已破損不堪。

按規定，一件新棉衣要穿四年才能領換新的，要維持四年之久，全靠平時一針一線的縫補，在那個條件下，另花錢只夠用來買針線，平時一到休息和假日，補棉衣便消耗了我們許多空餘時間。

為禦寒對那破棉衣破了又補，補了又破。到服役四年，一件棉衣要麼已成一堆爛油渣，穿上比乞丐不如。要麼就比原來重量超出兩倍以上，全用針線拉住的千巴衣，特別在手臂和肩頭處，有的地方是由十餘層的破布縫疊起來。俗稱「棉鎧甲」，比劉文彩[1]地主莊園的展出的展品，絕對有過之而無不及。

從衣著上講，冬天和夏天的區別，僅僅是夏天可以靠一件「空心棉衣」渡日。而冬天必須靠「棉鎧甲」，它樣子很古怪，穿上身就變了一個駝背形體，就像一個東鼓西凹的極醜癩蛤蟆。

好在，那種條件下，全不講衣著美觀，圖的僅僅是不受涼、不生病這個要求活下去，當時想如果我能活著走出這地獄，我會在今後寫下紀實，拿來展現於人，我想目擊者，定會非常驚奇我們此時的適應能力。

一九六九年冬天，正當文革狂飆肆虐大陸，二道溝農六隊也特別冷。到了年底，一連又下了幾天雪，元旦剛過，院壩裡積雪一尺多深。

這天一大早，大約凌晨五點鐘左右，忽然從那雪封的院壩裡傳來一陣陣踢踏的跑步聲。

我聞聲從被子裡探出頭來，向黑暗的窗外望去，灰濛濛的天空裡鵝毛般的雪片還在不斷地從天上撒落下來，鋪蓋這銀白色的壩子。一陣木板鞋敲打雪地上的聲音，正從崗哨下方傳來。

藉著銀白地面的反光，一個瑟瑟作抖的黑色人影正在壩子中跑動。雖然天還沒亮，仍依稀可見此人正穿著一條破單衣，下身穿著一條短褲，腳拖一雙木板鞋，正沿著壩子周圍艱難的跑步。

一邊跑，一邊從打顫的牙縫中擠出斷斷續續的哀號：「我錯了……我改……」那聲音嘶啞、顫抖，伴著那在寒風中不斷撲打的破單衣

1 劉文彩（1887-1949），當時四川的大地主，為中共當時的「階級敵人」典型。

角，發出的「撲」「撲」聲，聽去格外揪心。

「大聲一點！」崗樓上傳來厲聲的命令。「看你今後喊報告還在喉嚨裡打轉不？」崗哨狠狠嘀咕著。

又一個因哨兵判定報告聲音太小，而被罰在雪地裡光著身子跑的流放者就在眼前，對這種事已見慣不驚的人們，被他的喊聲驚醒，到窗口邊來看時，也沒有多加理會，各自又爬回自己的舖位上睡去了。

然而那顫抖的認錯聲不但沒有提高，反而越來越含糊。

「嘭」地一聲，一聲十分沉重的響聲，從那結冰的三合土壩發出，那含糊細弱的認錯聲和木屐敲擊雪地的聲響頓然中止。

院壩中，他倒下的地方四周一片雪白，唯獨在他身下留下了一彎淺淺的殷紅，又像是血，又像是他的最後一點體溫融化的冰水。

當唐啟榮把他背回醫務室去時，才認出這是一個四十多歲的來自自貢的農民，那幾天還在發燒，他大概不知六中隊的「規矩」，現在，總算一切了結了，此時，他那發紫的唇邊流出一抹淺紅色的白沫，鐵青的臉上雙目緊閉，呼吸十分微弱，光裸在外的肩膀、手臂、大腿和腳板已呈現紫青色，心臟還在微微搏動。

就為了這莫須有的「喊報告的聲音太小」的藉口，一個小小哨兵就可以虐殺這個中隊的任何一名手無寸鐵的囚奴。這便是光天化日之下，無產階級專政監獄內每天都要發生的慘案！大陸上無產階級文化大革命中處處可見可聞。

悲乎，哀乎？然而，慘聞還會接連見到聽到。

（九）目睹殺人比賽

監獄本來就夠小的，晚上必須龜縮在高牆內，白天不得超越「隊界」！到了這個時候還要在「隊界」之內「劃地為獄」。

流放者提心吊膽的過日子，提防自己被無端拉到崗哨之下挨一頓毒打。所以，此時關押在這裡的囚奴，希望僅僅是平安渡過勞役的一天。少受些飢寒，少挨些拳腳，每頓端在手裡的鑵鑵份量充足，唯此而已。

一九六九年的春節剛剛過去，在大雪剛剛收斂，冰雪初融，大地回春時，蔬菜組由湯幹事安排我們在六隊駐軍營地後坡，面對二道溝的山坡草坪上鏟積草皮灰肥。

因文革狂鬥，為了避免可能招來的麻煩，我們的野外作業地點，經過軍管會專門劃定，下令：「超過他們界定的範圍，一切勞動力的安全概不負責。」

有一天吃過早飯，我們帶上各自的工具，跟著湯幹事來到了六隊緊靠二道溝這片草地上。

大約有一年時間沒到這裡來了，站在高處看著下面的二道溝，透透空氣，放鬆一下這段時間受驚嚇的神經。

一年前，對面農一隊壩子圍牆裡壘起的墳堆，靈堂已經不見，墳包已被周圍的荒草包圍。時隔一年，今年的春節並無人拜祭他們，也沒看到看守它們的人，這般荒涼使人不禁想，去年守護他們的戰友那裡去了？

再把目光轉向右側，稀稀拉拉的松林間隱隱約約的墳塋面前，留下一些白色的花圈還依稀可見，看來他們的家人，在過年時來祭奠過他們。

死者去矣，生者留下悲哀，他們總有一天會明白，早早葬身在這裡的兒子、丈夫究竟為什麼而死！

「人乞祭余驕老公，窮山野塚只生愁，賢愚千載知誰說，滿眼蓬蒿共一丘！」再過若干年後，又該如何評價這些荒丘中的亡靈，和他們的愚蠢？

順著場部幹部的墳場向下看，那排曾經囚禁我和陳力的羊圈，依然保存著，現在已由六隊接管。指著這排房子，我向陳孝虞講起三年前的往事：「喏！那排房的最後兩間房子，就曾是高世清和金梅住過的地方，也不知道這家人到那裡去了？」我嘆了一口氣，陳孝虞馬上回答道：「我聽醫院裡的人談起過他們，現在他們住在騾馬堡，金梅還照樣幫人洗衣服。」

羊圈對著場部的那條田坎，而今已經「改造」，泥巴的田坎上，鋪上了整齊的石板。那通向場部方向的盡頭，糞坑依然保持著原來那個樣子，不過眼下那糞坑裡的糞水早已在入冬前被就業人員挑乾了，而今那裡積著半窪由四面的冰雪溶化後流進去的泥水。

山坡下，場部那片蔬菜地被整得頗規範，四四方方的菜地周圍是排灌的水溝，此時被冰雪紮成白頭一片，十幾名就業人員在種耕去秋種下的越冬蔬菜，為它鬆土施肥。

場部辦公室那邊，正播放著廣播體操的樂曲，時間已過了十點鐘，一個「勞動力」正挑著一挑糞水從場部那面，沿著通往羊圈方向的石板路，一搖一晃的走過來，顯然是給剛鬆過土的白菜樁頭施肥的。照這幾年種菜積累的經驗，開春後，這些菜樁頭會發出今年第一批的白菜葉子，用來供場部的幹部和駐軍。

蔬菜隊的刑滿人員，成年累月忙碌在田間，但享受他們勞動果實的人，從沒有把他們當成人看。

差不多就在同時，一列戴著紅袖套的「糾察隊」，正順著羊圈門口那條護溝機耕道，從南邊馬路上朝著羊圈方向走來。

軍管會已成為農場的權力機關，這些戴紅袖套的巡邏兵，是從武鬥組織紅衛兵中挑選出來的，他們人人善於武鬥，在農場作惡稱霸，無人敢惹，其兇惡程度比明代錦衣衛東廠有過之而無不及，見所需的無論糧食水果，想拿就拿，誰也不敢阻攔，見著不順眼的動輒打人，沒人敢還手。

六隊發生的血案多半出自他們手中，就業人員當面恭稱為「軍爺」，背後人人都罵他們為鬼子兵，處境低微的刑滿釋放犯，對這些不肖子孫除了背後幾句唾罵，實在奈何他們不得。

同殺手在光天化日之下行兇，要披一件合法的外衣一樣，有時候最兇殘的殺手需要光冕堂皇的面紗，這往往比任何戰爭更可怕，更防不勝防。

文革對勞動力任意屠殺，已成為不需要任何法律方式就可以進行的事，這在大權在握的軍管會政府手中，更加方便更有效率。

軍管會貼出「告示」：凡發生與巡邏執勤的士兵正面相撞，或尾隨其後在五公尺以內者，巡邏人員可以當場採取「自衛」措施，一切後果均由「違犯者」自負。這等於給肆虐成性的「支左」戰士，大開了隨意肇事的方便之門，軍管會的巡邏人員可以藉自衛的藉口，擊斃任何勞動力後，不負人命責任。

當這個「告示」公佈後，便不斷發生就業人員在半路上碰到「糾察隊」，因回避不及被打傷甚至傷命的事。例如最近北鳥中隊的一個就業人員，沒有注意到在圍牆拐角處與巡邏兵相撞，當場就被擊斃。

所以不僅六隊的囚奴，因各種各樣「不小心」而被罰站和被打，軍管時期，當兵的任意虐殺「五類份子」，當時是一件極為普通的事。

眼前，只見那挑著糞的「勞動力」，剛剛走到這一段石板路的中段位置，那隊從機耕道上走過來的「糾察隊」，正好走到了石板路與機耕道的交叉口，為首那一個士兵好像發現了獵物，把本來挎在肩上的半自動步槍摘下來，端在手裡，突然的來了一個右轉彎，從機耕道上轉到了石板路上，以電影裡當年日皇軍那種武士道「雄姿」，刺刀指向挑糞人直逼過去。

那人見前方一支「糾察隊」正兇猛向自己逼來，早已嚇得魂不附體，石板路兩側菜田旁都是半公尺高，兩公尺寬的排灌溝，這些天已被溶化的雪水灌成了泥漿，別說挑著這滿挑的糞水，便是空手也難於跨過水溝躲避。

慌亂之下只能掉過頭來，挑著糞水往回跑，可是肩上挑的那挑糞水死死地拽著他邁不快步，說時遲那時快，有意向他逼過來的糾察隊，緊跟在他的背後相隔越來越近。

那刑滿人員搖晃的身軀終於控制不住，擔子裡的臭糞潑了出來，就在距大糞坑十公尺處，為首的士兵手裡端的步槍槍尖已刺進他的破棉衣中，扎到他的脊背上！由於猛然一驚，那兩桶糞水連同扁擔便從他肩上滑落下來，飛向路中，重重地摔在石板路上，糞水全部傾倒在兩側的菜蔬地和水溝裡，散發著惡臭。

在慣性作用力下，那就業人員失去了平衡，歪歪倒倒的跌倒地上，整個巡邏小隊五個人立即圍住這個「獵物」。

為首的那士兵用槍尖指著那躺在地上瑟瑟作抖的人，命令他從地上爬起來，並把他一步一步地逼向大糞坑邊上，接著命令他轉過身去，面對著那個有三公尺深的裝著一窪泥水的糞坑。

從山坡上目睹它的經過，使我馬上想到一年前被長矛的矛尖，挑穿動脈幾乎喪命的吳鐵匠。

難道用刺刀在光天化日之下，刺進一個毫無反抗力的人，會激起強烈的刺激感，使這些兵獸性大快麼？我的心為這就業人員一陣陣緊縮著！

卻見五個士兵不知商量什麼後，為首的士兵從懷裡摸出了一個跑錶，走到那勞動力背後。突然飛起一腳，向他的臀部踢去，同時按動跑錶。

順著那腳風方向，那人面朝著大糞池直直撲進糞坑中，撲通一聲，坑裡濺起了一股惡腥的水浪，待到這可憐的「活靶子」掙扎著濕漉漉身子站起身來，破棉衣已經浸透，頭部和腿上擦出的鮮血立即沁了出來，站在冰冷的齊腰泥水中，整個身體因寒冷和恐怖而哆嗦著直發抖。

然而站在糞坑邊，殺勁正旺的「軍爺」，

立即用刺刀指著他的頭，吆喝著逼他沿著坑邊上下臺階，一步一滑的爬上岸來，並按刺刀的指揮，重新站在方才撲向糞池的那個位置上，面對著糞坑。

第二個軍爺又飛起一腳，像踢一個冬瓜一樣第二次把他踢進了糞坑。與此同時，那為首的立即按動跑錶，記載著這個活靶從被踢進糞坑，到爬出坑邊所經過的時間。

此時，我什麼都明白了，這五個士兵在進行一場比賽，看誰把這個活靶踢進糞坑所經過的時間最短。

輪到參賽的人。拼命的催促著掙扎在糞坑裡的活靶子，而他因挨了不少刺刀，傷勢越來越重，此時的「活靶子」除了一片告饒和哀求呻吟，再沒有其他表示。

當那活靶子第二次在刺刀威逼下，從糞坑中爬起來時，血已經浸出了破棉襖，只見他跪地哀告免其一死。然而比賽才進行了兩個人怎能中止？於是第三個兵令他第三次站回原先位置上面池而立。隨著一腳又是撲通一聲，跑錶按下，活靶子第三次撲進了糞池。

當這個滿頭滿臉血水和泥巴染紅的「冬瓜」，第四次想爬上糞坑邊上時，呻吟和哀告聲已完全消逝，他再也爬不起來，於是第四個參賽者把他從池中像拎小雞一樣拎上來，還不等他站穩，就飛起了他那殺人的腳！

這一次，坑裡在響過撲通聲後，隨著濺起的泥漿血水就寂然無聲了。活靶子面撲在糞池裡，任憑第五個殺手，怎樣用刺刀戳他的頭也沒有動彈，他就這麼泡在泥水中再也沒有爬起來。

岸上的劊子手們七嘴八舌的爭論後，便排好隊，挎上自己的槍，嘻笑著揚長而去。在五個殺手身後，揚起了他們起勁的爭執聲：誰的腳風利索、在這場比賽中誰用的時間最短！

站在山崗上目睹這場屠殺的我，看得身上直冒冷汗。

「糾察隊」離開十分鐘後，菜蔬隊才閃出

五六個人來，前瞻後看了好一會兒，七手八腳地把這個血肉模糊的人從坑中抬出來，我們看得很清楚拖上來的已是一具血肉模糊的屍體。

緊接著，才從場部開出來一駕馬車，幾個人連忙把這個活靶子抬上車，送進了醫院。

幾天以後，場部蔬菜組傳來了消息：當天送進醫院時，那人已被泥水嗆死，身上無一完好的皮肉，肝膽破裂慘不忍睹，並在當天下午就地埋掉。在通知成都死者家屬中竟稱：「該員暴病而亡」，卻隱去了這場活活被踢死的真相。

嗚呼！目睹這場慘劇始末的蒼天、后土，你何以沒有施展你的神力，阻止這種無緣無故的兇殺猖行於光天化日之下，眾目睽睽之中？

嗚呼！這腥風血雨何時才能了結，還這個世界起碼的公理和正義？

嗚呼！無辜的死難者何以如此軟弱，對橫遭的暴力不奮力反抗？強橫的劊子手就這麼失去人性，在虐殺無辜時不受到良知的制約？

嗚呼，面對這種公開殺戮的遊戲，竟無人敢伸張正義，豈不令人沮喪！

嗚呼，這階級鬥爭扼殺人性，將社會道德摧殘殆盡，造成使整個社會粉碎性危機，將把華夏帶到哪裡去？

嗚呼哀哉！難道從一九五八年以來十餘年間數千萬飢民為毛澤東三面紅旗殉身還不夠，還要讓這場使公理泯滅，使蒼生塗炭的文革，徹底毀滅中華民族不成？

（十）年關在爾

一九七〇年舊曆年三十下午，六隊的囚奴們按隊部的規定，打掃完了清潔，準備像往年一樣，再過一個冷冷清清的春節。這天下午，我洗完了衣服，已是六點鐘了，大家正準備著自己的「食具」，各組值星將分肉的臉盆洗了又洗，在分到肉以後，組員們盯著肉盆子。

勞累一年，到了年底，盼吃頓飽飽的年夜飯，但裝進自己碗裡的仍只有這麼幾片回鍋肉，和四兩米的罐罐飯。

家裡有人的還可以接到一封灑滿親人相思淚水的家信，若家裡已經無人，那就只有守著這頓年夜飯，像鍾平波那樣，跪地求告於人間的惡魔了。

這時，大監的鐵門裡兩名士兵，押著一個戴破氈帽的囚奴走了進來，人們並沒留意在過年的時候，還有人進農六隊來。

自文革以來被抓進這裡，關進小監的人隨時都有，何況這期間正逢「嚴打」高潮，幾乎隔一天就有人往小監送，加之此刻大家都在聚精會神盯著分肉，並沒有查覺到，大監鐵門裡又來了「新客」。

帶他來的老管剛剛從隊部辦完了交接手續，交給了小監的看押者。來人被本隊的老管押著正向小監的門裡走去，從那人戴的破帽子缺口處冒出來幾根希希拉拉癩毛知道，來客是一個癩子，身上披的爛棉衣上沾著泥土和斑斑血跡，證明他剛被挨過打。

那時，他的全身發抖，鐵青的臉上憔悴的眼光，死死落在那些擺在壩裡的「碗」裡，那是十分飢餓的眼光。

沒走出幾步，他忽然向押解兵喊道：「我還沒有吃飯，我要吃飯。」並且賴在那裡不走了。那老管向他猛推一掌，使他身不由己地向前一個跪倒在地，疊聲哀求道：「我還沒有吃飯，我要吃飯……」聽到這喊聲，我立刻想到前一年被槍殺的劉志和。

在臨槍決時，他曾反覆不停地在小監裡吶喊：「我要吃飯。」這喊聲，劉志和的判決書上是這樣寫的：「該犯惡毒的、以裝瘋來攻擊無產階級專政。」

精神失常，使人失去了正常人具備的防衛能力，癩子在押送者面前的哀求，並沒有喊醒士兵的惻隱心，只見那兵將他從地上一把提起，連推帶搡的向小監隔向木門處搡。伴著癩子不停的哀求聲，他和隨帶的布包，便被塞進了木門裡。

不一會，隨著小監鐵門關閉的鈍響和一陣上鎖的聲音，那喊聲便被兩道監門阻隔，聽去十分微弱。但仍可清晰地聽見他在喊：「我餓，我要吃飯……」直到除夕的夜幕罩住了六隊的大院。

夜，漸漸地深了，明天便是大年初一，按中華民族的傳統民俗，今夜該是闔家團圓，圍在火爐邊促膝守歲的時候，雖然一九六七年，刮了一陣破除四舊，過一個革命化的春節的風，但這個古老的民俗並沒被毛澤東取消。

過了十二點鐘，監舍裡的嘈雜漸漸消斂，我和潘老還圍在爐火的餘燼旁。

靜靜的夜裡，崗樓上猜拳行令狂喊和笑聲分外清晰，那擦著瓦楞呼嘯掠過的北風，夾著從小監那裡傳來斷續的哀號和乞討聲，也變得十分清晰：「我沒有吃飯，我要吃飯。」

小監裡的哀號和崗樓上的歡笑，在農六隊上空交響，組成了一曲無法用音符表達的樂章，可惜，生活在其中的中國人有幾人能聽懂這樂章？

就像有人在撫琴而歌，歌詞云：「黑夜沉沉鎖九州，除夕之夜唱歡愁。幾人高臺呼風雨，幾人鐵窗對枷鎖。幾人橫行霸中原，幾人流放在邊亭。幾人崗樓飲美酒，幾人小監啼飢寒。」

「革命」的暴力恰恰選中了在這年關時節，把精神失常的人關進牢房裡，讓他喊出無法生存下去的呼叫：「我沒有吃飯，……我要吃飯！」那癩子的喊聲一直持續到第二天清晨，他在飢餓中熬過了一九七〇年的舊曆年底，卻沒有人去理會他。

第二天天亮時分，小監那面的喊聲依然沒有停頓，只是變成了斷斷續續的呻吟，而狂歡一夜崗樓上的老管正在沉沉大睡，六隊的上空很平靜。

初二、初三那小監裡叨叨的呻吟仍沒有停息，人們說兩年前劉志和在同一監舍發出的呻吟聲又響起來了，難道那被槍殺的劉志和冤魂不散？

第四天的夜裡，也就是大年初三，那癩子的呻吟聲，突然變成了吶喊，雖然那吶喊是那麼嘶啞和虛弱，但分明含著待發的控訴，我預感到某種凶兆正悄悄地逼臨到他的頭上。殘暴的地獄統治者要維持地獄的平靜，不允許在這裡破壞他們秩序，但是完全失控的癩子，堅持他的吶喊，好像唯有這樣，才能減輕他所受到的痛苦。

果然，這天夜裡，小監裡響起打開鐵門的聲音，從牆那面傳來了老管盛怒的喝罵聲：「你這找死的賤骨頭，在這裡鬧得不耐煩了是吧，老子今天就給你退燒。」接著就傳來了一陣沉悶的棒擊聲，像殺豬匠捶打死豬的那種沉悶的響聲。

這陣棒打整整持續了半個小時，果然奏效，喊聲終於收斂了，小監的那面暫時又恢復了平靜。但是第二天天亮時分，他痛苦的吶喊聲又再度揚起，雖然那聲音已相當微弱，聽不清他在喊什麼，那嘶叫令人不安。

按小監規定，被關押人員每天的屎尿，是由蔬菜組的人挑著糞桶去挑出來的。大家排定了輪子，挨次去完成這個「任務」，這一天剛好輪到我。

早上起來，我在得到崗哨的許可後，便挑著糞桶跨進通向小監壩子的小門，將糞桶擺在圍牆邊，坐在牆邊靜靜等候。

值班老管依次地打開了各監舍的鐵門，喝令住在裡面的禁閉者，將自己的便盆端出來倒進那牆邊的糞桶裡。當打開關癩子的五號監門時，只聽見從裡面傳出陣陣呻吟，並不見有人出來。

就在這時，我看見四個士兵，每個人手裡操著一條一公尺多長的青槓棒。那青槓棒上，沾滿了六隊政治犯身上的鮮血，心裡一陣緊張。

四人中為首的那人手裡還提著一根繩子，從那小監隔牆的木門中走了進去，逕直向五號房打開的鐵門裡走去，不一會兒就看見那癩子的雙腳被捆在一起，門外的兩個人像拖死豬一樣，把他從裡面拽出來，一直拖到了壩子中間。

我立即倒抽了一口涼氣，眼看一場慘禍又要發生了，想避開，已不可能，只好硬著頭皮看下去。

那癩子的破氈帽在拖出五號監舍時掛在鐵門的門檻上，而它的主人已血跡斑斑，簡直變成了一具活屍。被兩個兵倒拖出來時他還能掙扎，拖到院壩中，還欠了欠身子，好像想坐起來，但沒有成功，只軟綿綿地躺在地上。

四條漢子將他四面圍住，一聲喝令，操在手中的青槓棒，雨點般朝那已不成形的活屍上打去。一邊吼道：「這可恨可惱的傢伙，吵得老子們連年都過不清靜。」現在把它當成了出氣的活靶子，讓這幫兇手盡情解恨。

開始，癩子還能對砍下去的青槓棒抽筋似的微動。如此持續了五分鐘，那癩子便對落在他身上的棍棒毫無反應，先前淒慘的喊聲，變成一串「呼，呼」的出氣聲，直到從那口、鼻中噴出的血泡發出撲次、撲次的響聲，四條漢子才收住手中的棍棒，向那地上躺著的屍體不屑地唾著口水。

整個小監暫時一片寂靜，周圍的空氣凝結著，凝住了從小監窗洞裡射出來的眼光。我木然站在那糞桶邊，低著頭，面對躺在我面前的屍體暗暗祈禱，如此過了大約十分鐘，從小監的隔牆外傳來了報告開飯的喊聲，已是早上八點鐘了。

大監裡正在集合，傳來點名聲和徐世奎的訓斥聲。

四個老管重新拿來一根繩子，將捆著屍首的繩子接長了一截，倒拽著那已經血肉模糊的身軀，經過小監的木門向著兩扇大鐵門拖去。在那拖出去的地上，留下了一條癩子染成的血路，只有那頂沾著泥垢和血跡的破氈帽，在五號監舍的門檻上，目送著被拖出去的主人。

監門口停著一輛人力板車，車上擺著一床破草席，被軍爺叫來的三名囚奴，七手八腳用破草席將那拖出來的屍體包裹好，只見他死死瞪著眼，似乎不甘心落氣，到死沒有閉眼，直到用一塊布蒙著他的臉，將他甩上了板車上。

上午十點鐘光景，三名囚奴拖著這輛裝著癩子的「靈車」，翻上了六隊山後四號樑子的山路。當我已把從小監挑出來的糞，倒進籃球場外的糞坑，順著後山坡向四號樑子走去時，正看見那板車停放在山前選好的一個土彎前，在那裡挖一個土坑。

沒到中午，又一個受盡暴政摧殘，最後被活活打死的無辜生命，連同他無法陳述的冤，一齊埋葬在那裡了。

第二章：背負重枷的煉獄

第一節：栽秧和收割

過了穀雨，鹽源的氣溫還保持在十度以下，一大早，天濛濛亮，我們就被趕進那徹骨冰涼的水田裡扯秧，咬著牙一泡就是六個小時，直到中午才站起來舒一下快要折斷的脊背，當時只覺得滿眼金花四射，將捲起的褲腳放下，去踝關節上捏一把就是一個窩，這是營養不良和勞累的警告。

肚子早已空了。拖著滿身泥汙的身子爬上田坎，領到半罐玉米粑和一瓢沒油的乾白菜吃過午飯，便在隊長催促下重新回到水田裡。直到天黑，辨不出栽下的秧子是否插穩時，才拖著疲憊不堪的身子從水田裡爬起來。

晚上洗腳以後，看看滿腳的傷痕，分不清是劃傷還是凍傷，睡在被窩裡暖和後滿腳奇癢。每當此時，我常常想起我的父親，不知他的生死下落，夜間因惡夢常常哭醒！

栽秧剛完，又奔赴五百畝麥田，搶收已黃熟的麥子。夏收時節，每天保持十二小時以上的勞動，奴隸們只能用磨洋工減少體力消耗。然而，徐老大和何慶雲像驅使牲畜一樣，每天天色已漆黑不見五指，還要我們將收下的麥子運回山頂曬場，連夜脫粒。

收割是農活中最耗體力的一種，其實與其說這是一種最累的活，不如說徐老大一加再加的勞動定額，使體弱的囚奴難以勝任。

為鞭韃我們按時完成「搶收、搶栽」任務，規定每天必須完成的割麥和栽插進度。將每天必須完成的田畝數攤給班組，不完成是不准收工的。

晚上九點鐘天已黑淨，田野裡四下響起了蛙鳴，囚奴心裡常說：「當人還不如小青蛙來得自由自在，叫累了就睡覺了。」

收工回來後吃過晚飯，何慶雲和徐世奎將沒有完成任務的班組，集合在院壩裡圍成一圈，召開取名為「找原因」的小組會，讓勞累一天的囚犯們坐在壩子裡吹冷風。

大家被磨疲了，「找原因」也習以為常，反正沒法完成高定額的任務，久而久之，一到吃過晚飯，每個人都會將棉被把自己裹成一團，任壩子裡冷風狂吹，直到深夜十二點鐘，徐世奎從辦公室走出來，圍成圈子的地方已鼾聲一片。

後來徐世奎改變策略，下給各組的任務劃到個人身上，規定誰先完成任務誰就先回監舍休息，這麼一劃一時見效，身體較好手腳麻利的年輕人，果然按時完成了。

徐世奎嘗到了分開幹的甜頭，割麥定額也隨之一再增加，由開始每人每天四分地追加到一畝地，監獄的高額任務，與酷吏們的殘酷壓榨追相逼迫我們。

只苦了身體虛弱、手笨腳呆上了歲數的人，他們常在晚上收工時才完成全天一半任務。

徐世奎有了口實，站在田坎上譏諷那些沒完成任務的人說：「你們看看別人為什麼能完成，而你們就偏要拖？這不說明你們一貫軟拖硬抗？所以，今天非得完成任務，否則就在田裡過夜吧！」

說完，留下徐伯威打著一個燈籠，吩咐

他：「你在這裡守他們，一分一厘的任務都不能少！」說完拍拍屁股走遠了，交給徐老頭陪著。

經常完不成任務的是身材瘦小的蔡先祿、鄧小祝們。天色黑淨了，田野裡靜悄悄的，只聽見被留下的人緊一聲慢一聲的割麥聲，他們在豆影般的燈籠光下，向著好像永不到盡頭的麥茬發呆。

有一次，蔡先祿實在累得不能睜開眼，就坐在田坎上打瞌睡，這可令田坎上的徐伯威十分著急，開口道：「唉！你怎麼在這濕漉漉的田坎上睡覺呢，你會得病的，我們也不能等到天亮守通宵啊？」

徐伯威是六十好幾的人了，體弱多病的蔡先祿也是四十出頭的人！蔡先祿站起來揉了揉眼睛，望著前方沒有邊際的麥子絕望的說：「這日子我怕難熬到出監獄那天的……」

留在田裡的人，經常要在第二天凌晨三點鐘，在徐伯威那悠晃的馬燈下回到監舍。

收割的奴隸們一上麥地便蹬開雙腿，右手緊捏鐮刀，集中全部注意力，運足氣力，左手順著穀桿從茬口右邊那棵開始捏成一把，依茬口向左邊割去，最後將已無法再增加的穀桿，放到左側身後邊。

囚奴們像一頭牛順著割倒的麥桿向前衝，汗水從背脊溝裡向下淌，一直淌過小腿彎再滴在自己踩過的腳印上，兩腿打哆嗦，直到累得上氣不接下氣，才慢慢直起腰桿，扭著那幾乎不聽使喚的腰，緩緩地站了起來，用捏緊的拳頭在背上和腿部輕輕捶擊著。

待到恢復一下，不聽指揮的兩腿站在那裡喘過大氣後，抬眼看前方的終點還有多遠？再回過頭去看身後放倒的穀桿向前推進了幾米？不敢怠慢，重新蹬開雙腿，彎下腰繼續著剛才的動作。

從穀桿上抖下來的像細針一般的粉塵，沾到身上與汗水沾在一起，紮進肉中會起一串串的紅痱子，先前還感到又痛又癢，後來它們就隨著汗水流了下來，變成一條條黑紅色的汗垢。

捏著穀桿的左手和捏著鐮刀的右手，經常因慌忙趕任務打架，一不小心鋒利的刃口滑到手指上，在左手的指頭上割出一條傷口，輕則鮮血長流，重則可以截脫一節指頭。

不管出現哪一種傷情，立刻用右手按著傷口，然後在傷口上撒上自己屙的尿，再從自己的破棉衣上撕下一塊布包紮好，以免因感染增加新的痛苦和麻煩。

傷包紮好後，還要繼續割下去，一天的任務是不能打折的，決不會因為手被鐮刀割傷而休息或減少任務。

由於定額太重，割傷手是經常發生的，每收割一季度，割傷指頭的總有十幾個人，因奴們出現這種傷與毒刑比較是微不足道的。

由於過度疲勞和大量出汗，出現兩眼發黑金星四迸的情況經常發生，輕則噁心，重則昏倒，此時腦門和背上，由原先的熱汗變成冷汗，耳朵裡像無數轟炸機嗡嗡作響，心裡很虛。因心臟承受不了，弄不好會發生虛脫而一命嗚呼。

古柏大隊就曾發生過這種事，但草菅人命的當局，照例會在死亡原因中批上「因病死亡」四個字。

蹲在田頭，頂著烈日，望著頭頂上的藍天，會使人想到「白毛女」的歌詞「老人折斷腰，兒孫筋骨瘦」！這樣的日子要到哪天才到盡頭？楊白勞還有一個女兒相依為命，還有一個家可歸，而我們除獄吏的苛責和侮罵外，還有什麼？

農忙時節送到田坎上來口口聲聲稱之為「改善」生活，只不過平時罐子裡的玉米巴加厚了兩毫米，平時連油星都不見的「奈溫」菜，增加了半瓢。不過，累過頭的人，因汗水出得太多，反而不感到餓。

每次農忙到來，只有消耗本來極其瘦弱的身體，汗水浸濕了衣衫，冷風一吹便會立刻感冒，晚上發燒了誰管？倒在發霉的鋪草上用被蓋嚴嚴實實蓋上，靠發一身汗減輕病痛，第二天還得照樣出工。

所以，每次農忙季節一完，都會出現大量病號，許多人就因此而一病不起，到醫院再也沒有回來，把自己一堆白骨拋在這荒山溝了。

那些完不成任務的人唯一辦法，就只有用自己的玉米巴騰出一半來請人幫忙完成。交換的條件是論田畝計值，每由別人割一分地便出一兩玉米巴。

用自己的玉米巴求人完成任務的做法叫「賣血」，為幾個玉米巴替人流汗的叫「賣汗」，血汗交易都是當局的重苛逼出來的，這種事在勞改隊中是很平常的交易，蔡光祿，鄧小祝是經常賣血的人，本來營養就缺，這樣作的結果無異加速死亡而已。

記得一九七五年，我從菜蔬組調到大田作業組。第一天參加割麥勞動，一天只完成了定額的一半，卻累得我腰桿都直不起來。晚上到了八點多鐘，看看天色已完全黑盡，距離規定任務的茬口足有二十公尺遠。

何慶雲走到我面前，幸災樂禍的嘲笑我：「怎麼樣，我看像你們這種臭知識份子勞動關過不了，到就業隊去怎麼混過勞改關的？」我沒有理會他。第二天便帶上棉衣作好提前準備，任務要是再完不成，就只有露宿田間的命！

上午拼命趕，使自己不掉在近旁人五公尺內，猛然間鐮刀滑到左手的小指頭上把手指砍去了一截。血像水般的滲了出來，我丟下鐮刀，將割下的指頭帶著沒有割斷的骨頭按在一起，鮮血一個勁往外湧。

這時正碰上值班的郭川小，他走了過來，忙將唐啟榮叫了過來，將我扶到溪溝對面的農場醫院，下午回六隊以後，便將我分派到曬場上加入脫粒組的勞動，逃過當年收割這一關。

農一隊就發生過，因夏收躲避這種高定額，橫下心來，用鐮刀將自己左手三個指頭砍掉，成了殘廢編入老殘隊。

真是苛役猛於虎，人真是太脆弱了，冤獄中，不知有多少人為高額勞役所逼，死亡或殘廢的，沒人統計。

第二節：挑草

收秋一過，囚奴們酸痛的筋骨，還沒有來得及舒展，被汗水浸透的爛衣服還沒有洗淨，連日熬夜眼眶裡充血的血絲，還留在眼圈裡，一年一度的挑草熱，又以灼人之勢向苦役們捲來了。

降雨量本來就少的鹽源，一年四季從五月開始到十月結束的雨季，滿足不了植物生長所需的水份。大半年時間風沙滿天，乾渴的野草，在紅土地裡，竄出很長的根，從很深的地下取回雨季才降下的水，延續草原的生機。

三面紅旗人為造成飢荒後，為了解決糧食的恐慌，決策者用他們的權力將黑手伸向這裡。拖拉機盲目把原本缺水，艱難生成的自然草原開墾出來，草地被連根翻轉，大片的原始牧場變成了大片紅色土地。

墾荒不僅把山樑上的草地變成瘦瘠的紅土地，為了給這些紅土地裡種下的莊稼「施肥」，又把周邊餘留的草地連根鏟掉，使這裡光禿一片。到了冬天，生活在這裡的牛羊群，就進了鬼門關，牠們望著光禿禿的紅土地發呆。

在這兒生活的牛羊群同備受大躍進之苦的中國百姓一樣，也被強迫地接受這種「中國式社會主義改造」。

那時間農場飼養的牛羊群，經常莫名其妙地倒在放牧途中。這些倒斃在路邊的牲畜，便是給囚奴「改善」伙食的「肉」，這就是在成都初調來時，幹部們許諾過的牛羊肉當小菜的依據。

盲目翻耕出來的土地，失去草層為它們保持濕潤，乾旱和嚴重缺肥，使播種在它上面的作物長不到半公尺高，這些土地種上一季，往往連種子都收不回來，眼巴巴看著把勞動力和機械耕種的投入無謂消耗掉。投入的無代價勞動力，抵不上這種盲目開墾造成的虧損，這種損失對於獨裁者，是無動於衷的。

為解決冬季各中隊的牛羊群所需的草料，各中隊只能向小金河附近的公社農家收購。然而小金河稻穀區，收割的穀草卻是有限的，它被農牧場周圍的各個農業中隊所爭搶，價格便一再攀升。由最初的每斤兩分錢漲到每斤五分錢，當時的大米才一角二分錢一斤，一斤稻草等於六兩穀子，僅這筆開支就足以使虧損的中隊負債。

國營農場的經濟虧損，在毛澤東時代是很普遍的。

由於各農業中隊對穀草的搶購，中隊只好從遙遠的河谷地帶，運回各中隊牛羊所需的越冬穀草，馬車的運力越來越無法勝任，於是，牲畜越冬草料的需要，便由剛剛從搶收戰場上下來的囚奴們用肩頭承接過來。

每年，徐世奎都要從二十里外，垂直高差達兩百公尺的河壩稻穀區，購回二十萬斤的穀草以備冬荒！按每人每天運回一百五十斤計算，並動用全隊一半勞動力出動，至少也要運半個月。於是，每當秋收完畢，又一個大量消耗我們體力的勞動——挑草，再度落到我們肩上。

從挑草那天開始，六隊到河壩地區綿延二十里山間小路上，一條由一百號勞動力挑著大捆的草綑，艱難攀登上山的「壯景」便出現了。

別說挑著體積超過身體兩倍的重擔，迎風向上掙扎，一個人就是空著手，來回走兩趟行程三十里的山路，都得汗流浹背，腳上打起血泡。這每天要完成一百五十斤草的挑運。對於體弱的勞役者，又是一場要付出拼命代價的折磨！

這時雨季剛過，爆烈的風季便接著到來。

早上五點鐘，晨星還來不及收淨，挑草的人就帶著一根扁擔兩副繩子和一身的酸痛，以及永遠無法恢復的疲勞，撥腿在昏暗不清的山間小道上奔跑起來。人們心裡著急，因為一到下午西風驟起，挑著那大捆的草爬山就更吃力了。

早上六點鐘，河谷的村落剛剛才嫋起稀疏炊煙。挑草的隊伍便在一片狗吠聲中，進入了生產隊的曬場。他們顧不上看清周圍的環境，急急忙忙從草樹上拖下一捆一捆的穀草，用最快的速度捆好草挑子。

趕緊挑著沉甸甸的草擔，飛步在田間的石板路上。出得村寨便是曲折、上升的山路，押行的槍桿子向來只站在山巔最高處，向下監視這像螞蟻般分散在山路上的人點，看他們向上一步步蹬，艱難向上移動無動於衷！

這是一幅極其壯觀的圖畫！藝術家也難構思出這幅襤褸衣著的苦役隊伍，把它們的任一個段落，攝下來都是控訴和悲歌！

牛啊！牛！你這善良的牲畜，你可知道你咀嚼的每一根草，就是那些累死累活掙扎在半山中的苦役身上擠出的血汗麼？

他們太陽穴上，突冒出筷子般粗大的青筋，額上淌下豆粒般的汗珠滴滴跟著他們腳跟，灑落在那羊腸小徑上。發紅兩眼瞪著高高的山巔，待到爬上坳口，太陽才羞澀的露面，用他明亮的眼睛，盯著那曲折山路上，星星點點像螞蟻向上移動的奴隸們！

登呀上登，咬緊牙關，一步血一湧，一步一喘氣！在肩頭上一閃一閃的草挑，就像背負著的十字架。草擔子在肩上從左邊換到右邊，又從右邊換回左邊。磨起血泡了，破皮處流黃水了，再疼也要忍！黃水乾過就成厚厚的繭巴！

當腳步登著最陡的石坎，兩腿便直打哆嗦，冷汗夾著熱汗在背心裡流淌，如果氣力不支或一陣大風，會把你連草帶人捲刮下去。

此時，誰也管不了誰，誰也不巴望別人的

扶助，掙扎著站起來。回頭望望那山腳下，抬頭望望山巔上，兩頭茫茫，嘆口氣重新收拾好草綑子，把牙關咬得更緊，吭唷！吭唷！用低沉的呻吟，唱煉獄的歌。

我的手因為幾次刑具摧殘手指發麻，捆起草來無論如何使勁，老收不緊繩子，加上捆草技術差，碰到草綑大一點，鬆鬆的草綑幾次撞在前方的坡坎上，便從繩中鬆脫，加上毫無定向的亂風一吹，散了架的草滿山坡都是。

挑回去的草是要過秤的，秤不夠任務就沒有完成，麻煩事也跟著就來。被迫在路上停下草擔，將散掉的草綑重新綑綁，在亂風的干擾下好不容易將草捆好，往肩上一挑，走不了幾步又散了。

如此地，散了又捆捆了又散，後面的人一個接一個從我身旁過去，有人第二趟都打轉身了，還看我在那老地方，同那堆存心同我過不去的亂草較勁。

氣力耗盡了，我乾脆停下來想恢復一下體力，再重新捆好草繼續上登，但身後已沒有其他人了，背後的刺刀頂著我的背，只好胡亂的捆好草綑，硬著頭皮拚命追趕！

有時候我真想帶一個打火機藏在身上，把那草綑連繩子一火燒掉，但前後都是人，幹這樣的事未免有些傻，只好將回歸的時間一再後延。

下午的風勢越來越狂，風吹乾了我身上的汗水，刮起來的泥沙重重打在我乾癟的腳桿上，皮膚上皴出了無數細細的裂口，血從那些皴開的裂口裡滲出來。

在風口上，風在我草擔上增加了百餘斤的副壓，不但無法前進還要逼著我倒退回去。風還用它的巨掌捂住我的鼻子，壓迫我的喉嚨，使我張大了口也喘不過氣來；風裹著我的雙腿，使我無法開步。

於是在狂風中掙扎的我，使我想那越吹越猛的風將我輕飄飄的舉起來，飛向雲端，飄過無數的山谷，飄進白茫茫的雲海，飄向那沒有人煙的地方，躲在那裡永遠結束這煉獄之苦。

這時的心情，這時的風聲，會使我譜出一曲樂章，它的名字就叫「風」！

有一次上午，正當我第一趟草挑過那道最窄的隘口時，我碰上了王德權。碰上他時，他身上那件破爛背心已被汗水浸透，顯出斑斑跡印，面前是剛散架的草綑，他坐在地上望著散落一地的亂草發呆，我見他臉色潮紅，不停喘咳，知道他肺結核發作了，出氣很臭。

這些年來，六隊瘋狂的打人風，以及徐世奎對「狗類」的渺視冷落，使許多榮膺「狗」類稱號的人都開始沈默。只有他反常的變得更「靠攏」政府，可惜何慶雲也好，徐世奎也好，似乎對他平時的告密並無特殊興趣！眼看他的肺病如此嚴重，也好像視而不見，照樣攤派各種繁重的體力勞動，所要完成的任務，一絲一毫都沒打過折扣。

此時我見他雙眼直直盯著面前停放的草綑，便在旁邊停下了我的草擔，喃喃自語道：「中國人就像一堆亂草，他們是無法捆在一起的，非要一根繩子才能將他們強迫套住。」

見他注意聽我講話，臉上有一種乞援的請求，心中不免湧上了同情，暗暗嘆息：「真是被煉獄壓扁了的人。」走到他面前，默默同他拽著繩子一人一端，不到五分鐘就將那草綑重新捆好。

我跟在他的後面，想他被勞役和疾病折磨得如此，還自稱「毛澤東思想的信徒」，既如此，在「普天之下莫非黨臣」的中共統治時代，相同的信仰為什麼沒讓徐世奎、何慶雲對他產生一點惻隱心？卻押著他完成這樣的勞役？

夜裡，北風掠過監舍房頂的瓦楞發出陣陣嚣叫，白天挑草早已累壞的苦囚們都已酣睡，昏暗角落裡，傳來王德權發出陣陣猛烈咳嗽聲，他今天天色黑盡了才回到監舍，大概下午的風寒使他病情加重了，他的咳聲帶著一種不祥之兆。

突然間，一道慘白的手電筒光刷了過來，一個幾乎被口罩籠住了臉的黃馬褂，悄悄停在他的鋪位前，王德權下意識的坐起身來，卻冷不防腳上挨了一棍。他唉喲一聲，連忙睡下縮成一團瑟瑟發抖，只聽見那手電筒向他吼道：「這麼晚不睡，看見我又不喊報告，誰知道你想幹什麼？」

「報告……我咳……我感冒了！」他斷斷續續的解釋，聲音非常微弱。聽得出來他此刻發燒得厲害，睡在旁邊的人，本想替他解釋，幫忙喊唐啟榮過來看一下，然而想到平時他那種可恨可惡，沒人吭聲。

第三節：曹季賢：「我要回家」

秋收過去，監獄裡勞累的奴隸們，田間勞役剛剛結束，又熬過發燒的運草熱，好不容易熬過了一年！

冬天像往常一樣，一早起來的白頭霜，令人畏縮著手腳，到了中午狂風大作，刮在人身上猶如刀割，鹽源的老百姓，已躲在炕邊紅火的老樹疙瘩周圍取暖了。

但是，在中共監獄裡，從不會讓囚奴們稍歇下來，冬天歷來是當局當作興修水利的好時節。盤旋在二道溝狹長山溝裡的水渠，和分佈在下游進入甘海的大小水庫，就是二道溝兩千名囚奴在冬季開挖出來的。

這些年除了一九六七年大規模武鬥停了兩年，到六九年以後，「農業學大寨」的運動又如火如荼捲刮起來。

各中隊分攤的改田改土工程每年都在增加，挑草任務完成以後，二道溝全長幾十公里的排灌堰溝，便從水庫出水口開始徹底的清理，農六隊擔負二道溝最末端的那一段，從靠近梅雨的最低位置開始。

照場部統一規定的作息時間，上午八點鐘奴隸們便在榮老頭和徐世奎的催促下，帶著鐵鍬、鐵鎬、扁擔、畚箕出得監門，頂著刺骨的風霜，越過五號樑溝谷的河彎，來到清溝現場。

在零下十度嚴寒中，值班老管把軍用毛皮衣領拉到下巴下，除留下一雙眼睛和鼻子，將臉頰嚴嚴實實的護著，懷中揣著雙手，也被皮大衣的袖籠子保護著，腳上厚厚的絨毛皮靴不斷在結了冰的田坎上來回跺著，發出踏踏聲響。

遊動在溝底下的瘦弱的奴隸們，穿著自己千針萬線的棉盔甲，腳上套著布膠鞋踩著像刀子般的碎冰層，用鐵鎬將凍成冰塊的泥沙挖鬆後，再裝進畚箕裡，甩到高過自己頭頂的堰溝坎上。

零下十度的冬天，手腳被沿途的風霜凍僵，一到工地大家便放下工具，四處找尋堆積在田坎上的玉米桿和向日葵槁桿，經過二十幾天日曬霜打，已乾的用火一點便可熊熊燃燒起來。大家紛紛從田坎和背溝處抱來那些槁桿，用打火石引燃後，團團圍住沖天的烈焰取起暖來。

不過，那些枯乾槁桿燃起的大火，最多持續不過十分鐘，就像安徒生童話裡賣火柴的小女孩，點燃一匣火柴一樣，眼前並沒有出現耶誕節的肥鵝和衣帽就熄滅了，十來分鐘留下了一堆灰燼。

徐世奎追著出工的隊伍趕上了工地，便將火堆的餘燼弄熄，把戀戀不捨離開火堆的奴隸們，驅趕到各自劃定的界段上。

山谷中傳出鐵鍬鑿開冰層發出的鏗鏘聲，鑿到特別硬的冰層會濺出火花，震得人虎口發麻。

徐世奎不停的吆響著：「你們開工這麼晚了，還要磨洋工，我倒不怕你們軟拖硬抗，今天劃定的任務，非完成不可，完不成晚上打起燈籠火把也要完成，馮俊伯！」他喊著收方員，要他拿著尺子一段段的把每個人的任務劃出來。

他的眼光落到一個穿著破爛「黃馬褂」的

身上停了下來，這是一個身材壯實，剛剛從南充監獄調來的「新犯」，聽說是由軍事法庭開庭判決的，名字叫曹季賢，他犯什麼「罪」，又為什麼偏偏關押到農六隊來，我們都不清楚，只聽說他為爭風吃醋，同他的上司決鬥。

從他調到農六隊僅三個月時間裡，從來不與人交談，除了偶然長籲一聲「放我出去」，才知他並不是啞巴。不過平時從他那呆滯的目光來判斷，這人顯然又是一個精神上受過猛烈傷害的人。

跟隨大家進入山谷後，他便坐在距大家不遠處凍得硬梆梆的田坎上，兩眼望著銀灰色的天，好像他腦海裡正翻滾著理不清的冤屈，即使大夥鬧烘烘圍著火堆取暖的那刻，他仍無動於衷。

蔡先祿向他喊道：「唉，曹軍爺，不要再想那些不痛快的事，到這裡來先暖和一下手腳。」他好像沒聽見一樣，像一塊石頭端坐在那裡，嘴邊又滑過了他自己才聽得見的那句咕嚕：「放我回家。」

徐世奎向他走過來時，奴隸們已離開了火堆下到溝底，唯獨只有他還繼續保持原來的姿勢，坐在原來的地方，好像有意在用抗工回答徐世奎似的。

這些年來，在高壓政策下，依靠繩子和鬥爭會，以及士兵們的拳打腳踢，加上「殺一小批」的威脅，六隊一些人的稜角被磨得差不多了，自從一九六八年後，有幾年沒有人公開的抗拒勞役了。

徐世奎見穩坐原處的曹軍爺，低聲喝道：「曹季賢怎麼搞的，大家都開工了你在想什麼？今天每人清理溝泥的任務規定是六公尺，你沒聽見嗎，完不成任務你就要守到深夜也回不去的。」

但是這句話沒有收到任何效果，他索性把頭埋進兩大腿之間，看樣子天氣太冷，他好像在瑟瑟作抖，徐世奎暫時沒有理會他，走到渠邊去檢查那裡奴隸們的清渠進度。

五分鐘以後，手裡柱著拐杖的榮老頭走了過來，當他用他的獨眼睛看到坐在田坎上的曹季賢時，便用手裡的手杖去挑曹季賢身上穿的那舊軍裝，一面咕嚕道，「你聽見沒有？趕快起來到你劃的地段去，今天必須完成規定的任務。」

這榮老頭已退休兩年，憑著他失去左眼和一條假腿，憑著他打天下的老本，退休後，勞改局安排他專門旅遊休假，他到全國各地周遊了一年，感到不自在，勞改局又特別地批准了他的請求，留在六隊繼續管犯人。

看來他認為六隊的政治犯歸順了，反正一個孤老頭閒著也無聊，閒不慣了，今天他冒著嚴寒的天氣，來清理溝渠的工地上遛達。

一上工地就碰上這個曹軍爺。當榮老頭的拐杖戳著他身上時，仍像一塊石頭一樣，不理會也不吭聲，這使榮老頭心裡好不自在。

隔得最近的余賦見狀，從溝裡探出頭來，低聲替他解釋說：「他可能病了，昨夜咳了一夜，我們挨著他睡的人都沒睡好。」榮老頭對自己在犯人面前遭遇不理不睬感到萬分惱怒，「有醫生證明嗎？」語氣裡分明含著怒意。

為了驅使奴隸們帶病出工，各中隊給醫院打過招呼「非經領導同意，任何醫生都無權給犯人開出休息的病假條。」一般犯人即使害了病也必須像健康人完成規定的任務。因病在工地上，臨到死亡前才往醫院送的人很多。視犯人的生命如草芥，這是勞改隊裡人道主義慣例。

曹季賢本人既沒有想去看病，也不知道在這樣險惡環境下如何保護自己，他那失常的大腦裡只有一個單純而簡單的想法：「放我回家。」

可惜，這榮老頭不但不知道他的底細，只知道管束犯人，他可是六隊成立後的首任中隊長。

現在他被這個壯實年輕人對他的渺視激怒了，用拐杖敲打著腳下的冰層，吼道：「我看，這傢伙是好逸惡勞慣了，這種態度是公開抗拒改造，對這樣的人，說服教育起不到任何作用。」

他的聲音武斷而直率，沒有商量的餘地。一面抬起頭來向坐在高處的值班士兵命令道：「你們下來，把這個犯人拖到溝裡去！今天非給他點顏色看看。」

兩個老管無奈的站起來，把毛皮的風帽推到腦後，從原來地方走了下來，他們走到曹季賢的身邊，猛然一個擒拿動作，將他按到地上，扒下了他的棉衣、棉褲和膠鞋，任他怎樣掙扎反抗，又怎敵得過這些訓練有素的監獄看守？

兩人從腰裡掏出一根隨身攜帶的麻繩，將他的雙手反剪過來捆成了一個「蘇秦背劍」的姿勢，然後將這個只穿著單衣的人推進了河溝之中，重新回到原來的座位上。

曹季賢那雙赤著的腳，在冰水中迅速變成了紫黑色，兩條腿瑟瑟發抖，反叉著的兩手被捆的大拇指，沁出了紫紅色的血，雙肩將他的頭扭曲成一個十分奇怪的樣子，面如茶色嘴皮發烏，咬緊雙唇一聲都沒有吭出來。

他像一尊堅硬的化石，僵立在冰水中，時間就這麼一秒鐘一秒鐘的過去，堰溝裡的奴隸們都停下手中的活，看曹季賢他那樣子，說不出心中的滋味！

突然撲通一聲，「化石」終於堅持不住，像被融化了的冰人，直直地倒在溝底的冰水中。

仁慈的榮老頭才慢慢地走過來，命令站在曹季賢身旁的兩個奴隸先將他捆在大拇指之間的繩子割斷，七手八腳地將他架到山坡上，只見他全身青紫，像一條冰凍的活屍。

有人忙抱了穀桿來，就在他身邊燃起了火，有人把他被脫下來的衣服，披在他的身上，在場的人全部圍了過來，山頭上只聽到徐世奎從遠處傳來的吆喝聲，而那位獨眼榮老頭，在親自目睹了他一手製造的傑作後，便悄然拄著他的拐杖，從山底下那條小路上走回去，漸漸消失在轉彎的地方。

他今天沒有料到這曹季賢，竟以不屈姿態出現在他的面前，畢竟年紀大的人不像殺氣正旺的年輕士兵，當年的紅衛兵可以血刃對手，用刺刀剖開對方的胸膛而面不改色。

他今天面對的是一個手無寸鐵的囚犯，是一個同他一樣穿過黃馬褂的人。是他親口下令讓曹季賢幾乎凍死！雖然他永遠不會對自己的罪惡發生懺悔，然而他害怕了，慌慌忙忙的逃離了，這老傢伙！

「動工，動工，有什麼好看的！」狹長的溝谷裡傳來了徐世奎聲嘶力竭的叫喊，他拼命地驅散在曹季賢周圍的圍觀者，一面命令跟班的衛生員和兩名流放者到河對面的醫院去取擔架。

曹季賢經過火烤烘暖的措施，仍然不省人事的昏迷在工地的田坎上。

「這哪是把我們當人看待，連對待牲畜都不如！」圍觀的人壓低了嗓門憤憤的控訴著，人們心中充滿了壓抑！「比劉文彩地主莊園的水牢裡所展出的還要殘忍，何況那水牢是藏在地下室裡不敢公開露面的。」

「什麼改造人，分明就是摧殘人，法西斯！」幾乎所有在場的人同聲譴責剛才的暴行。

突然有一個完全不同的聲音在喊道：「活該！誰叫這曹季賢穿黃馬褂？這年頭，當兵的哪一個不是心黑手辣，想來他過去整起人來一點都不會比別人差，我看哪！用不著在他的身上浪費同情心。」

人們七嘴八舌的議論著！

一九七〇年初，當他穿著黃馬褂，第一次出現在農六隊的壩子裡，就給這裡的奴隸們蒙上一種天然的敵意，那時他成天低著頭，好像一隻掉進了羊群裡的小狗，任何人對他都抱著一種防備。

好奇的人向他提出問題，他一律不與回答。也許人們提出像「你是怎麼到這裡來的？」是連他自己都沒有搞清楚的，除非牢頭們聲色俱厲地問他：「你犯什麼法？」他答非所問的嘟噥著，重複一句簡單的話：「放我回家吧。」

吃飯、起居他也不問別人，有時候竟然傻到用手板心去接自己那一瓢白菜。但從他矮而壯實的身體猜測，他原是一個挺有氣力的莊稼人，只因為在入監時受的刺激太深，使他沉浸在半睡眠狀態，流放者戲虐的稱他叫「曹軍爺」。

因為行動遲鈍，在六隊那個環境下，他沒有少挨老管們的拳腳，在獄吏們的眼睛裡，被囚在六隊的人都是「牛鬼蛇神」，都是他們隨意打罵的奴隸。

出工勞動，他總是拖在隊伍的最後面，每天加給奴隸們的勞動，只滿稱足他也不例外，農六隊的囚奴經過長期的磨難歸順了，都會在下地以後忙著趕自己的「任務」。但是，他好像木頭人似的，坐在田坎上發呆。

為了他沒有完成當天的任務，六隊有的是制服他的辦法，挑燈夜戰免不了他；繩捆索綁，鬥爭會這些能治服奴隸們的「行之有效」辦法，都一一試過了。但他真像一個不怕開水燙的死豬，隨你怎麼整他，他都會用同樣一句話來回答整他的人：「放我回家！」

這種近乎癡呆的情況，漸漸使何管教和徐世奎感到頭疼。因為，一個人壓不服，其他的人都會跟著仿效。何慶雲有一次向他威脅說：「你不要以為你這樣我們拿你沒辦法，六隊的劉志和，就是因為『裝瘋』，還不是照樣把他槍斃了！所以你如果繼續下去，就只有自絕於人民！」

無論那一個國家，決不會對瘋子格殺勿論，除了中國的無產階級專政時期。

在中共監獄中把犯人不當人看，隨意侮辱他們的自尊是家常便飯。一般來說，處在生死線上的「重刑犯」不傷皮肉，已經起不到什麼作用。可有一次，徐世奎因傷及了這位曹季賢的隱私，產生了意想不到的效果。

他說：「你曹季賢別裝瘋，老實告訴你，你幹的事是任何人都鄙視的，你趁你妹子從鄉下到你那兒探親，強暴了她使她懷孕，軍事法庭判你十年，我看是判輕了，你還繼續裝瘋賣傻，真不知道羞恥。」

本來，徐世奎這麼刻薄的挖苦，出於對曹季賢的無奈，沒想到他再也沉不住氣，大聲的抗議道：「你說的是假話，軍事法庭那些不是人的傢伙，勾結起來，把營長幹的事，全都誣在我身上……」接著他帶著哭聲斷斷續續地當著在場的人，毫無遮掩的講了出來。

「那營長才是真正的大流氓，前年我妹子探望我，他把她安置在部隊的招待所，哪裡知道，才住了兩個月，我的妹子就懷了孕。妹子還是一個處女，吃了啞巴虧，不敢聲張，悄悄私下告訴了我，氣衝衝的我找團長揭發這件醜事，不料被團長反誣一口，說妹子房間的鑰匙只有一把，平時是保管在我手裡的，一口咬定，招待所的人看到我一連幾晚上上妹的房裡住，把這事硬栽在我的頭上。我跑去找師長，師長說這事有損我軍名聲非同小可，成立了一個調查組，調查組調查結果還是把這事栽在我頭上。我被關進了軍法庭禁閉室，受到軍管會的刑訊逼供，我就是這樣冤冤枉枉到監獄裡來了！」

憤怒而失去理智的曹軍爺，決定槍殺他的營長，沒想到還沒進入這營長的房間，就被發覺了，師長毫不客氣把他送上了軍事法庭！

倘若這位軍爺還有一點骨氣，就不該在身受雙重羞侮下，依然忍氣吞聲就範於勞改隊，他應該勇敢的站起來抗議軍事法庭的誣判。可惜他沒這樣做，把他抓進監獄後，才聽說妹妹墮了胎。

這樁醜聞，以女人的墮胎了結了，證據已經消滅，誰幹的「好事」也恐怕只有他的妹妹才知道了。

現在，幾乎被凍死在清理堰溝工地上的曹

軍爺，被三名流放者抬進了醫院。最後因為命大，經過醫院搶救，他蘇醒了過來。可是那兩條被冰雪凍得組織壞死的腿，給他留下了終身殘疾。

他當時才二十幾歲，中國人中蒙受這種類似之冤的人太多，中共的組織機構，毒刑和邪教作弄過多少無辜的蒼生啊？

第四節：飢餓逼出來的……

按史書上記載，歷史上的水旱災荒只短期發生在局部地區。但毛澤東統治年代，災難的原因不是天災而是人禍！飢餓持續的時間幾乎是他統治的二十八年！我們就在他統治期間，整整忍受了二十多年的飢餓。

秋冬之季，在牛圈馬廄的飼料槽裡撿豆子和殘餘的玉米；用平時穿破補爛省下來的一套單衣或一件棉衣，向周圍農民換回一小袋糧食或兩斤鹽外，就只有在坡上揀地裡的玉米馬鈴薯，以補充在餓得發慌時添加。

就是這樣節省用換來的一點食物，也為豐衣足食的徐世奎們不容，他明確向崗哨上下令，凡發現奴隸們換來的食物，一律要加以沒收。

為了盡可能躲開鷹犬們搜查，我們選擇收工的高峰時間，趁大家一擁而進，崗哨不容易發現夾帶時收工，在所帶工具上想辦法，將一小包食物藏在棉鎧甲作掩護的背上；或將所帶食物藏於糞桶和籮筐裡，藉這些既臭又髒的農具打掩護，每次帶糧食回監舍，總是提心吊膽，生怕被發覺。

收工站好隊，等到哨兵們喊一聲「去」後，才安下忐忑的心跳，回到監舍或廁所裡哨兵看不到的角落，取出這些東西。但經常仍沒有逃過鷹犬的眼睛，每天收工，或多或少在崗哨下面，擺著各式各樣搜出來的食物。

後來，奴隸們發現在進入監門之前，靠著廚房的高牆轉角處，有一個與廚房相通的角落，於是有人試著，在進入監門之前，就在那牆角處將所帶的糧食拋進來，在進得大門後稍等片刻，再以進入廚房打熱水的名義，進入那個角落，從那裡取出剛拋進來的糧食口袋。

這樣做最初成功，但是事久之後這個秘密也被狡猾的徐世奎發現了。於是他便在奴隸下班時，悄悄埋伏在那牆角處，守株待兔的將扔進來的糧食口袋一一截獲，毫不客氣的沒收，扔進了幹部別墅外修的雞舍兔棚裡。

一九七二年林彪事件後，中共虐待犯人的暴行，在輿論譴責下，召開了武漢全國公安工作會議，將嚴禁逼供信和禁止虐待囚犯的官樣文章寫成指示，下發給各地的勞改隊和監獄。瘋狂一時的打人風有所收斂，在生活採取了一些做法，允許監舍可以生火取暖，在靠近廁所的地方開一排灶，專供病號熬藥，煎湯之用。

但虐待成性的徐世奎，仍藉口奴隸們將公家土裡的糧食偷來煮食，經常將奴隸拉到崗哨下面問罪，輕則砸鍋毀灶，重則將人拉到在崗哨下面繩捆索綁，奴隸們為反抗飢餓的抗爭，一直在這裡成為一個重要內容。

囚奴烤火的主要目的，仍是解除飢餓，所以在監舍裡一直保持著搭灶生火的習慣。徐世奎命令巡邏士兵對「私煨亂煮」進行取締後，將監舍中的灶拆除，用繩捆索綁對付「不聽話」的人，人們只好另覓新的「廚房」。

監舍盡頭的廁所角落，是選定的最佳地點，這裡雖然臭氣逼人，但一來這可以遮風避雨，且這個地方距離崗樓最遠，被長長的監房擋住了老管的視線，不容易為士兵所發覺。

三塊石頭，支撐著大鐵缽，架柴點火十分便利，如果老管來了，三塊石頭一拆，灶膛的火便迅速熄滅，掃入廁洞幾乎不留痕跡。只要在這裡作炊者留神，不要讓灶裡冒出炊煙，把哨兵從崗樓上吸引下來，自可在這裡安然炊煮。

從此以後每天下班時，挑回來的籮筐糞桶裡，增加了向日葵桿和玉米桿，只要挑進廁所將三塊石頭架好，把柴禾塞在三塊石頭下，點火後便扒在地上只管用嘴死勁地向灶膛裡「吹氣」，待火燒旺後，便可以煮飯了。

當然為了安全，派人在轉角的地方盯著壩子和崗樓，見到已被老管查覺，或者何慶雲徐世奎的身影閃出大門向廁所撲來，便立即通知蹬在那裡燒火的人，迅速撲熄灶裡的火種，緊急處理煮在鍋裡面的糧食，儘量能在他們到來之前收拾得乾乾淨淨。

這種廁所立灶煮食的遊戲帶著極大風險，萬一讓徐世奎們發現，鍋灶毀了不說，看看快要煮熟的東西全被倒掉，煮食者被捉到反省圈裡，還要對舖位大搜查，把不知經過多少風險才弄到手的充飢物搜去一空，煮食者等待著毒打或繩捆。

經過一番驚險，當一盆食物，端到煮食者面前，被煙灰嗆得通紅的臉上浮現一絲笑意，幾個人顧不得燒火時留在臉上的黑灰，就地圍在廁所裡，狼吞虎嚥的分食著，而將方才的驚險忘得乾乾淨淨。

若干年後，當我伏案捉筆時，回憶這點點滴滴的親身經歷，我又一次會深深感到人求生存的本事真是可嘆！

如果說在流放者之間有過基本的統一，恐怕只有飢餓時才有過。就連周學祝馮俊伯對於廁所作炊這類事也是不願干預的。

七十年代後期，沾著收穫的季節，當局一方面為了維持高強度勞動定額的順利貫徹，一方面處理那些無法進倉的嫩玉米，同甘洛當年情況一樣，按三斤折算一斤大米辦法，利用晚間大家收割完畢，圍在壩子裡把這些嫩玉米子從它的鬚上抹下來，連夜的在廚房裡磨成漿。第二天蒸出來的玉米粑，才有一年中僅有幾天的滿罐，拿給大家「歡慶豐收」。

秋收後，壩子裡堆積著滿山遍野收回來的砍皮瓜，砍皮瓜是鹽源的土特產，它不擇土壤，不求施肥，只要將它的瓜子丟在土裡，到雨季到來，便會生根發芽，夏天開花結果，這種瓜長老後，皮是硬殼，故名砍皮瓜，肉質甜中帶酸，沒有南瓜那麼好吃，但它的瓜子卻是名貴的白瓜子。

一九七二年尼克森訪華，上海公報確定中美建交以後，其中簽訂的商貿協定中，據說中方拿來同美國簽約的產品，就有這種白瓜子。聽說當時這種用於外貿的瓜子價格高達幾十美金一公斤。為了創收「外匯」，鹽源農場的書記們也拿這種特產，充作外匯物資去迎合外國人。

春耕時，農場的紅土地裡，滿山遍野丟下這種瓜子，到了秋收後，大量的砍皮瓜，隨著收穫玉米，一齊收到了各隊的壩子裡。收割玉米桿一完，大田組便安排幾個病號剖瓜取子，剩下的瓜殼本是餵豬的飼料，湯幹事叫拿到廚房去充作菜蔬，成了填補流放者餓壑的理想「副食」。

秋收後到冬天這種無油的砍皮瓜，准許流放者多打一瓢。我們過的生活真是連豬都不如，吃飯時，面對上頓下頓的無油砍皮瓜，誰都會嘆息：「時逢艱辛，砍皮瓜也用作充飢的上好菜餚，未知後人知道，天荒地老背負蒼天，一年流汗，可換回個啥？」

鹽源農場開墾出來的紅土地，本來都種著馬鈴薯，自從採用在玉米地裡套種砍皮瓜後，玉米地裡沒有挖淨掩埋起來的馬鈴薯，到來年春天便會從地下抽出芽來。所以夏日到來，玉米地長滿了「野生」的馬鈴薯苗，徐世奎曾三令五聲下令糧食地裡將馬鈴薯苗剷除，可流放者卻偏偏要護著它們。

秋天收割玉米桿時，馬鈴薯早已枯藤。一直要等到拖拉機秋耕時，流放者跟著拖拉機，將深翻出來露出土面的馬鈴薯撿起來，收藏在山洞和草樹下，藉著風季來臨的乾燥天氣，完好地保存下來，是來年春荒的貯備之一。

不過收藏這些戰利品時，絕對是秘密的，被隊部發現或被其他的流放者看見，便會白白的被人拿去。狡兔三窟，在廣大的農六隊地面上，埋藏這些儲備糧的地方遍佈山野，收藏得越多，越能抵抗冬春的飢餓。

春天本來是一個萬物復生的美麗季節，但恰恰是流放者最難熬過的時間。經過一個冬天，夏天藏在地下的馬鈴薯已基本上吃完。於是就輪到動用自己的衣物和兩元零用錢，向附近農家交換。大膽的人還用農具去同農民交易，不過，一經發現是要挨捆挨打的，其罪名當然是破壞生產。

渡過這段「春荒」比甘洛農場好不了多少，為了勝任高強度勞動，流放者的精力，幾乎都集中到尋覓食物中去了。

甘洛那不堪生存的歷史，雖然已過去整整十年，但飢餓卻像魔影般的跟著我們，因偷摘沒有成熟的蘋果，或在玉米地裡偷一個剛剛掛鬚的玉米，被捆被打的事，依然是囚奴們的家常便飯。

第五節：暴虐的「罰吃」

中午收工回來，跟在衣衫破爛，疲憊不堪的囚奴列隊的後面，經常可以看到一個被反捆起來的「越軌者」跟在後面，他的頰上吊著一個糊滿泥巴的蘿蔔或玉米，等隊伍進了大門在壩子裡站好，那被捆的人照例被叫到反省圈裡。

有一次輪到平時沈默寡言的張華富，為了一個剛從土裡拔起來的蘿蔔，被當兵的逮住，紮紮實實挨了一個五花大綁，那「偷」的蘿蔔就甩在他的身旁。

大家開過飯，他也足足被捆了一個小時，從崗哨上下來的哨兵才將他鬆綁，並命令他從地上撿起剛才還掛在他身上的蘿蔔，喝道：「把它嚼來吃了」。張華富傻眼站在那裡，沒想到挨了一繩子，還要把這個泥蘿蔔連嬰吃下去。

我在獄中看到老管們的私刑毆打、綑綁、罰站是經常的，但第一次見到連泥帶蘿蔔嬰罰吃的懲罰。張華富遲疑了起來，那士兵便吼起來：「你不是要吃蘿蔔嗎？現在我就看你把它吃下去！」他獰笑著。

在士兵的淫威下，張華富像一頭野豬把那蘿蔔連嬰帶泥嚼吞了下去。

囚奴有一種乞丐特有的消化能力，再髒再臭，總之從醫學觀點，吃下去會生病的東西都會消化掉。士兵瞪著眼睛看他吃完，然後給了他兩記耳光，便大搖大擺離去，好像對這種「新刑罰」兌現，對他產生了一種心理上的滿足。

我因此從劊子手身上總結出他們有「虐待癖」，用來解釋這種反人性現象的內在原因，否則很難說清這些對奴隸的暴虐！

中耕季節，被太陽烘得水氣很悶的玉米林裡，藏在高出人頭的玉米桿茂盛的枝葉下，要完成任務的奴隸們，忍受玉米葉上抖落下來的粉塵沾在皮膚上的奇癢，忍受像蒸籠般悶熱的水氣，大汗淋漓的緊張勞作。剛剛才吐出粉紅玉米鬚的玉米，用它魔鬼般的芳香，誘惑著在它旁邊為它培土的流放者。

大約十點鐘光景，早上的半罐玉米粑早已滑進大腸，空虛的腹中就會發出一種令人難受的飢餓信號。靠我不到五公尺的余波，向四方窺視了一下，看到帶槍的士兵們躲在附近的山洞裡打撲克，便向他身後的人打了一手勢，兩人竄進了更密的玉米林中，不出一分鐘，便取來五六個一尺多長的玉米。

二人回到自己的位置上，撕開裹在玉米上的綠衣，以麻利的動作迅速地將撕下的玉米殼分散埋在土裡，蹲在潮濕的地上取過那乳白色的玉米，立即開始大口嚼起來。

兩個人狼吞虎嚥的用不超過三分鐘的時間，速戰速決以後，便轉移到另一個地方坐著休息。那余波兒本是生產隊的「慣偷」，其手腳之快是全隊少有的，他自己就介紹，說他一夜之間把生產隊放養幾十隻鴨子全部偷完，第二天在離鴨棚五里路的鄉場上全部賣掉。

這偷玉米的事，簡直是小菜一碟。所以縱然守玉米林的人已多次發現林中的玉米被偷，但從來沒有捉住過。

有一次終於被跟蹤在後面的何慶雲，發現了蛛絲馬跡。他在壘兜的玉米土中意外發現了沒有遮蓋好的玉米殼，跟著那行玉米查去那正是余波負責的那一行，扒開一看，一大堆剛剛從玉米棒子上撕下來的殼立即現了出來。

下班時，兩個年輕人被叫出列，三個士兵把兩人，紮紮實實的捆了起來，並將那堆從地裡撿的玉米殼捆好，吊在他們的胸前，令所有在田間拔好玉米的人統統站到田坎上。

聽到遠處場部的廣播喇叭裡，傳來了下班時才播放的「社會主義好」的輕鬆樂曲，囚奴肚子早已嘰咕吵開了。當兵的押著余波兩人走在後方，向山下的六隊蠕動，聽到當兵的對兩個被捆的人發出苛責聲：「今天老子要你們兩個把這玉米殼全部吞下去。」

我心中不覺一怔，這當兵的不是說著玩的。蘿蔔纓加泥巴尚可以嚼來咽下，這玉米殼上全身是細針一樣的粉末，加上那硬質的殼衣，就是甩給牲畜用來餵馬也難於下嚥。這不等於要活活地撐死兩個小夥子嗎？

我真為他們求生而承受毒刑感到痛惜。我更替那些「砸爛舊社會的鎖鏈」站在無辜者頭上作威作福，把囚奴當作豬狗不如的「黨棍」，感到羞恥。面對著這一群惡棍！我又為自己書生氣的軟弱感到氣憤。此時，我跟著大家，一齊向監獄走去，看看老管們今天又要幹出什麼虐待人的新花樣？

走進鐵門，兩個被捆得大汗淋漓的年輕人，按老規矩站到崗哨下的反省圈裡。不一會崗樓上走下兩個士兵，鬆綁後，一大堆綠色的玉米殼從兩人身上散落下來。一個士兵向兩人下令道：「你們反正是要吃的，我今天就看你們倆把這地上的玉米殼全部給我嚼來吃掉，你們知道六隊的管理爺這一關是不好過的。」

說著他死死的盯著那撒在一地的玉米殼，一面用槍上的刺刀去刺余波的手，我還以為剛才在工地上兩個老管只是在捆人的時候，順口說說而已，看來他們是當真要看人怎麼吃下玉米殼了，心中又是一緊。

余波入獄的時間太短，缺少對監獄中這種非人虐待的應對經驗，仗著平時手腳麻利，看到別人受到種種虐待，老以為不會落到自己身上，所以頗不檢點，今天是輪到自己了。

兩人膽怯地望著站在旁邊，端著刺刀虎視他們的士兵，直到兩個當兵的眼裡直冒凶光，用刺刀在自己身上劃出了一道道血印，才從地上撿起那玉米殼，無可奈何地塞進了自己的嘴裡。然而嚼了好一陣實在無法吞食下去，用一種哀求的眼光看著那兩個士兵。

不料守著他的士兵槍尖扎進了他的肉裡，使他猛然一驚，拼命的將包在嘴裡的玉米殼狠狠吞下。頓時他翻著白眼，剛剛吞下的玉米殼立刻翻腸兜肚地全部吐了出來，而那執著刺刀的士兵和崗樓上的圍觀者，報以哈哈大笑！

徐世奎背著手走了過來，看到滿臉脹得通紅的余波嘔吐不止的慘狀，只皺皺眉頭，頗不以為然的罵道：「哪一個教你們偷吃生冷，隊部對你們天天都在教育，你們就是當成耳邊風，看來光憑口說沒有用，非得讓你們賞賞辣子湯的味道，這叫自作自受，活該！」一邊說邊從他們的身邊走開了。

六隊的看守們，在對付關押在這裡的囚奴們，發揮他們的創造性是無所不用其極的，有時候折磨人的辦法，是正常人不敢想的。光這罰吃，曾逼著小監裡關押的瘋子吃下糞便，硬逼著張華富連泥帶瓔的咽下蘿蔔，而今又逼人吞下玉米殼，不知道他們這些暴行，何時才被清算？

他們盡可造下種種天理人心不容的罪孽，在當時這樣的事在六隊圈子裡，卻成了劊子手取樂的刺激。而對於我們這些同命運的人因為看多了，而變得麻木不仁……

第三章：嬗變

六八年以後召開的公判大會，再沒像六七年四月份的那次公判會那樣，還保存法律的一點形式，允許被判刑人陳述自己的意見和要求。

從六六年到七七年，「文革」猖獗的十一年中農場每年都要召開好幾次規模巨大的「殺人」公判會。每次殺人的人數，多則十幾人，少也有三五個。

整個公判會，將被判處的人五花大綁後，先將他們打得頭破血流，然後由武裝士兵將他們反綁雙手，押上場來已不成人形，讓這些被整得生不如死的人跪在台前，以恐嚇眾多的囚徒。整個會場，充滿恐怖至極的氣氛，直到公判結束。

然而，從一九七七年開始，毛澤東建立的個人獨裁，受到來自人民的普遍抵制，處在四面楚歌中，中共內部的「走資派」不但沒有因「文革」而退出歷史舞台，反而取代了毛的權力，逐漸走到了前臺。

殺人正是毛共獨裁走投無路的表現……

第一節：殺一小批運動

一九六九年的「嚴打鬥爭」，是瘋狂的文革屠殺達到高潮。鹽源農牧場的許多政治犯，在這場殘酷的殺人運動中先後被殺。

（一）槍殺陳力

一九六二年三月，由重慶和成都監獄匯集起來的五百名「勞改」人員，在調往甘洛的流放途中，大鬧了雅安三元宮監獄，引發著名的四川「監獄搶饅頭事件」。在那一晚上，在監獄探照燈的照射下，我看到了一個高個子的人在振臂高呼：「我們這一點吊命糧，都要被老管剋扣，真是喝人血不眨眼，大家去把本該我們的囚糧搶回來！」此人就是陳力。

事件過後，我們這支隊伍被調到甘洛，他被押去了斯足中隊，我被押到西西卡中隊。殘酷的煉獄使成渝兩地集中的五百人，在短短十個月中，就有一半埋骨在這裡的荒山野嶺中。

一九六四年十月，在經歷了生死磨練後，我倆逃出了甘洛的鬼門關，作為倖存者，我們最後在二道溝的「反省室」裡相逢了。

在小監裡，我倆打破了小監的規矩，彼此傳遞資訊。並隔著牆，在反省室裡交流了彼此的身世。

一九五一年，陳力剛從初中畢業，年僅十六歲就應徵入伍，「保家衛國」的大紅花，使他在無知中參加了「中國人民志願軍」，開赴朝鮮戰場。經過兩個月訓練便跨過鴨綠江，充當了中共的炮灰。

日以繼夜的穿插戰和急行軍，在滾滾濃煙戰場上他們徒步穿插到三十八度線附近，參加了血戰上甘嶺的戰鬥。冒著地毯式的轟炸，在地道裡進行「保衛祖國」的宣誓，這一切是戰爭和炸彈不能講清楚的。

慘烈的戰鬥七天七夜下來，他所在的排只剩下了最後兩個人。倖存的陳力當上了代理排長，成了當時人們稱之為「最可愛的人」。身負八處重傷的陳力抱著機槍，向衝上來的美國士兵掃射，直到流血過多，昏迷過去。

經搶救清醒過來以後，陳力睡在離前沿陣地僅兩百公尺的擔架上。炮彈夷平了他所守的戰壕，如果不是後續部隊趕上替換下他，他已經永遠葬身在異國他鄉了。接替他守衛陣地的後續部隊，全在炸彈轟炸下成了齏粉。

僥倖存活的他因此獲得了三等功臣的「殊榮」，並在火線的醫院裡宣誓加入了中國共產黨。然而冷靜下來後，身處異國的他，卻在尋思為什麼而戰？潛意識裡一種模糊的後悔爬進了他的腦海。

不久韓戰結束，他復員回到了重慶。

復員回到重慶後，陳力被安排在位於化龍橋的重慶彈簧鋼板廠，作廠長辦公室的秘書。在工廠生活兩年中，一九五五年，他在「內部參考」上讀到了鐵托[1]的「普拉講話」，讀到南斯拉夫共產主義聯盟發表關於社會主義民主和農業勞動組合的論述，接觸到與蘇聯不同的工廠自治管理等文章。他對工廠黨委會包攬一切、大權獨霸的作風產生了很深的反感。

陳力回憶當時兩名工人因家庭負擔太重，不得不抽出時間為鄰人修補鍋盆，換些零用錢以補不足，被黨委書記抓住，上綱上線，殘酷鬥爭，除批鬥外，還將其開除。說他們利用公家材料為自己謀私利，是資本主義的典型。

而這個書記卻可以平時不勞動，靠公款三天兩頭出外「旅遊」。

工廠因管理不善，浪費隨處可見。成噸的鋼條在天井裡鏽爛。設備因沒人及時保養，很快變成了廢鐵，工人的消極情緒在普遍滋長。他同黨委書記就企業管理產生了爭執。爭執多了，兩人之間的成見日漸加深，這種承見，很快招來書記對他的挾私報復。

[1] Josip Broz Tito，一八九二年五月七日——一九八〇年五月四日），南斯拉夫革命家、政治家，前南斯拉夫共產主義者聯盟總書記／主席、前南斯拉夫社會主義聯邦共和國總統、南斯拉夫元帥、南斯拉夫社會主義聯邦共和國的締造者。

南斯拉夫共產主義聯盟所發表的文章，對他的早期啟蒙，使他對這個制度產生懷疑。陳力在一九五七年的大鳴大放中，發表他對工廠管理的見解，在鳴放會上斥責他的頂頭上司，說他是一個飽食終日無事生非的政客，根本就不懂得工廠管理。

同時他拋出了一套工人成立自治委員會，由工人選舉產生的委員會獨立行使管理的辦法。

那一次發言，他贏得工人們的陣陣喝彩，也贏得了一頂右派帽子，從此削掉了他的「官職」，並被開除黨籍。

一腔為真理而鬥爭的理想化為灰燼後，他從辦公室搬了出來，搬進了後勤組，由秘書貶為受管制的清潔工人。

這場初露鋒芒的較量，使陳力認識了中共是一個是非不明、不講道理的官僚集團。不值得任何留戀，更不值得為它獻身。

緊接著，陳力又親身領教了大煉鋼鐵的荒唐鬧劇，在三面紅旗萬歲的狂噪中，切身體驗了毛澤東帶給全國人民的災難。生活的經歷，使他從對中共的迷惑中清醒了過來。

當共產主義的海市蜃樓消失以後，他看到了中共的驕橫跋扈，看到了中國百姓被奴役和飢寒煎熬的現狀，看到了人們連挨餓都不敢直言。活生生的社會現實，使他對中共的敬仰、追隨，轉變為懷疑和敵視，經過縝密的思考，成為反對獨裁追求民主的戰士。

一九五九年，因為繼續的反對工廠黨委，被保衛科扭送沙坪壩區看守所。接著，在看守所裡，又同管教幹部們唇槍舌劍，使他的「反革命」日益「升級」。

有一天，有人發現監獄廁所裡的牆壁上，有人用鐵釘歪歪扭扭地刻寫著「打倒共產黨」五個字。監獄管教如臨大敵，立即封閉了廁所，把所有在押的犯人趕回了各自監舍，並立即進行字跡鑑定。

根據管教幹部所收到的「檢舉」和獄方的

「筆跡鑑定」，獄方武斷認定這一「反動標語」係陳力手跡。

在提審他時，陳力憤怒地抗議了這種憑空揑造，斷然加以否定。他說：「這種對『糞便』進行宣傳的行為，實在是一種既無用又可笑的的勾當，我是絕不會幹的。」

他說他會公開陳述他的政治觀點，而不會作這種蹲在廁所裡寫幾條標語給屎看的蠢事。

但是，看守所的獄卒們不顧他的申辯，把這條「反動標語」硬栽在他的頭上。並以此作為鐵證，宣判了他十二年徒刑，從右派份子升級為反革命份子。

在我進入孫家花園監獄後的半年，陳力也隨之來到了這個監獄中，並於一九六二年發配甘洛農場，成為五百名「流放大軍」的一員。

在途經雅安監獄的搶饅頭案件中，陳力又被當局認定是為首的鼓動者，成為甘洛農場的重點監管對象。

我在西西卡中隊同死神較勁，同「張棒棒」肉搏時，陳力也在斯足中隊公開的拒絕勞役。我倆因為公開喊出：「我們要生存」的口號，遂被當局認為是對犯人進行破壞性鼓動宣傳者，是最危險的反改造份子。

一九六四年，當我們經黃聯關來到鹽源農場，以後不久，我被調往古柏，陳力卻留在二道溝地區。

同年八月，我在古柏被關進了反省室，陳力在二道溝地區被關進了場部的小監。直到九月，我們合併一處不期而遇。

從此以後，我們倆便成為農場中人人注目的「反改造分子」。並戴上了一頂時髦帽子：「國際修正主義的急先鋒」。後來，我們又被關進了「羊圈」，直到一九六五年十月，當局才將我倆放回到大監中。

一九六六年五月，全國「無產階級文化大革命」狂飆初起時，在農六隊討論文革的學習會上，我又當著在場的犯人和幹部，公開為文革下了「宮廷政變」的結論。這在當時視若禁區，而不敢「妄猜」文革內幕的情況下，起到了振聾發聵的作用。

我們相信，當時的這種「揭密」，對農場的幹部們起了很大的摧醒作用。尤其當時就預言了毛澤東路線將因中共黨內的分裂而走到盡頭。

感謝老鼠在足有四十公分厚的泥牆上穿洞。我倆便依靠這個洞，傳遞著各自寫下的文章和資訊，而今想來，他的文章記載了監獄的暴行，揭露了中共的虛偽，抨擊毛澤東復辟專制主義等等，成為最珍貴的監獄「遺筆」。可惜，我們沒有辦法將它保存下來。只能依憑著我的記憶，回憶其主要內容了。

記得當年在報紙上讀到「燕山夜話」的文章時，諷刺高產衛星為「一個雞蛋的家當」；譏諷頑梗不化的「皇帝」在事實面前，還要遮掩真相的「皇帝的新衣」；勸誡主觀武斷的「領袖」認錯回頭的「放下即實地」，這些文章中不無溫和的規勸。

而陳力的文章沒有任何的溫情和幻想，而是直抒胸懷，痛斥毛澤東，斥其禍國殃民，痛快淋漓。

他在獄中寫下的五十萬字，每一個字都是射向獨裁統治的一顆子彈，每篇文章都是一柄直刺獨夫民賊的利劍。

記得有一篇描寫人民公社化時期，一個農家五口人餓死了，最後只剩下一個大娘。老大娘來到埋葬她年僅十六歲的兒子的墓前哭唱的弔亡詩，情節哀惋淒涼，如泣如訴，我當時邊讀邊流淚。

這些年來，當局強逼老百姓從每月十八斤吊命糧中扣掉兩斤，還美其名曰：自願獻給社會主義建設；毛賊忍心看著百姓穿補疤衣、吃觀音土，卻「無私」施捨為他唱讚歌的國際乞丐霍查希爾[2]之流；他評述一九六四年中國第

2 Enver Hoxha，阿爾巴尼亞的政治人物、共產主義者，曾任阿爾巴尼亞勞動黨第一書記與部長會議主席，掌權達四十年之久。

一顆原子彈的爆炸，是「從飢寒交迫的百姓身上抽出血輸給瘋狂戰魔下的狼群」。

點明原子彈才是中國的獨裁狂用來唬人的「紙老虎」，除了使周邊弱小民族不敢對中國的胡作非為表示異議外，無異於「玩火自焚」。

在陳力的筆下，毛澤東是比周厲王還要殘暴、比楊廣還昏饋的暴君。是一個連百姓家中一隻碗都要搶到手，再拿到國際政治賭場上「豪賭」的賭徒。是一個撞進知識殿堂裡強擄豪奪祖國文化遺產的巨盜，是一個連加法都不會的文盲村夫。

嘻怒笑罵，盡情鞭韃！思想靈活，妙筆生輝。陳力藉一個因飢餓求生被置死地的中國人的憤怒控訴，為死於運動的中國數百萬冤魂吶喊。淋漓盡致，痛快之極。

他還寫了大量的詩文，不僅表達了他壯志未酬、報國無門的悲哀，表達他追求真理反被殘害的吶喊，抒發他對毛澤東極權統治下中國未來的憂慮。這就是陳力的文風。

可惜，所有這些極為珍貴的文稿，恐怕全都被當局燒毀了。當時，誰也無法保留這些東西。

一九六六年七月，當何慶雲將我從農六隊糧食庫房的小監，轉到大監一個星期後，一輛藍色吉普車開到了農六隊的監獄大門邊。陳力被兩名員警從臨時小監裡押了出來。我看見他拖著沉重的腳鐐，一隻手反背著一床破棉被，另一隻手拎著一個藍布包，從容不迫走過農六隊前的大壩。所有在場的人都目送著他，陳力一邊走一邊不時停下來環顧四周，頻頻點頭致意。與我們一一告別。

當我倆的眼光最後一次碰撞以後，便成了留在我腦海中再也沒有褪掉的記憶。他那坦然平靜而爽朗的笑容裡，不但給我傳遞著難以割捨的情誼，還暗含著永別的囑託。

陳力昂首而去了，以一種義無反顧的決絕，一步一頓的堅定步履，走向刑場。為他的信念和正義而獻身。陳力一步一頓地走出了農六隊的大鐵門。大鐵門邊，留下了陳力永遠無法消退的身影。

這麼多年來，為了保護我們追求真理的神聖心扉，我們習慣了在棍棒和繩索下同監獄當局對話，習慣了長期伴著鐐銬渡過寒冷的冬夜，習慣了在陰暗的小監中寫下對獨裁者口誅筆伐的檄文。我們不會奢望當局會賜給我們自由，也從不幻想個人的前途。在如此深重的災難之下，面對當局的種種誘惑，我們只是報以輕鄙一笑。

我們曾為相隔千里、十年不聞音信的親人倚窗抒懷，也曾為這種發自肺腑的牽掛而吟誦斷腸的哀歌。但此時此刻，陡增了一種與難友生死永別的悲傷。

我曾目睹許多與自己生死相許、患難與共的夥伴從容就義，並多次從飲彈刑場的同伴身旁擦身而過，每到此時，都難以控制內心的哀傷！

公判大會會場之慘烈，常使我惡夢連連。血腥的恐怖籠罩著全國。陳力在鹽源縣城被槍殺，我們不知道具體情形，難友多方打聽見證人，才大致獲知如下一點情況：

一九六九年八月二十一日，在戒備異常森嚴的鹽源縣看守所裡第五號監舍，一大清早，陳力像往常一樣漱洗完畢，然後整整衣著，再將被腳鐐擦傷的地方用綁腳布重新包紮好，便正襟危坐在鋪滿亂草的「床上」閉目養神，靜靜等候著獄卒來給他打開鐵門。

十天以前，在縣法院一間秘密的審訊室裡，審訊官向他宣佈了西昌中級法院對他所作的死刑判決。判決書說他「瘋狂地、明目張膽的反對毛主席，攻擊文化大革命」。

審訊官宣讀完畢，便把判決書遞交給他道：「現在允許你提出最後要求和遺言。同時，請你告訴法庭，你的死刑宣判應當通知你的什麼家人？」並宣佈給他十天的上訴期限。十天上訴期不提出上訴，便在第十一天驗明正身，執行槍決。

面對著這個膽怯的「法官」，陳力從容地回答道：「我感到遺憾的是，當年美國人的大炮沒有置於我死地，而今我卻死在我曾誓死保衛的共產黨人手裡。」

對於這個宣判，陳力早已有了思想準備。在他看來，屬於他的時間只剩下十天了，他還有很多事情沒有做，尤其感到遺憾的是，他沒有看到獨夫民賊毛澤東死後中國發生的翻天覆地變化。

陳力的母親已經亡故，父親是巴蜀中學的國文教員。家教自幼薰陶和老父的悉心指點，造就了他深厚的文學功底和流暢犀利的文筆。文革狂飆如火如荼的時期，他的父親也被打成了學校的「反動學術權威」遭到批鬥，朝不保夕。

陳力堅信，他的獄中著述，會成為珍貴的歷史資料。在最後十天中，陳力唯一的心願便是想盡一切辦法將他的著作保存完好，以留給後來的人們。

後來這些遺著不知是焚毀了，還是封存在檔案中了。同我在獄中的著述一樣，至今也不知保存在哪裡。

八點鐘光景，通往小監的鐵門被打開，隨著一陣急促的腳步聲，監舍門上傳來了開鎖聲。監門打開以後，兩名押解士兵急速地跨了進來。

陳力從容地從鋪位上站起來，兩名如狼似虎的士兵已經竄到了他的身邊。一左一右，猛然地將他掀翻在地。並且死命地將他的頭按到地上，讓他感到一陣強烈的窒息。

一陣強烈的劇痛後，他的嘴巴被撬開，舌頭被割去，滿口鮮血。原打算在生命最後一刻振臂高呼的想法成了泡影。

陳力拼命的用腳上的腳鐐，向按捺他的士兵猛烈的撞去。然而這一切都成徒勞。他被緊緊地壓著沒有動彈餘地。

十分鐘以後，陳力被反捆著雙臂，由那兩

名士兵挾出了監舍。那間收拾得很整潔的「監房」，現已亂成一團。

兩名士兵挾持著五花大綁的他，走出住了三年多的鹽源看守所，將他推上門外停的一輛軍用卡車上。在六名士兵簇擁下，他站在車廂的中間。

卡車啟動，向鹽源縣城的主幹馬路馳去。車頭上的大喇叭裡傳出歇斯底里的嘶叫，這時，陳力滿口是血，發不出任何聲音。他的耳朵裡，突然響起了犧牲在北京西城菜市口譚嗣同，題於獄壁的絕命詩：

望門投止思張儉，忍死須臾待杜根。
我自橫天向天笑，去留肝膽兩崑崙。

他那視死如歸的壯烈場面，已用他的血將要講的話留給活著的人了……

街道兩旁擁擠看熱鬧的人群，上了年紀的市民並不認識囚車上的人，也不知道他犯了什麼。囚車很快地駛出了鹽源的街道，隨即直奔公判大會會場。

上午十一點鐘，在一處高高的山崗上，在一處可以看到山下的小金河蜿蜒流淌的開闊地上，陳力被槍殺在這裡。

二〇〇九年四月十日下午，我們雇車找到陳力被害的刑場，那裡已是一片茂密葳蕤的白樺林地。林下仆倒一塊斷成兩截的水泥石碑，石碑上大書「刑場」兩個大字。這次重返鹽源，我才從文天華、李祿雲、呂洞良等倖存難友的口裡知道，陳力被殺害前，已被割掉了舌頭。行刑前，行刑的獸兵強摁陳力下跪，但陳力仍然高昂著不屈的頭顱……獸兵遂用刺刀從陳力背後刺穿了陳力的膝彎，再將其殺害。

陳力被殺害後，我常陷入深深的痛苦中，在他生命的最後時刻，我身陷囹圄，無法與他見面，「獻身願作萬矢的，著論求為百世師」。陳力被殺害後多年時間裡，我都沒找到他五十萬言遺著。

但我發誓，只要我一息尚存，我會將我們這段同獄吏鬥爭的歷史，告訴中國的下一代，請他們知道毛賊東獨裁的殘忍本性，再不要相信他們在「革命」名義下的花言巧語，牢記只有民主才是中國今天所要實現的目標。

告訴全世界，中華民族反抗暴虐統治的精神永存！以慰藉他在天英靈。

(二) 殺蔣正君和劉志和

同全國各地的監獄和勞改隊一樣，鹽源農牧場接連召開了好幾次「殺一小批」的宣判大會。就刑的人有越獄者，有外逃的拒捕者，有企圖越出國境線的人，有斥罵專制魔頭的政治犯，也有純屬為了湊數的莫名其妙受害者。

槍殺陳力前一天下午，何慶雲和榮老頭站在隊伍前宣佈：「全體人員今天下午不出工，打掃清潔。明天鹽源縣公檢法、軍事管制委員會要在這裡召開公判大會。」何慶雲還特別強調：「從宣判大會開始，直到宣判大會結束，禁止六隊的任何人外出。」氣氛更加肅殺恐怖。

第二天一早，場部開來了一卡車士兵。不一會，崗哨上面以及周圍的圍牆上到處都是戴綠色軍帽的人頭。南邊的和西邊的崗樓上架起了機關槍，到處都是伸向六隊院壩裡的黑洞洞的槍口，一進入會場，就能感受到恐怖的殺人氣息。

九點鐘以後，各中隊相繼進入農六隊的兩扇鐵門裡的指定位置。

「殺一小批」運動以來，這樣大規模殺人宣判會，已是第三次了。我和劉順森、蔡先祿等被當局重點「敲打」的人，安排在緊靠臨時搭建的主席臺前。目的是讓我們看清死刑犯臨刑前慘不忍睹的每一個細節，以擴大恐怖效果。

當押解待處決犯人的囚車開進了農六隊的兩扇大鐵門時，全場的眼光都朝囚車看去。主席臺上的麥克風裡不斷傳出「安靜、安靜」的喝令聲。大家屏住呼吸，不敢喧譁。

瘋狂的「殺一小批」運動，撕下了改造政治犯的遮羞布，僅這一次宣判會，就奪走了八名反抗者的生命。

蔣正君出身於一個工商業兼地主的家庭裡，從娘胎裡出來，就屬於毛澤東劃定的黑五類，是被這個政權永遠踩在腳下的人。

他天性軟弱，在沒有被當局逼上絕路前，他努力地逃避著政治。他僥倖逃過了反右派的打擊，然而逃得過初一，逃不過十五。

他原是美術學院的學生，他的雕塑和繪畫天賦，在毛澤東時代不但沒有為他造福，而是最終把他送進了地獄。

大躍進後，書已無法讀下去，一九六〇年的大災荒中，他背著畫板賣藝求生，流浪各地。但是在那個餓殍遍地年代，人們只關心能果腹的食物，誰又有興趣請他繪畫？窮困潦倒中，他扛過苦力，拾過破爛。

拾荒中，有一次撿到了幾根銅絲，拿到廢品收購站時，被懷疑偷盜電線，將他送進收容所收容審查。

收容所裡的管教員組織了鬥爭會，逼他承認撿到的電線是有意的反革命破壞，飢寒交迫的他求生不能，轉而求死，横下一條心，破口大罵收容所裡的管教人員，於是他被升級為現行反革命，得到一張蹲監八年的判決書。

判刑勞改不久，蔣正君被送到鹽源農場。開始，他被編在農二隊，當局發現他會畫畫，讓他繪毛澤東人頭像。那時文革已進入軍管時期，蔣正君自告奮勇雕塑了一個毛澤東半身石膏像，石膏像塑成，獲得了軍管會的賞識。於是將繪製「毛主席在安源」的巨幅油畫任務交給了他。

蔣正君花了一個多月時間，繪製成一幅高三公尺寬兩公尺巨幅油畫，擺在場部辦公大樓的前面。

從此各中隊都相繼請他作畫，在軍管會特許下，蔣正君背著畫板出入各隊部，成了一名專業「畫師」。他每到一個中隊，享受著幹部食堂免費就餐的待遇，在食不果腹的年代裡，這已是相當豐厚的報酬了。

蔣正君在畫畫過程中，在各中隊結交了不少朋友，這些年輕人都是在文革派鬥中的失敗者。他們充滿了逃向國外的幻想，認為只有到了國外，才能過上自由富足的生活。

不久，各中隊毛澤東塑像告一段落，出乎他的意外，他沒有被召回場部，而是重新回到了農二隊。蔣正君疑神疑鬼，懷疑他在各中隊商量外逃的事情被人檢舉。

就在這個時候，蔣正君碰到了當年在孫家花園裡的兩個「老前輩」，請他們分析他被突然召回二隊的原因。兩個「老前輩」是看守林業隊蘋果園的，一個在國軍中擔任過中校軍醫的黃孝德，一個是任少校副官的陸存虞。從此他和兩位老人結為朋友，互通消息。

他在繪畫期間積攢了些錢和糧票，因為聽說距雲南邊界上的李彌殘部就在附近，便向兩人詢問那裡的情況。有一次兩位老人向他畫了一張李彌殘部所在地域的示意圖。沒想到這張隨手繪製的草圖，在「殺一小批」運動中，竟奪去了五條人命。

沒出幾天，傳來了蔣正君逃亡的消息。並說他組織了一支龐大的逃亡隊伍。這次盲目出逃，很快就被抓獲，軍管會硬說兩名國軍軍官是這次投敵判國的黑後臺。

於是，一個以蔣正君和黃孝德為首的叛國集團的案卷，便報到了西昌中級人民法院的辦公桌上，這一「叛國投敵集團案」的涉案人員達四十餘人，在本次宣判大會上拉出去槍殺的達五人之多。

當時，槍殺一批人是不用經過最高法院核准的。直到十一年後，他們自己複查的結果，這個所謂「叛國投敵集團案」，全是屈打成招羅織出來的大冤案，不過是一幫年輕人聚在一起瞎吹。但是人頭已經落地，事後的「平反」又有多大意義？

另一個被殺的人劉志和，更令人驚嘆，當局把一個精神失常的人也推上了斷頭臺。劉志和捕前原係重慶的一個街道派出所所長。因在國民政府時期當過員警，還掩護過中共重慶地區的幾個地下黨員，他應該屬於中共潛伏在國民黨員警裡的地下人員。

中共奪得政權以後，給了他一個派出所所長的官，文革初期的四清運動中，他的歷史問題被紅衛兵們揪出，認定他是一個「隱藏極深」的國民黨特務，將他判了十年徒刑。

劉志和入獄後，老婆改嫁跟了他人，三個孩子無人照料流落街頭，他經受不了這些精神打擊，被逼瘋了。從此口中常念念有詞，一上工地，便坐在工地上唱歌，見人就傻笑，任憑老管怎麼打他和捆他，都沒有任何改變，且病情越來越重。

寒冷的冬天裡，劉志和將自己的被子撕成一條一條的，送給別人補衣服。同病相憐的同難制止他，他除了傻笑外，還將棉絮撕碎拋向天空，說是九天玄女來接他了。

晚上，劉志和裹著爛棉被，凍得瑟瑟發抖。然而毫無人性的老管罰他站在霜雪鋪地的壩子裡，看他狂喊狂跳以此取樂。

開飯時，劉志和拿過罐罐飯，往裡面抓泥沙，再用手抓著連泥帶飯的往嘴裡塞。何慶雲眯縫著近視眼武斷地說，劉志和在裝瘋，用裝瘋來發洩他對共產黨的仇視。並狠狠的對他說：「你真瘋的話，為什麼還知道排隊拿飯？」未經醫生鑑定，便把他關進了小監。

劉志和被關進小監後，從早到晚都可以聽到他從小監傳出來呼喊報告聲。到了深夜，聽見他高聲的吼叫和唱歌。

巡邏的獸兵聽得厭煩了，從辦公裡取來小監門上的鑰匙，打開他的監房，給了他一頓暴打。夜半傳出的慘叫聲十分淒厲。我常常擔心，總有一天，劉志和會被活活的打死在小監裡。

有一次，老管打開劉志和的監門叫他出來

倒屎尿，他突然將手伸進自己屙的屎尿中，抓出來往自己臉上一把一把的糊，一邊糊一邊還向老管們浪笑說：「抓屎糊臉，抓屎糊臉！」獸兵用槍托拼命的打他，並逼他抓屎吃，只見他一面吃自己的屎，一面浪聲大笑。

監獄主管明知劉志和精神失常，不但不對他治療，反而更加緊了對他的虐待。有一次，一個獸兵用鐵絲套在他的頸上，牽著鐵絲驅趕著他，好像在耍猴戲。逗得圍觀的獸兵哈哈大笑。作孽啊！人到了這種地步，還受到這般折磨。

最後殘暴的監獄當局竟把劉志和湊成了「殺一小批」的人數，稀哩糊塗地把他送上了刑場。以免他再在監獄中叫喊不休，落得個耳根清淨。

槍殺劉志和的那天上午，兩個戴著大口罩的士兵，像拎一隻小雞，把他拎到行刑判決的位置上。只見他披著一身巾巾掛掛的破布，滿身糞跡。所經路上，灑下一路惡臭。

槍決劉志和的死刑材料上認定：他以「長期以裝瘋作掩護，大鬧監獄，肆意詆毀共產黨的改造政策，驗明正身執行槍決。」

劉志和站在車上，臉色鐵青，拼命地想抬起頭來，彷彿要從地獄裡扒開一條縫隙透口氣似的。為使他臨刑前變得安靜些。聽說給他注射了鎮靜劑。

只可憐他三個流落街頭的孩子，不知道他們還活著不？他們若能倖存下來，得知他們的父親在獄中因思念他們成瘋，後來又被慘絕人寰地虐殺，不知道他們將作何感想？

阿彌陀佛！從今往後，六隊再也聽不見劉志和那淒厲的狂喊亂叫了，再也聽不到他三更半夜裡的哀嚎了，看守和獸兵總算六根清靜了。

在這一批加刑的人中，還有一個人因說話沒忌避「毛」字而判刑的。因為他平時說話常說：「你這人得了壞毛病！」「你別毛手毛腳的！」「你這毛脾氣」……竟往「偉大領袖」

身上扯，成了給他加刑「法辦」的依據。

立案者問：「中國字有那麼多，什麼字不好用？偏要用這個『毛』字？」「你知不知道『毛』字是誰的姓嗎？這一次念你沒有見識，算從輕發落。以後再不注意，就要掉了腦袋。」

五十名被判刑的人到齊，每個赴刑者在兩名軍警挾持下，五花大綁被推到台前，排成長長的兩列。他們早已被打得血肉模糊，緊緊捆在他們身上的繩子入肉三分。

手臂和肩頭已呈青紫色，不到五分鐘，「繩刑」發作，他們便前仰後翻地痛苦掙扎起來。

我坐在會場的最前面，清晰看到他們臉上的痛苦痙攣，清晰聽到他們的痛苦呻吟，不敢正視。

主持人緊一聲慢一聲地宣讀著每一個人的判決書，整整持續了一個多小時。每宣判完一個判決，高音喇叭裡立即響起歇斯底里的口號聲。

我只能默默替受難者禱告，盼望盡快結束這場恐怖的酷刑。

陳力被害後，我想在共過患難的同難中尋找他遺留的物品和遺筆，可惜沒有收穫，直到十年後，我得平反回歸重慶，去到化龍橋彈簧鋼廠和巴蜀中學，想找到他的舊址，都失敗了，被中共封死的大陸只有中共的頌歌，大量血腥的罪惡，被封殺得無影無蹤……

第二節：九·一三衝擊波

正當史無前例的文革屠殺，在大陸掀起了一幕幕驚心動魄的暴力恐怖時，一九六九年三月中央廣播電臺的喇叭裡，傳來了黑龍江省中蘇邊境上珍寶島的火拼消息。在冰天雪地裡激戰，孫玉國[3]成了新的英雄，衝突表明，中蘇

3 孫玉國（一九四一年八月——），遼寧丹東人，珍寶島事件中，中國人民解放軍的戰鬥英雄。曾任第十屆中共中央候補

兩大國的分歧由「嘴仗」，不可避免的升格到「武力格鬥」。

從此以後，社會主義陣營正式解體了。

何慶雲在組織農六隊的政治學習時，面對劉順森等人提出的問題，掩飾不了他的迷惘和無知，好在〈九評蘇共中央公開信〉給他空虛的腦瓜裡墊了底。

陳力被槍殺前，中共九大在北京召開。開幕那一天晚上，我們集合在院壩裡，收聽開幕式的實況錄音，我們對林彪作毛的接班人並不感到意外，至於將這個決定寫進修改的黨章，沒去思考為什麼，也不會想它的後果。

獨裁者間不可避免的傾軋，在權力爭奪中很快暴露出來，僅只隔了兩年，毛澤東便在他親自選定的接班人中，上演傀儡大換班了。

一九七一年九月十三日，溫都爾汗的叛逃經過，只有在中共的檔案揭密時才能大白真相，但溫都爾汗事件，像地震一樣震鬆了毛澤東的皇位寶座。

毛澤東害死了他的政治盟友，也換來了危機四伏牆倒從人推的報應。長期被他愚民政策鎖在閉塞狀況下的大陸百姓，就猶如在死一般寂靜的夜空裡聽到了一聲驚雷，揭開這個無產階級專政鐵幕，那裡原來掩蓋著一些各懷鬼胎政客們，演出的爭權奪位醜劇。

中共對老百姓封鎖嚴密，九一三事發當天，國內的新聞、廣播、報刊對這一事件沒有報導！似乎北京城壓根就沒有發生過任何事，大概經過一陣磋商後，新華社向全國公佈這個消息時，按照毛澤東的詔令，全國上下同聲譴責和聲討林彪。一個「批林、批孔運動」從幕後推了出來。

此時林彪形象由副統帥，變成了孔夫子的忠實追隨者和門徒。下發的批林批孔檔案說他，言必稱「克己復禮」；言必「悠悠萬事，唯此為大」，由「毛主席的好學生和繼承人」變成了懷著鬼胎的封建時代「雅儒」！

委員。

當然，毛澤東大權在握，任意評價歷史人物，不僅是他的狂妄，更是他一貫獨裁的需要。

距九月十三日整整相隔十二天之久，九月二十五日藉國慶日例行的衛生大檢查的掩蓋，農六隊又一次進行了有專項內容的「大搜查」，不過這一次與過去任何一次搜查不同，屬於我們在獄中所遇到的最奇怪一次。

上午八點鐘，全隊進行集合，宣佈衛生大檢查開始。然後，我們被士兵和管教幹事們團團圍住，按一般的搜查方式，依次地將各自的行李搬到壩子中，只是感覺氣氛與以往那種人為緊張和恐怖有些不同。

輪到我了，兩個老管走到我的眼前，先叫我取出《毛主席語錄》，這是場部統一下發給每個人人手一冊的必讀物。

蹬在我面前的那年輕士兵，從我手中接過那「紅本本」後，翻開了扉頁，直截了當的把那篇林彪所寫的「再版前言」撕了下來，丟進一個專門準備好的匣子裡，同時在他的筆記本上劃上一筆，臉上毫無表情。

兩個搜查人草草翻了我的行李，整個對我的檢查不到五分鐘便結束，還不到十一點鐘，全隊的檢查便結束了，抬到隊部去的是一籮筐紙片。

以後對九一三事件，當局就沒有正式的宣佈過，我們當時也知道，他們之所以對此事諱莫如深，反映了他們自己的惶恐。他們的最高統帥發生了什麼？他們是絕對說不清的。

其實九一三事件剛剛爆發，鹽源縣的農家已從國外的廣播裡獲悉了這個消息，那時在外撿糞的張華富，每天下午，都會在梅雨鎮獲得一些在國內報紙上得不到的消息。

九月二十五日大檢查中，我們一直都在觀察六隊的老管們的反映，他們顯然早已在幾天前進行了專門學習。大檢查一完，老管們失去了往常的驕橫勁。

令人奇怪的是，那個林副統帥，最高權力

眼看就歸他了，怎麼突然倉皇坐著飛機撞死在溫都爾汗？「批林批孔」也好，「克己復禮」也好，在人們心理上此刻投下的全是騙人的疑惑。

林彪事件觸動他們去思考：江山如此不太平，就是當一個賣身殺手都會感到無可靠主子可倚，使他們在心理上對殘暴發生動搖。

其實中國的專制主義在任何時代都是極端自私的，人性都沒有的殺手，同情友愛心全在「鬥爭」中泯滅，奢談「鬥私批修」，在靈魂深處鬧革命，明擺又是欺人之談？

郭川小曾是高德勝的貼身警衛，身材高大，他的豪爽和直率，容易溝通我們間的鴻溝。

林彪事件剛剛才過，這天在苗圃我碰到了他，等他按往常那樣，撿了一個苗圃用的木架當作小凳坐下後，我向他發問道：「郭隊長，林彪事件發生以後，有沒有在你們學習的『內參』中透露出一些內幕，講出來，也讓我們長長見識。」

他眯縫著胖臉上的小眼睛看了一下我，微笑著回答道：「我們學習還不是跟你們一樣，基本上就是報紙上登載出來的那些東西，對這樣的大事，誰也不敢妄加評議。」

在六隊，郭川小算是農牧場中最瞭解我的幹部之一，對他少了許多介懼，於是我說道：「現在報紙上登的東西有幾分是真實可信的？還不是毛主席怎麼說就照著登，就比方這林彪，一會兒說他是全黨全軍學習毛主席，緊跟毛主席的榜樣，是毛主席最信賴的接班人！怎麼說變就變了，變成叛徒、野心家？」

他依然平靜回答我說：「你這個人總是愛鑽牛角尖，所以吃了不少虧，原因就在你不認輸。但是我還是要奉勸你，事事得講究實際。中國有句俗話，叫好漢不吃眼前虧，現在的形勢下老是同毛主席過不去，行得通嗎？別說你一個小小的犯人，就是中央的大人物哪一個鬥得過他？林彪同他鬥，最後還不是自討苦吃，摔死在溫都爾汗的大山裡？依我看哪！平時不開腔的人並不是蠢人，遇到政治上的問題，大家怎麼說，我就怎麼說，叫大智若愚，沒人會說你傻！」

這種裝糊塗，恐怕是獄吏的普遍態度。像林彪事件這樣的大事連一般的中國人都看得出來，這位下層「獄吏」豈有不懂的？既然懂了而故意裝糊塗，是因為怕惹禍上身？

「那麼，你當然知道林立果[4]的小艦隊，能不能透露一點〈五七一工程紀要〉[5]？林彪說，不說假話辦不了大事，共產黨有幾句是真話？當年林彪肉麻地吹捧說毛澤東是當代最偉大的革命領袖，是萬歲萬歲萬萬歲時，這種露骨的假話為什麼毛主席就查覺不出來？」

郭川小猶豫起來，為了掩蓋自己避免作正面答覆的尷尬，他向遠處的夏守愚喊道：「給我端一張小板凳來。」

等到夏守愚慢慢從棚子裡將板凳送過來後。他在冬瓜架下坐好，開始回答：「我不是早就跟你說，我現在只考慮自己的家庭和生活，一切不該我思考的問題，我是絕不會去想的。」

「當然林彪紅極一時，是他的運氣！我們跟著也喊：『祝林副主席身體永遠健康』。而現在他的陰謀大暴露，我們就說他是一個陰謀家。

他為什麼會這樣？我們這些老百姓是無法知道的，也沒任何資料解釋這一切，我們就知道他的私心大膨脹，現在不是重新在鬥私批修嗎？我覺得你也不要再鑽牛角尖。中國的政治就是這樣，私心雜念太重，林彪這樣的事不知道今後還會有多少？」

他的回答反映了一個中共黨員，對共產黨的認識。中共上層的權力鬥爭終於使他們意識到自己不過是這個戰場上廝殺的雇用兵！他們只能奉行「隨大流」。

4 林立果（一九四五年——一九七一年九月十三日），林彪之子。

5 由林彪與林立果組織人民解放軍的軍官，多數為空軍，預備進行武裝起義。〈五七一工程紀要〉即為其計畫。

「那麼在你看來毛澤東選定林彪作『接班人』，是不是把他當成與劉少奇搶奪權力的槍手在使？」我這樣的提問是對中共信仰的公開挑戰！

然而他回答說：「誰也摸不清他的用心，過去他把劉少奇指定為接班人，後來成了水火不容的仇人，還可用廬山會議去解釋！而現在又同林彪反目，只能用『權力』爭奪來解釋。

林彪說要搶班奪權，讓人看不懂。當然毛澤東不是神人，事事都料得那麼準，但他畢竟是一個了不起的人物。說實話，我們何嘗沒有發生過與你同樣的問題，但我知道這是不能亂講的，我勸你不要老在這些問題上鑽牛角尖，車到山前必有路，中國有的是能人，用不著你瞎操心。」

看來，對這次有關林彪事件的探討，郭川小已夠坦率了。在經歷林彪事件後，中共營壘裡的多數人，都從他們對統帥的盲目崇拜中走了出來，郭川小是四十出頭的中年人了，從小跟隨紅軍從陝北山裡打出來，可謂當今的新貴族，但將近三十年的實踐，他終於明白他的周圍，那些崇奉共產主義的信徒，原來都是些很自私的人。

於是他變成了只知道如何保護自己的老婆和孩子很現實的人，此刻在他的心裡不再裝著階級鬥爭和社會主義空幻路線鬥爭，不再有那種拼殺的熱情，當然也不會違抗他的領導去做各種危險事，只要盡責，便是他所追求的滿足。

討論到此該告一段落。

我立即把話題轉到我們最喜歡的歷史故事上面去，因為那無傷大雅，隔閡可以彼此化解。

今天我有意講起了秦漢交替時期劉邦誅殺異姓王侯的故事。我問他：「韓信在被殺時，曾仰天高嘆：『飛鳥盡，良弓藏，狡兔死，走狗烹』還有什麼其他的意義麼？」他瞇縫著雙眼，彷彿在思考著什麼，但他不能講！

林彪公開叛逃這件事，給這裡平時張牙舞

爪的老管們，似乎下了一劑猛烈的退火劑，猖獗一時的打人風收斂了，那套隨時可嘗老管飽拳的繁瑣報告制度，也無聲無息的取消了。

打人的魔鬼好像暫時被林彪帶到溫都爾汗的雪山上去了。

不知道是因為換防還是調整，原先那批對我們任意施暴的暴徒，不知何時悄悄地離開了這裡，六隊圍牆裡的秩序暫時又回到了「文革」以前的樣子。每晚的政治學習，再也沒有像林扯高那樣督促各小組，向學習者提出一些莫名其妙的問題。

林彪事件以後，流傳對中共高層的種種猜測，夾著社會上流行的各種小道消息，一時十分活躍。處在獄中的奴隸們彷彿看到一線希望，廣播裡重複播放著「批林批孔」的聒噪，竭力掩蓋中共正處在一個斷層上的那種尷尬。

「無產階級專政」銅牆鐵壁的神話被打破了。

人們在舊秩序的慣性作用下漸漸復歸平靜，但魔頭不歸天，壓在中國人民頭上一黨專制大勢未去，中國是不會出現突破性進步的，當然變化需要時間！

農六隊流放者，還要在徐老大和老管淫威下，完成每天十個小時的超強勞役，晚上疲憊不堪的人們，在學習時間仍一如既往，在自己的鋪上呼呼大睡，或者點燃自捲的蘭花菸，用燥辣的菸雲驅散疲勞。

大陸被毛澤東的中共任意踐踏已為世界公認，為了求真，在此期間，一位義大利的記者安東尼奧尼，對神秘大陸現狀完成了「寫真」，他採用實地拍照，再經匯總的方法，將中國大陸的實況展現在世人面前，並以《中國》，命名了這部新聞紀錄片。

為了突破中共密探的阻撓，聽說他不得不採用照相機代替攝影機，拍攝成片後，為了能完整順利的通過中國海關，他不得不化整為零，分批送出大陸。《中國》在國外上映轟動國際影壇，這部紀錄片拍攝的成功，耗費了這位民主鬥士的多少心血啊。

《中國》中有危房相倚的老百姓住所；有破爛校舍；有依橋而立的晾衣竿上晾著破衣爛裳；有在街頭爭搶鎳幣的乞丐，這些真實的照片，展現了一個真實的《中國》。

蔡先祿因此感嘆道：「安東尼奧尼如果能進入中國監獄，他定會把我們挨打挨捆，完不成任務，晚上圍坐院壩等等監獄實況攝入他的《中國》。」

張錫錕說：「一個外國人冒著危險不遠萬里，遠涉重洋，拍下這部真實的作品，一定會永載在中國歷史上。」

中共統治下的大陸，必然孤立於國際社會中。

第三節：公有奴隸制下的特權階級

六隊的最高行政長官徐世奎，最懂得他的身分和如何扮演在這種特權群體中的角色。他非常明白，他只能在中國專制下所規定的許可權範圍內，才能取得歸於自己的那份待遇。他明白，同歷朝歷代的傳統封建專制的統治者相比，他的地位和財富佔有，有特殊的形態。

在他管轄下，分佈在三坡夾兩溝足有兩千畝的旱地，以及谷底的五百畝水稻田，上百頭大小牲畜，在名義上屬於國家的公有財產，但是沒有主的財產，是根本不會有的。抽象屬於全民所有制的生產資料，是無法運行並保存下去的。

實際上，農六隊所有的生產活動的指揮權，基本上都掌握在他的手裡。日常安排兩百多號勞動力的苦役，決定什麼時候從事農耕，什麼時間新修水利，什麼時候安排通知場部的拖拉機來翻耕土地，什麼時候買什麼化肥，飼料種子和農藥，怎樣分配所收的農副產品，蔬菜瓜果，連什麼時候把出槽的肥豬送給場部等等全都要經過他的批准，或直接由他定奪。

表面上他只是一個名義上的隊長，實際上

是這個小小農場的主人。

（一）特權

過，權力形成的過程中不斷翻新的運動，使他養成了按規矩辦事的習慣，他明白弄得不好，「走資派」的帽子可以隨時套在自己頭上，丟官不說，還要使他傾家蕩產，被人抓住政治上的把柄，抓進監獄使他遭到滅頂之災。

所以他做的所有事，都必須按中共中央的規定辦。他可以任意地奴役和驅使兩百多號勞動力，但必須表現他的忠於職守；在政治上，他只要嚴格管住自己的嘴，從不產生與組織相悖的丁點想法，不說任何有忤黨中央的話，不做任何規定之外的事，也不超越他的黨給他的那份待遇，雖然，他的組織發生最高權力的交替，連他自己都捉摸不定。

在平均主義低工資的標準下，他過的日子遠遠超過了農場的普通員工。一九六九年他把老婆孩子以及丈母娘從偏僻農村裡遷到這裡來，一家四口憑他每月僅四十元錢的工資，過著應有就有的日子。

舉一個同樣一家四口，工資僅比他少六元一個月的高世清一家作一對比，高世清的一家四口，加上一個能幹勤勞的老婆金梅拼命的幹活，還不能維持一家人最窮苦的生活，一九六四年金梅大鬧管教科，是在連飯都吃不上的情況下，被逼著為生存而發生的，便足可勾畫出普遍就業人員的窮愁潦倒，金梅帶著孩子要上鄧揚光家討飯吃的悲劇，是農場裡盡人皆知的事。

然而同樣四口之家，同樣工資收入的徐世奎，卻過著完全不同的日子，住著兩間一廚的套房，按照國家的標準只收了每月五角錢的象徵性的水電房租，房間裡裝修用的高檔木料，油漆得光亮亮的傢俱，都按場部的內部價格支付。

毛澤東那個全民窮人的年代，特權者的福利待遇是按照「供給制」的標準供給的。一家人的伙食除了按國家定量的糧食、布匹之外，每天所消費的蔬菜肉類油類統統按內部價格計算，中共這種「內部」價格的供應，是特權的人們才能享受的待遇！所以，他們的日常生活完全不符合商品社會公平交易原則。

我在這裡無法列舉徐隊的所有經濟活動，僅僅列舉了公開暴露的部份。

至於徐隊還要經常在家裡款待周圍的生產隊長和廠部的同事們，吃酒划拳，饋贈親友可以按照統一的標準予以報銷，雖然六隊名義上並不屬於他私有，但只要他沒有違忤他的組織，在任期內，可以支配他所管轄下的任何物資。

他可以以工作名義報銷額外開支，這些開支根本是他的那點工資無法支付的；他可以從一個隊調到另一個隊去當隊長繼續維持著他的權力。

中共公有制，實際上是一個社會小集團，佔有表面屬於公有，實際上屬於一批人私有的經濟，這是毛澤東想建立的初期專制社會經濟基礎。

每天早上他都站在監獄的大鐵門邊，看著一個又一個從他身邊走過的作業組，心中馬上盤算起每一個組今天的作業地點，檢查各組在出工時是否做好了今天勞動的準備，帶上該帶的工具、種子和化肥。

在鐵門邊最後送走了蔬菜組的組員，便叫住了從崗樓裡出來的夏守愚，問當天駐軍要他送什麼菜，叮囑他必須在九點鐘準時把菜辦好給他們送去。

同時還將一隻早已準備好的菜籃子交給他，要他在辦老管的菜時，順便也帶辦他家一天所需要的菜蔬。

這夏守愚，之所以一直處在比六隊任何囚奴特殊的環境裡，就因為他像一條狗一樣監視著蔬菜組的犯人，同時他能準確地領會隊長交給他的特殊差事。

僅就他給隊長家送去的菜，絕對是菜園地

最好的品種，價格是由場部規定的，但在數量和品種上都是象徵性的開了個數，僅這項每天所消耗的蔬菜，幾乎是沒花錢就由這夏守愚源源不斷供給的。

在目送著夏守愚走後，他習慣的順腳走下大監鐵門前面那條通向一號溝的小道，這是一塊二十畝的高產玉米地。最近他便在這塊最肥沃的旱地上，種上了一片由他最先從新疆引進的核桃林。

五年前場部林場的果木專家組，在為農場規劃今後所發展的果木栽培計畫時，根據這裡的土壤和地理氣候條件，提出了一個培植核桃和板栗的種植計畫。

為了取得從來沒有在這裡種植的新品試種依據，林業組提出了小面積試種的計畫。頗有心計的徐世奎，主動承接了這個試種的計畫：劃出一號溝玉米地，組織了專門的試種人員，從場部接回五十顆樹苗，從栽插到施肥，治蟲剪枝經過了兩年時間，這批樹苗長到了兩公尺多高，長勢很好，到了第三年以後，便正式的封林結果。

自從一號溝栽上這片核桃林後，他每天早上守著大家出工後，都要先在這裡轉上一轉，晚上吃過晚飯後，他還要帶上自己的老婆孩子在這裡散步。

一九七二年，他的核桃林開始結果，這一年秋天五十顆核桃樹回報了總共四百斤的核桃，試栽成功後，他便將一號溝的玉米地全部栽上了核桃。在結果時派專人日夜守護，到了九月份臨近核桃的收穫季節，園子裡便增派了一條大狼狗，並向六隊的囚奴們宣佈，任何人禁止隨意進入園區。

收穫的時候，整個的打桃、撿桃他都專門派蔬菜一組的人去完成，他自己親自帶著大狼狗，守在從鐵門到一號溝的唯一很窄的過路上。直到裝滿核桃的大籮筐在嚴密監視下，一籮一籮的運進他指定堆放的隊部辦公室，並親自上鎖。

核桃從栽樹，澆水，中耕管理流過汗水的奴隸們，誰都沒有嘗過這核桃是什麼味。

在那個年代，核桃是在市場上絕跡許多年的滋補品！價值高達每公斤五十元。從此掌握在徐老大手裡的每年幾千公斤核桃，便被他當成了交際應酬，巴結上級的最好禮品。每年他除了上交場部和送給駐軍的一部份外，還用它們打通與六隊有一定業務關係的客人。

當然，他還必須注意對六隊的幹部們一碗水端平，免得因分贓不均，造成他的同事們相互「狗咬狗」。

除了核桃的開發取得成功，大片的蘋果樹早已成林，在山地上繁衍大片的果林並不容易。

鹽源風季特長，在第二年雨季尚未到來時，山上紅土地裡經過幾個月乾旱沒有一點水份，種的果樹苗全靠奴隸們的雙肩，將水從低谷的溪溝，一挑一挑翻坡上嶺的澆灌，否則將成片乾死。

靠水近的果樹苗，兩年後就開花結果，到夏天長得鬱鬱蔥蔥的果樹，帶給徐世奎豐收的竊喜。於是他將所屬的幾千棵果樹用竹籬圍成了果林，每到夏季果子成熟季節，便派人巡迴防守。

為防止飢餓的囚奴摘未熟果子充飢，他增加了兩頭訓練有素的惡犬，來回巡守，並宣佈嚴厲的紀律。

從每年六月份結果，到十月份收摘時，果園的竹籬笆上掛著：「閒人嚴禁入內」的警示牌，規定凡私自超越籬笆偷摘蘋果，一切後果自負。但是成天在地裡幹活的奴隸們哪能禁得住？凡捉住偷吃蘋果者都要抓到崗樓下進行「反省」，輕則挨打重則挨捆。

八月中旬，果子已漸成黃橙色，每遇大風雨之夜，滿地落果，奴隸們就是看見了，也不敢私自偷越那警示牌。那些落果徐世奎都派飼養員專門去撿來餵豬，也不准成天勞累的流放者吃一個！鄧自新們又成了新的受罰者。

所以這裡長出來的每一個果子都帶著血腥味。

從一九六九年開始，六隊的果木林就在充滿血腥味的環境下，由每年收摘幾百斤，達到年產幾十噸水平。這些果子是不屬於糧食類的三類物資，不必上交場部，全部留給了隊長們變賣和「內部調劑」。

徐世奎用來學會建立公共關係，也學會賄賂上級部門。

(二) 小秋收

權力在他的手中運用得十分得體，憑他掌握的農產品，在這裡換來所需的東西，他雖不是地主、資本家，實際上比一切剝削者更貪婪的進行掠奪。

六隊的獄吏，基本是六十年代從部隊退役的軍人，退役後，頭一件事便是從家鄉或附近農村中，挑選一個農家女結婚成家、生兒育女，在勞改隊裡紮下根。

五月下旬和九月秋收，忙壞了從農村遷來的獄吏「家眷」。初來六隊的家屬膽子還很小，撿了地裡的一株麥穗，也要看看周圍有沒有人看見。

後來跟著徐世奎的媳婦一道下地。那女人說：「看，這些拋灑在地裡的莊稼多可惜，我們如果不撿還不是被周圍的農民撿去了。」

她們管這種將拋灑地裡的莊稼，撿回自己家裡的行為叫「小秋收」！一年下來，一個人可以揀到幾百斤糧食，比供應的口糧還多！

分到隊裡擔任幹事的男人們，跟著徐世奎，學會如何無情驅使奴隸們從早到晚幹活；學會了利用各種「狗們」給他們提供各種「情報」，對付那些不聽話的「反改造份子」。更多學會了如何利用本隊資源，為老婆孩子們過得更富裕一點創造條件。

當他們看到徐老大不花一分錢，就為自己的小家庭修了「土別墅」，於是利用當年鬧地震，場部專門調撥用來修地震棚的材料和資金，緊靠徐老大的「別墅」，新修起一幢幢新的土別墅，比徐老大更氣派更適用。

在這些新的土別墅週邊，修起了飼養雞、兔的圈。兩口子配合得非常默契，用從地裡撿回的糧食，不花一分錢地養起了家禽牲畜。在六十年代被割去的「資本主義」尾巴，到這時，便公開在自己的特權下，迅速長起來了。

至於每天這些小家庭所消耗的蔬菜，那是徐老大按「供給制」規定好了，只要向夏守愚打一聲招呼，那人就會將上好的蔬菜，準時的送到各家去，這些菜只是象徵性的記了一個斤兩。

每年搶收季節，徐世奎用一切辦法，驅使瘦弱的奴隸們完成超強度的勞動定額，但奴隸們只將成熟的莊稼砍倒在地，沒有割淨沒有收完的麥穗到處都是，尤其是藉玉米桿隱藏的玉米就更多了。

開始，郭川小把飼養員叫去，跟在收割的大隊伍後面，明確規定，撿到的糧食，由各飼料房自行使用。但是飼養員撿這些東西對他們本人沒有任何用處，何況同幹部家屬爭搶又何苦？得罪了這些女人等於得罪了這些管自己的幹部，於己十分不利。

偏偏徐世奎又將飼養房調來撿麥穗的人，調到曬場上擔任糧食收藏的工作。他之所以作這樣安排，不無他的私心作祟，收割人拋灑在地裡的糧食，是這些隊部家屬最豐富的小秋收收穫啊！

拋灑在地裡的糧食，偏又被在附近放牧的老鄉們發現了。不知從什麼時候開始，農場收割的地盤上引來了越來越多的公社社員，他們背著大籮筐也跟在小秋收的隊伍裡，與這些幹部家屬爭搶著灑在地上的穀穗，倘被徐老大看見後，便叫值班士兵驅趕這些社員們。

山裡人生性粗野，這些年人民公社造成的飢餓逼迫他們！直到七十年代，社員從公社土地上掙得的口糧，長期不敷果腹。生存使他們對政府忍無可忍。

他們把自己的窮苦，部份歸罪於來這裡開辦農場的勞改隊，口口聲聲說鹽源農牧場從他們手中占去了他們的土地；山坡上被開墾出來的紅土地，使他們失去了放養牲口的天然牧場。

所以，他們一開始就懷著敵意，注視著農場的一舉一動。平時，在農場的土地上偷成熟的莊稼，成了極平常的事。現在在收割的土地上，撿一點灑在地裡的玉米、穗株是天經地義的！

所以，他們對徐世奎的禁令置若罔聞，撿莊稼的農民反而有增無減。有一天徐老大帶著人，從撿山的婦女手中沒收了她們的背兜。

可是徐老大沒有料到，這些被搜去背兜的女人並沒離開，而是守在徐老大的歸途必經的過道口，等收工後，趁他只有一個人回隊時，十幾名婦女便攔住了他的歸路，向他索要被「沒收」的背兜，她們拿著棍棒，捏著石頭塊，如果不是看山人及時趕到，徐老大定會遭到她們一頓暴打。

經過這次驚嚇，徐老大通過上司，同公社武裝部的民兵協商，達成協定，公社的社員們可以撿掉在地裡的莊稼，但一定要與六隊的收割隊保持三十公尺的距離，跟在隊上小秋收隊伍後面才被允許，這種現象一直延續到文革結束。

人生來就想富裕起來，在農場的土地上，獄吏的家屬在地裡撿到的莊稼，除供給他們餵雞、養兔所需外，還拿到市場上與農民們交換成糧票寄回他們老家，這恐怕也只有毛澤東時代的獄頭，才有這種得天獨厚的額外收入。

這種「小秋收」也給長期關押獄中的男奴隸，一次接觸異性的機會，跟在奴隸們身後的幹部家屬，本來就是一群從農村裡來的女人，平時他們被監獄的隔牆所阻，在嚴密監視下沒有和囚奴接觸的機會。

被專政劃定的界線，使她們同她們男人一樣，對這些奴隸保持著冷峻的態度。可是在小秋收「戰場」上，這種近距離的收割，完全打破了彼此不知不理的屏障，提供了男人群體與緊跟其後的女人群體有說有笑的交流機會。

本來就已被高額勞動折磨得精疲力竭的奴隸們，發現與異性的「交流」，有刺激神經達到消除疲勞的作用，奴隸中本來就有許多刑事份子，他們中不乏相貌英俊的小夥子，而幹部家屬的女人中也有敢於打破「封建觀念」，舉行突圍的風情女子，他們在同一塊地裡，不免眉眼傳情發生莞爾一笑的時候。

有時，女人們對向她們有意投來的玉米注視良久，時間久了便有難以克制的衝動，在玉米林中靠茂密的莊稼作掩護，雙方第一次牽手，並迅速交換了相約的紙條，使這種久積的感情得到突破，超越在常人眼裡很難突破的禁區。

但是男女間這種極令人敏感的突破，最容易被其他的女人查覺。日子久了，麻雀飛過都有影子，緋聞便在女人中傳開了，也預示著一場預想不到的災難悄悄地逼近了牽手者。

在農六隊最後幾年歲月裡，暫時拘禁過幾個刑期很短的刑事犯，按照共產黨的政策，這些刑事犯法者，仍被當成「內部矛盾」看待。

為了某些利用目的，允許他們能單獨出入六隊大門，並容許他們在監獄之外過夜。其中有一個小夥子，白淨的臉皮和周正的五官，頗受家屬們注目。

六隊自張事務長被老管們用棍棒打出六隊後，接替他的位子是一個姓王的幹事，此人因小兒麻痺症成了先天性跛子，偏偏他的妻卻是一個性欲很強的女子，為什麼要嫁給一個跛子我不知道，其中定有她難以啟齒的原因，她因自己的男人在生理上無法滿足自己，在場部家屬圈就有各種關於她的蜚言。

王跛子主動請求調來六隊，恐怕就含著割斷這個女人同場部相好們的聯繫，平息她各種風言風語的目的。

本來，王跛子可以甩掉這個女人，可是他

卻偏偏要纏住她，儘管她一再提出離婚，卻遭到王跛子的拒絕。在那種條件下，與獄吏的女人私通是要以「破壞」軍婚罪名論處的。

調六隊沒有多久，這女人在秋收中遭遇了同這小白臉的「秋波戰」，不久雙雙墜入情網。

也不知什麼時候兩人突破禁區，有了秘密的約會！小白臉利用他可以單獨行動的機會，兩人開始暗中私通，然而麻雀飛過都留影子，何況這女人在場部就有名氣，肯定惹人上眼。兩人在場部私會的消息，經過家屬中那些長舌婦女的傳播，禍事終於降到了「小白臉」的頭上。

十月間一天中午，小白臉被五花大綁地捆回了六隊，並且關進了反省室。送來的那一天他已被打得頭破血流，遍體鱗傷。據說，當天中午時分在農三隊後面的草樹中，兩人赤身裸體被王跛子在這裡來了個「捉姦」拿雙。

王跛子找來的幫手，將小白臉痛打了一頓。女人反正已撕破了臉，只受了一頓羞辱。而吃虧的當然是「罪上加罪」的小白臉，好大色膽的囚犯，竟敢動到獄吏的頭上來了，肯定不會輕饒！

不過，兩類人員中，廣為傳播這一則「佳話」，沸沸揚揚的人言，首先幸災樂禍取笑那六根不全的王跛子。若按他先天的殘疾本可贏得人們幾聲同情，但他卻屬於令人痛恨的獄吏，反而替女人說話的人占了上風！說她是一個敢頂著專政壓力，尋求自我解放的女人。

從那以後，我就再沒有看見過她，有人說她被王瘸子五花大綁的綑回了她的原籍。有人說，她失蹤了，八成被王瘸子黑辦了。而等待小白臉的是法院的嚴厲判處。不過這一事件的主人公，在關押囚奴的勞改場所，上演了一幕悲劇。

他們敢於藐視「無產階級專政」的血盆大口，以血的代價唱出他們追求幸福的一曲。值得鹽源農場失去一切的人們稱讚。

（三）模範共產黨員張劍波

一九六九年，北烏中隊調過來了一名叫張劍波的管教幹事，四川內江人，論其長相，一雙兇狠的鷹眼和鷹勾鼻子配在一臉橫肉的臉上。平時，他臉色鐵青，毫無笑顏，給人一種陰險可怕的印象，左眼皮下長著一顆豆粒般的黑痣。平時虛著眼睛看人，這臉印古人所云「其心不正，其眸瞧焉」的老話。

據說原來他是內江法院刑偵處的預審員，因為善於用詭計和毒刑逼供犯人，所以曾被內江法院多次表彰過。並號稱模範共產黨員，在他的辦公室裡懸掛著「無產階級忠誠衛士」的錦旗。

文革時調住西昌，因為他辦案有功，特別擅長對付「思想犯」，六隊又是全場出名的「反改造份子」集中處。加上在嚴打運動中突擊辦案的需要，便專門把他調到六隊來。

長期的淫威，使殘害無辜的職業殺手，養成一種捕風捉影、無限上綱、無中生有的吃人野性。

在鹽源農場辦理集體槍殺蔣正君的反革命集團案中，他初試牛刀，僅從該案人犯的口供，就定下反革命集團結論，揮下屠刀一次就處決了五名「反革命」成員，那一個案子所處理的同案人員達四十餘人！他自己就說過：

「上面既然要殺一小批，還有什麼手軟的。我們辦案人員就是要緊跟毛主席的戰略部署，殺人不殺人，殺多少人，都只能以政治形勢的需要決定！至於思想這個罪，不一定要什麼證據，藏在人的腦子裡誰說得清？有個一兩句言論便可以定罪！」

正因為他頗能精通文字獄作辦案的主導思想，所以在文革中凡是辦不下的案子都請他專門定罪，由於職業需要，漸漸養成習慣，使他喪失了人性，發展到連自己的妻子也成了他殺的對象。

到六隊來以後，他的作風是深居簡出，行蹤詭秘。平時並不像何慶雲那樣拋頭露面，嘮嘮叨叨，與流放者很少交談，當他的眼睛盯上了你，便在背地調集卷宗。每到這種時候，他便用內江人常用的話：「內江的老招牌，告才曉得！」那麼，你就得留神，你的名字已在他的「生死簿」上勾銷了。

六隊近年來案子中，槍殺陳力、蔣正君等人，都有他提供的預審口供和簽署的處決意見，他還審訊過潘朝元、蔡先祿等人，並簽署了死刑意見，只是因為在上報到西昌地區中級法院時未被核准，而免去刀下鬼的厄運。

我也是他下過屠刀的人之一，當時殺人真是太容易了，凡是有反革命言論的，具體的說，只要沾著三面紅旗、文化大革命的「反動」言論，都可以整理材料上報處決。

他之所以狂批殺人的預審報告，出自他那升官的欲望，以及為滿足自己獸欲的追求，只要用一兩句話，甚至似是而非的編造，便下了惡毒攻擊偉大領袖，誣衊無產階級司令部的結論，判決死刑的意見也就出來了。

然而殺人太多會造成心理上的極度虛弱，庭審陳力時，陳力怒目極視，嚴詞批駁的態度深深震撼了他，陳力犧牲後使他經常通夜惡夢，夢見陳力，提著他的頭來向他討命債，嚇得他無處藏身，驚出一身冷汗從夢中驚醒。

第二天，他的鄰居馬幹事問他昨夜又夢見了誰？半夜三更的在屋子裡怪叫，他卻不予回答。神經上的負壓，夢境中的惡鬼見多了，使他歇斯底里，無法控制。在這種扭曲的心態下，他原來就十分墮落的道德更加墮落，他本來就生性好色，為了解除晚上的失眠，越來越用異性的刺激來解除他的恐懼和煩惱。

在鹽源農場，多年有一個女人暗中陪伴他。他對於老家帶到農場來的結髮前妻感到乏味，由乏味到乾脆把她送回老家，以免留在身邊，「礙手礙腳」。結髮老婆回老家後，他就同這個騷女人由暗地轉為半公開同居。

張劍波從這個女人的姦宿中，用刺激來減少他的精神壓力。但是自從他們變成了半公開同居以後，那女人越來越不滿意這種不明不白的關係，雖然張劍波的工資大半歸她掌握。

為了公開的名份，她幾次催促張劍波與「前妻」離婚，可恨的是，他妻子兩個在當地公社頗有勢力的弟弟，卻堅決反對舅老倌這種陳世美作風，離婚遇到了無法抗拒的阻力，在那個時代，辦理正式離婚手續，只要有一方不同意，便會維持原來婚姻。

林彪事件以後，「殺一小批」的嚴打運動暫時停了下來，以此為專職的張劍波也開始閒起來了，他便借這個機會向鹽源農場的管教科請了兩個月「探親假」，心裡盤算著怎麼來解決他的婚姻煩惱，經過與姘居女人的商量，在他的心中萌生了一個神不知鬼不覺的計畫。

在老家的故居，這幾年一直寡居的老實巴交的妻子，意外在鄉下家中迎接突然歸來的丈夫。她雖然已經耳聞她的丈夫在鹽源已經同一個野女人私住在一起，但怎麼敢去阻止這個兇惡「丈夫」的私情？所以一直以息事寧人的態度，容忍了張劍波。

幾次她收到張劍波寄來要她簽字的離婚書，但卻因兩個兄長的反對，只好以不理睬的態度裝成什麼也沒收到。

這次她對他的突然回家，頗有一種「受寵若驚」的欣喜，心裡對他並沒有發生懷疑和提防。

回家以後過了幾天。有一天張劍波到公社飯堂裡買了幾樣下酒菜，從自己的手提包裡，取出一瓶精裝瀘洲大麯，說是農場春節團聚時，發給幹部們的，一直留著捨不得吃，這次特地帶回家，同久別的妻子共飲。

女人經不住丈夫端著酒杯殷勤相勸，便接過酒來半杯下肚，不出半個時辰酒力發作，那女人感到口舌麻木，腹中絞痛，面如死灰，七竅來血倒在地上一命嗚呼了。（關於張劍波殺妻屬實，但其過程是聽來的不能保證沒有訛傳。）

張劍波見事已得手，連忙取出預先準備好

的鋤頭鐵鍬，把床搬開就床下連夜挖了一個深坑，將她的屍體推入坑中掩埋，面上還鋪了一層石灰，到天亮才收拾完畢。

第二天向鄰人放出風聲，說她回娘家，已兩天沒有回家，裝著很焦急的樣子去她的兄弟家「尋找」。

經過一番緊張表演，他自認為可以瞞過這些村裡人，最後以他的妻子離家出走，到公社武裝部報案了結。

她的兩個兄長雖然心裡一團疑惑，但因為弄不清到底發生了什麼事，便去他們姐姐家，裡外找尋，村民們七嘴八舌的議論，誰也說不準，她是外出遇到意外事故，還是什麼原因失蹤。

活生生的一個人突然失蹤，暫被張劍波編造的謊言瞞過去。然而，一個女人為什麼在張劍波回來以後失蹤，引起了村民們的懷疑。

被妻子陰魂附著的張劍波，懷著惴惴不安回到了鹽源。然而內江市的軍管會在這個女人的兩個兄弟督促下，成立了專案調查組，將張劍波列為重大嫌疑人。對張劍波平時為人霸道作風十分不滿的當地村民，在張劍波回鹽源後，自發去她家的房前房後，尋找蛛絲馬跡。

有人發現，張劍波家裡常有金頭蒼蠅繞屋不去，根據這個現象他們發現，女人床底下有新土痕跡，而且懷疑那新土上面為什麼蓋有一層生石灰？最後終於從那裡挖出了早已腐爛的屍體。惡貫滿盈的張劍波，到了死期來臨的時候。

儘管鹽源農牧場軍管會，在接到內江報來的消息後仍取遮掩態度，要內江當局考慮到張劍波的身分，不要過份張揚，不要造成不良影響。

後來，又把張劍波劃在隱藏在共產黨內的蛻化變質份子，悄悄把這個「模範」黨員辦公室裡懸掛的「無產階級忠誠衛士」錦旗摘了下來。拒不介紹這個兇惡的殺人犯的犯罪事實。但內江他的老家，老百姓早已將這起兇殺案沸沸沸揚揚的「傳開了」。

死者的娘家，在祭奠她的會上撫屍慟哭，要求當地政府將張劍波押回內江召開公審大會，並交給她的家屬們處理，但卻遭到了政府的斷然拒絕，雖然張劍波很快處死，但他的罪行遠遠沒有揭露，民憤遠遠沒有平息。

當局可以因「言論」罪，「思想」罪，把無辜的老百姓拉到鬥爭會上，一連幾天無休止的批鬥，卻對殺人兇犯保護有加。

中共大小官員憑手中掌握的權力，天天在對手無寸鐵的無辜受害者犯罪，他們比封建專制的統治者有過之而無不及，古代的士大夫階層可以拿著皇上賜給的免死牌，橫行鄉里，抵罪，所能免去的也僅僅只有死罪。

而中共的黨員幹部靠掌握在手中的特權，犯了罪可用降職革官相贖，一般黨員還可以用黨籍換得豁免。今天，腐敗和貪污成風，與這層豁免的保護密切相關。在他們的罪惡還沒有充份暴露時，連「檢舉」他們都要倍加小心。

像張劍波這樣的劊子手，所以能大膽毒殺前妻，就是因為這種特權所提供的保護作用，全國像這類似的凶案，也不知有多少沒有披露出來？

小秋收中，從這些拾玉米的女人口中，知道這些女人相當多生活得極不幸福，那些平時對犯人虐待成性的獄吏們，養成了他們殘暴的習慣，回到家對自己的女人也一樣施行暴力。平時把他們當作發洩性欲的奴隸，遇到不順心的事，便把她們當成隨便打罵的「出氣筒」。

當然，這些基層獄吏們的家屬，畢竟靠自己的男人。在全國還在飢餓的時候，過著豐衣足食的生活，她們有吃不完的糧食，還有吃不完的雞兔肉，她們是一群受人欺侮的「幸運兒」。

鹽源農場的各勞改中隊，因為全關押的男犯，客觀上沒有這些幹部對被關押者施行性侵犯的條件。

在就業中隊就發生過多次醜聞。就業人員

在當時條件下，能娶妻成家的人本來就不多，但那裡的管教人員往往利用職務便利，趁就業人員的親友、姐妹、女兒來隊探親時，發生藉安排住宿的機會，趁夜潛入招待所，對她們實行姦污的事。

碰上這樣的事情，女方經常吃了啞巴虧，不敢對外張揚，除非產生了不可挽回的後果。

可以說，由毛澤東建立起來的「無產階級」專政，一方面，使大批的無辜者淪為淫威下的奴隸，另一方面，製造了一個無惡不作的特權階層。他們在專政這個保護傘下面，幹著人性淪喪的壞事，當然也埋藏了種種深沈的社會危機。

第四節：十年生死兩茫茫

一九五九年我被重慶大學強迫扣上右派帽子，無理踢出校門，送往南桐礦區接受監督「勞動改造」，留在我心坎上除一腔冤屈怨恨外，還有一個對我親人的牽掛，該如何處理這骨肉分離之痛？

當時我很渺茫，看不清地獄前方何處才是盡頭？想到撫養我的老人忍著從心頭割肉之痛，我的心便像被刀割般難受。

外婆和弟弟在父親被捕時，已經歷了一次心靈的重創，接著又是母親劃為右派，這雪上加霜後，現在我又遭入獄大難，當時我想無論如何不能告訴他們，給他們層層創傷的心上再灑上一把鹽。

既是中共菜板上的肉，把我們一家趕盡殺絕，我們就只好忍受這「滅門」之災的降臨！

入獄後把一切可怕的後果埋藏在我的心底，萬般無奈中，我只有選擇不告而別。十九歲的我要像男子漢一樣獨立承擔一切，但家人將承擔怎樣的牽掛和傷痛。

剩下的孤兒寡母會不會踏遍千里尋找天涯淪落的我？常使我陷在不知如何處理的兩難之中！我只能如此了。

入獄開始的那段歲月裡，我往往在夜半睡夢中哭醒。

最後，一個決心與命運抗爭到底的信念控制了我，當時想，除非我從監獄裡沉冤昭雪那一天，我能體體面面的回到親人中去，絕不會以「帶冤」之身出現在他們的面前。

主意打定，我就突然消失了。

從此就再沒有向家裡寫過一封信，告訴他們任何關於我的資訊。從那以後，我獨自任由勞改隊發配充軍，從一個鬼門關到另一個鬼門關。

算起來，我在獄中渡過這段日子至今已整整十五年了。每一年的中秋之夜，我都要透過瓦背上擠進來的月光想念他們。每逢大年卅日晚上我會擺著從廚房端來的飯菜，默默地坐在我的舖位上，面前擺著四個碗和四雙筷子，合著掌，祈求他們在遠方平安。

「風急天高猿嘯哀，渚清沙白鳥飛還」，千里孤飛的失群之鳥，終有回巢的時候，「悲歌可以當泣，遠望可以當歸。思念故鄉，鬱鬱累累。欲歸家無人，欲渡河無船。心思不能言，腸中車輪轉」——《悲歌．樂府》

對親人長年的眷念，像一杯永遠無法喝盡的苦水。屈指算來，我已三十五歲了。先前還是一個稚氣的孩子，十五年已變成了未老先衰的小老頭。如果那倚著竹籬，盼我歸來的白髮外婆還在人間，那麼她已經是八十五歲了。

有一天，心靈的感應像一股強電流衝擊著我，使我強烈地感到一種說不清的預兆，隱約感到這些我日夜縈思夢繞的人都已不在人世，

一種不能再與他們相會的恐懼催促我，我不能再音信杳無的繼續下去。否則，我也許永遠都找不到他們了，那麼就算我從這裡活著出去，我將要終身負罪，我既對不起日夜盼我歸來的老外婆，也對不起艱辛中撫育我的母親。

（一）尋母

一九七三年春節期間，就在這股尋親思潮

的衝擊下，我結束了十五年的固執。第一次提筆向母親寫了獄中給她的信，全信僅用了一百多字，因為十五年的變遷，我不知現在我到那裡去尋找他們！該怎麼去尋找他們？

媽媽，已經整整十五年沒有給您寫信了，我仍按十五年前的地址試著寫這封信，倘若你能收到它，就請立即回我的信。我這是在四川西南邊陲上一個小縣城裡給你寫信，希望這封信能接上我們之間已斷了整整十五年的聯繫。

您的孩子孔令平一九七三年二月

於西昌鹽源九〇九信箱六中隊。

這一百字寄走了我整整十五年對親人的朝思暮想，也寄走了十五年築成的自閉，我想這封信她如果不能收到，那麼至少告訴我一家人全都亡故，倘若這封信寄到她手裡，那麼我估計得出，在這個文字獄緊鎖，我們間唯一可溝通的窗口上，魔鬼正用怎樣的眼睛監視著這些信！這第一封信，必會受鬼蜮們的盤查，嗅出階級鬥爭的火藥味。

然而這一百個字，堆積整整十五年的血淚意欲噴濺出來。就宛如一個丟失了母親整整十五年棄兒的呼喊，在誤入地獄的不歸路上，尋找歸途！尋找她的喊聲！

所以我縱有再多的怨恨要傾訴，但委屈和苦都不能露出絲毫，否則一不小心就會徒生枝節，不但我這一百多字不能打破關閉了十五年的親情大門，還可能帶來意想不到的麻煩。

我這封問親信，整整過了五十來天，與其說因為她在十五年來從北碚托兒所任教，到目前在一家鄉村醫院接受監督勞動，需要輾轉傳遞，還不如說，經過了多部門拆信檢查層層審閱，耽誤了這麼長時間。

三月二十五日，蔡家醫院的門房叫住了母親，說有一封從西昌寄給她的信。

咋聞西昌來信，她心中一驚，自一九六七年小兒子失蹤後，已整整六年，她沒有收到任何信件。

從一九六六年文革以來，至今整七年，北京，上海，那些她曾寄託過希望的，她年輕時代的老師和同學們，突然好像從大陸這片海棠葉上消失了，從此再沒人給她寫信，使她隱約感到，當年學生時代的好友，也在文革中自身難保。

那麼，現在又是誰從西昌給她寄來了久久盼望的信呢？

當她急忙來到門房，從小張手裡接過這一封蠟黃的信時，她心中交織著一種複雜的預感，「莫非小兒子方興有了消息」？當她注意那信封被人拆開過好幾次，有的地方已經撕破，她也只能坦然相對。

其實自己已沒有什麼值得當局神經過敏的。這麼多年來地處北碚邊沿的小鎮醫院，被強迫監督勞動的母親，對所受的人身侮辱和非人虐待早已習以為常。她的家已被查抄過十幾次了，「革命」群眾搜去了他所有稍稍值錢的物品，連一身像樣的防寒棉衣都沒有給她留下。

前年就為給自己縫一件禦寒棉衣，招來一頓毒打和鬥爭，使她斷絕了生活的念頭，那次她燒掉了珍藏三十多年的老照片，並且決心投湖自殺。

然而蒼天卻安排了她絕處逢生，她被救生還，並在附近農民們的安排下，一個小女孩在她的身邊伴她聊度晚年……

然而此刻他來不及思考得太多，捏在手裡的信封上所寫收信地址，分明是：北碚機關托兒所，那字跡好熟悉。她的心緊張起來，立刻又去看那信封上所留下寄信人的地址：西昌九〇九信箱，郵戳上印著：西昌鹽源。這會是誰呢？她連忙拆開了信封，拿著信箋的雙手在微微顫抖：

「媽媽」這稱謂使她從一場惡夢中驚醒，

從她那昏花眼睛裡閃出了一束十幾年從未有過的喜悅來，難道是失蹤六年的興兒？興兒，你在哪裡？你真還在人間嗎？這麼長的時間媽為你流過多少淚？你可把媽想壞了呀……

一股暖流溶進了她身上的每根血管，就像枯木逢春老樹新芽，好比行進在沙漠上快要渴死的探險者，忽然發現了一縷清澈的甘泉；一個深埋在地底下將要絕命的礦工，觸到了救援者的手，那驚喜和絕處逢生交織在一起的感情，千頭萬緒般鑽動在心頭！

兒哇，你可知道媽媽活到今天是多麼不容易！

一陣激動的初潮拂過心頭後，她又重新在老花眼鏡背後去分辨那熟悉的字體，寫在那發黃信箋上的就這麼短短幾句話，信的落款是孔令平。

再翻看那信封的背後寫著這孩子囑咐郵遞員的話：「郵遞員，如果這封信的收信人已調往他處，請務必將這封信轉到她現在的單位上去。」

現在終於明白了，含憤斷絕音信整整十五年的大孩子此刻現身了！

「風塵荏苒音書絕，關塞蕭條行路難，已忍伶俜廿年事，強移棲息一枝安」，孩子呀，這麼長歲月你到哪裡去了呀，你可知道這十五年來，我怎麼盼你的音信？然而每次都在黃昏之後，失望的望著街燈。你的外婆哭過不知多少次了，直到她臨終還不停喊你的名字呀！而我熬過了多少斷腸的長夜，有過萬千次祈禱麼？

唉！我的孩子呀，你縱有再大的冤屈和難言苦衷，也該托夢向你的媽媽報一個吉凶吧，然而你卻一點聲息都沒有。

在那個時候，為娘的也身遭劫難，我因禁錮之身又不敢多打聽，寫信去重大問到你的下落時，他們從不告訴我關於你的情況。

從此生死兩茫茫，直到今天，你才突然從地下鑽了出來，向我喊道：媽媽，我在這兒呢。

天哪！這是真的嗎，這是我在做夢，還是蒼天安排的悲劇呢？如果這是一場悲劇，那麼這是多麼殘酷的悲劇？這整整十五年來，我的淚水都已經哭乾了啊！

母親連忙找來了放大鏡，又拿起那個蠟黃的信封反覆看那郵戳，再一次證實是西昌鹽源縣發來的，她又拿起信箋——是大孩子的親筆手跡，一點都沒有錯啊，十五年了，連這麼熟悉的筆跡，竟一時想不起來了。

淚水再次模糊了她的眼睛。唉！真的老了，沒用了！她把那蠟黃的信，擺在小桌上，好久才回過神來，將那蠟黃的信收折好，再將它放在自己的枕下。

此時一個年僅七歲的女孩，正挨著母親身旁。這就是兩年前一位附近農婦送來的「乾女兒」。此時她正瞪著那童貞稚氣的眼睛望著她。

她認識方興哥哥，不過那時她僅只有兩歲，只記得他長得很高很瘦，但為什麼突然走了，從此以後，就再沒有回到母親居住的小屋子來？

一切都怪怪的，小腦筋裡盤旋著一連串疑問：媽媽是那麼善良，她成天為醫院打掃清潔，不像其他人偷奸耍滑，醫院把所有的重活和髒活都扔給她，而醫院的人為什麼總是找岔欺侮她？為什麼媽媽在忍受人們欺侮時，總是低著頭，好像醫院裡有一根令她無法解脫的繩子，牢牢捆著她？

今天還是第一次看到媽媽這麼高興，她注意老人的一舉一動，數著她戴了幾次老花眼鏡，一會兒取出那蠟黃的信封，看看又放回原處，雖然她什麼也不懂，但為母親難得的高興而高興。

現在她才知道原來自己還有一個很大的哥哥，他可是在她還沒生下來時，便離家出走的，媽媽從沒有講過的啊！他長得像什麼樣子？她只能依憑她所見到的方興哥哥的照片，想一幅很大很大的圖像。

他真是一個奇怪的人，聽說在重慶大學念書時就離開家了。他為什麼要離開家，為什麼離家這麼多年從沒回過家呢？今天又怎麼知道媽媽在這裡？

她那小腦袋瓜裡翻滾著一連串的疑問，看媽媽在她佈滿皺紋的鬢角邊撲刷刷流下的淚，心裡猜測著，這大哥哥什麼時候才回家呀？她知道在這種時候，媽媽不喜歡打斷她的思考，就是問她，她也不會回答你的。

晚飯以後她躺在小床上，盯著媽媽重新從枕頭底下取出了那蠟黃的信，然後戴上她那付老花眼鏡，在電燈下面重新細細讀起來，彷彿那信寫得好長好長，一直就沒有讀完似的，一邊讀，一邊又在擦著眼淚。

媽媽為什麼還在傷心呢？大哥哥什麼時候才能回來呢？她想著想著閉上了眼睛，去了她的夢鄉。

「青青河邊草，綿綿思遠道。遠道不可思，宿告夢見之。夢見在我傍，思覺在他鄉。」（樂府）

這一夜是多麼尋常的一夜，母親望著身邊已沉沉睡去的小女兒，她沒有睡意也無法入睡，他得馬上去找回這個失散了十五年的孩子，最好此時，她能插上翅膀，騰空飛去……但望斷茫茫華夏，他在哪裡呢？

想到這裡，於是翻身下床，去抽屜裡尋找出那本很舊的地圖，這還是興兒的遺物，在方興出走時她就反覆地看那本地圖，想從那地圖上找到孩子所去的地方，可是她一次又一次的失望了，地圖上沒有一絲孩子出走的痕跡。

現在有了：西昌鹽源。在模糊的老花眼鏡後面，她終於找到了那個位於她所在位置西南方向，相距她足有千公里的鹽源縣。

憑著她的靈感，她知道自己的孩子正在巍巍祟山一片，人煙稀少的地方服刑役，她得馬上給她寫信。

於是她伏在小桌上，開始提起筆來，但是

千頭萬緒如亂麻的腦子裡，怎麼開這封信的頭？第一封信中該告訴他什麼呢？

手上的那張信紙，揉了又寫，寫了又揉。

她知道自己和兒子今天的處境都很危險，縱有千言萬語，也是萬萬不能在信上傾瀉的，她知道所有信件都要被對方監督的人拆開檢查，尋找「階級敵人」「蠢蠢欲動」的線索，於是，這封信便這樣寫道：

「親愛的平兒：從我收到了你的信後，你給了我很大的力量，我一想到我重新獲得了我心愛的兒子，便全身有勁。熱烈地渴望著有一天我們能母子見面，我仔細地翻閱了地圖，我知道你是在四川的邊區，離我這裡很遠很遠。但我的一顆心離你是那麼的貼近……」

「我在這裡想告訴你，我於一九五八年下放農村勞動，一九五九年又下放工廠車間勞動，一九六二年調到蔡家場這家醫院，一九六一年十一月八日，你外婆在北碚逝世，臨死那幾天，我和你弟弟守在她身旁，死前她一直喊喚著你的名字！」

「弟弟於一九五九年在四十四中畢業，考入重慶電力學校，六二年壓縮回家，一直跟著我，六四年響應黨的號召，上山下鄉，落戶在我附近的一個社員家中，母子二人朝夕相處，生活尚好，文化大革命他瞞著我，於一九六七年七月十四日離開了我，從此音信全無，生死不明。」

「我在這所醫院整整十二年了，這所醫院離北碚四十里左右，汽車不到一小時。規模不大，是綜合性醫院，附照片一張，你媽媽已經老了，希望你也能給我一張相片，要說的話很多，下次再談。」

這便是一個在遭到家破人亡後的母親，同闊別十五年沉淪監獄的唯一兒子寫的第一封信，那中間被壓抑得喘不過氣來的辛酸，只能「領會」。

她知道，要把家破人亡的噩耗告訴天涯一角的孩子，又讓當局放過它，必得寫些中共強迫人們說的「話」。

她微微閉上了眼，想到在中共建國的二十三年中，自己同丈夫，老母親和兩個孩子組成的平常百姓之家，就因丈夫的歷史「罪」，不但他本人入獄至今不知生死，母親在憂憤和潦倒中去世，兩個無辜的孩子一個在「勞改」，一個生死不明。自己孤伶伶一人被醫院的造反派任意踐踏侮辱，這究竟是為哪門？

而今大孩子居然還在人間，就算一種最大的「快慰」了。唉！這種遭遇豈可用「生不如死」所能概括啊？

她重新望了望那張剛剛才寫完的信。拿起那破籐椅上的棉墊子靠在小女兒身邊躺下，此刻腦海裡再次回到十五年前，腦子裡全是大兒子的音容。可惜，照片已經完全燒掉了，倘若不是那楊婆婆，自己早成了池塘裡的水鬼，這個家就算無聲無息在暴政下消失了。

現在想來，楊婆婆的話果然沒錯，她那時就勸過自己，「像你這樣的人中國多的是。憑什麼要走這條絕路呢？就不能長著眼睛看看這世道還會變成什麼樣？」那話裡可是一種預言，一種普通老百姓在黑暗中的等待，一種希望啊！

她想著想著，腦海子裡又呈現出大孩子的樣子，活鮮鮮的，寬大而長圓的臉蛋，白皙的皮膚，從淘氣的童年直到中學時代……背著背兜撿二煤炭的身影，晚上伏燈讀書的身影，又重新回到眼前。

記得他考上大學離家時，幾乎整整一夜同兒子促膝交心，諄諄勸導他：「千萬不要去從政，那是一個說不清的危險領域；也千萬不要去從事教育，你父親就是一個活的教訓。你選擇了工科，有一門專長就是自己一生一世安身立命的本錢了。」這可是父母從動盪的年代裡，為躲避暴政總結出的切身體驗。

可惜，這樣的躲避，依然沒有躲過劫難。為什麼中共連這麼一個勤奮苦讀的孩子也不肯放過啊？

想到這裡她痛苦地翻了一個身，於是又想到自己同大陸上受殘害的知識份子一樣，她自己又招惹誰使她家破人亡？想到這裡，她只能打住了，唉！今晚被那些痛苦思緒攪得亂麻一團，總是高興不起來。

「時難年荒事業空，弟兄羈旅各西東。田園寥落干戈後，骨肉流離道路中，吊影分為千里雁，辭根散作九州蓬，共看明月應垂淚，一夜鄉心五處同」（白居易），古人的災難有今天這麼沉重麼？

漸漸地，她在朦朧中感應到自己的骨肉，正在無數大山相隔的那一面向她呼喚，於是她真的騰空飛起來了，穿越那重巒疊障的山脈，在那霧氣繚繞的憑虛之境，她找到了自己可憐的孩子，他襤褸一身，瘦骨嶙峋。不過那一刻，撲進她懷裡的依然是那又長又圓像雞蛋一樣白淨的臉……

記憶可真是一個怪東西，十五年過去了，處境艱澀，音容依舊，就這樣母子相逢在夢中，相擁在幻境。醒來時，淚水浸濕了一片枕頭和被蓋。她望了望熟睡在身旁的小女兒，替她蓋好露出被外的手腳低聲嘆了一口氣。

當這一封信從何慶雲的手中交給我時，他那臉上堆著一臉奸詐的笑。

「現在，你總找到精神寄託了吧！你看你的母親還健在，她可不像你處處同政府對立，你可要好好讀讀她的來信，不辜負她對你的希望。」他說著，把信交給我。到此時我們母子斷絕了十五年的聯繫，終於接上了，不過十五年前那時，負氣天真的想法，已被十五年的折磨徹底糾正，此時此刻我才知道，我日夜牽掛的親人除了母親，都已不在人世！欲哭無淚，斷腸天涯。

從外婆去世的年代，可以判斷，因為長期無人照料，飢餓年代死於營養嚴重不足，而我的可憐的弟弟，真想不到會慘死在造反派的亂槍之下。我又回想起當年小龍坎的夜。我真沒有想到我和他共進的那一頓年夜飯，竟是和他共進的最後晚餐。臨別時沒有遺留下一張照片，我那斷腸的追念又向誰表達？

母親有了下落，我該向她簡單講一下我這幾年來的遭遇，以及我生活在監獄的概況。後來我才知道，母親所在單位掌權的造反派們，不僅公然無視公民通訊自由的法律規定，把我們的信件私下拆閱，還因為這些小痞子為表現自己的政治嗅覺靈敏，而把信中他們所不認識的字句和不懂的詞語，拿來集體「破譯」，對信中用到「亡羊補牢」，「撲朔迷離」等辭句，整整研究了一個上午。

他們為此專門找來新華詞典，按照那些詞的字面解釋，一面按照毛澤東的階級鬥爭論點逐一分析，把亡羊補牢說成是我想待機逃出牢房，把「負荊請罪」說成拿起杖棍毀滅罪證，牛頭不對馬嘴的解釋以後，還要責令母親作出解釋。

可笑的是他們竟會以蔡家醫院革命委員會的名義，向鹽源農場的革命委員會寫來一封信，要求鹽源農場對我嚴加追查和管教。

在接到母親下一封回信時，要我寫信中不要用成語。

哭笑不得之餘，我只好用常人寫信的四段式，即稱呼、問好、說事、祝身體健康。這大概就是文革對社會改造的一大成果吧！

從那以後，遠在千里外的我，算是結束了孑然一身，舉目無親的孤獨，每逢過年過節不再獨唱悲歌。還能同其他有家有父母的流放者一樣，收到一小包慈母一針一線縫好，熨上她體溫和關愛「禮物」。

她把省吃儉用下來的每一分錢都變成了兒子身上穿的背心，腳上穿的鞋，洗臉用的毛巾，以及糧票。

我知道在這物質極匱乏的年代，寄來的東西來之不易啊！在那一小塊肉，一截香腸，一包水果糖中凝聚了多少深情。

這一年秋收季節，我在山上那些爛在地裡

的砍皮瓜中，挖出了許多白瓜子，把它們洗淨曬乾，用晚上學習時間，蜷縮在屋角落，一顆一顆地剝出它們的仁，再用一塊毛巾縫成一個口袋裝好，準備找機會帶給她。

（二）一包砍皮瓜子

第二年，剛剛刑滿的王大炳，回長壽探親。我便委託他在途經北碚時將瓜仁帶給母親，並拜託他，把母親生活的情況如實告訴我。

一九七四年冬天，王大炳在闊別重慶整整十五年以後，第一次回到重慶，並且專程沿途詢問，找到了北碚蔡家場東方紅人民醫院，然而，他還沒有進入這家鄉村醫院的大門，便被傳達室裡的「門衛」截住了。

「你找誰？」那門衛從黑洞洞的窗口裡，向外上下打量著這個農民打扮的陌生人。

「啊，你們有一叫方堅志的嗎？我是來給她捎信的。」大炳直言尋找的人。

「你是從哪裡來的，找她幹什麼？」門衛死死盯著來人，好像要從來人身上發現什麼秘密似的。大炳好像一個被盤查的人，一身都感到不自在。

整整十五年了，就像一個隔世的來者到了一個令他恐懼的環境中，他猶豫了一下，只好將我托他帶給母親的信，一包瓜子仁拿了出來。一面懇求他說：「我是從西昌鹽源來的，是方堅志兒子的朋友。這次因為回家探親，受他的囑託給他母親帶來一包東西和一封信，拜託你是否能通告一聲。」

門衛把信和毛巾包接了過去，掂了又掂，滿不在乎回答道：「那麼你就在這裡等著吧。」說罷，轉身進去。

不一會，便走了出來，一臉嚴肅地向他喊道：「你要見的這個人是我們單位的重點監督對象，任何沒有本單位的介紹信，不能同她單獨見面，我已請示了領導，你帶來的信和東西，我們可以代她收下，並且轉交給她本人，你走吧。」

這閉門羹，使大炳倒吸了一口涼氣，他向門內窺望，那不就是一所普通的鄉村醫院麼？裡面的過道上穿梭著赤腳的普通農民病員。

心中暗暗後悔，如果不去門房打聽，逕直走了進去，說不定根本沒人問他是什麼人，今天自己找了麻煩，先暴露了自己的身分。看來，今天這麼大老遠的來，母親是看不見了。如此看來，母親的處境，十分不妙。

當大炳回到鹽源，把蔡家醫院所見情況告訴了我，頓時對母親的擔憂壓在我的心頭。她在信中不厭其煩的寫道「要聽黨的話」，恰恰證明她是多麼無奈，母親所受的精神壓力，超過生活在槍桿子下面的我。

這一年春節，我照樣收到了她寄來的一斤豬肉，並在信中告訴我，我給他帶的東西已經收到。一再要求我能將半身的近照寄給她。

在獄中，我們的相片一直由當局攝製。所以，母親這小小的心願，對於失去人身自由的我，還真成了一件大難事。我的身邊已有十多年沒有保存過一張相片了。為了滿足她的要求，我一直在尋找去鹽源的機會。

鹽源地處雲貴川高原，在這個漢、彝、藏、苗等民族雜居的地方，有廣闊的牧場，放牧的牛羊群，和過路畜群，撒在這一帶草地上的牛羊糞一直被農場各隊爭搶。徐世奎也不示弱，在春耕栽插完畢後，便派了一個由六人組成的小組，長期駐外揀糞。

這個小組在馬路邊租了一間公社的小茅屋，六人吃住都在裡面，每天所揀的牛糞便堆積在屋外馬路邊，等到湊足了可以用解放牌拉上幾車的數量後，便臨時從場部抽調汽車，再派兩個人跟著汽車一起到積肥的地點為汽車裝牛糞，當時裝糞的人一般指派菜蔬組的人。

（三）照像的見聞

當我和蕭弟良接到裝糞的「指派」後，在我的衣服包裡，把平時捨不得穿的一件「半新」中山服翻了出來。

在獄中大家都一樣，勞動時穿什麼，並不感到衣衫襤褸的羞澀。為了不讓母親看到我的光頭犯人像，我向陳孝虞借了他的呢帽，就這樣，把衣服和帽子包好，匆匆到場部汽車隊上了汽車。

汽車開抵目的地大約是上午十點鐘了，為了騰出照相時間，我和蕭弟良用了不到一個小時便把車裝滿，估計汽車往返至少需兩個小時，就抽這段時間，汽車開走後，洗了手腳，換上中山服，我倆便向鹽源縣城中心走去，這是我來鹽源十年來，第一次「自由」上街。

鹽源就只有縱橫交叉成十字的兩條街，那天顯得很冷清。因為一心想尋找照相館，並沒有過多留意街上的市容。

不多一會，我們就在一家臨街小店門口，看到懸掛在街邊的照片劇照。走進去，裡面坐著一位中年婦女起身向我們打招呼。問我照的幾寸，便吩咐我在一張長木凳子上坐下，沒到五分鐘，我的尊容便拍了下來。

開票的是一個老者，他向我詢問道：「聽你口音，可不是本地人，你們是臨時到這兒來出差的吧？」我含糊應了一句，沒有在意他對我們的關注。

相照完了，身上感到發冷，便取隨身帶的「鎧甲」披在身上，沒想到那老者立即用一種異樣的眼光盯著我，披在我身上的可是一件全身上下，沾滿牛糞的吊巾吊掛「體無完膚」的爛油渣。

這些年老百姓雖然也穿得破破爛爛，但畢竟還沒有爛到這樣程度，加上「鎧甲」散發出來的臭氣，使那位老者立刻判斷出我們的身分。

他當即表示，我所照的相片不能取走。面對這突如其來的變故，我和老蕭費了足足半小時的口舌，我還掏出了母親給我的信，向他說明我照相的來由，好說歹說最後店主人答應，要我必須一周內來取相片，不准取走底片。

真想不到「勞改」連自己照相的權利都被

剝奪了，更想不到這麼一件「鎧甲」，竟被當成了勞改標誌惹出麻煩來，也罷，比起「破帽遮顏過鬧市」來，我雖不如故人，我就偏偏要穿著這「萬巴衣」遊一下鹽源街頭！

便大搖大擺的敞開破「鎧甲」，向前走去。只覺得那上面數十塊破棉絮和破布條隨風飄擺動，撲撲作響，衣服上糞便臭味也隨風散發，使我一時獲得那濟公活佛的瀟灑感。

馬路漸漸變得乾淨起來，左手隔馬路大約十公尺地方，出現了一排圍牆。前面斜放著兩個很寬的玻璃櫥窗，櫥窗上的玻璃剩下幾塊殘片，那裡面貼著許多「文章」。

左面櫥窗裡，彩色的刊頭上貼著：「革命大聯合，復課鬧革命」十個大字，右面櫥窗貼著「批林批孔、鬥私批修」八個醒目大字。

櫥窗間夾著寬大約十公尺的水泥過道，是學校校門。校門右側牆柱上掛著「鹽源中學」四個大字的木板校牌。

到鹽源整整十年，只聽說鹽源中學是鹽源縣唯一一所完全中學，也是這個縣的最高學府。雖經文革血洗，橫掃牛鬼蛇神弄得它面目全非，但此時校門很安靜，沒有碰到一個學生進出。

校門口的屏風牆擋住了我們向內窺探的視線，正好，一個十六歲左右的男孩子，從屏風右側閃身出來。我忙向他問道：「你們的學校還在上課麼？」他詫異地望著我，搖了搖頭，接著又點了點頭，露出一種不知如何回答的神色，便匆匆走進那「屏風」消失了。

我實在想看一下，文革以來學校被紅衛兵整治得怎麼樣了？正想向裡面走去，但又自覺不妥，自己這副尊容，冒冒失失往裡撞，倘若被紅衛兵攔住，找我的麻煩，我該怎麼說？於是收住了腳步。

這些年，六隊收納了一些從文革沙場上掃進來的學生「另類」，從他們口裡知道，在學校裡，上了年紀的教師除逃亡在外不知去向的，留在校內低頭苟且渡日的「良民」，其狀況並不比五類好。

校園成了革命闖將的習武場，十三四歲的毛孩子，個個都成了老子天下第一，使槍弄棒的「紅小兵」。

我的目光集中到校門兩邊玻璃櫥窗內貼出的「文章」上。這是些字跡潦亂，錯別字連篇，文理不通的傑作。

好半天我才讀出，兩個櫥窗裡雖有「堅決把復課鬧革命進行到底」的承諾，但許多「紙」上寫著「打倒×××小爬蟲」，留著文革年代的野蠻味。

好在在「文鬥」約束下，只保持著口頭上的「殺氣」，並沒有血跡。

我極想去看看那屏風後面在演「什麼戲」，便同蕭弟良商量道：「你想進去看看嗎？」老蕭露出猶豫的面色，忽然屏風後傳來一聲大喝「幹什麼的？」那口氣顯然衝著我們在問。

我們立即停住了腳步定睛一看，原來是一個年齡比剛才那孩子還要小的孩子。不過，他身著草綠軍裝，正站在校門中間叉著腰，雙眼雄視著我倆，顯得幼稚又野蠻。

我原想以交朋友的心態同這些孩子們談心的，但看到面前這孩子那威風凜凜的樣子，使我原先已堆在舌尖上的話，倒了一個拐，全部的吞回肚裡去了。滿不在乎地回答說：「怎麼，不可以參觀一下麼？同志。」

那小孩居然勃然大怒，挑釁的喊道：「誰是你的同志，我看你們就不是什麼好人，該不是從監獄裡逃出來的犯人吧！」

糟糕！我們的衣著成了我們身份的標記，在鹽源城裡，讓這些孩子們都能認出來。我和老蕭會意地相對一視，此刻我再不想像瀟灑的濟公，萌生對校園懷舊和好奇心了。

但我們今天招惹誰呢？難道就因為我們的形象也犯了王法？使那男孩用這種口氣訓斥我們？想到這裡，便板起臉，儼然以長輩的口氣訓斥道：「小朋友，說話要講禮貌，不要讓別人聽到像沒有受過家教似的。」

那孩子看我們不但沒有被他嚇走，反而還教訓他，立刻更兇惡地吼道：「你們再不走，我就喊人了。」看來，這裡是進不去了。

爭吵聲很快把校園裡的學生們吸引過來，屏風後面轉出來了五六個腦袋，年齡基本上是十五六歲，一齊用好奇的眼光盯著我們。聽得他們竊竊私語議論說：「我敢打賭，他們肯定是鹽源農場的犯人。」

兩個女孩子向男孩嘀咕了一陣，回過身便朝我們喊道：「你們趕快走吧？」老蕭拉著我的袖子，暗示著犯不著同這些不懂事的孩子稱狠。

面對著這種被人趕出來的尷尬，我的心裡很不是滋味，悻悻離開了那校門，老蕭向我解釋：「現在這些孩子，我們惹不起，我們的身分不同，本來今天上街又沒向隊長報告，出了事還不是由自己負責，何必同這些孩子一般見識。」

學校沒看成，反而用阿Q精神來安慰自己。一面向著那裝牛糞的地方大步走去，任那風吹破棉甲發出的拍拍的響聲，一面心裡還在消化今天一天的不愉快，咀嚼在相館裡受到的冷遇，和在學校門口的閉門羹。

這一天，我像進入了一個完全陌生的社會，在這少數民族聚居的國土上，不但看到它極其貧窮，更體會了它精神的極度空虛。如此在中共禁鎖下封閉的社會，如何去面對一個文明世界敞開的大門？

第五節：我們還不如你們

林彪事件以後，記不起從什麼時候開始，在六隊的山樑上那片寬大的馬鈴薯地裡，在我們下午收工去挖馬鈴薯的隊伍中，加入了一些年齡大約從十五到二十多歲的年輕人，從他們的口音和打扮上判斷，這些孩子不是本地農民。

經過我們的接觸和交談才知道，原來這幾個人是從眉山和樂山來的中學生，是不久前下放落戶到這裡接受貧下中農「再教育」的下鄉知青。其中年齡稍大的，是「大風大浪」中撞蕩過來的「老紅衛兵」。

不過從他們中年齡最大的孩子看，他們雖在闖蕩江湖中沾染了江湖習性，對人對事絕不像當年我們中學時代那種書生氣，只是還沒有脫掉孩子氣，於是產生了一種說不清的印象。

（二）偶遇

高原地區，下午只要太陽一挨近地平線，出不了半個小時，天就黑下來了。這天下午，我匆忙完成了草皮任務，頂著下午的狂風，躲到山樑低窪的山溝那片平時馬鈴薯長勢最好的地裡。一為避風，二為了挖馬鈴薯。那天下午運氣不錯，不到兩個小時，我就挖了足有半畚箕馬鈴薯。

看看太陽已經開始落到三號樑的背後，知道時間不早，便收拾起鏟草皮的工具，將挖的馬鈴薯裝進了一個小麻布口袋，正準備挑起籮筐往回走。

距我大約三十公尺遠處，一個二十歲上下的小夥子朝我喊道：「把你的畚箕給我裝一下」，那口吻完全是命令式的，教人聽了好不自在。我沒有理他，挑起自己的「行頭」逕直向山坡下走去。

這時他氣喘吁吁地跑了過來，將我攔住，一改剛才那種強行索要的口氣，帶著稚氣和請求的口吻說道：「大叔，我忘了帶口袋了，挖了這麼多馬鈴薯，只好向你借你的畚箕裝一下了，明天下午三點鐘，我一定準時在這兒把畚箕還給您。」

我看了看他那帶著懇求的眼睛，從他那曬得黑黝的臉上淌下的汗珠，和他那件在風裡飄拂的破衣見到了他的窘困。再往四周一看，山上已經只有我們兩個人了，夜幕已經漸漸降下了，風還在呼呼的吹。

心中想一個才二十歲的孩子，還在窮山溝裡為填飽肚皮忙碌，喚起了我一絲同情心。於是便停下腳步，放下了肩上挑著的扁擔，並從籮筐裡取出了畚箕向他遞了過去，一邊問他，「你叫什麼名字，聽你口音不是本地的社員，怎麼會到這個地方來？」

他接過畚箕，迅速把剛才甩得一地的馬鈴薯撿了進去，一面回答道：「我叫冷軍，原來是眉山中學的學生，畢業兩年了，當時滿以為中學畢業後可得到一份工作，巴望著學校或用人單位的通知，沒想到通知我的街道居委會，要我在三天內到居委會報到，接受到農村插隊落戶的安排，後來便把我們分到這裡來了。」

從他簡單的回答裡充滿了灰色，不同於這個時代無法無天的紅衛兵們。

在監獄裡，這些年來陸陸續續接觸到，打上「文革」烙印完全嶄新的一代，例如沈良玉、潘羽方、孟平等人，他們性格中的自以為是、渺視一切，與我們這些同樣在共產黨校園裡泡出來的淺見自私，膽小怕事，形成鮮明差異。

我曾用心思索過，形成我們之間代溝的原因：恐怕首先要歸功於兩種完全不同的社會地位，我們那個年代經歷了一個又一個的「革命」運動，學生被打上了資產階級烙印，一直處在被整的社會地位上；而現今的學生又是毛澤東調教的「奪權槍手」。

當然學生因成份不同烙著家庭的印記。黑五類的孩子，處於被歧視的位置上。紅五類的孩子，一旦奪權使命完成後，他們將落根於什麼樣的社會階層，是統治階級還是和我們一樣成為奴隸？恐怕連他們自己也說不清。

不過這不會影響他們的性格在形成中，被各自特殊的遭遇和條件左右。

所以我決定抓住眼前這個年輕人，聽聽他的自我介紹。便不顧天色已晚，索性放下籮筐坐在地邊。一邊看他撿馬鈴薯，一面同他聊起天來。

「你住在哪個生產隊？」我問道。

「梅雨三大隊。」他回答道。

「是住在生產隊長家裡還是社員家裡，還是同其他一道分來的知青住在一個地方？」我繼續問道。

「剛來時分散在農家，後來生產隊長說你們還是自己住一處，自己管伙食，公社專門給我們分了一間房子，我們同時分來的人便集中到了一起，自己開伙。」

「你們的口糧是多少？有工資嗎？」我問，年輕人搖了搖頭，好像回答起來特別困難，我見他已將地上的馬鈴薯撿完，裝了整整一畚箕。不過那裡面混著許多生了芽和爛掉一半的，便順手將不能吃的甩掉，隨口說道：「這些已經含有毒素不能吃了。」

他顯得很難為情的說道：「不怕你見笑，其實我們比你們還不如，你們一天還有三頓飯，我們全靠自己了，工分糧不夠吃啊。講老實話，我們一年之中就沒有吃過飽飯，到了這種青黃不接的時候，就只有靠在山坡上打遊擊過日子了！」他苦笑了一下。

天色已黑下來，他撿起那甩在地頭的綠色破棉衣，提著一畚箕馬鈴薯向我點了點頭，便朝東北方向的土壟子沿著下坡大步走去。

第二天，他果然守約，準時把我借給他的畚箕送回到昨天相約的地點，與他同來的，還有三個比他年紀更小的孩子，看上去大約都不滿二十歲。

第一次打交道就能守約，這讓我們之間的距離大大縮短了。大家挖了馬鈴薯後，看看時間還早，便圍坐在土邊的石墩上侃起龍門陣來，同他一起來的是同他一道來這裡落戶的同學們。

「你們知道，我們是犯人，同我們交朋友，你們不怕麼？」我看著那最小的孩子問道。可是孩子們回答得很懇切，他們說：「犯人怎麼樣，其實我們連你們都不如，我們過的是有了上頓沒下頓的日子。」

這同冷軍昨晚上的話是一樣的，也是我們接觸到的這些「知青」們共同發自內心的哀嘆，一個剛剛走向生活的年輕人就背上這沉重的包袱，還在那裡去尋找他們的「廣闊天地」？

「你們到這兒來當知青，不是說完全根據你們的自願麼？你們為什麼要選擇到這兒來落戶？」我問道。

冷軍立即回答說：「我們從中學畢業後，是沒有大學可升的，中學畢業表示我們的學生生活結束了。那時，如果不沾著親戚朋友在工廠或政府裡工作的光，找份工作比什麼都難。總不能老守著在家白吃，街道的居委會三天兩頭來家裡作工作，要我們報名上山下鄉，說農村有廣闊的天地，我們雖然也知道那是騙人的話，但並不敢反對。後來便硬性下了下農村的通知！」

冷軍的話還沒有說完，那最小的孩子便接口了：

「居委會的人把農村說得天花亂墜，說這裡牛羊肉當小菜，我爸開始還懷疑，他問居委會的人，上山下鄉有沒有一個年限？一年還是兩年期滿後回家，分不分配工作？我們做夢都沒想把我們弄到這鬼都不生蛋的地方，一晃過了兩年多了，至於回城工作就如石沉大海杳無音信。」

「既然受了騙，為什麼不回家呢？現在回到家裡為時也不晚啊？」我打斷他的話。

「沒那麼容易了，上這兒來時，我們的戶口是跟著我們過來的，現在想遷回去要辦戶口根本不可能。但是你們都知道沒有戶口的黑人，派出所可以隨時辦你的收容，把我們抓了起來。」冷軍恨恨地回答說。

我終於有點明白了，這些小青年是怎麼被騙到這裡來，欺騙加戶口足以堵塞他們返城的路，這窮鄉僻壤，對於再難治的調皮學生，足可以使他們就範，天真的學生怎麼玩得過北京的政治流氓？

「那麼你們現在的口糧是多少呢？」四個孩子為了回答我的問題開始鬥起帳來，大致結果是，去年大春，一直到國慶日以後，才開始分糧食。

每人分得的工分糧大約是二百五十斤穀子，這些口糧到了今年五月份早就吃光了，小春分配的口糧，馬鈴薯加麥子每人折合只有九十多斤，還不夠償還向公社已經借來吃空的口糧。所以他們只好出來「打野食」，包括撿農場土地拋灑的糧食，無怪乎他們老是說：「我們還不如你們。」

當我告訴他們，我們每天的定量只有一斤一兩，如果讓我們自己來開支，肯定也是寅吃卯糧，僅僅這麼一算帳，就把我們間的隔閡全打消了。

原來除了政治上的不同外，實際上處在相同的地獄層裡。無非我們戴著一頂令人望而生畏的反革命帽子，行動有槍桿子押著。而這些小青年頂著上山下鄉知識青年的桂冠，在身不由己和忍飢挨餓上，頗有同病相憐之處。怪不得他們說「上山下鄉」是變相勞改。

於是，我產生了到他們住地作客的想法，便提問道：「你們住在一起嗎？」四個人不約而同的點點頭，孩子們對我將造訪他們「家」表示歡迎。當下告訴了他們住的地方，商定兩天後下午四點鐘，在他們的院子裡相見。

按照約定，我預先準備了一小口袋大米，那天在約定的地點，山坡的農家大院裡，冷軍已在那裡等候我了。

我走近才看清楚，原來他們所住的地方，就在我們秋天挑草時必經的路上，當時誰也沒有想到今天我們有緣相逢。

當我跨進大院的門便聯想起十五年前，我被放逐到南桐農村中那戶姓趙的家中，腦子正回憶往事時，一股豬餿水的酸臭夾著霉氣撲鼻而來，這與十五年前幾乎完全一樣。

西廂一間大約十二平方公尺的小屋，便是他們的「家」，農家的豬圈就在他們屋的背後，這又使我聯想到起南桐界牌大隊那一段集中居住生活。

不過，他們的環境比我們當年還差，屋裡光線極暗，整個小屋除門以外，在側面的牆上開了一個二十公分見方的小窗孔。

憑著黯淡的光線尚能辨認出，小屋裡放著兩張上下舖的床，兩床之間擺著一張舊的小桌子，那上面就是他們四個人「吃飯」和「學習」的地方。

小屋顯得十分擁擠，床上亂放著他們的被褥，因為光線太暗，看不清那被子髒成何等程度。

進門的屋角堆著馬鈴薯，一看便知道，這是從我們三號樑子土裡揀來的「口糧」，門口廊沿下，是一個用幾塊大石壘起的「灶」。

四位主人忙著洗鍋淘米，洗馬鈴薯。用堆放在院子背後的玉米桿、向日葵桿生起了火，半個多小時後，一盆香噴噴的米飯和一鍋熱騰騰的馬鈴薯，便放上了那張桌子上，沒有菜，只用一個土碟子盛著鹽和辣椒水，五個人圍坐在木板床上，邊吃邊說著各自的遭遇。

四個人中冷軍年齡最大，經歷最複雜，那天下午，也主要是聽他的故事。

他從讀書，講到當紅衛兵；從北上串連中途退回講到武鬥；從破四舊講到打砸川西一帶的寺廟和文物，從肆無忌憚講到內心的懺悔，整整講了一個多小時，類似的經歷我已聽過，只是地點時間不同，並不感到特別新鮮。

不知不覺天已黑淨，廊下的爐火早已熄滅，放在小木桌上的盆子裡剩下的馬鈴薯全都冷了，我站起身來將堆在盆子邊的馬鈴薯皮丟到屋前的土地裡，時間已經很晚，我猛然想起，進入六隊的那兩扇鐵門，不知是否關了，進去時，崗哨會不會找麻煩，便連忙起身告辭，匆匆直奔五號樑子而去，耳中還在不斷的響起他們的聲音：「我們的日子還不如你們。」

從那以後，我們不時在我們的山樑上看到

他們為生活而掙扎的身影。

（二）情緣

文革後期，我對二胡產生了濃烈的興趣，這種善於抒發心底悲情的樂器，從沒有人手把手指點過我，李克嘉編到農六隊時，農五隊原先佔據的房子改建成了小監，他入獄的時間比我晚一年，當我們在一九六四年從黃聯關押送到這裡來的第二年，他才從成都監獄押到這個農場。

一九六六年，他從農五隊編入六隊後，由於累次越獄逃亡，所以名揚鹽源農場，成了農場第一流「反改造尖子」。

一九六八年夏天，那次在農六隊籃球場擊斃一名從小監逃出來的囚奴，當夜被老管叫出來陪「殺場」的就是我和他。

大約從六七年開始，每到晚飯之後，他便坐在監舍房前的廊沿下，拉起悠揚的二胡曲子。在我聽到的「江湖水」演奏中，除了從廣播裡不時傳出的中央樂團的演奏，我還沒有聽到過像他所演奏的催人淚下。

其實他演奏的仍然是劉天華[6]的老作品，不過經過他的手，那二胡兩根弦裡，流出來的真有「幽咽泉流水下灘」，「別有幽情暗恨生」的情調。那一彎流淌的清泉，淌入聞者的心坎裡，會讓人仰空長嘆，輕梳自己所遭遇的悲苦人生。

我聽得出他所奏出琴聲分明在用心與人交流，一曲一調便是心在嘔歌，那琴弦上所飛出的，其實是他心的哭聲和吶喊！

我便下決心，一定要學會這種能表達內心的樂器。

我想，在這種特定環境下，也許借助於這種樂器同人交流來得更容易，更能表達心的聲音。

---

6 劉天華（一八九五年——一九三二年），江蘇江陰南沙鎮馬橋村殷家埭（今屬蘇州市張家港市）人，中國近代作曲家、演奏家及音樂教育家。一稱中國二胡之父。

當然，我知道要學會用二胡與人交心，對於像我這種連它的基本指法都不會的人一定很難。為此，李克嘉送了一把淘汰的二胡給我，另贈「心領神會，自己摸索」的八字真言，什麼也沒有教我。

與此同時，我托上山伐木的李相華為我從山上帶回幾塊黃秧木，並請擅長木工的人自製了一把新二胡。

聽眾告訴我，拉啞胡進步不大，認為既要練習就必須按上卡子把聲音抖出來練習。於是我大膽的安上了二胡的高音卡，讓我的「殺雞殺鴨」聲接受大家的評議。

農六隊的幾位「胡琴手」，琴聲有別，三個月後，當陳孝虞聽到我的琴聲後，驚奇的問我道：「還從來沒有聽你拉過二胡，不料你也會這一門。」還問道，「你是什麼時候學的？」我微微一笑問道：「能打上等級麼？」他說：「不錯，只是聲調太悲傷太壓抑了！」

這正是「峨峨兮若泰山，洋洋兮若江河。」高山流水有知音，他對我的誇獎，證明我用琴表述了我的哀傷，被他聽出來了。

只要聞者能聽得出那琴聲中的悲傷，便證明我這種用琴說話的初衷得到了實現。也唯有能聽出那悲傷的人，便是親身領受這種處境的同情者。

唯願從琴弦上抒發出來的壓抑，能喚起精神麻痺的人，從昏昏渡日中驚醒。我想連自己的處境都不知悲傷的人，就不可能想去改變這種處境了！

這一年下半年秋播到來之前，蔬菜組被派去毛牛山上為菜地積肥。那裡是以松柏為主要樹種的原始森林區，成為聚居在那裡的彝族人放牧的場所。

因為多年積存下來以松葉為主的腐植土，以及遍地牛羊拉撒的糞便，便是我們積肥的主要原料。

進山那一天，我帶上的除了被蓋衣服，還帶上了李克嘉送給我的那把二胡，汽車把我們帶進了原始森林，一個小時後，在密林中的公路旁邊，一幢中式大莊園裡停下。

這大宅院便是我們暫住的地方，進入大院大門左側廂房的樓上，爬上樓梯在木樓的地板上鋪好了地鋪，下午就進了山林。

來到大自然中棲身而居，久被鐵窗之下長期閉塞的心靈暫時獲釋。這兒再也沒有報告聲和監獄那股恐怖和陰森，時值深秋，那林間散發出來的自由氣息，慰撫我心靈長期受到的壓抑。

「森林真美！」我大聲呼叫著。陳孝虞在遠處傳來了驚呼，「看，好大的蕈。」他手裡正捧著一朵足有半斤重的紅白相間的山蕈。我們都圍了過去，相互詢問，無人能說出它的名稱。

繼續搜索，那在樹下和草叢，石壁中藏著黃色的紅色的、白色的蕈還真不少，久在外住的李相華給我們指點那些是無毒的。於是我們邊收攏腐植土，順便的撿回了那些山蕈。

莊園附近的水井裡，正好有幾個彝族的女孩子在那裡取水，水裝進一個像罈一樣的瓦器中，頂在頭上便赤腳踩著山間小道的石子路，很快消逝在密林中。因為語言的障礙，我們沒有同這些取水的女孩子交談過，但那情景絕對比畫上的生動多了。雖然她們頭腳甚至臉上都是「花」的，但那絕對是美麗的。

堂屋裡升著火。鐵鍋裡煮著一大鍋下午撿回的蕈子。我獨自爬上樓梯，取下掛在牆上的那把二胡，調整了一下弦的緊度，輕輕開始拉了一曲「良宵」。朝著木樓上的小窗子向外望去，暮色的白霧已徐徐覆蓋了遠近的松林，漸漸地我陶醉在琴聲中，有意讓那些飛進密林深處的旋律，召喚那些無家可歸的幽靈！

忽然，在那上來的樓梯口上，半暗的燭光中恍惚地冒上了一個人頭來，緊接著從那裡傳過來一聲低聲的呼喚「老孔」。

我吃驚地轉過臉去，獄中十五年，人們一直呼喚我為「孔老二」，用「老孔」相稱的同難實在不多，尤其是這個蔬菜組。「孔老二」的稱謂使我同大家很貼近。這「老孔」的稱呼，聽去卻極為熟悉，我很快分辨出來，並且幾乎失聲驚叫道：「冷軍。」

果然是他，他很快地跨了上來。在農六隊山樑上我已有很久沒看到他了，萬沒有想到竟會在這個地方重逢。我丟下了二胡，迎上去同他緊緊握手。再看看他那模樣，黯淡的燭光下，只覺得他瘦了些，不知是什麼時候還戴上了眼鏡。樓上沒有凳子便只能坐在地舖上。

入坐後，我發問道：「你怎麼也會到這個地方來？其他的幾個同學呢？」他開始慢慢地講出這一年來的變化：「原來在一起共患難的四個同學，只有一個得到了城裡的招工指標，據說是他父母疏通了縣招工辦公室裡的負責人，回城去了。」

「剩下的三個人去年冬天合計偷殺了公社的病羊，被抓住挨了民兵一頓打同公社鬧僵了，便回了眉山。」

「老爸死後，我的家便不再存在。正好碰上鹽源公路局的養護段招工，我報了名，臨時工工資每月二十元，除掉伙食以外，每個月剩下四五元零用錢。但生活上比原來在農村裡，吃了上頓沒下頓的日子安定一些。」他叨叨講述一年來的經歷。

「這幾天我們住的道班正好也在這座大宅院，下午六點鐘收工回來，正在弄飯，便看到你們從樹林中回來，夜色中看到你，因為光線太暗，我還不敢認，直到吃過晚飯聽到樓上的二胡聲，循聲找來，剛剛爬上樓來，果然是你。」

（三）歸宿

他一邊講，一邊摸著我放在床上的琴，羨慕的贊道：「真沒想到你還會拉這麼一手好二胡。」聽到他這一番相別後的介紹，在昏暗的燭光中，我注視著這位邂逅相逢的「知青」朋友。

臨時工是暫時的，每月收入僅這麼一點，轉瞬間已經二十四歲的人了，到了成家的時候，但，誰又願意同他同甘共苦？目前條件讓娶妻安家成了奢望。生活的教育，使他把我們的命運連接在一起了。

在山上停留的僅僅只有兩周短暫的時間裡，他每天晚飯後都要爬上我所住的樓閣來「殺雞、殺鴨」的練習二胡。

我告訴他我的體會是琴為心聲，不一定要跟著別人的老套子練習，只要學會基本的指法後，便可根據自己的耳朵和感覺拉出好聽的旋律來。

兩周後，我們從那裡離開的時候，他依依不捨向我辭別。那一天，他送來了一個瓶子，裡面裝著配發給他們的白糖，並且一再的摸著我帶上山的那一把二胡，我明白他的心思，當即把這把二胡送給他作為分別的紀念，並在那琴上刻下我的名字。

可是，萬萬沒有想到，一年以後，即一九七五年初，我在農六隊的圍牆裡，讀到了一張由當時成都地區某法院蓋上了公章的「嚴打佈告」。佈告中公佈的那一次槍斃的十幾名名單中，其中排在第三名的朱紅批筆下面，赫然印著「冷軍」的名字。我楞住了，天下同名姓的人多的是，這冷軍難道真的湊巧是他嗎？

於是站在那佈告下詳細地讀起來，當我讀到這是一個眉山中學的學生，又介紹他曾落戶鹽源縣梅雨公社落戶後，我的眼前活現了他的身影，再去讀被槍決的「罪惡事實」，那上面寫道：

某年某月某天的一個晚上，他翻進了某農宅，準備偷走那人家放在屋裡的一背兜三十多斤玉米子，當下被主人發覺，阻攔他的是一個六十多歲的老太婆，黑暗中，兩人打了起來，老太婆還一面吼著。冷軍順手揀起一根扁擔，將阻攔他的老人打倒在地，匆匆搶走了那一背玉米子。

不料那老太婆當即倒地身亡。又一起為搶

三十斤玉米子，賠上一老一少兩條人命的悲劇，便發生了。這樣的悲劇，在窮蹇飢餓的毛澤東時代，可說是天天發生著。

不用懷疑，冷軍翻牆入室，只為了偷一背玉米，當然是飢寒所迫。而年輕的冷軍之所以下手殺人，難道不是道德淪喪、人性泯滅的結果麼？

在他們身上留著文革「你死我活」的畸形烙印，被長期的中國飢餓現狀所逼迫，這冷軍為三十斤玉米子，而早早付出他年輕的生命！

他那殺雞殺鴨的二胡聲，彷彿還響在我的耳邊，想到「你死我活」這句文革時髦的語言，以及對道德觀念的摧殘，他會早早丟失年輕的生命嗎？

這麼一張佈告在我讀來，怎麼也是當代「知識青年」對毛澤東悲慘命運的控訴，我在監獄中萍水相逢的這位「知青」，就這樣在地獄大門上跳進萬劫不復的火坑中。

後來，在我落實政策以後認識了更多的「知青」朋友，他們命運大致相似，他們之中有許多人在進入中年和老年時回首過去，往往會與我一樣，扼腕嘆息這段不堪回首的歲月！

而這一代被欺騙的孩子們，無論從道德修養還是知識都是空白，文革把他們變成了滿腦子空空的愚民。

真不明白，這追逐獨裁復辟的毛魔頭，為什麼對於無知的青年學生會如此捉弄傷害？難道這種對中國社會毀滅性的破壞出自他的本性？

難道，在中共獨裁統治下，像冷軍這樣無知的青年學生歸宿就是死亡嗎？

第六節：喋血蘋果林

鹽源的地理位置，從緯度看應屬於亞熱帶地區，如果不是因為海拔較高，使它形成旱季特長，秋冬風沙大，冬季嚴寒的高原氣候，這裡應是氣候易人的地方。幾年試種蘋果和梨子存活率較高，種下的樹只要在苗期經過灌溉、培土、中耕後，第二年就可開花結果，就是種在紅土坡地上也是如此。

如此年復一年，成活的果林便從山溝裡向山上延伸，幾年後，各隊的周圍逐漸變成了果木林。囚奴們用自己的汗水和辛勤勞動改造著這荒漠紅土，果木林使原來的紅土地變成了片片綠州。

只是在中共暴政之下，這些綠州下面不知埋著囚奴們多少白骨？

二道溝地區的場部，為了專門供應幹部和武警的蔬菜，將二百多名刑滿囚奴，繼續留在這裡種植蔬菜。被中共稱為「刑滿釋放犯」，是身份特殊的「公民」。

一九七二年開始，在菜地周圍種上了果樹。幾年後，這些果樹長大成林，管理人員在蔬菜地周圍用牆圈成了果園。

原先關押我和陳力的那個「倉庫」也劃在果園圈裡，從圍牆牆頭上日漸冒出來的果樹，已覆蓋了早先那些紅磚建築群。

從內地引進的一批良種蘋果，每到夏季結實累累的果樹上，碩大的果實壓得碗口粗的樹枝躬身垂地，果子的芳香招來一群群蜜蜂。為了防止刑滿人員和流放者偷摘果子，蘋果成熟後，刑滿人員，便被禁止踏入那林中。

原先的圍牆加高到三公尺，牆頭布著鐵絲網，並專門買來兇惡的狼狗。從此果樹園子變成了陰森森的禁地，在幾次不知情的「小偷」越牆翻入，被狼狗咬得血淋淋的慘案發生後，就絕少有囚奴們進入那園子了。

直屬場部的三角洲而今也是綠茵覆蓋，原先的基三隊改為機修廠和木工車間。從成渝兩地押來的少年犯進行了改編，大多調往其他中隊，留下的修理工和車鉗工，成為機修廠的骨幹。但他們永遠都脫不掉「刑滿釋放犯」那張皮。

一個叫郭賢的老師傅，有一手好修理和駕駛技術，場部專門為他配了徒弟，既作幫手也作學藝的學生。

郭師傅性格內向，不大說話，對獄中的殘酷壓迫，都抱著「忍」字當頭，息事寧人的態度，成天埋頭修車，開車時極少與人口角爭吵。

派給他的徒弟叫孫明權，據郭賢介紹孫的父親原是一名屠夫，母親早亡。文革開始，父親被打成反革命，家被抄，年僅十五歲的孫明權，流落街頭成了「黑七類」。後來因飢餓所迫幾次行竊被抓住後，少管所判了他三年徒刑，並把他流放到這裡，刑滿後便安排到機修廠當了郭賢的徒弟。

孫明權性格內向，從小所遭到的厄運，埋下他爆炸性的反抗基因。在鹽源農場他飽嘗奴役。不過他在咬緊牙關，默默承受給他的種種不公正待遇，積蓄它們，把它們變成引爆後可以毀滅一切的力量。

在機修廠一晃六年，孫明權已是廿四歲的年輕人了。

一九七四年的一個秋天傍晚，孫明權吃過晚飯，沿著通向場部的馬路，向場部大操場走去，那裡今晚放映露天電影。

那時正逢蘋果收穫季節，馬路左手，高高圍牆圈著的蘋果園，不斷向路人散發出果子的香味。

平時路過總要撿一塊石頭，向那沉甸甸的樹椏打去，掉在牆外的果子便是他的狩獵物，但此刻他抬頭看時，發現園內的果子剛被收掉，鬆了包袱的樹椏重新挺直了腰，馬路上稀稀落落掉了一地黃葉。

這時，跟來了兩個小夥子正向場部快步走去，看到孫明權在那裡發楞，便向他喊道：「孫明權，電影開映了，還站在這裡等誰呀？」孫明權沒有回答他們。他發現，那扇平時留給刑滿人員出入果園的小側門半掩著，推開門跨了進去。

天色黯淡，茂盛的蘋果園靜悄悄的。周圍果樹，果子剛被下完，樹下草叢中偶爾還露出半邊白而帶黃的「落果」。

他扒開草叢拾起一個來看，卻是爛掉半邊熟透的果子，砸爛被棄的果子東一個西一個藏在草叢裡，看樣子，因為時間匆忙來不及收拾「戰場」。

那側門大概也是匆忙中忘記了上鎖，於是他重新扒著草叢，一邊尋找，一邊在又大又黃的果子中挑選起來。這裡的蘋果都稱得上「極品」，果實不但香甜而且碩大，大的都在半斤以上。

沒花上十分鐘，他在草叢裡撿了六個「落果」，裝進褲包已鼓鼓的裝不下了。最後揀的兩個拿在手裡，正準備從那鐵門裡離開時，忽然背後果林深處傳來了女人的尖叫聲：「站住！」

孫明權縮回了腳轉身過去，那女人正從黃色大樓的方向向自己走來。他已經認出此人是場部的會計彭××，在所有場部的女「幹部」中，這彭某一向以對兩類人員刻薄著稱，人稱「母老虎」。

此時她的腳上正拖著一雙拖鞋，好像吃過晚飯後剛洗過澡，上這兒來散步的。

孫明權停下了腳步，心中思量這女人究竟喊自己幹什麼？

那女人走近他，相距大約五公尺的距離，帶著訓斥口吻喝道：「誰叫你私自到果園來的？知不知道這兒是不准你們進來的。」

孫明權對這種訓斥非常反感，這片果園從栽種到管理，他都一手一腳參加了，這女人憑什麼不准我進來？

「你們這些賊性不改的傢伙進來偷什麼？把你偷的蘋果全部掏出來放在地上。」女人帶著輕蔑和侮辱的口氣命令孫明權。

孫明權木然的站在那裡，沒有聽從那女人的命令。面對著這個母老虎，此刻他還真沒有想出對付她的辦法，如此僵持了五分鐘。

「聽到沒有，把你偷的蘋果統統給我拿出來放在地上，你曉得偷一個蘋果罰多少錢麼？」女人繼續潑聲吼著。

「我沒有偷，園裡果子已經下完了，我路過這裡在草堆裡揀到的爛蘋果。」孫明權被逼開始申辯，口氣裡滿含著委屈。

「撿的？你上那兒去撿這麼大的蘋果？」女人指著他手裡拿著的果子尖聲喝斥道：「還有，你是怎麼進來的，從哪兒翻的牆？」

「後院小門是開著的，我進來時看到蘋果已經下完了，才進來撿幾個落果。」孫明權一邊指著身後的小門，一邊將自己手中的蘋果向她遞了過去，說道：「你看，這果子是摔爛了的。」

「你敢頂嘴，你敢說不是偷的，今天人贓兩在，被我抓到你還敢狡賴？」女人暴燥起來，母老虎的威風抖露無餘。

面對這個蠻不講理的女人，孫明權有些激怒了，他站在那裡，滿面帶著怒色一動不動。

那女人伸過手去，抓他衣服中裝得漲鼓鼓的蘋果。眼明手快的孫明權盯準了那伸向他的手，迅速抓住它輕輕地向右一帶，順著那撲來的勢子，母老虎在出其不意中輕飄飄向前撲去，做了一個「狗搶屎」。

前腳向前一個趔趄，後腳上的拖鞋因跟不上她肥胖的身體，被摔在一邊。赤腳站起，這可是她沒有防備的。

當她站穩，狼狽地立在草地上後，立即發潑地尖聲狂吼道：「快抓賊！……你還敢打幹部！」氣急敗壞下，她滿臉通紅，語無論次，先前的盛氣凌人迅速變成了狂怒。

兩個幹事聞聲從辦室樓裡跑出來，那女人見援兵已到，越發發起橫來，一邊尖聲狂吼：「抓住他，抓住這賊兒子，這傢伙狗膽包天了，偷東西還要逞兇打起老娘來了！」一邊從地上撿起那只被甩掉的拖鞋，朝孫明權劈頭砍去。

孫明權此時像一個石頭人一樣，站在那裡一動不動，任憑那潑婦用她的鞋在他的臉上括，鼻血立即沁了出來。女人仍不甘心，指揮從辦公室裡出來的人，把他扭送進了辦公大樓。

直到深夜，三個小時的電影散場後，孫明權的師傅郭賢才接到場部的通知，叫他到場部辦公大樓去「取」回自己的徒弟。

郭師傅接到孫明權時，他剛被鬆綁，遍體鱗傷。當著孫明權的面，那女人還著實教訓了郭師傅一頓，說他管理不嚴，徒弟出來偷蘋果打幹部還不知道。

少年因父母傷害而流落街頭所積鬱的恨，已在他年幼的心靈中深深埋下火種，他常說，來他家抄家人是一群虎狼，入獄後，非人的煉獄加深了這仇恨。

而今天他因幾個落果受到這女人這般侮辱，更使他感到活下的艱難，人們並不知道他內心的痛楚！但他卻因性格內向，忍受這新痛舊傷。

彭幹事對孫明權侮辱後，他依然和他的師傅一道，每天一大早，駕著推土機到正在修築的二號水庫大壩上，直到傍晚才帶著疲勞，為開回的拖拉機上油、保養。郭賢沒有察覺徒弟在想什麼？孫明權挨打的事，漸漸被人們淡忘了。

有一天，孫明權在工間休息時跑到炮工班去，並從那裡拿了十個雷管和一包炸藥，放到駕駛室裡。郭賢只皺了皺眉不解地嘀咕道：「要那玩藝兒幹什麼？炸魚麼？」孫明權趕緊附和道：「附近一個老鄉想到小金河去炸點魚要的。」

郭賢臉上掠過一絲狐疑，但他清楚這位徒弟的性格，多問了反而自討沒趣，看看徒弟正在忙著洗抹車身，也就信以為真，不再追問下去。

距「偷蘋果挨打」事件大約兩個月，這天下午，孫明權向他的師傅請假：說自己肚子疼了好幾天了，今天想到醫院開點藥，便離開了工地。

大約已五點多鐘，已到下班時間，辦公大

樓裡的人開始向大門口走去。孫明權獨自一人蹲在大門右面，看見有人從裡面走出來，他也開始站起身來朝著左側的圍牆走。他邊走邊盯著從辦公大樓出來的人，那彭幹事的身影出現了。

孫明權等到那女人從自己的背後超過後，慢慢轉過身來，跟在她後面，走過拐角，迅速趕到她的前面，猛然一轉身指著她，大聲的吼道：「姓彭的，老子今天要跟你算總帳！」

說時遲那時快，孫明權將披著的工作服一掠開，露出穿著背心的身子來，那胸前密密麻麻的捆著十個雷管，頸項上吊著一包炸藥，左手捏著導火索，右手摸出打火機！

那女人猛然見到的，竟是兩個月前親自處罰的年輕人，面對著他的那一雙幾乎在燃燒的怒眼，這位平常向來把就業人員當成奴隸，想打就打想罵就罵的母老虎，早已魂不附體，心中明白這年輕人要幹什麼，連「你要幹什麼？」都沒有問出，臉色頓時蒼白，兩腿發軟，不由自主地哆嗦起來。

她想喊，但因為突然的恐懼使她喊不出聲來，恐怖地盯著年輕人手裡的打火機。她知道，自己的性命已拽在小夥子扳動打火機的指頭上了，此刻她看清了這個年輕人，這被她騎在頭上拉屎拉尿的「下賤胚」！

對方的眼裡射出來的那種蔑視自己、仇恨自己的目光不但使她內心在顫抖，而且感到一陣深深的懊悔，雖然這種悔恨只是一瞬即逝的念頭。甚至於她想下跪，她想求饒，但是，已經太晚了，此時她所有的注意力，死死盯著那已經點燃的導火線，火向著那雷管燃去……

突然間，她拔腿就跑，然而哆嗦的兩腿怎麼也抬不起來。

隨著她一聲尖叫和絕望喊聲，轟然一聲巨響，在一股強大的氣流和火光中，雷管的碎片帶著那從孫明權身上撕下來的血和肉，向圍牆上，馬路上，以及探出牆來的果樹枝上，四面八方飛濺而去。

而那早已嚇得魂不附體的胖女人撲倒在地，周圍更遠處的行人有的被氣浪沖出幾步遠！強烈的爆炸聲淹沒了人們的驚叫和喊聲。

十秒鐘後，硝煙慢慢散去，留在原來那個地方的是孫明權倒在血泊中的殘軀：他的胸膛全部炸空，他的五臟六腑帶著殷紅的血肉，重重地貼在那圍牆上，掛在樹技上，灑落在馬路上……

唯有那頑強的頭顱以及那血肉模糊的臉上；那雙似乎永遠不會被征服的倔強大眼睛，還睜得大大的死死地盯著前方，好像正在檢查他的對手是否與他同歸於盡!!並向所有目擊者，控訴這女人對自己無緣無故的侮辱；傾訴出他長期積鬱在胸中的怨恨!!

「兔子逼急了還咬人呢！他們把我們欺壓得太過份了。」有人在吼，

「只可惜孫明權沒有在辦公室下手，在那裡一條命少說也要賺他幾條！」有人在議論。

「死一個換一個，值得，孫明權真男人！」

男人們在人群中向死者翹起了大姆指。稱讚孫明權才是真正的漢子，孫明權終於用他年輕的生命作代價，出了他們心頭共同的惡氣！

女人們發出驚嘆和惋惜，稱讚著這個平時貌不驚人沈默寡言的年輕人。這是沈默了十年的鹽源農場數千就業人員，第一次表達他們同殘暴的獄吏同歸於盡的憤怒。

孫明權的名字，一定會記載在鹽源地方英雄史冊上，為後人所傳頌。

無論是男人和女人都對那母老虎發出了齊聲的咒罵，在議論中：「遭老天報應」！「善有善報，惡有惡報，惡人也有這樣的下場。」是共同的。

三分鐘後，場部警鈴大作，足有兩個班全副武裝的士兵，列隊跑步進入「出事」現場，他們用刺刀和警棍驅散著圍觀的人群。頓時，救護車的長鳴，士兵的喝斥，警犬的狂吠，跑步聲亂作一團。

鄧揚光拿著一個喇叭，聲嘶力竭地向圍觀

者吼道：「統統給我回去，這裡馬上戒嚴，不回去的統統給我抓起來。」然而，沒有幾個人理他。他的狂叫被淹沒在人們的鼎沸之中了。天空裡響起了槍聲！

又過了大約十分鐘，所有周圍的馬路通道，田坎上都佈滿了荷槍實彈的士兵，騷亂終於沒有發生，鄧揚光著實捏了一把汗！

第二天，郭師傅被抓進了小監，發生在場部的這樁驚天慘案迅速的傳遍了整個鹽源農場，也傳遍了鹽源縣城。

自從林彪事件以後，中國大地上瘋狂的「階級鬥爭」沉靜了片刻，這個農場當兵的打人風暫時收斂了一陣。林扯高也從農六隊調回場部，並取消了他的革委會副主任的頭銜。

不過，在群魔亂舞的年代，倒了一個林彪又接上一個更凶的江青，臭了王力、關鋒，又會鑽出遲群和梁效來，一群群的打手，一幫幫的小丑，走馬燈似的充當著專制主義的厲鬼。中國人已經在二十年裡見多了，只要毛澤東那老魔頭的靈位「大難不倒」，亂必會繼續下去。

獨裁者既將遮羞布徹底撕掉，便操起加緊鎮壓和分化兩把屠刀，對稍露頭的人民反抗會毫不客氣地與以剷除。「嚴打」運動一個接一個，所謂「思想」罪犯，當時是國家機器的主要打擊對象。

孫明權事件正好猛烈地觸動了當時鹽源農場當權派們的敏感神經。

孫明權事件的第二天，以「全體黨員和造反派，立即行動起來，擦亮眼睛，對敢於以身示法進行反革命報復破壞，和顛覆政權的反革命活動以迎頭痛擊」的巨幅橫幅；伴之以階級鬥爭必須天天講，月月講，年年講；誓把批林批孔鬥爭進行到底的時髦大字報，像一層層白色的網，覆蓋了鹽源農場的場部三角洲！各隊加強了警戒，打人風再度掀起。

不幾天，場部召開了「宣判大會」，孫明權被追判為死刑。郭賢因此株連下獄嚴刑審訊。一批「言論」犯和越獄犯押上了刑場。各個隊都加緊了「搜尋兩類人員的反革命復辟活動」的「偵破、立案」工作。

說也奇怪，在如此凌厲的「紅色」恐怖中，從場部又傳來新聞，說自孫明權自殺後，凡路過那段馬路時，都會聽到那貼著他血肉的圍牆上，發出一種聲音來：倘若是場部的管教人員路過，會聽到「惡有惡報，時候未到，時候一到一切都報」的吶喊，並夾著不知從哪裡刮出來的陰風，煞是恐怖；倘若是勞教人員或流放者，那聲音會變成「我死而無憾，朋友記住替我報仇」。

這奇怪的傳聞活靈活現，又一次轟動了農場。

於是場部的幹部便親自督陣，從蔬菜組抽調了幾十個勞動力，用了整整一天，將那牆上和地上的血跡一片一片刮去，然而那很深很深的印跡，就像烙在那圍牆和馬路上，怎麼刮也是殷紅的；而那依稀可聞的聲音便一直沒有斷過。過路者在那裡可以側耳聆聽……

直到六年後，在我平反獲釋剛要離開這個農場時，我還特地去那兒向這位可敬的英雄道別，默默謹記他的囑託!!

第四章：地獄裡的火炬

一九七四年，林扯高以主管幹事的「頭銜」，重新回到了農六隊，與何慶雲一道，對六隊的幾個重點政治犯進行「嚴格管理」。

林扯高這一次「捲土重來」，還真有不少「進步」。也許在經過了一陣「折騰」後，他獲得了一些經驗教訓。這次回來，他已將過去那種狂妄自大、目空一切嘴臉收斂許多。

他集中精力，將矛頭對準「思想犯」，想從這裡撈到政治資本，實現他捲土重來的野心。他回到農六隊後，變得十分陰沈，而不像過去那樣動不動就大呼小叫和大打出手。

他的新「招」，便是收買犯人中的人品卑劣者。像劉資元、王世春、陳賢士這一類想通過告密立功的人，被他收進了網中。戴上一副關心他們前途的假面具，主動找他們談心，並許諾他們一旦有立功表現，立即整理材料，請功「減刑」。只要他們積極靠攏政府，受獎的可能性會多於馬文華、周學祝這一類公開的「狗」。

第一節：打李分站和三代會

林彪事件後，紅衛兵造反運動完成了「打倒劉少奇為首的走資派」使命，退出了歷史舞臺。地方上的舊政權已由「革命委員會」接管。而「革委會」卻由兩個相互對立的「造反」組織組成。

在西昌地區，一個從文革中衝殺出來的群眾組織，名曰「打李分站」，是以打倒西南王李井泉[1]而命名的；另一個組織，則是由工人、農民和軍代表聯合組成的「三代會」。兩大派別都打著「誓死保衛毛澤東」的旗號，絕對服從中央文革領導小組的「號令」。

無論兩派怎麼標榜自己，都不會放棄對「權」的爭奪。他們因人事安排、物資分配、事件處理、機構調整等展開激烈的爭鬥，隨時可以「大打出手」。

（一）鬥

兩大對立派別的緊張對峙，其實都是毛澤東幕後操縱的皮影戲，被愚弄和相互殘殺的人們，沒完沒了的「階級鬥爭」，使全國人民衣不蔽體、食不果腹。

在和平年代裡，人們不去耕作織造，卻在「階級鬥爭」的毒焰中，睜大了血紅的眼睛，為所謂的「觀點」和「路線」，進行著你死我活的「殊死搏鬥」，甚至「壯烈」犧牲。夫婦、父子、兄弟概莫能外。

「打李分站」和「三代會」除繼續擴大各自的地盤、繼續武鬥。鹽源大街上出現了裝備精良的「毛澤東思想宣傳車」。為了防止對立的派別搗毀宣傳車，這些宣傳車還裝上了鋼甲，宣傳設備不光是一個高音喇叭和擴音器，還配有印刷機，沿街隨印隨發各種傳單。

傳單除「最新最高指示」外，主要是攻擊

[1] 李井泉（一九〇九年十一月一日——一九八九年四月二十四日），中國江西臨川人，中國人民解放軍將領，中華人民共和國政治家。

謾罵對方，或揭露對方核心人物的隱私。

以「戰地採訪」，「紅決」，「女民兵」刊出的文章，不但品味低俗，文理不通，且往往刊出某人的「隱私」，以招攬群眾。

有一陣子，某個國家元首送給毛一筐芒果，分散到全國各地展出。於是各地將這枚芒果奉為「聖物」，由「毛澤東思想宣傳車」載著這枚芒果，一路上披紅掛彩，敲鑼打鼓，浩浩蕩蕩地遊行。各地派專車組織隊伍隆重接送，演出了中國歷史上令人作嘔的鬧劇。

除了「毛澤東思想宣傳車」，「打李分站」和「三代會」還動用了飛機，從未見過飛機的鹽源人，突然聽到空中震耳欲聾的轟鳴聲，鑽出茅舍舉目仰望。孩子們驚奇的呼叫著：「看飛機！看飛機！」當飛機掠過低空時，從尾巴甩出了一串串傳單，凌空而降。

山民在滿山遍野搜索這些宣傳品，以為是「天書」或神符魔咒，後來，他們接觸得多了，也就見慣不驚了。

這些傳單也不斷出現在農六隊的山樑上，經在外居住的同難撿來，傳到我們的手中。

我們透過這些傳單，獲得許多資訊。如有關劉結挺、張西挺的故事，如郭祥林在重慶的種種陰謀等等，才知道他們生活的極端荒淫無恥。

不過這些宣傳品，不像官方報紙那樣經過層層審查，幾乎看不到一點真實東西，這些傳單上記述著中國大地上發生的事變，至少為我們提供了一睹中華大地上「文革喋血」掠影，對農六隊政治犯有特殊價值。

我們能從中分析出大飢荒後的大陸亂象，以及社會內部醞釀的危機。有助判斷這種局面還能支撐多久？

我記得有一份傳單記錄了重慶潘家坪武鬥的情況，將參加武鬥的派別、學校、學生人數、指揮者、動用的武器種類、雙方死亡的人數登載出來。

有一份傳單記錄了雅安激戰。看到「戰場

實況」的照片，彷彿使人親臨了懵懂青少年橫屍街頭的慘景。

有一份記述某次造反組織在人民商場揪鬥「四川王」李井泉的專題報導，為李井泉陪鬥的是省長李大章，批鬥會現場是由成都各大院校紅衛兵佈置的。坐在批鬥會場前面的，是些上了年紀的農民老伯。

批鬥會開始，紅衛兵剛給李井泉戴上高帽子，準備拳腳相加讓其「端正態度」時，卻惹惱了站在前排的「農民伯伯」，他們高喊「要文鬥，不要武鬥。」

成都本是二李經營多年的老巢，站在會場前排的「農民伯伯」原是二李帳下的走狗。當即警告說：「莫看李井泉這幾天走麥城，總有一天，『西南王』還得官復原職。到那時候，今天在這裡鬥過他的人有你好果子吃！」

這話果然有效，「農民伯伯」們立即擺出封建家長的威儀，當場訓斥主席臺上那幾個躍武揚威的毛娃子。四川人又多有說話帶把子的惡習，辱罵加上唾沫橫飛，年輕氣盛的紅衛兵，豈能容忍這幫「保皇派」侮辱，喝令把這些「保皇份子」扭出會場，於是升格為拳腳較量。

這些上了年紀的老人們事前已有了準備，一聲口哨，會場周圍幾百人立即一齊擁出，雙方大打出手，臺上台下亂成一團。

這可急壞了站在高凳子上的李大章，連呼「不要再打了」。殊不知鬧劇還沒有收場，急忙從北京「飛」過來的中央文革大員，匆匆趕到出事地點。

二李在混亂中，挨了不少的暗拳飛腳，臉部也掛了彩，惴惴不安連忙恭聽北京的仲裁。

這場混戰的罪魁禍首當然是李井泉。光是「挑動群眾鬥群眾」這條罪名，就夠這個平時飛揚跋扈的「西南王」吃不了兜著走了。「農民伯伯」雖是「來頭不小的人物」，但是李井泉除了乖乖地寫檢討認罪外，他還敢作什麼？

裝正神，唬惡鬼乃毛魔頭一生中最得意伎

倆，這是中共在大陸舞台上自相傾軋中產生的長項，用來治國怎不一團糟？

讀罷這則頗具嘲弄意味的報導，我和張錫錕相對一笑。平時對老百姓作威作福的當權派，不過如此！

（二）張錫錕

張錫錕原是北京大學化學系的學生，他的身世和遭遇與我不同，他上北大的第二年，便碰上了大鳴大放。他講到譚天榮在北大學生論壇上的演講，對譚天榮膽識欽佩。但他又為譚天榮感到反感，說他演講到最後時，仍高呼共產黨萬歲的口號。

一九五七年劃定的「右派」根本就不存在，是毛澤東為達到他獨裁目的，憑空捏造的「犧牲品」，陰謀被他解嘲為「陽謀」。隨意坑害幼稚無知的學生，則證明他為達到獨裁，不擇手段肆意殘害無辜的秉性。以後，一廂情願發動大躍進，證明他並無治國能力。在造成對國家建設的嚴重破壞後，還堅持從史達林那裡學來的殘酷清黨伎倆，發動「文化大革命」，更顯示他政治上的危機和昏亂！

中共建政後，在史達林操縱下的苛政，害苦了大陸黎民百姓。從毛澤東折騰中，我倆對慘遭蹂躪大陸所達到完全一致的認識，使我們結下了深厚友誼！

學生時代我倆都成了毛澤東的「陽謀」犧牲品，不久進入監獄，他來到農六隊，便編在嚴管組中，成為當局重點監視的「反革命」要犯之一，由於相互隔離和周圍告密的耳目眾多，所以彼此一直沒有深談的機會。

直到一九六七年四月，我在農三隊召開的加刑大會上公開聲明「決不改變自己政治道路的腳步」後，在瞭解到我和陳力在小監裡的種種事蹟，便產生了與我交往的願望。

一九六八年的一系列瘋狂的批鬥打人會上，他也被列為被批鬥的對象。但是他的性格內向，一向沈默寡言，沒有在公開場合下拋頭露面，當時並未被當局十分「關注」。

陳力犧牲後，我們有一次在廁所裡單獨相遇，他主動向我傾述衷腸。

他說：「早就知道你和陳力的事蹟，很欽佩你們的眼光和膽識，大陸十分需要你們，我願在同獄方展開的鬥爭中成為你忠實朋友，希望你也把我當成你忠誠的朋友。」

接著說：「我想請問你，你與陳力相交多年，有沒有保留下他的遺著和遺言？我覺得，今後我們任何人只要活著出去，都有責任找到遇難者的家屬，告知烈士的死難經歷和他們的遺志。」

他這番話，使我很感動，在陳力犧牲以後，我終於又找到了志同道合的戰友，心中感覺鼓舞。但我遺憾地回答他：陳力被押送去鹽源看守所時，只留下過一篇名叫〈評當今秦始皇〉的雜文手稿，經過幾次監獄裡搜查，也被獄方搜去了。現在我沒有留下陳力生前的一紙一字。

每一次大搜查，獄方都要將我們所寫的隻言片紙通通搜光。所以，在我們這樣的環境下，只能用大腦去保存彼此的言行。

自那次互吐心聲後，他曾幾次建議，組織獄中的秘密社團。

但我認為中共通過嚴厲的思想控制，絞殺了所有反對思想，中共特務網路極其嚴密，使主張民主改革的黨派和個人，難於存在。

同全國其他監獄一樣，鹽源農場所關押的六千多名在押犯人，三千多名刑滿釋放人員，到文化大革命期間，關押的原國民黨軍政人員的「歷史反革命分子」已所剩無幾。

大部份「反革命分子」是在飢餓逼迫下的自發反抗者，他們的知識，基本還是中共所灌輸的那一套。對自由、民主政治、人權保障相當懵懂，倘若在現在對他們就提出自由民主、人權平等、三權分立等政治主張，只能使他們瞠目結舌，不知所云。面對組織嚴密的中共政權，輕視幾十年的洗腦，忽視老百姓和我們在認識上的差距，必遭打擊。

毛澤東所劃定的五類份子，都是人為劃定的政治靶子，「五類」群體就像在中共貓爪下的一群耗子，他們並不存在一個共同目標，目前不會團結一心形成反抗力量，所以建立組織的時機還不成熟！

在沒有號召力很強的政治綱領，沒有切實可行的政治主張時，要達到思想的統一，形成組織是相當困難的。弄到不好，不但預期目的不能達到，反而會造成意外的犧牲。

但是，民不聊生是民主革命的催化劑，中共的倒行逆施，客觀上給民主運動開闢了前途。目前應集中精力宣傳民主思想，揭露獨裁政權的反動面目，至於建立組織，要特別謹慎行事！現在我們，一要團結有識之士，二要進行積極的啟蒙教育，為中國革命做準備。

林彪事件的巨大震撼，為毛賊東獨裁勢力敲響了覆滅的喪鐘。緊接著，孫明權一聲復仇的爆炸聲，促進了政治犯在政治上的聯合。在這種形勢下，一個爭取民主的綱領誕生了。

回顧我們所經歷的反抗歷程，是一個由自發到自覺的過程。一九六二年，我們這一群從四川各地流放到邊寨的囚奴，一開始就帶著反飢餓、反迫害、反奴役的火種。

三月十五日三元宮搶饅頭事件，是在連說句「我餓」都要遭到批鬥的年代發生的，面對刺刀我們喊出「不准剋扣我們的囚糧」。雖然這次反抗是自發的，但它是一次以群體對監獄秩序的否定，也是一次對暴政和槍桿子的挑戰。

在「文革」妖風初起、風雨如晦的時候，在農六隊的五月之夜，我們公開喊出打倒毛澤東，並喊出「天快亮了」的口號。在萬馬齊喑的沉悶大地上，以一種「以卵擊石」的姿態，向獨裁者表示對我們的藐視。

五月之夜，對毛澤東專制暴政的公開揭露和抨擊，使監獄當局異常恐慌。隨後，農六隊又刮起了對手無寸鐵的囚奴狂暴的打人鬥爭會，文字獄造成的恐怖暫時抑制了反飢餓、反奴役的怒火，但讓人們更看清了中共的殘暴本質。

反抗的火種已點燃，並以集體抗工、越獄、絕食、等形式與當局展開唇槍舌戰的鬥爭。使那些本來對當局還抱著幻想或猶豫不決的人們，逐漸發生轉變，他們中產生了堅定的反暴戰士。

第二節：舉起反抗的火炬

陳力犧牲後，農六隊的囚奴們並沒有被血腥的屠殺所嚇倒，對被暴打的流放者進行慰問，囚奴間一次握手，一口藥酒，一次療傷，一聲問候都帶著群體的溫暖。人們在反抗毛澤東獨裁暴政的旗幟下，越來越團結了。

當時正鬧地震，農六隊所有的囚奴們便集中住在地震棚裡，得到了更為便利的交流條件。

管教人員組織的學習，變成了張錫錕等人擺「龍門陣」的場地。在這些龍門陣裡，除談古論今、借古諷今之餘，還組織了集體越獄的探討。

大家已感到，不能再像過去那樣，靠個人單槍匹馬的同獄吏們幹了。組織起來向施暴者進行抵抗，在幾個堅定份子中醞釀。為了爭取更多的人投入到反暴鬥爭，要求中堅份子具備機智和勇敢的人格魅力。

一九七五年秋天，一期由張錫錕、劉順森、夏光然等人主筆，命名為「火炬」的刊物，以手抄形式，在農六隊問世了。

《火炬》的第一篇文章便是〈告農六隊全體流放者書〉。它以回憶的形式，列舉了文革十年來在農六隊發生的一樁樁暴虐血案。

列舉了當局對流放者殘酷的折磨奴役的事實，讓大家直接面對自己悲慘的處境，摧醒那些習慣於麻痺、沈默、逆來順受的人們，呼喚大家團結起來，奮起反抗！

《火炬》以大家親身經歷的飢寒交迫，揭示毛澤東獨裁暴政給大陸人民帶來的苦難。

《火炬》以獄吏們的殘暴為例子，揭穿當局所謂「革命人道主義」的虛偽。一再提醒大家，不要上鄧揚光等人花言巧語的當，做出親痛仇快的蠢事。

《火炬》以林彪事件為例，說明中共上層不可避免的正在互鬥中走向滅亡，曙光正在升起！

《火炬》是農六隊的血性男兒在高牆下的振臂高呼，是烈士們在就義時發出的吶喊，是所有被壓迫的奴隸鬱積在心底的血淚控訴。

《火炬》以「民主必將戰勝專制，光明就在眼前」相號召，結束了整個版面。

高舉火炬的人們十分明白，他們的所作所為，最大的可能便是「以卵擊石」。他們懷抱著「哪怕燃燒自己的生命，也要放出耀眼光芒」的精神。寧可站著死，不要跪著生。

一張小小的啟蒙性刊物，點燃了人們的反抗火種，這是面對黑洞洞的槍口豁出命來的壯舉，是推翻專制暴政拯救人民拼死一搏吹響的衝鋒號。

伴隨著《火炬》的誕生，一場正義與邪惡、罪惡與善良、人性與獸性的搏鬥，也在農六隊展開了。

就像電影《大浪淘沙》所描寫的那樣，在大革命洪流中，人分流成三種：一種是能在混亂中看準光明前景，成為社會進步的中流砥柱；一種是不辨方向，自願當了渾渾噩噩的中間份子；第三種是屈服於邪惡勢力，最終成為叛徒。這裡所說的叛徒，並不是公開身份的「紅毛犯人」。例如馬文華，周學祝、代朝謀等，姑且用「糊塗」來概括他們。因為他們的身分是「公開」的，至少還保持著一種「坦白」的東西，容易應對。

唯有那些平時振振有詞的怒斥暴政，聲色俱厲的反對毛澤東獨裁，反對流放者悲慘處境比任何人都喊得響，對獨裁政治抨擊最為「激烈」，以搏取同難信任，背地卻出賣他人的才是最可怕的倀鬼。

張錫錕低估了叛徒的無恥。這份初生的刊物的首批讀者中，就有這種倀鬼。

第三節：猶大們

當滿腔熱血的勇士剛剛在地獄裡舉起《火炬》時，一筆出賣他們的骯髒交易，也悄然開始了。在我敘述這個悲劇之前，先介紹一下四個出賣靈魂的叛徒——陳賢士，劉資元，王世春，黃學全。

陳賢士，時年二十六歲。我並不清楚他的出身和家庭背景，只知道他多次因越獄，從其他隊弄到六隊來的。一來就編入嚴管組，同張錫錕編在一個組裡。

他來六隊的最初幾天，對當局憤怒和反抗溢於言表。然而，調六隊來的人，隨時都要準備接受大刑侍候。尤其像陳賢士這種不知天高地厚的小爬蟲，老管們自不會輕饒他。他一來六隊，嘗了幾次辣子湯還罵不絕口，頗像一條「反改造」的好漢。

在小組會上他自我介紹說：被捕前是重慶某工廠工人，家庭出身屬於「紅五類」，文革以後，當了造反派的小頭目，一九七一年在指揮派系械鬥中負了「血債」，後來被「稀哩糊塗」判了刑。

用陳賢士自己的話說：「我雖然只有小學文化，但一直忠於毛主席革命路線，造反中殺了幾個走資派，本來就是革命的需要。把我抓來判刑，一定是法院的路線錯誤。」陳賢士的輕狂癡迷，說明毛氏邪教的毒液已浸透了他的骨髓。這種人入獄後，豈能安心熬過煉獄？

林扯高看過他的檔案後，便將他收入告密組中。

從那以後，他幾次同老管發生衝突，都是林扯高幫他解的圍。還給了他一個嚴管組「組長」的頭銜。

有一天晚上，林扯高把陳賢士單獨叫到辦公室去，簡單的問訊以後，便轉到正題：「你的出身與一般犯人大不相同，我也知道你是忠於毛主席的，犯了錯誤弄到監獄來，心裡很不服氣。但是你想過沒有，勞改隊裡硬抗政府，只能把繩子越套越緊。想儘快出去的話，還得自己去創造立功的條件。」

林扯高一面說話，一面注意觀察陳賢士的表情，看到陳賢士並沒有領會他的意圖。便繼續開導他說：「關在六隊的人，都是一些極端仇視共產黨的反革命。他們現在每天都在進行反革命活動。現在是黨考驗你的時候了。看你是站在反動的立場上？還是當機立斷，與他們劃清界線爭取立功？」

陳賢士抬起頭來，好像若有所悟。林扯高提高了嗓門繼續向陳賢士指點迷津：「根據我們現在掌握的情況，你們組的張錫錕等人現在活動頻繁。如果你能抓住他們的反革命活動證據，及時向我報告，我可以向你保證，只要你能立功，我可以整理材料上報，給你記功減刑，甚至提前釋放。」

聽到這裡，陳賢士的眼睛亮了。他同林扯高原是一條戰壕裡的「兄弟」。只因為打死了人，才關入監獄，此時兩人一拍即合。

林扯高隨即取出一瓶白酒來。兩人滿斟共飲，酒勁漸漸上來，林扯高藉著上衝的酒興，開始發洩出他內心的憤懣來：「老子還真他媽受一幫老保的窩囊氣，何慶雲算個啥？六隊那麼多攻擊毛主席的言論，他都當作耳邊風，還要騎在老子的頭上說三道四。自己治不了犯人，卻想治老子，老子今天幹出點名堂來，抓幾個死心塌地的反革命，讓人看看，是我林高明管用，還是你何慶雲管用。」

「來，碰個杯，你發現問題後，作好記錄，我作好審訊準備。咱倆在農六隊抓幾個像樣的案子出來。看看是我林高明厲害，還是你何慶雲厲害。」林扯高端起酒杯向陳賢士的杯子一碰，便一飲而盡。陳賢士只好恭恭敬敬地端起酒杯，一飲而盡。

自從那天晚上兩人密謀後，便狼狽為奸，

一明一暗，裡應外合，撒下了一張罪惡的大「網」。

從此以後，陳賢士便瞇縫著他那對賊眼，豎起了長長的耳朵，緊張地盯著這農六隊的兩百號囚犯，然而，陳賢士始終沒有搜尋到《火炬》的痕跡。

伏在牆角裡讀書寫字的夏光然，已多次敏銳地察覺到陳賢士的那雙賊溜溜的眼睛，並告訴了張錫錕，使陳賢士很快失去了跟蹤目標。

陳賢士借生病臥床的機會，偷偷翻查了張錫錕所寫的廢紙片，全是些唐詩宋詞，或是一些從字帖上臨摹下來的書法，還有一些「打李分站」散發的「宣傳品」。無論陳賢士怎樣尖著耳朵竊聽，可除了聽到半罐玉米粑軟硬和白菜鹹淡之類的議論外，便一無所獲。

劉順森在地震棚裡擺開了評書攤，向圍聚的流放者活靈活現的講演杜月笙與范紹增結下莫逆之交的故事。

對於杜月笙，陳賢士聽說過。范紹增是誰？陳賢士把聽到的東西向林扯高密報。兩個半文盲想了老半天，也鬧不清劉順森講的是什麼暗語？

兩個狂妄自負傢伙，知識卻貧乏得可憐。後來陳賢士繼續的去監聽劉順森擺的龍門陣，上海灘，上海灘！劉順森講的黃金榮遭綁架，杜月笙結拜戴笠，全是些從來沒聽過的故事，未免使他失望起來。

於是他又伸出他的長鼻子，在床底下東聞西嗅。那裡是一小袋大米之類的東西。就這樣，陳賢士緊張搜索了兩個星期，依然一無所獲。

在林扯高所召集的不定期碰頭會上，一無收穫的陳賢士，灰溜溜地耷拉著腦袋，這次林扯高對他黑著臉，心裡便有些慌張。讓陳賢士奇怪的是，辦公室裡卻增添了兩個新成員。

一個名叫劉資元，四十多歲，此人平時極少說話，顯得城府極深，農六隊建立之初，劉資元因策劃了幾次越獄，事情敗露，當局便將他當成重大政治犯關進了嚴管組，可以算得上「嚴管組」建立以來的「元老」。

文革以後，劉資元依然「反心」不死，獄方得到檢舉，證明他多次在獄中煽動他人「鬧監」，所以一直被監獄當局認定是「重點監督對象」之一。

文革初期，被推上批鬥臺上的便有劉資元，理所當然，劉資元也成為陳賢士監督告密的對象。

劉資元平時沈默寡言，在詩畫上頗下功夫。一有空就鋪開紙硯，細細地臨摹顏字帖。陳賢士總覺得他筆下潛伏著某種不可告人的秘密。所以，劉資元也成為陳賢士搜查的重點。

陳賢士意外的搜到劉資元用隸書抄寫葉挺的斷頭詩，便拿來向林扯高告密。想不到，竟碰上劉資元也在座。

同來開會的另一個人叫王世春，更出乎於他的意料。一來六隊，陳賢士便知道王世春是出了名的反改造分子。聽說王世春在國民黨軍隊裡服過役，「解放」那年，王世春才二十歲。「解放」以後，背著國民黨軍警憲特的皮，成為歷次運動清算的「歷史反革命」。

論出身，準確的說，王世春不過是一個「學生」。在大飢餓年代，收聽了臺灣的廣播，進行過外逃的嘗試。案發後，中共對他新老帳一起清算，重重地被判了十五年徒刑。

入獄不久，王世春就結識了文廷才、劉順森等人，並一起從重慶發配到甘洛。以王世春受盡酷刑折磨的苦難經歷，本不會對共產黨產生任何的幻想。但王世春的性格軟弱，嚇破了膽，害了軟骨病，被中共用暴力征服。

為博取同難們的開心哄笑，他常迎合大家發表異論。他擅長火上澆油，懂得見風使舵。常策動別人幹頂風冒險的事，一旦事態擴大，當局追查，他便馬上抽身而去。所以，王世春在六隊得了一個「老蝙蝠」的綽號。

最典型的例子，便是雅安三元宮的「搶饅頭」事件，當時站在鄧自新後面的王世春，一再慫恿鄧自新下手：「別看你平時那麼來勁，饅頭擺在你面前，你卻不敢拿了。」鄧自新性格剛烈，在飢餓刺激下，怎經得起王世春的激將法，便第一個去籮筐裡抓饅頭！

釀成這場騷亂後，追究誰先帶頭時，王世春卻不吭一聲。結果幾個搶饅頭的人都沒有逃脫加刑的處理。為首的鄧自新加刑十二年，而在背後慫恿的王世春卻安然無恙。

六隊成立以後，累次發生逃跑、鬧監、頂撞老管、集體怠工事件，都有王世春的影子。但他每次都逃過了追查。嗅覺靈敏的何慶雲，發現他常常扮演背後教唆角色。「老蝙蝠」的綽號，就是何慶雲所贈。

有一天，何慶雲終於抓住了王世春「王氏膏藥」的笑話，說將「毛主席語錄」燒成灰和酒服下，男人補氣壯陽，孕婦保胎安神，包醫百病，神奇無比。

王氏膏藥的笑話將他推上了六八年的批鬥會上，以「惡毒誣衊偉大領袖毛主席」的罪名，連續的鬥了他一個星期。他在打手的暴打之下，認罪告饒不迭，甚至跪在地上苦苦認錯。

被打得遍體鱗傷的王世春，還要照常下地勞動，批鬥會以後，何慶雲一不做二不休，整理他的材料，將他加刑五年，合併二十年。不但讓這個「老蝙蝠」受盡了皮肉之苦，也觸及了靈魂。

王世春曾是陳力的「好友」和崇拜者。陳力慷慨就義後，六隊院壩裡發生的樁樁血案，把王世春嚇倒了。在生死抉擇的面前，王世春走上了另一個極端！

在這次「告密會」上，陳賢士看到，擺在林扯高辦公桌上的，是一張被揉得很皺並被撕成幾片後再拼貼好的一張紙。

陳賢士眯縫著眼睛盯去，那紙上寫的標題是「告農六隊全體苦難同胞書」。認得出這是張錫錕的筆跡。陳賢士的心中一驚，他苦苦搜尋的東西，竟被他監視的人提供了出來。

三個人心態各不相同，相互冷冷對視了一下。王世春和劉資元，一個是怕見陽光的老蝙蝠，一個是城府很深的老油子，兩人都清楚，此舉叫做「出賣難友，認賊作父」，是獄中難友最嫉恨的卑鄙行為。一旦被發現，就別想在監獄中平靜混下去。兩人作出這種叛賣行為，確實經過了一番思想鬥爭。

林扯高今年三十歲，從他投入「革命」起，為了追逐權力，整整奮鬥拼搏了十年，才坐上農場革委會副主任的寶座。不料風雲變幻，林彪事件之後，他馬上被人拽了下來。後來經過一段韜晦陰暗的日子，經過一番奮鬥後，才坐到今天的位置上。

經過一番的冷落和挫折後，林扯高再也沒有初出江湖的盲目高傲和自信。而是面對現實，打算一步一步的做出成績來，把何慶雲趕下臺，然後步步高升！

林扯高重回六隊以後，便依靠場部的舊勢力，把競爭目標對準革委會「準」一把手的何慶雲，對準那個把他踢下來的人，一是報奪權之恨，二是為自己往上爬掃清障礙。林扯高搞出一個「重大反革命案件」，來回敬這個「鄉巴佬」，把他「打」下去！

現在，林扯高見面前三人一言不發，指著桌上的那張紙嚴肅地說道：「六隊的情況，你們比我清楚。今天拿到的證據證明，一個人數眾多、組織嚴密，名字叫『火炬』的反革命集團，一直在農六隊進行猖狂的反革命活動。

他們把矛頭直指我們全國人民最敬愛的領袖毛主席，號召被打倒的資產階級反動派，起來推翻人民民主專政，目前竟然發展到在獄中公開出版反革命刊物的地步。這個極為罕見的案例，說明農六隊在過去抓階級鬥爭不力。執行的是資產階級路線，給了階級敵人以可乘之機！」

說到這裡，林扯高的情緒亢奮起來。陳賢士的積極性也被迅速調動了起來，而劉資元仍像當初那樣，臉像一潭死水，不置可否，毫無表情。而王世春則轉動著滴溜溜的眼珠子，好像在打什麼主意。

停頓了片刻，林扯高繼續提高了嗓門說道：「你們已經拿到了重要的證據，這很好，破獲農六隊多年存在重大反革命集團案，已取得了突破性進展。我正在整理材料，給劉資元、王世春記功減刑，但這還僅僅是開始。因為農六隊的反革命集團案件，絕不可能只是張錫錕一個人，而是涉及到農六隊相當一批人。」

三個叛徒中，除了陳賢士聽得眉飛色舞外，其他兩個人如同醃茄子一般，一直苦著冷冰冰的臉。

無論是劉資元還是王世春，他們都非常清楚，被他們告密的《火炬》廢稿，充其量只是揭露監獄的黑暗罷了。一個反革命集團連綱領都沒有，怎麼立案？

然而，自從劉資元和王世春二人被林扯高「召見」以後，農六隊本來就綳緊的神經，就更緊張起來。

張錫錕們因遺失了一篇草稿，便注意到有人對自己盯得特別緊，平時上廁所，都有人腳跟腳的跟進來。每一次練書法，都會有一束詭秘的眼光從遠處射來。

我素有趴在鋪位上作讀書筆記的習慣。有一天下午下雨沒有出工。我按照老習慣正在記錄尚書〈禹貢〉篇中大禹治水的記敘。因為古文基礎差，資料又來之不易，我除用心的讀，一面翻著一本破舊的辭典。

突然何慶雲一頭撞進了監舍，以迅雷不及掩耳的動作，將我寫的筆記本搶去。接著站在監門口細細閱讀起來。直到看清楚全是尚書原文的摘引，才將筆記本慢騰騰的還給我。

何慶雲的這一反常舉動，立刻引起了「火炬」撰稿人的戒備。但直到此時，張錫錕還不知道失蹤的廢稿，已經被王世春交到隊部去了。

《火炬》就這樣在刀尖上誕生了。從創刊

號開始，一直在獄中秘密傳看。火炬廢稿失蹤，使張錫錕警覺起來。因為張錫錕等人對劉資元和王世春嚴加防範，所以林扯高再也沒有得到《火炬》的蹤跡，但另一隻黑手正向它伸了過來！

一九七三年，張錫錕的童稚之交黃學全，因為接連越獄被關進了小監。關進小監的第二天晚上，黃學全竟掀開了小監的房頂再次出逃，開了從小監房頂上越獄的先例，也創下了三個月內連續逃亡五次的新記錄。他被抓回來以後，免不了一頓毒打，並給他戴上了一副足有十五公斤重的死囚腳鐐。

按照管教科的意見，想借這次「雙打運動」把他槍斃以儆效尤算了。

處決黃學全的意見落到林扯高手裡。林扯高在查閱黃學全的檔案時，發現他出身工人家庭，本人也是一個工人。因為「收聽敵臺，試圖叛國投敵」被判刑。而這一次抓回來的審訊記錄只是逃跑。

林扯高提出，共產黨人在處死任何一個工人階級時，都要萬分慎重，因為這與階級鬥爭的教義相抵觸，儘管他也知道黨內鬥爭是你死我活的，但他畢竟太嫩，未曾掌握遊戲規則，例如對何慶雲不知如何下手，才能拔掉這眼中釘。

眼下只能在管教工作上做文章，現在，他決定把黃學全招來問一下，問他既出身工人階級，為什麼要與共產黨對抗？既然犯了罪，又不安心服刑，而是一而再的帶罪潛逃？

但是黃學全卻沈默著，好像對於這個問題，他根本就沒有去想過一樣。

「你犯什麼罪？」林扯高在明知故問。

「收聽敵臺，試圖叛國投敵。」黃學全回答得很遲鈍，也很勉強。

「收聽敵臺」確有其事，但「叛國投敵」他壓根連想都沒有想過，他一直都沒有弄明白，法院為什麼把這個罪名劃到自己頭上。

文革期間，這種案例極為頻繁，林扯高見

多了這種案例，他想弄明白這些「罪犯」是怎麼想的。於是繼續問道：「說說你的想法。」

黃學全再次陷入沈默，對於這種令他極難說清的問題，他一直回避著。當時是怎麼想的呢？自己是工廠的電工，電晶體剛剛在中國問世時，他對這門技術特別感興趣，憑著自己的愛好和摸索，居然成了全廠的電晶體專家。在廠裡，無論哪家的收音機壞了，都要找他修理。

既然幫人修理收音機，那麼調試電波頻率便是一個工作方式，為校正頻率，他只好將收音機對準「美國之音」頻段上，裡面傳出來大陸的真實消息，很自然地吸引了他，這同中央人民廣播電臺的通篇假話迥然不同，長久地收聽，使他產生奔向自由的幻想，但作為一個普通工人，豈能逃過無產階級專政的魔掌？

文革一開始，黃學全在「試一試」的支配下，按美國之音提供的通訊地址發出了一封信。這是一封投石問路的信，可他萬萬沒有料到，他這封普通信件，竟給他帶來了一場橫禍。

不久，黃學全便結了婚，蜜月後，忽然有一天，工廠的保衛科接到一張法院的傳票。

就這樣，黃學全毫無思想準備，就被拘留並被逮捕，接著被稀里糊塗的判了刑，直到他知道再也回不了家，他才開始後悔起來。

剛判刑不久，結婚還不到一年的嬌妻便提出分手，黃學全十分「著急」，這些後果他並沒有想過，不知該如何面對。

入獄開始階段，黃學全像曹季賢一樣，只知道說一句話——「放我回家」。

他是一九六八年才從成都監獄發配到鹽源的，因為是「叛國投敵罪」，刑期是十五年，所以很快地將他轉到了六隊，在這裡，黃學全碰到了他在成都的鄰居張錫錕。

監獄裡的高強度勞役和飢餓折磨，使黃學全無法承受，加上對嬌妻的懷念，他最直接的主意便是「逃」出去，日思夜想的嬌妻使他心裡只有一個「逃」字，彷彿只有逃，才是解脫痛苦的唯一出路。來六隊才三個年頭，累計逃亡的次數已達幾十次。而每一次的出逃，除了一頓毒打之外，依然沒有逃掉勞役和壓迫。

黃學全的頻繁逃亡，倘若落到任何一個政治犯的頭上，早已是身首異處了，在文革中被槍殺的政治犯，逃亡者占很大比例，蔣正君一案，就殺了五個人。每一次「嚴打」運動，總有幾個出逃的反革命犯被殺害。

僅僅因為他的盲目和幼稚，並不帶任何政治目的，所以才到今天沒有被處死。

黃學全帶上重鐐後，何慶雲一臉陰沈地警告他，「無產階級專政決不會寬大無邊，你已經逃了二十多次了，我看只有一顆『花生米』，才能解決你『的確涼思想』。」（所謂「花生米」，這裡特指子彈。因為子彈與花生米顏色和大小相近，中國民間常把子彈俗稱為花生米。所謂「的確涼思想」，是指在追捕逃犯過程中，雙方快速奔跑，產生很大的風力，使人感到涼爽，故名「的確涼思想」。）

黃學全被林扯高叫去，心中不免感到緊張：「這一次是要殺我麼？是殺我前的問話麼？」

黃學全進了林扯高的辦公室，林扯高突然問道：「你同張錫錕是鄰居嗎？」

對於這個與處死他毫不相干的提問，黃學全淡淡的回答「是」後，就一疊聲的哀求道：「我不想死，我還年輕，我希望政府給我最後一次機會，我要悔改……」

林扯高看破他內心的緊張所在，告訴了他一個驚人決定：「經隊部研究過決定，最後再給你一次機會。從明天開始，下掉你的腳鐐，把你放到嚴管二組去勞動，若再逃跑，你的死期就到了。若有立功的表現，我們可以根據你的表現，對你寬大處理，甚至於釋放你。所以你的命運，就在你一念之間，完全由你自己掌握。」

黃學全眼睛一亮，這是他這段時間裡日夜

盼望的東西。但他隨即便陷入了沉思，一想到那漫長刑期，沉重的苦役……這十五年怎麼熬過去？

林扯高繼續說：「六隊的情況非常複雜，根據我們掌握的情況，張錫錕正在出版一個《火炬》地下刊物，如果你能提供線索，甚至於拿到證據，我包你減刑，你明白麼？」

黃學全睜大了眼睛，既驚喜又疑慮，他簡直不敢相信那對準自己腦袋的槍口，就這麼輕輕地挪開了，但隨即明白，林扯高所說的出路，是要出賣他人才能換到，且要出賣在街巷裡一起長大的張錫錕。

張錫錕雖比黃學全年長幾歲，但兩人從小親密無間，加上兩人的母親又十分要好，兩家一直是和睦相處的要好鄰居。自從兩人身陷囹圄後，兩個老姐妹便「同病相憐」、相依相伴相安慰了。黃學全來不及細想，起身走出林扯高辦公室，當他跨出林扯高的辦公室時，才感到腳鐐下得並不輕鬆，如果真那樣做了，下掉了腳鐐，卻換上了一副沉重的良心枷鎖。

那天晚上，黃學全一直在小監裡苦苦思索，久久不能入睡，第二遍查房後，他索性坐了起來……長時間的靠牆坐著，門外的查哨人也再不像過去那樣橫蠻干涉他。

第二天一大早，沈官科便在一名士兵的押解下，拿著鑽子和二錘來為他打開十五公斤重的腳鐐，重鐐去掉後，雙腳顯得輕飄飄的。他跟著林扯高走進了嚴管二組，陳賢士用異樣的眼光盯著他。

三個月前，黃學全便是從這個組逃跑的，抓回來那天，陳賢士用自己腰間的皮帶，像抽打牲畜一樣足足抽了他幾十下，至今在他的肩上還留著那次皮帶抽打的血印，他狠狠地瞪了陳賢士一眼。

從小監出來，黃學全心情並不輕鬆。他不知道是堅持「逃」呢？還是聽林扯高的「忠告」，從此收心？並按照林扯高給他指明的道路去走？他整天心事重重。

敏感的張錫錕已經注意到黃學全心緒「不佳」。可他並不知道此時的黃學全已對他構成了嚴重的生命威脅。為了幫助這個兒時的小夥伴從苦悶中解脫出來，張錫錕想把火炬傳遞給他，讓他看清當局的黑暗和自己該爭取的前途，但是夏光然卻提出了不同的意見。

夏光然認為，火炬剛剛問世，種種跡象表明，已經引起了當局的注意，所以目前的讀者必需是對當局不抱絲毫幻想的人。而黃學全本人思想極不成熟，他的「慣逃」純粹屬於個人瞎撞，不帶任何政治目的。且平時與火炬成員說不到一塊。同時獄方不明不白地去掉他的腳鐐，還把他從小監釋放出來，其中必有蹊蹺，在沒有弄清原因之前，應當慎重，等到把情況摸清楚，證明他是可以團結和信賴的人以後，再向他傳閱也不遲。

可惜，張錫錕並沒有聽取夏光然的忠告。

為了《火炬》在傳閱中出現變故和意外時迅速切斷聯繫，以保護火炬成員的安全，大家規定，火炬的傳閱必須「單線」進行，接讀火炬的人，必須在規定的時間將「火炬」送回給他的人，而不能私自另傳。

當張錫錕從菜蔬組收回「火炬」以後，便鄭重地當面傳給了黃學全，並且約定第二天必須親自還給他。

黃學全沒有想到，《火炬》竟輕而易舉地落到了自己手裡，第二天早上，黃學全蹲在廁所裡偷偷地讀完這份地下刊物後，反而猶豫起來。

首先，黃學全不明白這份「材料」有什麼特殊價值，裡面所講的都是真話。同時想到張錫錕是自己的童稚好友，對張的人品才華頗為敬重，出賣一個好人，在良心上過意不去。何況這林扯高是行騙慣了的人，即便交給他，未必會兌現他的「減刑」承諾。

但黃學全轉而又想，機會到了自己手上，白白放過，豈不可惜？林扯高既已講明了條件，總可以試試，想來想去，黃學全一時拿不定主意，便蹲在廁所裡面緊張思考起來。

張錫錕可是給自己規定了時間，他必需立即作出決斷。

正在猶疑不定的時候，劉資元突然地撞了進來，黃學全對於平時極少說話，為人陰沈的劉資元，也是十分敬佩的，他常看到劉資元在慫恿其他年輕人同管教人員頂撞時，而自己不露聲色，現在遇到這事不妨向他討教。

於是黃學全把「火炬」遞給了劉資元，並悄聲問他怎麼辦？正在這時，壩子裡正在催促出工，劉資元便接過「火炬」藏進衣兜，兩人匆匆離開了廁所。

劉資元讀完這份刊物後，如獲至寶。苦苦跟蹤幾個月的「火炬」，竟然這麼輕鬆就拿到了手，那上面登載的，至少是四個人寫的文章，但每一篇文章都沒有落上作者的名字，全是一個人的手跡，他知道是張錫錕的手跡，劉資元感到箭在弦上不得不發。自己已經走出了第一步，只能一步步走下去了。

他本想立即把它交給林扯高，但迅速又改變了主意，手裡這份「火炬」同前面那篇撕碎了的「告六隊全體同難書」，只能提供張錫錕一個人的證據，而林扯高的意圖是以張錫錕為缺口，挖出潛藏在農六隊中的「反革命集團」，單憑這份「火炬」，不但達不到這個要求，還會打草驚蛇，讓已經獲得的線索全部斷掉。

劉資元主意拿定，迅速回到監舍，將「火炬」塞還給黃學全，並囑他必須按照張錫錕規定的時間將火炬歸還給他。

林扯高極為讚賞劉資元的「放長線釣大魚」處理方法：「現在，火炬已經露面，當務之急是抓住其他撰稿人，務必一網打盡。」

林扯高召集劉資元、王世春、陳賢士和黃學全一起碰頭，極力誇獎了劉資元和黃學全，盛讚劉資元的「機智」。一面向他們交代要做的幾件事：除了火炬的撰寫人外，還要弄清傳遞者，弄清組織綱領，千方百計抓一個「現場」，繳獲全部證據。

一張由敗類們拉開的網，就這樣不露聲色的向張錫錕們圍了過來，然而，拉網的幾條狗卻各懷鬼胎。

陳賢士無疑是積極性最高的一個，可惜他卻是個低能兒。本案已發展到了這種地步，在林扯高的記錄中，他基本上沒有任何作為，但由於林扯高的偏愛，卻將整個任務交給了他。其中包括對劉資元和王世春的「監督」。

而劉資元最看不起陳賢士，對他參與進來極為反感。

王世春是最瞭解張錫錕底細的人，對林扯高尚且看不起，也決不會把陳賢士放在眼裡。他憑直覺知道，「火炬」在哪些人中傳閱，不過，那只是猜測，並無證據。所以他不願向陳賢士透露，甚至不願向林扯高透露。

黃學全是四個人中最懵懂的一個，事前無任何蓄謀，事後也不知道怎樣幹。僅憑林扯高莫名其妙的寬大保住了性命，又在無意之中輕易的得到了「火炬」，可又失之交臂。因拿不定主意而傳給他人，黃學全還來不及品出「立功」的價值，「頭功」卻被劉資元奪去了。

因為與張錫錕童稚的友情，黃學全是最容易從張錫錕的口裡掏出「火炬」成員的人。但對陳賢士一直抱著深深的敵意，不想在這骯髒的交易中與他「合作」，偏偏林扯高卻規定他必須服從陳賢士的調遣。黃學全與王世春也抱著河水不犯井水的態度。

四個猶大在破獲「火炬」重案中，處在奇怪的關係中！

陳賢士身上揣著一個筆記本，成天盯著張錫錕，用心的記下同他來往的其他人員，記下接觸的地點和時間，張錫錕幾次進廁所，他便尾隨跟進去，想現場抓證據，都落了空。

嚴管組出工，一路上都有槍桿子押著，所以，若要傳遞《火炬》，一般都是在廁所進行。

出工以後，張錫錕的舖位被秘密的搜查了

好幾次，收穫都等於零，連原先已經浮出水面的刊物，也突然消失得無影無蹤了。

第四節：十一．八鬥智鬥勇

一九七四年十一月八日上午，這一天正是星期天，天空中烏雲密佈，北風呼嘯，天氣特別寒冷。吃過早飯以後，所有的流放者都蜷縮在各自的舖位上，拿出針線縫補自己的破爛棉衣。院壩裡只有一兩個人在走動，陳賢士此時正拿著一本「紅旗」雜誌，坐在靠窗的舖位上假裝看書，將自己的臉虛掩著，一雙賊眼卻盯著院壩裡。

九點鐘光景，嚴管一組的周志出現在二組的門口，他向坐在中間位置的張錫錕遞了一個眼色，張錫錕正在舖位上抄寫《中國政治思想史》，似乎並沒有理會他。

周志慢慢地離開了門口，向廁所方向緩緩地走去。約莫一刻鐘以後，張錫錕才慢騰騰地爬下了床，若無其事向廁所走去。

看到張錫錕這一行動，陳賢士迅速向黃學全發出了暗號，黃學全跟著走進了廁所。此時，暗角的蔡先祿也迅速地下了舖位，怪聲怪氣呼喊報告向張錫錕警告。陳賢士卻先下了床，逕直向隊部辦公室走去。

（一）被抓

這一天，周志將《火炬》看完，按張錫錕的規定，準備在廁所當面歸還。正當周志取出「火炬」交還張錫錕時，黃學全已跨進廁所。張錫錕正將火炬和一捲撿回來的「傳單」往棉衣裡塞，見黃學全進來，遲疑了一會。直到聽見蔡先祿高聲呼喊報告的聲音，便覺得情況不對。

周志在廁所轉角連忙將頭探出廁所外，看見院子裡林扯高正疾步向廁所走來，失聲叫道：「不好」，便立即返身同張錫錕一道，拼命的將火炬撕成碎片，並往嘴裡塞。

廁所外已響起急促的腳步聲，林扯高已飛步跨入廁所。此時，黃學全已站了起來，阻止正在吞嚼「火炬」紙片的張錫錕。兩個人立即扭作一團。

一場靈魂的搏鬥終於打響了。

跑進廁所的林扯高狂喊一聲，向張錫錕撲去。頓時，廁所裡的林扯高、陳賢士、黃學全同張錫錕、周志五個人扭打在一起。一方是拼命的撕碎和銷毀「火炬」，一方則拼命的從張錫錕和周志的手裡去搶奪塞向嘴裡的碎片。

此時，崗哨上的警鈴大作，何慶雲帶著兩名士兵迅速趕到，並且封鎖了廁所，院壩內站滿了流放者。一些人試圖靠近廁所，但被武裝的士兵制止。

兩分鐘以後，周志被反捆著押出了廁所。隨後，何慶雲同另一名士兵將張錫錕押了出來，陳賢士和黃學全跟在後面。何慶雲一面厲聲驅散圍觀的流放者，一面押著張錫錕向鐵門走去。

圍觀者個個神情緊張，都在輕聲議論。唯獨劉資元和王世春，卻站在嚴管二組的監舍門口叉著腰，遠遠地站在那裡。

何慶雲向崗樓上招呼，不一會，駐守六隊的全體武裝士兵擁進了院壩。不到五分鐘，所有的流放者都被趕進了各自的監舍，六隊宣佈戒嚴。

林扯高獨自一人蹲在廁所裡，將從張錫錕和周志手裡搶下的火炬碎片，放在廁所角落的三合地上一片一片地拼湊著，並且拿著一把火鉗，將掉落在糞便坑裡的碎片紙一片一片夾起來，與放在牆角的火炬殘片拼接一起。最後，把從周志手裡奪下的散落一地的造反派傳單收集在一起，取出預先準備好的照相機，從不同的角度攝下了照片。

與此同時，何慶雲正用電話向場部緊急報告，鄧揚光立即「指示」：場部管教科近三十名幹事隨後趕到農六隊，要求何慶雲嚴密封鎖，不准任何人離開現場，並由何慶雲調動六隊所有的警力，密切的監視那些列為重點的人員，防止他們銷毀反革命活動的證據。

十點鐘光景，六隊辦公室擠滿了從場部匆匆趕來的管教人員，林扯高指手劃腳地將所有趕來六隊的人員分成幾個組，每個組配一名本隊幹事。

然後，精神抖擻地在院壩裡吹響了緊急集合的哨音，指揮六隊的全體流放者按組別排成八個縱隊。

何慶雲則背著手，臉色陰沈地向大家宣佈立即進行「大檢查」，並宣佈了「五禁止」的檢查紀律：禁止任何人離開座位走動；禁止上廁所；禁止相互傳遞東西和撕毀紙條；禁止交頭接耳；禁止東張西望以目傳情。

崗樓上的士兵架起了四挺機關槍，整個壩子裡的氣氛緊張萬分，使本來感到寒冷的空氣更加顯得寒冷，所有流放者被恐怖氣氛壓迫著，連頭都不敢抬。

近三十名由管教和武裝人員所組成的搜查隊，戴著大口罩站在各組的隊前，並按照各組排列的次序，檢查每個囚奴的行李。

在隊部開具的黑名單中，我屬於「火炬」集團的重大嫌疑犯之一，一名從場部調來的管教人員同何慶雲對我進行了「重點」搜查。

搜查開始前，我還在蔬菜一組，兩個人腳跟腳地跟著我進到監舍，先命令我將所有的行李抱到院壩裡，然後命令我將鋪位上全部的鋪草搬到門外一個角落。

當著他們的面，命我將所有的鋪草翻開，直到證明草裡面並沒有藏任何東西後，再叫我把床板拆下來。

兩個人翻來覆去地查看那上面有沒有挖的「洞」，再搬開每一個床架的榫頭，看看那裡面是否塞有紙片之類的東西，然後在牆上搜索每一條縫隙，一直搜尋到房頂，再搜索到瓦楞。

最後又爬下床鋪仔細地用手電筒查看床底下的泥土，一邊敲打一切可疑的地方，好像尋找那下面埋著什麼似的，僅對我舖位的檢查，整整折騰了兩個多小時。

長期沒有打掃的床舖下面，灰塵和霉氣令人窒息，他們帶著大口罩，逼我按他們的要求操作，直到確實搜不出任何可疑的東西後，才將我押到院壩裡的破爛行李面前，命令我就地盤腿而坐，不准東張西望！

接著兩個人開始了對這一堆破爛的「解剖」：用剪刀剪開我的破皮箱，折開每一個夾層和每一條縫隙，包括皮箱上已經不能鎖上的「鎖」和提手把，直到證明破皮箱裡什麼也不曾藏匿，才將它扔到了一邊。

我看著到那口跟隨著我南奔北撞了十五年的伴侶就此徹底解體，心裡便湧起了十七年前我提著它走上車站的那一幕，一陣酸楚湧上心頭。

接著，他們搜尋從箱子裡倒出來的破爛，將我的筆記本和所有的紙條全都丟進了一個盆子裡，然後，打開我的破棉褥和那床足有十斤重的被蓋，用剪刀剪開我那床破棉墊。

那是我在勞動之餘，千針萬線將一些從破棉被上撕下來的破棉花和破布鑲拼縫合而成的，拆開那些線縫，便是一堆又爛又髒的破棉花。兩個人對那裡面的每一個棉疙瘩捏了又捏，直到確認裡面並沒有任何東西時才罷手。

拆完了棉褥，又用同樣的方法拆被子，拆完被子上的幾十個補巴以後，便將裡面的棉絮翻過來，又對裡面的棉花疙瘩捏了又捏。

天色漸漸地黑下來，從上午十點搜查到晚上八點鐘，整整折騰了十個多小時，還在繼續搜查，沒個停歇的樣子。

夜幕籠罩了六隊的上空，崗哨上打開探照燈，探照燈像兩條火龍，虎視眈眈地監視著院壩裡的每一個角落。此時，我的位置上幾乎全是些碎布片和破棉花，我的唯一財產，便是那些好不容易才弄到手的書、筆記、信件全部的丟進了盆子裡。

搜查完畢後，何慶雲才叫我站起來，並脫

下了我身上的那件棉衣，那棉衣足有十餘斤重，那是由幾十塊破布以補釘連成一體的，樣子極醜，但卻解決了我過冬的大問題。而今場部來的幹事卻不由分說，拿起剪刀便對我這件冬天的護身寶一陣解體。

那天晚上很冷，呼出的氣在夜空中凝成白霧，我穿著單衣瑟瑟發抖，牙齒禁不住咯咯打顫，在慘白的探照燈光下，我被剝得精光，只穿著一條內褲，實在沒有查到任何他們想要的東西後，便叫我脫下內褲彎著腰，還掰開我的屁股，直到證實裡面沒有夾帶為止。

這可是我平生第一次被這麼徹底的搜查，但我已冷得發抖，全部的精力都用在抵抗寒冷上，內心裡卻燃燒著一股怒火，多次向何慶雲提出抗議：「你們究竟要幹什麼？處罰人也不能用這種辦法。」場部那人瞪了我一眼，將一件檢查過的棉背心扔給我披在身上。

我想，那天如果不是我胸中燃燒的那股怒火，我真會被凍死的，有幾次我拼命的咬著咯咯作抖的牙幫，竟將嘴皮咬破，從口裡滲出血來。

搜查一直持續到了深夜十一點鐘，才將囚奴們全部趕進了各自的監舍，張錫錕則被關進了小監，從此就再沒有出來過。而我從菜蔬組搬到了嚴管二組，睡在張錫錕原來的鋪位上。

面對這場搜查留下的一片狼籍，我朝那口跟隨著我十七年的破皮箱瞥了一眼，心中湧起一股無名的怒火，感到自己的身體在怒火中燃燒。

扔掉破皮箱後，我只好用一塊破布包好我隨身的換洗衣服，便靜靜坐在鋪上。被蓋和墊褥都成了碎片，我無法睡覺，周身好像從冰窖中爬出來一樣，身上一點熱氣都沒有。

此時，估計大約是凌晨兩點鐘了，心中掛念著張錫錕，雖然他早已作了犧牲的準備，但我為他感到萬分痛惜。

他同陳力一樣，來不及留下一點值得紀念的東西給我，而我自己稍有不慎，在這個殺人如麻的環境中，隨時都會招來同樣的結局。

壩子裡的探照燈一直亮了一個通宵，除了聽那瓦背上陣陣呼嘯的北風，就是院子裡老管查哨的馬靴聲。

（二）奮起自衛

我在室內發黃的燈光下，裹著那床已撕破了的被蓋，蜷縮著坐在那裡，細細回憶今天在這裡發生的事。

像今天這種無理搜查，我們本可理直氣壯向當局提出抗議，但大家被空前的恐怖氣氛懵住了大腦，「火炬」的戰士們，還沒有來得及反應過來，沒有人對此表示抗議。

今天獄方什麼也沒有搜查到，估計他們不會善罷甘休。

林扯高經如此嚴密的搜查，竟沒有從我們身上搜出「火炬」的一字一紙的「證據」，想到這裡，身上感到稍稍暖和了些，頭腦也開始清醒過來。

現在，我不能對他們的瘋狂搜查和無理侮辱表現忍讓，我要給林扯高和何慶雲留下心中有愧的感覺，我必須對他們無休止的糾纏作出反應。

想到這裡，我鼓起勇氣，高聲的向壩子裡喊道：「我冷，給我棉衣。」那聲音在寂靜無聲的六隊院壩中格外響亮，像炸雷掠過夜空。

不知是太疲倦，還是因為劊子手的心虛，哨兵對我的呼喊並沒有答理。就像九年前文革開始那個晚上一樣。

我又一次猛烈的吼叫起來，這一次在大門處亮起了一束手電光，何慶雲拿著一件撕破了的棉衣走到我面前，扔在我的身邊，一面惡狠狠地威脅道：「孔令平，你規矩點。這不是一九六六年了，你放明白點。」

我立即抓住了這個機會反唇相責：「你憑什麼撕我的棉衣和被子，那是政府給我的人道主義，你撕爛了它們就不管了，裝作不知道。」我用這樣的口氣責問他，把他們精心營造的恐怖氣氛給衝破了。

我知道此刻全監舍的人都在看著我，都在聽著我的抗議。此刻我對獄方的大聲抗議，是何慶雲沒有想到的，本來撕毀衣服被子就是盲目的，在六隊的反革命集團問題上，何慶雲和林扯高又有矛盾，林扯高虛張聲勢，等於是對何慶雲主持管教的全盤否定。

何慶雲面對這個局面，大概在心中暗想：六隊這些年來的成績並不是你林扯高一筆能抹殺得了的，而林扯高不但沒有把孔令平這樣的主犯嚇倒，反而還借此攻擊起我們來了，我看你林扯高怎麼收場？

表面上他壓低了噪門喝道：「現在夜深人靜，我不同你計較，你也該清醒一點，自會有人叫你吃辣子湯的。」說完抽身向大門口走去。

我並不想放過這個機會，緊緊追問道：「你們憑什麼把我同張錫錕硬扯在一起？憑什麼把我送進嚴管組？是看到我這幾年沈默了？

於是你們想怎麼整就怎麼整了？你們不是正在貫徹武漢公安工作會議的嚴禁打罵犯人、嚴禁逼供信的規定麼？今天搜查所造成的，完全是林扯高一手操縱的。」

這一聲怒責，憑我直覺判斷，何慶雲完全能聽得出我話外之音，聽得出矛頭所指。在派性上，何林兩派一直勢如水火。在這個矛盾中，我要充分地加以利用。

我向何慶雲的大聲責問，是給火炬撰稿人和傳閱者一劑鎮靜劑，我告訴他們，統治者內部存在著分歧，他們十分虛弱，他們的矛盾是可以加以利用的，千萬不要因為張錫錕和周志被關進小監而洩氣動搖，千萬不要因為幾個敗類的醜惡表演而看不清形勢。

另外，還想告訴大家，林扯高今天其實一無所獲，本來就有矛盾的隊部，就像一群瘋狗，在沒有咬到人時候，他們會自相撕咬起來，現在應當分析形勢，採取相應措施，而不是驚慌失措。

何慶雲不吭一聲地匆匆結束了這場「嘴鬥」，快步地走向院壩，迅速地消失在大監鐵門邊。

我在昏暗中穿上他剛剛送來的那件棉衣，比我那件千疤萬補的「鎧甲」暖和多了，寒冷的威脅減緩後，心中似乎踏實了些。

秩序又恢復平靜，前一天晚上所造成的恐怖氣氛，迅速消逝了。農六隊在第二天的出工時，恢復了以往的嘈雜和說笑。

第二天早上出工，我跟著嚴管組，雙手空空地到了改土工地上，因為我沒有工具，便給裝滿泥土的板板車幫助啟動和倒土。只是昨夜一夜未眠，到了下午眼皮重得像掛著鐵錘，很想打瞌睡。

此時何慶雲順著田坎走過來，本不想理他，可他偏偏盯上我一個人站在那裡，既沒有拿鋤頭挖土，又沒有往板板車上裝土，便問道：「你怎麼不動？」神情很冷漠。

「你沒看見車子還沒有打倒轉麼？」我也以冷冷的回答。

「你的工具呢？」

「在蔬菜組。」

「為什麼不帶來？」

「糞桶，糞瓢，扁擔，這兒用得上麼？」我譏笑地回答。

所有嚴管組的人都停下手中的活注視著我，我心中明白，此時我的一舉一動，都會在囚奴中產生影響。帶班的士兵也用驚奇的目光看著我，沈默了幾年以後，我又有稜有角地再現當年的鋒芒了。

何慶雲內心充滿了矛盾，他並不希望昨天的突擊搜查，找出「火炬」的組織綱領和名單這類證據，但他對幾個最頭痛、也是下過「苦功」的反改造「尖子」心中無底，不敢理直氣壯地拍著胸膛保證，也不敢在管教科的面前與林扯高公開的爭論。

大搜查沒有搜到任何證據，使林扯高落空，卻使何慶雲心中暗暗竊喜。即使遇見我如此輕蔑的向他發洩不滿，他也不計較。

林扯高的確是大失所望，費了足足半年時間，本想一舉在六隊撈一網大魚，結果除了張錫錕，還是張錫錕，現場抓住的人只多了一個周志，雖說逮了一個傳遞「火炬」的現場，但周志又有什麼用，充其量是個週邊成員，被重點懷疑的火炬其他成員，一個也沒有抓到。有關反革命的組織證據、綱領和名單，一個也沒有找出來。

僅憑一張「火炬」刊物和幾張「反到底」的傳單，仍然不能對這個團夥案子定性，所以林扯高正盤算如何撬開這些人的嘴，供出他所需要的東西。倘若將所有的「嫌疑人」統統關進小監，又怎麼應付何慶雲的冷言嘲笑？

張錫錕被關進小監的第二天，便被林扯高從六隊小監轉移到林業隊旁一處新修的秘密監禁所。那裡有圍牆鐵絲網，那裡的工作人員不再是犯人和刑滿人員，而是一批不知從哪裡招來的工人。

林扯高對六隊的保密工作十分懷疑，生怕繼續關在六隊，讓小監與大監通氣。他需要在嚴格分割的情況下，獲得被審者自相矛盾的口供，從而找到突破口，得到意外的審訊效果。

從此，張錫錕與農六隊的政治犯斷絕了一切聯繫，西昌地區法院和四川省高等法院組織了專案班子，專門審理「火炬」案，但是因為所拿到的僅僅是張錫錕和周志兩人傳遞的一份手抄刊物，以及陳賢士和劉資元們提供的似是而非的證言，顯然證據的不足，必然引起對於口供的「認定」和「反認定」的爭執。

好在林扯高和何慶雲之間勢同水火，可以變成我們反駁林扯高的有利條件。這是一場鬥智鬥勇的較量，我們中的任何人在被審訊時的語言失誤，都會給我們帶來殺身之禍。

（三）闖險

在這場鬥智鬥勇決心的較量中，值得我們驕傲的是，所有火炬的成員都明白，營救他人等於營救自己，六隊的政治犯們越來越成熟了。

一天晚上，何慶雲把我叫到了辦公室。文革將近十年了，何慶雲雖每年都有幾次將我召到他辦公室裡，但以前大多是單個對談，內容多半是我與管教方面發生的衝突，或發生像林彪這樣的政治事件後，或嚴打運動中詢問我對形勢的看法等等，這次卻不同以往。

一走進何慶雲的辦公室，何慶雲的身旁坐著兩名陌生男子。兩名男子臉上很嚴肅，我猜他們是張錫錕專案組的人，兩名陌生男子，一個作記錄，另一個像是這次預審的頭兒。

我平靜地坐在小板凳上，等候對方的提問。我知道，何慶雲在表面上是陪審人，實際上是這場戲的主唱。

我與何慶雲長期打交道，彼此都瞭解對方的底細，我知道何慶雲對林扯高鬧出的這個「反革命集團案」很不服氣，所以有意的給我留下替「火炬」抗訴的空間，何況這幾天我已多次主動出擊，在指責林扯高亂來和捕風捉影時，何慶雲表面上制止，但從他臉上的表情卻在鼓勵我放膽抨擊，一吐為快。

我也知道中共的預審過程，是沒有什麼法律依據的，不憑事實一貫是先入為主下結論，然後再編造口供使之與結論相符，所以冤案特別多。

但這次正是在文革進入尾聲時候，何況武漢工作會議上有「重證據，嚴禁逼供信」的最高指示，多多少少對先入為主的瞎乍乎有所抑制。

提問之前，何慶雲伏在辦公桌上抄寫什麼東西，做出一副胸有成竹的樣子，但我怎麼也覺得他在裝模作樣。

連日來，我在工地上抓住他缺乏證據，以及很不正常的大搜查，撕棉衣被褥等等站不腳的做法，主動進攻。我明白何慶雲此刻在高等法院的專案組面前，可說對火炬案一籌莫展。

三分鐘冷場以後，主審官按常規提問姓名籍貫後，便直接了當的向我提問道：

「今天就火炬一案正式提審你，你不要兜圈子，而要老老實實的回答我向你提出的問題。」

我本想反駁他，申明自己與火炬沒有任何的瓜葛，有理由拒絕回答。但我還是克制了自己，且靜靜聽他怎麼說。

「首先，你要老實交代你所知道有關火炬的全部情況，你要立爭主動交待，我們的政策一貫是坦白從寬抗拒從嚴。」

我立即反問道：「你憑什麼說我知道火炬的來龍去脈？並且要我交待些什麼？」

「你別裝蒜，我們有大量的證據和檢舉材料，證明你就是火炬的成員，現在是要你主動交代。你要知道，抗拒是沒有出路的。」

何慶雲在一旁冷笑著，裝出一副胸有成竹的樣子，我明白他心裡想的恰恰相反。

提審人接著說：「要你交代『火炬』反革組織成員和組織名稱行動綱領，難道你們自己幹的事，還要我們來提醒嗎？」

「怪不得何幹事經常搜我的東西，現在大概已經死心了吧，你所得到的檢舉是一些捕風捉影的東西，我知道你們完全可以據此下結論，既如此又何必來問我？」我堅定的回答道。

提審員被我這麼一駁卡住了，辦公室裡，兩分鐘的沈默後，好像今天的審問不可能有什麼進展了，於是改換了問題：「你看過『火炬』嗎？」主審官的提問，顯然在迂迴出擊。

「如果說沒看過，你們已根據林管教放出的空氣說，農六隊至少有大半的人都看過它。我當然是在你們已經認定的人中了，就算我如實回答說我一無所知，你們也不會相信。但是我覺得我們無須爭論誰是否讀過『火炬』。」

「你們不是說『火炬』滿篇都是造謠，是對中國共產黨的誣衊，那麼你們可不可以把它公開的拿出來批判？也讓我見識見識？就像你們經常在你們的報紙上刊出反動文章供大家批判那樣。如果它只是批評你們，那麼你們應當清楚，這與公開提出打倒共產黨、推翻政府、號召暴動是兩回事，我想你們應當分清批評你們與組織反革命之間存在著原則的區別，這是不可以任意定性的。據我知道，『火炬』中還有你們散發的傳單，有這種荒謬的反革命組織麼？」

我的這番駁斥，頗令西昌派來的預審員感到吃驚，也許在他們接觸監獄中的政治犯中，很少能夠擊中要害，把揭露當局的性質與對他們的指控嚴格區分開來。

他們也明白，所「拿獲」的證據，充其量是對中共黑暗統治的揭發，是一份傳單！它極有可能是個人的行為，甚至是個人的寫作，由此而斷定是一個反革命組織的綱領，只有草木皆兵、神經過敏的人才會這麼做。

這使我想起了蒲世光以「非團員呼聲編輯部」寫的一張大字報，就被認定是組織反革命集團的冤案。中共的基層官員，連法律的基本界定都沒有弄清楚，就急急忙忙亮出自己的底牌，反映了它的極端無理蠻橫和無知。

他們的底牌已經亮出來了，我已經斬釘截鐵地駁斥了他們下的「集團」結論，因此，追究其他的諸如由誰起草？怎麼傳看等等已沒有意義了，繼續審問下去，完全是多餘的。對我的預審就這樣草草結束。

接著劉順森，夏光然、陳容康、鄧自新幾個被他們認定的重點「火炬」份子，也經歷了這種相似的「預審」。由於有我的反駁給整個案子理出了頭緒，法院的瞎乍乎只能一無所獲。

林扯高想通過預審獲得「反革命」集團材料算是徒勞了，六隊殺氣騰騰的形勢被擋住了。

第五節：火炬戰士，無愧當今的英雄

現在最令人擔心的是，林業隊特別小監裡

的張錫錕和周志的安危了，尤其是張錫錕的危險處境，又處在嚴密隔離下。中共最容易在他身上使出哄騙和恐嚇的手段，達到各個擊破的目的。當年他們對蔣正君的「反革命集團案」的羅織，就是利用了這種手段，株連了幾十人，編造出一個龐大的「反革命組織」。

但是我們深信張錫錕有著非凡的人格，他所抱定的不惜為真理壯烈犧牲的宗旨，令人敬仰。但我們為不能營救他而深深自責，我們深信他能戰勝當局的詭詐。

林扯高不甘心，於一九七五年三月，又把劉順森和夏光然關進了六隊的小監中。

然而，當局煞費苦心的隔離，並沒有切斷張錫錕和農六隊的戰友們的聯繫，還不到半個月，林業隊的人便從特別小監的工作人員那裡，弄清楚了張錫錕他們的生活處境。

林業隊裡傳來的消息說，張錫錕和周志雖然被嚴格隔離關押，但還沒有給他們上刑具，每天都有高等法院的人對他們施以「人道主義」的攻心戰。他們的伙食由場部幹部食堂送去，這使我聯想到十一年前我和陳力被關在場部小監的情景。

（一）回答審問

處境最危險的是張錫錕！在大陸獄中「組織反革命集團，圖謀推翻人民民主專政」的反革命組織罪名一旦成立，為首者必面臨處決的結局。

當局在十一月八日這天，既沒抓到任何證據，除那張在廁所裡截獲的刊物，法院要定罪的證據一個也沒有。現在對張錫錕的認定只能靠張錫錕本人和我們的口供，所以張錫錕被抓進特殊小監的那一刻起，他的口供決定了他的生死，也決定著其他火炬成員的生死。

不久，從林業隊傳出了有關張錫錕的一段審訊經過：

預審員：「現在，再一次向你交代政策，從你手中現場拿獲的『火炬』是你的手抄本，從你們所出的刊物證明你們有相當的組織能力。這個刊物上所登載的文章，文風和內容決不是一個人所寫，而是由幾個人寫的，你也知道獄中組織反革命宣傳難逃一死，但是我們仍抱著治病救人的改造目的。如果你能在事實面前很快交待出你們的同夥，我們仍可根據『坦白從寬，將功補罪』的政策，減輕你的責任，甚至於可以免除追究你的刑事責任，你應當仔細地想一想。」

張錫錕：「我已經反覆向你們講清楚了，你們搜去的『火炬』屬於我個人的行為，我想你們的技術鑑定會得出這個結論的，你們已徹底把六隊翻了一個底朝天了，難道還不相信自己搜查結果嗎？所以，我覺得你們不應當節外生枝，至於你說我不甘心滅亡也好，說我蠢蠢欲動也罷，這些話我已經聽你們說了幾十年了。難道飢民們起來造反，要你們下臺，也是反動階級企圖恢復他們失去的天堂嗎？這不是太可笑了嗎？被你們劃為被消滅階級的人越來越多，這表明什麼？我是一個學生，我是處在水深火熱之中的普通老百姓，不是被你們誣衊的被消滅的剝削階級。」

「當然權力掌握在你們的手中，今天你們可以隨心所欲，對我要打要殺。但是你們怎能殺掉你們自己所造就的、反對你們的老百姓？我們認識上既然存在著根本的區別，我們永遠都無法說到一處去。至於你們說我組織反革命集團，那也是你們的主觀認定。要我招供出你們想像中的反革命組織，那是你們的一廂情願。我勸你們不要枉費心機，我是不會在你們認定的供詞上畫押的。」

這一席話，令預審員驚心動魄。

預審員：「那麼，我想問你，在你們的『火炬』中，哪些文章是其他人寫的，比方說那些是劉順森寫的，那些是孔令平寫的。我們掌握了充份證據，這些人是你的同夥，你幫他們隱瞞也是瞞不住的。」

預審員在用認定的方法，迫使張錫錕交

代，這是中共慣用的手法：口供代替證據，推理代替事實。他想逼迫張錫錕招供「集團」的成員。

張錫錕仍然從容回答道：「任何一個中國人，只要他們不屈於你們的壓迫和淫威，敢於說真話，你們都可以懷疑。這麼多年來，哪一個中國老百姓沒有挨過餓受過凍？你們編造的美好謊言還少嗎？」

「這麼多年來，你們為了欺騙百姓，吹噓什麼農業大豐收，捏造高產衛星，強迫善良的農民在人民公社吃草根樹皮，讓他們全家餓死在自己的土地上；把城市居民和工人連哄帶騙去建造小高爐，煉出一堆堆毫無用處的鐵疙瘩。還吹噓什麼十五年超英趕美，最後讓他們落得連遮風避雨的家都沒有。」

「你們效仿秦始皇在全國大興冤獄，把老百姓為你們打下的江山，變成了無人敢說話的人間地獄。你們逼迫善良百姓忍飢挨餓還嫌不夠，還要逼迫他們高唱大海航行靠舵手，共產黨是人民的大救星，驅使他們備戰備荒。」

「我們為你們把全國搞得餓殍遍野，還把這種惡果上堆給老天、下推給蘇聯感到可恥。你們讓盲目無知的青少年在文革沙場上喋血殞命，為了瘋狂的夢想造的孽，千秋萬代都不會忘記。」

「神州大地已被你們搞成了人間地獄，你們的罪惡昭昭，何需我去書寫。就是我寫出來，也可以用一個成語來描述，叫『罄竹難書』。文革中你們逼迫我們在毛澤東的像前請罪，你們的人『早請示晚彙報』，跳忠字舞，我只覺得可笑。」

「至於你說到劉順森、孔令平，肯定你們還會懷疑其他什麼人，可以說農六隊中二百多號人中，沒有一個人不在心底裡痛恨你們。只是懾於你們的酷刑和棍棒，才忍受著你們的作威作福。你們硬把所有反對專制的人，當成一個組織嚴密的集團扯在一起，那只是你們的胡說編造。果真這樣，你們不是變成極少數的孤立份子了麼？你們不是口口聲聲說，反革命是極少數麼？」

「劉順森孔令平他們都是我獄中的好友，同你們所論斷的『反革命組織』是兩回事，我們根本無須成立什麼組織，制定共同綱領。我們認為在監獄中這種反抗你們的行動，是無須什麼綱領來約束的，你也不要枉費心機了。」

預審員提出的問題，招來了張錫錕的嚴辭反駁，他們反而在張錫錕面前變成了受審者。在這個視死如歸的人面前，已經不能用常規的方法得到新的口供，審訊記錄上是什麼也記不上去了。

當然，張錫錕真是一條令人佩服的硬漢子。他所提出的問題，是辦案人員沒有弄清楚也無法回答的，一個小小辦案人員，既然缺乏證據，也只能照事實來作結論了。他繼續問道：

「好吧，看來你是頑固抗拒了，不過其他的人未必同你一樣，他們自會交代問題，現在留給你更多的時間，好好反省，直到你想通了，再來交代吧？現在你要交代『火炬』的另一些問題。你是什麼時候寫『火炬』的？一共你寫了幾篇文章？你的動機和目的是什麼？有誰看過你的『火炬』？你在獄中是怎麼傳遞『火炬』的？……」

這裡完全可以引用當年共產黨曾說的一句話，「星星之火，可以燎原！」這是一把中國民主運動的星星之火，燒毀毛澤東所建造地獄的星星之火。

審訊就這麼持續下去，一九七四年十二月開始，火炬案的審理一直持續了整整八個月。六隊似乎重新恢復了表面的平靜，我也從嚴管組調到了大田組。

曾一度關進小監的劉順森和夏光然，也從小監裡放了出來。除了周志和張錫錕一直關在林業隊，並從那裡不時傳來有關他們如何同審訊員相對峙的英勇故事。這些故事全是由管理特別小監的工作人員傳過來的。

張錫錕以他偉大的人格，征服著一直看守他的人們。這些工人在講到張錫錕時，個個翹起大拇指。而我們最清楚，如果不是他的英雄氣慨壓住了劊子手們的囂張氣焰，六隊此時還要被林扯高搞得雞飛狗跳。

這時西昌地區大鬧地震，謠言紛傳，我們仍然住在地震棚裡，相聚在一起蒐集全國的政治形勢，冷靜地考慮我們的對策。火炬不能再出版下去了。但從地獄裡舉起的火炬，卻照亮了許多人的心靈。

四個叛徒中，最滿意的當數陳賢士了。他的刑期本來只判了五年，在獄中不知不覺的混過了三年，林扯高提出提前釋放的申請獲得批准，決不是一件困難的事。

（二）會場上

一九七五年八月，由西昌地區法院簽署的對張錫錕反革命集團的判決中，判處張錫錕死刑，立即執行。以同案主犯，判處周志死刑，緩期兩年執行。

當局對政治上稍露反對鋒芒的人所採取從重從快的嚴厲打擊，是毛澤東獨裁暴政的唯一手段。因為火炬傳遞的不慎，使張錫錕付出了生命的代價。然而可敬可嘆的是，張錫錕毅然的用自己的身體切斷了「火炬」同其他成員的聯繫。六月西昌中級人民法院專案組的組長向張錫錕作了最後一次提審。

專案組長問：「我們已根據西昌檢察院對你在獄中組織反革命集團、出版反革命刊物的起訴，經過八個月的偵查，在查明事實真相以後，已根據中華人民共和國懲治反革命條例，即將對你作出『判處死刑、立即執行』的處理，並報最高法院批准。但在這個最後的時刻，我們仍從挽救你的立場出發，希望你能徹底地交代出你們的組織和同夥。這對你來說，是最後一次機會。如果你能交待出『火炬』集團的其他成員，我們仍可以根據黨的立功受獎的原則，對你重新量刑處理，我們甚至可以向你保證，如果你選擇坦白交代的道路，不但可以免你一死，甚至可以考慮對你的特別處理。給你選擇的時間只有三天，希望你慎重考慮。現在請你回答，你是否願意考慮交待？」

對方已經黔驢技窮了。對張錫錕採取的最後誘惑也失敗了。在張錫錕的面前，始終擺著一條出賣他人以求自己苟活的路。然而，獲得了超然精神力量的張錫錕，冷笑面對魔鬼的誘惑，拒絕走這條路。

他坦然回答道：「要講我的同夥，全國六億人民都反抗你們的暴政，他們都是我的同夥。你們胡說自由民主世界是人間地獄，而你們卻在中國大量的殺人，把中國變成了真正的人間地獄。但是被你們殺的人越多，這個政權就滅亡得越快。至於講赦免，我毫不客氣告訴你們，你們還沒有這個權力。只有人民才有赦免你們的罪惡的權利。我很樂意無愧的死去，同被你們無故殺害的許多中國人一樣，我是正義的。我堅信人民是會紀念我的。因為我是在反抗獨裁、反抗你們的暴政而犠牲的。我不但可以告慰我自己，也可以告慰六億同胞。不管你們今天接不接受我的觀點，但總有一天，你們會看到我現在所講的話是正確的！」

這擲地有聲的鐵骨諍言，便是張錫錕犠牲前的最後宣言。

這次最後審問後，張錫琨被錘上了十五公斤重的死囚腳鐐。審訊者在佈告上所劃的紅勾，反映了他們軟化和欺騙政策的失敗。

一九七五年八月二十五日，當局最後向這位始終沒有屈服的戰士，宣佈死刑判決後。並定於次日在本農場執行槍決，問他在生命最後的二十四小時還有什麼話要講？

張錫錕仍然淡淡的冷笑了一下，然而這冷笑中，卻帶著一絲遺憾，一種壯志未酬的遺憾，接著，張錫錕便以鏗鏘有力的聲音留下了最後幾句話，這幾句話立刻傳遍整個鹽源農牧場中的上萬名流放者和刑滿人員。

「這二十多年來，我親眼目睹你們在罪惡

的政策和獨裁專制的制度下，廢民主，殺無辜，失民心，破壞建設，一步步走向衰亡，並看著你們一步一步地走向滅亡。然而，我十分遺憾的是，我沒有活著看到你們最後滅亡的那一天。但那一天就要到來了，當那天到來時，中國一定前進了一大步，那一天我會同譚嗣同在天堂裡同人民一道分享民主革命的成功！」小監的工作人員，用動情的語言繪聲繪色地向外傳遞了這位民主鬥士最後的預言。

那時正是蘋果成熟的季節，看守們在果園裡為他挑選了一盤又大又黃的蘋果，為他特別清洗了臨刑就義的衣裝！

一九七五年八月二十六日，農六隊的流放者在凌晨六點就被催促起床。為了製造一個恐怖的氣氛，何慶雲在集合隊伍前，宣佈了今日公判大會的紀律：

「不准帶凳子，不准帶紙筆，開會時必須端坐在指定的位置上，臉朝前方，不准相互交談，不准移動座位，不准交頭接耳，不准在會議過程中離位解小便，不准與其他隊的人員相互打招呼交談。」

何慶雲宣佈完畢，陰沈著臉打招呼：「整個會場今天都有巡查的員警，誰違犯，誰被武裝捉到，招來的麻煩後果自負。」出發前，何慶雲還命令各組的組長對參會者進行了一次搜身，發現所帶的紙筆通通搜去。

八月底的鹽源，按以往的季節，已進入風季。然而這一天卻特別的反常。滿天烏雲密佈，讓人特別的沉悶。我望了望那濃雲覆蓋的灰色天空，覺得心裡特別的壓抑難受。我不知道，天要下雨還是要哭泣？不是說蒼天有情麼？

會場被整整兩個排的士兵包圍著，我們進入會場時，便看到那些隱藏在圍牆外的綠軍帽嚴陣以待，主席臺後面高約一點五公尺的矮牆上，架著機關槍。

牆頭上綠軍帽下像狼一般兇狠的眼睛，盯著壩子裡已進入會場的赤手空拳的人，就像防備某一個人振臂一呼，其餘的人便會像洪水般朝主席臺方向壓過去，劫了法場似的。在主席臺兩側的露天看臺上，是數百名來自各中隊的隊長、幹事們，因為他們都是獄中的老油子，明白所關押的犯人都是一群被壓得服服貼貼的奴隸。此時倒輕鬆隨便，顯得滿不在乎。

能容下萬名人的會場，被橫豎交叉的石灰線劃分成許多的方塊。列隊進入方塊的各隊囚奴，要規規矩矩的囚禁在裡面，不得絲毫越界。

主持今天大會的是場部革命委員會楊主任。坐在楊主任身邊的，是西昌中級人民法院的院長。楊主任不時從麥克風中傳出埋怨聲，責備各隊的隊長沒按他的指令預先進入方陣內，不時地傳出他起立整隊的號令聲，直到十點鐘光景，才安定下來。經他這麼一弄，原先十分壓抑的氣氛，緩解了許多，人們開始亂哄哄的交談。

宣判大會開始，楊主任故作鎮靜嚴肅的起立，左手揮動著早已準備好的紅本本，念著預先選定的公判會常用的經文，宣佈大會紀律！

他講話剛剛落音，主席臺兩側走上來兩名全武裝的士兵，發出一陣厲聲喝叱。短牆後面立刻回應出一迭殺聲。這使人聯想到專制時代公堂兩側峙立的差役，以木棒擊地，齊聲吼出「威……」的吼聲。

就在這陣陣逼人的沉悶氣氛下，一陣歇歇停停的雨點打在會場中，接著便將一場大雨狂瀉下來。

矮牆上二十多挺機槍黑洞洞的槍口虎視著台下，槍口好像隨時會因會場哄亂而噴出火舌來。三合土壩子裡，近萬名盤腿危坐的人們，雖被大雨澆淋，卻沒有一個人站起來。

會場內近萬雙眼睛盯著主席臺兩側的各隊獄吏們，他們在大雨猛砸下，有的人東張西望，向可以遮雨的走廊跑去，有人正在張開事先帶在身邊的雨傘，卻被矮牆後面的虎賁們叱住，使得這些想溜的人尷尬的縮回到原處。灰溜溜的收下了剛剛打開的雨傘，便用手帕，或脫下外衣，頂在頭上。

我在台下正襟危坐，雙目微閉，索性順勢地脫下了帽子，任憑豆大的雨點從光頭上淋遍全身，雨水順著衣服和褲子在雙膝盤攏的交叉處，流到了三合土地下，彷彿是上蒼在流淚，替冤死的人們作亡魂超度的祈禱。

忽然廁所方向傳來了一陣騷動，有人在那裡歇斯底里的吼叫，只見幾名全副武裝的士兵正用木棍，驅趕著圍在廁所周圍的奴隸們，警棍落在他們的頭上和身上，發出一陣陣噗噗聲，有人捂著沁出血的頭在躲避著警棍，但沒有人叫喊。

看臺上的各隊看守，有的正在向自己管理的囚犯隊伍張望，有的便從看臺上走了下來，混亂持續了十幾分鐘後，廁所周圍的人被強行驅散，大雨也開始收住了陣腳，楊主任才走到主席臺前，抬頭望了望漸漸散去的烏雲，麥克風重新嘈雜起來。

他一聲令下，一群虎賁兩人揪一個，將三十多名犯人像餓虎撲羊似的推到了主席臺前，每一個被押上來的人遍體鱗傷，滿臉是血。

當時慣例，被宣判者都在短牆後面被暴打一頓，並緊緊的綑綁以後，才推到主席臺前，此種慘絕人寰的酷刑虐待，我們早就見慣了，被處決前還要被糟踏成這樣，全是做給活著的奴隸看的，在這群慘不忍睹的隊伍中的第一名，便是張錫錕。

分別十個月了，此刻見到了他除了滿臉是血，五花大綁外，還見他喉嚨在艱難地抽動，他有一腔融著熱血的話要當庭一吐，或是想振臂一呼，向台下的奴隸們喊出準備好了的囑託，但他說不出話來，因不能吶喊而掙扎著。

就在這一瞬間，全場一片啞然。唯有我和一切火炬成員，正強摁著心中湧動的怒火。抬起了頭，正面迎視著張錫錕的目光。

就在這時，我看到主席臺上左側何慶雲卻低低地埋下了頭，何慶雲正坐在張錫錕的背後，看得出他一臉慚愧，關於他內心的想法，我早有耳聞，傳說他的妻子最近經常向他嘮叨：「世情險惡，少做一點缺德事為妙。」怪不得近一年來，他常顯得沈默寡言。

在審訊中，張錫錕視死如歸的精神，強烈震撼著他的心，使他意識到自己雙手已沾滿了無辜者的鮮血。一旦意識到這一點，便在心理上解除了武裝，何況動盪不安的社會，難說今後是誰持掌大權？。

奇怪的是，今天主席臺上，卻不見林扯高，他可是殺害張錫錕的直接兇手。今天，林扯高本該高高坐在首席位置上，他該不是怕面對張錫錕吧！

在楊主任的一聲口令下，接著是喇叭裡播放出一陣聲嘶力竭的口號聲。這時，一群帶槍的獸兵押下了那些求生不得求死不能的人。一陣沉悶的槍聲響過之後，喇叭裡又傳出一陣口號聲！

細雨滴在我的臉上，正好同湧出的淚水順頰而下。此時，我像一個禪定的菩薩，將手中摘下的帽子緊緊地捏著，捏出水來！

（三）從你身旁走過

我記不起廣場中的方陣怎樣在楊主任的吆喝聲中起立，又怎樣魚貫著走出那農七隊大鐵柵門，我記不起自己怎樣在槍口嚴密監視下踏上馬路，只記得距鐵門約五十公尺遠的馬路右側，排列著今天槍殺的八具屍體。張錫錕頭朝下方，背著那塊臨刑的鐵插牌，斜躺在路邊白樺樹下的土堆上。

這樣的展示，是嫌公判大會上把臨刑者死前折磨得血肉模糊還不夠恐怖。故意將這些血肉模糊的屍體放在路邊，在我們經過時重新體驗一遍。

為了紀念，我邊走邊數著路邊的白樺樹，從路邊第一顆樹開始數到第七棵樹下，我清楚地看到，張錫錕臉上淌下的兩道濃濃血痕。他雙目緊閉，顯示出捨棄一切的堅毅，臉上佈滿對災難深重民眾深深憂傷!!而他那微微張開的嘴，彷彿還在講述他壯志未酬的遺憾和囑託。

我在槍口監視下，一步一鞠躬從你的身旁走過。口中叨念著：

「安息吧！張錫錕，我親愛的戰友！我將牢牢銘記你的囑託！只要我一息尚存，就要為徹底埋葬這個罪惡的專制制度奮鬥不息！只要我一息尚存，我要把你的光輝彰明世界；只要我一息尚存，我一定要讓你的靈魂復活！」

第六節：上蒼對猶大的懲罰

四個猶大是陳賢士、劉資元、王世春、黃學全。

在林扯高主持下，為四個人整理的減刑檔案報到了場部，但是除了給四個人改善了一下環境外，他們並沒有撿到什麼骨頭。然而天網恢恢，疏而不漏，四個叛徒立即受到了上蒼的懲罰。

張錫錕被關進特種林業隊小監後，黃學全便從嚴管組調了出來，同我一起分到大田二組中：劉資元據說老毛病犯了，正在申請保外就醫；至於王世春調出嚴管組後，牢騷話也跟著多了起來，大致因為他想要的東西落空，失望的情緒流露出來：早知如此，他真不該上林扯高的賊船，成了六隊人人喊打的犬類。

四人中最滿意的當數陳賢士，他的刑期本來只有五年，在獄中不知不覺已混過了三年。一九七五年五月，他便背上了行李，神氣活現的跨出六隊的大門，到場部機修組報到。

去年，因孫明權復仇爆炸株連的郭賢，因「證據不足」，從小監裡放出，重新回到機修廠，剛從六隊調來的陳賢士，被安排當了郭賢的徒弟。

一九七五年六月，陳賢士仗著他的年輕和流氓本領，上班不到兩個月，便同一個就業人員的未婚妻廝混上了。

九月底，離張錫錕被害還不到兩個月，場部派郭賢駕駛一輛輪式拖拉機來給農六隊兩百畝冬小麥地翻耕。

（一）陳賢士

早上八點，郭賢按時將拖拉機開到農六隊大門前，拿著派工條獨自到六隊辦公室去辦手續。車上留著陳賢士。自從他離開六隊幾個月來，陳賢士還是第一次重回故地。

他蹺著二郎腿，得意洋洋地斜躺在副駕駛室的坐墊上，並不時地用一雙賊溜溜的眼睛盯著從六隊走出來的流放者。

前一天夜裡，同女人廝混熬過通宵的陳賢士，感到特別的疲倦，但這是他「體面」走出來的地方，所以仍強打起精神，準備迎接昔日一起勞動人們的羡慕眼光和詢問。

但是從鐵門裡不斷湧出的人從他身旁經過，大都對他投以冷冰冰的目光，沒有人理睬他，就像他不存在一樣，有的還偷偷議論著什麼，對他指指戳戳。

以往秋耕時，場部派來的拖拉機手，向來被當成「貴賓」接待。今天受到人們的冷遇使他感到尷尬和惱怒。

正在沒精打采的時候，突然有人挑著一擔籮筐向他走來，一迭聲的向他招呼。原來是黃學全，一個同他狼狽為奸共過「事」的猶大，「嗨！你倒好，混到跟拖拉機這個美差了，怎麼樣？」

黃學全朝他招呼道，那口氣裡說不清是挖苦，是嫉妒，還是羡慕。陳賢士從坐椅上微微地欠身坐起，不管怎麼，畢竟有人跟他打招呼了，實在是來之不易。

陳賢士答訕著回應道：「哪裡哪裡，黃大爺，你也混得滿不錯，今天去上肥吧？」他故意的這樣問，藉以抬高自己，排遣一下剛才受到的冷落。

可旁邊的代朝謀卻向黃學全吼道：「嗨，別在這裡廢話了，那邊的工具還沒有拿完，大家都等著你呢。」

代朝謀本來就是組長，一樣受過林扯高的眷顧，只不過沒有任何功勞，連骨頭都沒撈到一塊，必然對拖著一塊大肥肉的狗產生嫉妒，狗狗相爭本是天性。

陳賢士朝著這兩個漸漸遠去的背影狠狠地唾了一口，便閉上了眼睛養神，心裡重新回想起昨晚的好事。

吃過早飯，郭賢駕著拖拉機到了麥田，陳賢士下了車，找了一個僻靜的背風田坎，躺在蓑衣墊上沉入了夢鄉。

等陳賢士從迷糊中醒來，已是十一點半鐘了。他翻身爬起來朝麥田方向望去，只見郭賢師傅正將拖拉機開回來，在機耕道上顛簸著，郭師傅在乾田裡打了一上午的滾，已是滿身泥灰，他熄火下車，陳賢士走過去，為剛剛熄滅的拖拉機灌注黃油，檢查鬆動的鏵口螺絲。

半個小時以後，陳賢士重新坐在副駕駛的鐵椅上面。郭賢開著車子，翻過田坎沿著機耕道緩緩地向曬場上爬去，這樣安閒的日子，可是他昧心整人換來的，不禁從心底承認自己實在交了「好運」。

拖拉機在經過水渠的彎道前，唐啟榮背著藥箱也上了車，他把藥箱放在副駕駛座位的後面，便站在陳賢士身後，搭乘便車上曬場去。

拖拉機轉過架在堰溝上的過道，郭賢轟大油門往上方駛去，車輪在一個暴露在木橋橋面的水管接頭上啃了一下，整個拖拉機顛動的瞬間，陳賢士隨著車身的跳動，像一個皮球直端端的從副駕駛座位上，頭朝下地栽了下去。

等郭師傅急煞車時，拖拉機帶著慣性，從跌在地上的陳賢士身上壓了過去。郭賢同唐啟榮都不約而同地驚叫了起來。

車停下後，唐啟榮翻身跳下拖拉機。只見陳賢士正躺在拖拉機左後輪後面，抱著頭痛苦的抽搐痙攣著，臉色由灰色變成鐵青。

從麥田裡下班路過的人圍了過來，見陳賢士正發狂的用雙手向天空中亂抓，一把抓住了唐啟榮的褲腳。唐啟榮尖著嗓子叫人把曬場上的門板抬了下來，準備將陳賢士抬到一河之隔的場部醫院去。

但是圍觀者七嘴八舌議論著，誰也沒有動，大家反而傳出責罵聲：「看他今天小人得勢的樣子，誰去抬他？」「張錫錕的陰魂不散，現在找上他了。」……

這時有人喊住剛剛從城裡回來的馬車，彭文學還不知道這裡發生了什麼事，幾個人已七手八腳把陳賢士抬上了馬車。唯有唐啟榮尖聲阻止道：「他不能坐馬車，要人慢慢地抬到醫院去。」可是沒有人理他，卻催促著彭文學：「趕快走啊」。

彭文學會意，抽動了馬鞭，那馬兒便放開四蹄，在坑坑窪窪的機耕路上，朝著三號樑子上狂奔起來。

繞過五號樑再經過油庫彎，到場部醫院足有十里路遠，彭文學心中明白，陳賢士經過一路顛簸，在路上就要過奈何橋的。

馬車狂奔著，五分鐘後，當馬車衝上三號樑的最高處並繞過油庫彎時，彭文學回過頭去望了一下車上的病人，只見他已一動不動地趴在馬車板上。於是彭文學停下車，走到他的面前用手去觸陳賢士的鼻孔，已沒一絲的氣。再將他翻過身來去看他的瞳孔，證實他已經死去了。彭文學長紓了一口氣，裝成什麼也不知道，繼續抽動馬鞭朝醫院奔去。

一個罪惡的靈魂終於進入了地獄，當他的屍體在醫院的大門停下來時，在那裡等待的唐啟榮並沒有責怪彭文學，而是喃喃的說，「車上三個人，要說最危險的，是站在副駕駛後的我。而坐在椅子上的陳賢士，卻偏偏栽了下去。這不是張錫錕的冤魂找上他了麼？」

陳賢士從拖拉機上栽下來身亡的消息，在六隊迅速傳開，也在場部附近的幾個中隊傳開了。

陳賢士雖然因叛賣告密得到提前釋放，得意洋洋的進了場部拖拉機組。妄形之下，姿意胡來，奪人妻，幹著喪盡天理的事，把自己的快樂建立在別人痛苦之上。但他卻萬萬沒料到，天理不容，張錫錕被殺害不到兩個月，鬼使神差讓他葬身在拖拉機的車輪之下。

馬太福音中對猶大的結局是這樣寫的：「……猶大看見耶穌，已被定了罪，就後悔，把那三十塊錢拿來，向祭司長和長老說，『我賣了無辜之人的血是有罪了』，他們說『那與我們有什麼相干，你自己承擔吧』。那猶大就把那銀錢丟在殿裡，出去吊死了。」

猶大臨死時，還有一種抱愧和自責。而這陳賢士是連抱愧之心都沒有。

毛澤東思想薰陶出來的人，根本就不會悔過，他只好進入地獄，讓地獄的大火來煎熬這骯髒的靈魂吧。

在陳賢士調往拖拉機組差不多同時，劉資元也從嚴管組調進了蔬菜組，這種調整，顯然是林扯高對他的「獎勵」，也是林扯高的許諾。

（二）劉資元

四個猶大中，劉資元是最接近火炬的人，與其說他反對火炬的觀點，不如說他被當局的恐怖所嚇倒，當他明白張錫錕正在出版火炬時，他知道殺頭的危險正向火炬成員逼近。由於劉資元內心深處十分輕鄙林扯高，但不相信「天地之間有正氣」，有鐵著心用自己的腦袋甘願為真理獻身的英雄人物。劉資元雖然對毛澤東的黑暗統治不滿，但對今後的政治局勢卻一片模糊。

文革初期，因為他的牢騷，成為六隊批鬥的重點人物，張錫錕一度把他當成在六隊的知心朋友之一，可惜張錫錕卻忽略了劉資元素質上的缺陷，此人是一個自私、心胸狹隘、缺乏服從真理的人。

他的懦夫天性佔據了上風，在與張錫錕的交往中，劉資元越來越感到，同張錫錕接近，會給自己帶來殺身之禍。經過了無數次思考，他決定與張錫錕和火炬成員劃清界線，以求自保。

現在，當劉資元以出賣「火炬」公開亮相後，原先能同他講幾句話的人，突然變得陌生起來，有些人眼裡還射出蔑視的目光，一些人站在遠處，戳著他的脊樑骨竊竊咒罵，他深深感到孤獨和無助。

這種心理上的痛苦，是他沒有估計到的，就像為三十個金幣而出賣耶穌的猶大一樣，一旦骯髒的交易成功後，那冥冥之中的正氣，便天天折磨著他。使他原本就虛弱的內心，更加脆弱。不過他的靈魂已經墮落，但他仍看不起粗俗的林扯高，更看不起下流的陳賢士。

自從張錫錕被害後，林扯高曾對劉資元許下的減刑和提前釋放的諾言，像一句永遠無法兌現的空話，再沒有被提起過。

劉資元過去犯過頭痛病，最近越來越加劇了，開始時，他還以為是一般的傷風感冒。但頭痛一天天加重，每到深夜都會發作，而且持續時間越來越長。

好幾次到場部醫院就診，醫生似乎猜準了他的內心活動，囑他「病由心起，只有把心情放鬆，注意調養，自會痊癒」，但他服了鎮靜藥後，始終不見好轉。病情反而日益加重。

有時候從夢中痛醒，連呼「張錫錕」。他醒來說，夢見張錫錕一臉是血，站在他的窗下，正向他喊道：「還我頭來！」於是驚得一身虛汗，頭痛驟起，夜不能寐。

當陳賢士墜車身亡後，六隊便紛紛傳言，說張錫錕的陰魂不散，要不然還不到兩個月，便從冥界伸出手來，拉陳賢士去陪命，還說劉資元的頭痛病，定是張錫錕不甘心，第二個賠命的人就是他了。

劉資元聽到人們的紛紛議論，心中更加發毛，有時頭痛發作，他跪在床前喃喃禱告。何慶雲聽說後，向他說道：「劉資元，把你從嚴管組調到菜蔬組，本是政府人道主義的挽救，你可不要時冷時熱。」

張錫錕被害後，他就再沒看到過林扯高，

本來可以把林扯高當成一把保護傘，現在去找誰來兌現提前釋放的許諾？

日趨加重的精神壓力，終於使劉資元在一個早上倒床不起，何慶雲還警告他：「別用裝死狗的辦法來要脅政府。」後來同意讓他到醫院作一個徹底的檢查。

醫院對劉資元的怪病也感到無可奈何，正好有一個從西昌剛調來的醫生，在對他診斷後說，他患了一種名字挺古怪的精神病。也不知是這位醫生在賣弄醫術，還是真有其病。劉資元便是以「頭風病」收進了農場的醫院。

「三國演義」中曹孟德患過這種古怪的毛病。說華佗曾為承相治過這種病，不過要開顱取瘤，這引起了奸雄的大忌，華佗因此喪命，看來這頭風病確有其病了。

劉資元住院後，「頭風病」日趨惡化，常常從晚上十一點至次日早上，通宵達旦發出撕心裂肺的慘叫聲，有人說，這是張錫錕的幽靈來找他了，又有人說他是為了保外就醫故意裝出來的，誰都說不清楚劉資元的病究竟是怎麼回事。

醫院地處二道溝的最下游地段，從兩個大水庫放出的水，經過幾十公里蜿蜒曲折的堰溝流入這裡的總渠，然後再經過總渠注入甘海河，再流到小金河中。

經過二道溝流放者持續十年的艱苦勞役，醫院附近的稻田，已是農場的主要稻米生產基地之一。

醫院距總渠僅五十公尺，為了取水的方便，醫院就在總渠旁邊修建了一個面積二十平方公尺、深為五公尺的大水井。每天清晨五點鐘左右，醫院的炊事員便要早早起床，打著手電筒到這個儲水井挑水煮飯。

一九七六年的春節，初五的一天早晨，刮了一夜的西北風，終於開始安靜下來，挑水的炊事員打著手電筒來到井邊，放下水桶後，對著凍僵了的手指連連哈氣。

挑水的炊事員覺得奇怪，今天醫院二樓的

病房靜悄悄的，沒有聽見劉資元瘋狂的痛苦呼喊。等到手指頭稍稍暖和可以動彈以後，他便提著水桶砸開薄冰，向井中投去。

說來奇怪，水桶砸破了冰層後，卻像擱在什麼東西上面並不下沉，於是，炊事員用力將水桶按下取水，可是好像有一種軟綿綿的東西托住了水桶，怎麼也按不下去，待他再次的用力一提一按時，突然，水中冒出了一大堆黑糊糊的東西，在天色還沒全亮的時候，難以分辨究竟是什麼東西。

於是那炊事員索性把兩個桶都提了上來，從衣兜裡取出手電筒朝那堆東西照去，但看不清楚，好像是一件泡在水裡的棉衣，他嘀咕道：「誰把爛棉衣扔到這裡，缺德。」

於是把手電筒再移近仔細一看，不看則罷，一看周身的汗毛頓時倒豎起來，原來棉衣領口處分明是一顆人頭，頭髮還在冰水中散開，臉面朝下。

炊事員一驚，丟了魂似的扔下扁擔，拔腿向廚房狂跑。一邊跑，一邊大聲喊著：「有人跳水啦！」

十分鐘以後，兩個看守醫院的門衛便同他一起來到出事地點，三個人用扁擔和抓勾還是無法打撈上來，後來又去醫院叫了幾個值班的醫護人員，靠兩根繩子，七手八腳把那具屍體拽了上來，此時天已大亮，撈上來的大胖臉，面朝著天，臉腫得活像一隻吹漲了的死豬，一時無法辨認出究竟是誰。

各病房立刻清點人數，唯獨不見了二樓四病房的劉資元。翻找他的遺物，留下的是一大堆寫滿字的紙：隸書、楷書，不見任何遺書之類的東西。

有人說：「一定是張錫錕的冤魂夜夜與他爭理，最後把他引到這裡結束了生命。」有的說：「一定是頭痛得無法忍耐，想到這個自我解脫的辦法。」還有的說「這是天老爺的懲罰，天理難容啊。」正因為他不可饒恕的罪惡，上帝在把他打入地獄前，活活地用頭疼來折磨他，使他也體驗一下「生不如死」的滋味。

一個罪惡的靈魂，就這樣丟下了這具醜陋的軀殼，下到地獄中去了，同病房的人再也不會被他徹夜的大呼小叫吵得無法入睡了，沒有人同情他，也不知他的家在那裡，不知當局是否派人通知了他的家屬。

當天便將他草草埋了，仍葬在六隊的五號樑子上，那兒是奴隸們的「公墓」。

（三）黃學全

在出賣張錫錕的四名「猶大」當中，要數黃學全在何慶雲心中的印象最壞，那是因為他累次的逃跑，創下了農六隊逃跑的最高記錄，也成了全農場的最高記錄。

黃學全每次外逃，何慶雲都要到場部管教科登記。在申請追捕組的追捕令時，何慶雲照例會受到場部管教科的批評，最少也要受到埋怨：「你是怎麼搞的嘛，你也太大意了，抓回來才幾天，怎麼又跑了？」

一九七六年，當黃母獲悉黃學全有立功表現，六隊正在整理他的檔案，一種熾熱的希望使她欣喜若狂。她向所有的親戚拉債，在那種副食品靠票證供應的年頭，通過走後門拉關係，弄出很多的高級餅子、炒麵、豬油，每月裝在大桶裡，給她的寶貝兒子寄來。

六隊的流放者，看到黃學全家裡按月給他寄來了這麼多獄中稀缺的副食，都以為他的家裡是當今的哪一級權貴，殊不知這一切，都是黃母砸鍋賣鐵傾家蕩產籌集來的。黃學全本人未必清楚在這些千里寄來的東西裡，藏著他母親從身上擠出來的血和淚。

在大田組的日子裡，黃學全除自己暴飲暴食盡情「享受」母親的血汗外，還用所餘的東西請人幫他完成每天的任務，以逃避挑燈夜戰的懲罰。用高級餅子收買其他的勞動力，又招致了組長的妒忌，常常藉口他的任務完成品質太差，給黃學全小鞋穿，難免晚上「找原因」。這種逼迫，又促使他窺測逃亡的機會。

當然對這個不孝不仁的人，老天爺並沒有饒恕他。

正在窺探逃亡的機會時，不知他從什麼時候開始，便感到腸胃不適，奇怪的飢餓感，使他暴飲暴食，而毫無節制的飲食，使他的腹痛一天天加劇起來。

半個月以後，黃學全發現排出的糞便是黑色的。唐啟榮告訴他，可能是胃出血。要他在飲食上注意節制。為確診自己的病，黃學全專門請了假去醫院檢查化驗。化驗的結果證實是腸胃出血。

由於病理上帶來的恐懼，加速了黃學全最後一次的逃亡。從醫院出來的當天下午，他乘四下無人的機會，倉皇的向梅雨方向逃去，可還沒有逃到梅雨時，就被唐啟榮察覺，立即派人去追，結果在梅雨的山溝裡截住了他，只見那時他正蹲在地上，胃疼使他臉上沁出了豆粒般的汗珠，臉色慘白。

帶回六隊後，終於倒床，他日夜打定主意的逃亡計畫被迫中止。

然而全組的人卻紛紛議論，說他純粹是自己飲食無度，家裡寄來的東西太多，造成他死吃爛撐的結果。

徐世奎也公開指責他，還將家裡寄來的營養品扣下，不再發給他。平時看不慣他的同組人，無不火上加油，代朝謀擺出自己的威風，還催促著已經倒床不起的黃學全出工。

那時，按隊部規定，凡是未被醫院收住的人，一律要出工。黃學全真的被代朝謀押到了工地上，聽任同組人冷言冷語的譏諷，然而不出幾天，黃學全在工地上開始吐血。

那是一九七六年夏天，距劉資元在醫院自殺剛好半年，唐啟榮因此把他送進了醫院。這一次，醫院對黃學全進行了確診，認定他患有晚期胃癌，並預計他最多只能活一個月，醫院對他開了先例，向他母親發了病危通知書。

接到病危通知書的黃母，懷著不安的心情

匆匆從成都南下，千里迢迢的奔向鹽源。

無需去責備黃母為不孝兒子所付出的一切。因為偉大的母愛是人類的共性，儘管不孝子辜負了自己的母親，而母親對兒子的愛，卻永遠是無私的。

黃母到了鹽源農場醫院的病床旁，見到了奄奄一息的兒子。她知道癌是絕症，如今白髮人送黑髮人，她是一路哭一路淚來到鹽源的。出於母愛的天性，她已做了一個母親可以做到的一切，悲痛之餘，她才知道張錫錕的遇害，以及獨生兒子的極不光彩行為。

原來張黃兩家的母親，素來都以姐妹相稱，交往十分的親密。

第二天，她匆匆趕到鹽源縣城，買了一大綑香燭紙錢，打聽到埋葬張錫錕的墓地就在五號樑子上，便特別的找了一個人領路，陪同她一起來到埋葬張錫錕的墳前，默默擺開了香蠟，擺上特意選好的幾個大蘋果，一包花生米和一包切好的臘肉，放在準備好的三個盤子裡，便開始在那墳前閉目，口中念念有詞。深深鞠躬，請求張錫錕原諒她不忠不孝的獨生子。

而今兩個孩子，一個已埋在面前的土堆裡，一個還躺在病床上奄奄一息。

她彷彿聽到兩個孩子兒時嘻笑聲，她再也按捺不住自己，大聲地向著那灰色的蒼穹悲嚎起來：「錫錕哪，我的孩子！我知道你死得冤！死得冤哪！我對不起你啊。黃兒對不起你啊，您就看在我這個孤老婆子的面子上，饒了他吧，饒了他吧……」

喊著，喊著，她已經跪倒在埋葬張錫錕的土包前面。一面用她那蒼老的手撫摸著那墳堆上的黃土，一面向墳包連連叩頭。

天邊突然響起了驚雷，狂風陡起，濃雲已從四面八方的聚攏過來了。「走吧！黃媽媽，天要下雨了，再不走，就……」那帶路人帶著傷感，催促著這個近似瘋狂的老女人離開。老淚縱橫的黃母抬起頭，在帶路人的牽扶下，一步一顫地離開了五號樑子。

然而，黃母不管怎麼的哀求，不管怎麼的表白，都已經遲了。一個星期以後，她那嬌生慣養大逆不道的獨生子，終於在病床上嚥下了最後一口氣。

兒子死了，黃母希望能把這個寶貝兒子的遺體運回成都，但遭到了場部的拒絕。

根據場部的規定，凡是服刑期未滿的流放者死後，必須就地埋葬。無論黃母怎樣苦苦哀求，當局還是在黃學全死去的第二天把他裝上了一個簡陋的「棺木」，由四個人抬著，送上了五號樑子，同張錫錕相隔了一個小山頭埋下。

安葬的那一天，黃母跌跌撞撞來到幾天前才來過的地方，上得山來，尋覓張錫錕那墳包，在她昏花的眼睛中，她驚奇看到幾天前親手擺的三個盤子和香蠟不見了。在那裡，分明擺著一束剛剛從田野採來的弄得十分整齊的十樣棉花！

張錫錕犧牲後僅一年，出賣他的三個猶大，相繼帶著罪惡去了地獄，這決不是巧合。天地間自有一股正氣潛藏，它通過懲惡揚善來顯示自己的威嚴。

（四）王世春

出賣張錫錕的四個人中，還剩下了一個王世春。

一九七九年我獲平反回到重慶時，他被調往農二隊，林扯高對他的「許諾」本來就是一個欺哄，一會兒說答應給他記功，一會兒說答應給他減刑。王世春當然明白，共產黨是一群連自己都要欺騙的人，更何況是對他這種「老牌」的歷史反革命。他算是四個人中最早懺悔的一個。

農二隊過來的人說，王世春已經在流放者中公開認錯，懺悔，請求大家原諒他！並說他常常夢見張錫錕，說他等待著上蒼的懲罰，原先那套譁眾取寵的表演也消失了，默默地過著平淡的「囚奴」生活。

直到一九八三年，據在重慶的馮俊伯講，他已經滿頭白髮，背也駝了。當局給他一頂「刑滿釋放」的帽子回到重慶後，原想依附於三個已成了家的女兒，沒想到親生的女兒一個也不接納他。

無奈下，便用刑滿釋放後領取的幾千元安置費，在上清寺附近的小巷子裡擺了一個書攤，以出租小人書為生，晚上就蜷縮在一間只蓋石棉瓦的小樓閣裡，度著他的餘生。

據周圍的居民講，白天，王世春在小人書攤前，還向一群租書的大人孩子們講述他「寶書藥方」那一段故事「……嘿，用這膏藥貼在小兒的肚臍眼上，叫他不哭不鬧」。圍觀的人們報以哈哈大笑。這大概是在他的煉獄中，最值得引以自豪的故事。

但是那一段出賣張錫錕的故事，他永遠也不敢再提起。

當時有市民問他：「嘿！老頭，你那兩下子怎麼不去朝天門做點江湖郎中生意？」

大約在重慶生活了兩年，王世春也感到無顏去同鹽源農場裡的人見面敘舊，孟平曾碰見他，並告訴他我的地址，要他來找我敘敘舊，但是他一直沒敢來。

我肯定不會去找他，一來沒有時間，二來不值得。直到他死，我都不知道他在哪裡擺書攤，只聽說他死後三天，街坊鄰居因多日沒有見他出來擺書攤，才撞開他的小門，只見他直挺挺躺在一張破床上已死去多日了，身上只裹著一床破被蓋！

第五章：「文革」尾聲

毛澤東的階級鬥爭治國論，是以暴力和欺騙兩手為出發點的，他對黑五類、右派無緣無故的殘害，正是建立在人心可以用暴力扭曲，用欺騙麻痺的，中共所謂「改造」便是交替使用暴力和欺騙兩手，以達到奴役人的目的，可惜時間長了，無論當局如何玩弄手腕，絲毫沒能改變我們的反抗。

文革開始後，陳力便從農六隊押赴鹽源縣監獄隔離反省，無奈的中共準備用「處決」來鎮壓一切反抗力量，用他們的話來說，就是「帶著花崗石腦袋去見上帝的人總是有的」。

一九六九年八月二十一日陳力終於被殺。

槍殺陳力，證明當局的「改造」政策已失敗。他們無法使陳力屈服，但他們不甘心失敗，想繼續在我的身上撈一把，以體現他們的洗腦「改造」術。

管教科仍將我留在蔬菜組內，從事無定額的勞動，定期找我個別談話，允許我「暢所欲言」，以體現他們的「感化教育」。抓住我同農六隊其他政治犯認識差異，有意的擴大矛盾，製造隔閡。

從一九六八年至一九七四年的六年間，我

沒有挨過綑綁和毆打，算是體現他們改造我的「苦心」。

一九六八年，在文革最猖狂的年代，在我以絕食抵制對我的無理批鬥毆打後，何慶雲主張對我施行「高壓強制為主，兼以懷柔為輔」的政策，把我當成「思想改造」的試驗田。

他們期待著，哪怕我在口頭上認了「罪」，遵守勞改制度，講他們所灌輸的話，便是他們對政治犯「改造」的一大政績。認為通過我能影響一大批人。

但是，我向他明確表態說：我是無辜的，根本沒有必要認罪，而不認罪，就談不上「改造」，更重要的是，中共的主張是反人民、反民主、反人性的東西，怎能說服我？

每次我與何慶雲正面交鋒時，往往是以「改造」我開始，卻以他被我反駁為結束。

一九七四年「火炬案件」發生，特別是他們處決張錫錕時，他表現出來的視死如歸的精神，給劊子手巨大的心理震撼，使他們對用毛澤東思想改造人徹底失去了信心，其實改造是欺騙和奴役的代名詞，奴役是靠暴力進行的。

所以，徐世奎當著全中隊的面，氣急敗壞地說我是「只配用釘錘錘的『核桃』」，並且公開警告我「張錫錕的下場，就是你的下場。」打殺是獄吏們最後的最簡單的手段！

「文革」九年來種種倒行逆施，證明毛澤東的欺騙已盡失人心。革命委員會頻繁的人事變動，武鬥的升級，各種謠言的雀起，民間盛傳的有關江山易色的謠傳，亂世之末的徵兆，紛紛表現出來。

預言家說毛牛山上有神人顯靈，說中共天下拆開一個共字，便是二十八年。又說毛澤東的繁體字共二十八畫，印證著他的天下只有二十八年的壽命，這是其中最流行的說法，毛澤東已走完了他的稱帝路。

第一節：變臉

在十一．八搜查「火炬」撲空後，面對著我提出的抗議，惱羞成怒的何慶雲，將我調出了蔬菜組。我明白當局將採用更強硬的措施替代「說教」。

當然，他們更希望從我身上搜出有關「火炬」的證據，可惜一無所獲。處決張錫錕，更進一步證明對「頑固不化」的份子，改造必告失敗。所以他們撕破了臉，想用高強度勞役，逼使就範。

我被調入大田組以後，屬於勞動力最差的人，所以每到春耕和秋收，我常常是晚上坐在壩子裡「找原因」的常客。

（一）報復的挨捆

一九七五年夏天某日，中耕玉米時，我們在四號樑玉米地裡除草施肥，天氣異常悶熱，在茂密的玉米林中密不透風，奴隸們揮汗如雨忙著完成規定的任務。

那天早上起來，我就感到頭悶，帶著一種中暑的感覺。我想自調出蔬菜組後，要加倍領受何慶雲的報復，所以我沒有請病假，希望熬過幾小時病症自行解除，殊不知，到工地不久，便滿眼金星，頭昏胸悶想嘔吐，眼前一片黑，我便倒在茬口上。

旁邊的人忙於完成自己的任務，並沒有發現我，等他們排上第二個茬口時，正好何慶雲檢查已經拔過的玉米，鑽進玉米林裡，才發現躺在地上的我。

他陰沈著臉問道：「你看所有的人都快拔完第二行了，只有你一個人躺在這裡睡大覺，是不是老毛病又犯了？」我明白，他所說的老毛病就是指「耍死狗」。

從甘洛開始，我便是以「耍死狗」聞名全場，何慶雲估計我從菜蔬組調出來後會「舊病復發」，他鼻子裡哼著冷氣，陰陽怪氣地說道：「這麼多年，我們苦口婆心地給你講道理，長期等待你轉變，安排你無定額的蔬菜勞動，你卻不識相。看來對你還是要來硬的。」

我依然躺在那裡沒有理他，他見我如此渺視他，火冒三丈，踢了我幾腳，便走出了玉米地。

中暑的感覺越來越嚴重，頭昏沉沉的，感覺發高燒了。

不一會兒何慶雲便帶著兩個士兵來「請」我了。兩個士兵沒有說話，將我拖出玉米地，在何慶雲的授意下，將我按倒在地上，拳打腳踢後將我捆了起來。

捆好後，抓住繩子，反背在肩上狠狠催緊。頓時，我感到骨頭快散架了，呼吸急促，一陣劇痛後，那士兵還不甘休，將勒緊的我雙腳凌空，整個身體旋轉起來，頓時我的胯關節像撕裂了一樣。

當他將我從他的肩上放到地上時，我已無法站立，從士兵的背上滑跌下來，一動不動的睡在潮濕的地上。

收工時，我像昏死了一樣，幾個人抬著我進了鐵監門放在六隊大壩子中，鬆綁以後，我被人扶進了監舍，唐啟榮診斷，說胯關節脫臼。

我被弄成胯關節脫臼，只允許我休息了兩天。第三天，何慶雲親自命令代朝謀將我押到工地上去，「就是死也給我死到工地上」，他吼道。

蔡先祿和王文典害怕我再吃「眼前虧」，悄悄地向我說，「反正醫生開了假條，你的任務是不算的，與其在監舍裡繼續被節外生枝的找麻煩，倒不如到工地上去休息、曬曬太陽、換換空氣，總比呆在監舍裡強。」

我就由他們攙扶著上了四號樑子，躺在帶來的一床棕蓑衣上，無可奈何的被迫出工了。

從此以後，我就帶著韌帶拉傷的傷痛，每到陰雨季節，左胯關節都會穩穩作疼，有時嚴重得要藉手杖支撐著才能走動，每當這個時候，我就會想起這次受刑。

（二）「特赦」

一九七六年四月五日，北京城爆發了毛澤東生前第一次規模空前的反獨裁、反專制的學生運動。預示著毛澤東的獨裁統治進入癌症晚期。

一月八日周恩來去世，從廣播中傳出的哀樂中，已能隱隱約約聽到反對中國一人獨裁的吶喊聲，天安門上喊出了「秦始皇的時代已經一去不復返了」。

四月五日一聲驚雷，壓抑民眾向全世界吹響了「神州欲變，風雨已迷天。昏星暗月，紅日當頭已顯難。妲己想統赤縣，自稱武則天。長江日夜向東流，聚義群雄在人間」的號角。

將江青公開比作妲己，毛澤東理所當然就是暴虐無比的紂王了。

為了對付兩百個赤手空拳的祭掃哀師，獨裁者竟出動了三萬民兵，九個營的正規軍，三千名公安人員，在天安門廣場上演出慘無人道的大屠殺。毛澤東已經感到自己坐在一觸即發的火山口上。

中蘇兩大國為爭奪老大地位而劍拔弩張，客觀上為中美關係的解凍創造了條件。一九七二年上海《中美聯合公報》的發表，開啟了一個新歷史進程。

根據上海公報的有關條款，一九七五年中共頒佈了對國民黨縣團級以上人員的特赦令，對所有在押的國民黨人員實行大赦。

經過二十多年的苦役摧殘和公開殺戮，當年的國民黨軍政人員已所剩無幾。倖存下來的人，也垂垂老矣。已年屆六十五歲的潘朝元，便是在這種歷史背景下熬過了二十多年的煉獄，在一九七五年「國慶日」前，離開了鹽源農場，回到了重慶。

我的胯關節韌帶受傷剛剛康復，特地利用了一個下午的空閒，趕到場部去拜望他。

我找到那裡時，他們都在休息，我見他們全部睡在地舖上。五十多個被遣送人員，大部份我都認識。其中有一半是要回重慶的。年齡最小的也五十歲了。雖然已脫下了平時襤褸的勞改服，換上了統一縫製的制服，表面上似乎精神了許多，但那強打起來的精神，無論如何都掩蓋不了二十年煉獄的傷痕。他們所經歷的歲月，早已刻在他們佈滿皺紋的臉上了。

他們出獄後，還能活幾年？中共對他們進行長期洗腦，已將他們中的絕大多數變成了政治上的啞巴，晚景淒涼。

無產階級專政卻還要在他們身上大做「人道主義」文章，中共宣傳機器像當年特赦戰犯，在報紙上接連登載他們的報導和照片，掩蓋他們身上煉獄留下的傷痕和血腥氣。

那天下午，我同潘朝元、徐伯威、張清雲會面，坐在「街心花園」的石凳上促膝談心。原想好好暢述一番，可惜我們四人落座後，是談十五年來的獄中苦難？還是回憶鐵窗裡傷心歷程？風風雨雨豈是幾句話所能暢述的。

若講眼下的政局，從珍寶島衝突到尼克森訪華，將這二十年的事件串在一起，在這裡能暢談麼？何況老頭子們的稜角早已被煉獄磨鈍了。

於是我們只好默默對視，相對無言，靜數對方額上的皺紋。

默默無言許久，我便問起回歸的日程安排，潘朝元簡單的追述著相別了二十多年妻兒的下落，我拿出預先準備的筆記本，請他留下重慶最先落腳的地址。

潘老告訴我回重慶以後，暫時留住在大女兒家中，還不知重慶方面的「統戰部門」如何安頓他？

徐伯威則告訴我，他回成都，也暫落腳大女兒家，他的條件比潘朝元似乎好一些，成都市的參事室已向他發來了邀請函，請他寫一點回憶錄和孫子兵法注釋之類的東西。

在潘老返回重慶後的一個月後，我就接到了他發來的第一封信。說他在距菜元壩不遠的黃沙溪一家百貨商店站櫃臺，每月薪水四十元。

看來中共將他們奴役了大半輩子，還要靠自己用勞動來換取極低微的報酬以饗晚年，這大概就叫共產黨「改造人成為自食其力者」的結果吧！

張清雲也來了信，他寫得十分耐人尋味。介紹成都地區的生活水平，說小菜已是二十分一斤，而豬肉是三百分一斤。張清雲在信中雖沒有直言一路陡漲的生活費用，卻把每月四十元收入的拮据狀況作了陳述，可謂曲筆通幽。

我給潘老寫的回信中，只是囑他抽空去看看我北碚蔡家場的母親，他果然就在第二年抽空去了一趟蔡家場。

潘老是我在獄中所遇到相處最久的長輩，一九六〇年，我在入獄時就認識了他，一九六三年初，我倆同批發配涼山的甘洛農場，一同渡過了甘洛的鬼門關，又一同從甘洛送到西昌鹽源，彼此成為獄中的生死之交，他正直的品格銘刻在我的心中。

（三）苛刑

一九七四年初，我們正在籌畫「火炬」時，李克嘉從地震棚裡越獄潛逃了，他的出逃，事前沒有任何人知道，他身材魁梧，擅長野外生存，只要逃出去，抓捕就有相當的難度，所以在六隊，他一直沒有脫離過嚴管組，這第二次逃亡，立即引起了監獄當局的重視。

出逃第二天，場部成立了陳文仲為組長的追捕小組，向西昌及四川境內發了通緝令，各公路要道、水路、橋樑都發了他的近照，設卡嚴查，重點捉拿。

但是半年過去了，李克嘉卻沒有任何消息，好像他逃出了當局布下的「天羅地網」。

這一年夏天，又發生了黃學全從小監屋頂越獄潛逃的事件。一連跑了兩個要犯，六隊的氣氛顯得格外緊張。

因為林扯高和何慶雲積怨很深，互鬥的結果，氣出在押奴隸身上，一度因林彪事件而緩和的氣氛，再度緊張起來。

打人風潮也在六隊壩子裡重新掀起，黃學全不久被抓回，並根據林扯高的提議，把他從小監放到大監，以赦免他的死刑為條件，要他告密「火炬」。

七五年十二月，出逃近兩年的李克嘉，也被場部的追捕組帶回了六隊。

那時，正是北風凜冽、嚴霜覆蓋的季節，我們身穿特製的棉鎧甲仍冷得瑟瑟作抖。剛剛吃過早飯，便看到追捕組兩個成員將李克嘉從大鐵門外押了進來。

出現在我們面前的李克嘉，就像是一頭被亂槍打得全身窟隆，再用鐵絲捆起來的野獸。真不知他是怎樣熬過這酷刑的？在凜冽的寒風中，李克嘉赤裸的雙臂幾乎呈紫色，上身只披著一件大紅背心，而他的手臂和肘腕被兩根粗鐵絲纏裹著，深深陷進了肉裡，手腕上還銬著一副鐵銬，膝關節部位又被粗鐵絲纏鎖著，腳上套著雙藍色布面膠鞋，雖沒上腳鐐，卻比上腳鐐更難開步。

這些年來，凡被捉回的「逃亡者」，照例是被「修理」得遍體鱗傷，慘不忍睹，好像不用這種殘酷手段，就不足以產生震懾作用。

李克嘉押回當天，就在「反省」圈裡整整站了一個上午，寒冷的天氣，使他瑟瑟發抖，到了中午，大家收工回來後，何慶雲才叫唐啟榮和一個鐵匠為他剪斷已嵌入肉中的粗鐵絲。

剪下的鐵絲帶著發紫的肉，每剪一段他都發出一陣痛苦的喊叫，何慶雲想用這種慘不忍睹的現場，來恐嚇六隊的逃亡者，但我看來，這又是一份對無產階級專政極好的控訴。

李克嘉被抓回，人們對抓捕他議論紛紛，有人說，在鄭州抓捕他時，追捕的人衝進李克嘉藏身的地方，遭到了他赤手空拳的拒捕，終因寡不敵眾，他被越來越多的民兵和公安制服。然後就像捆野獸一樣，用鐵絲捆了起來。

也有人說，李克嘉被抓到以後，在押送的路途上掙脫手銬，還打傷了押送者，再次逃掉。被當地民兵包圍捉住以後，惱怒的追捕者，便不用手銬，而用鐵絲把他捆了回來。

這天晚上點名集合時，正逢林扯高值班，他夾著那本深綠色的點名冊，還沒開始點名，就扯開嗓子喊道：「你們已經看到了，頑固不化決心與人民為敵的李克嘉，現在被抓回來了。你們不是說李克嘉都已經跑了一年多了，恐怕再也抓不到他了嗎？

今天，你們也親眼看到了他的下場，誰也不要再心存僥倖，想逃脫人民的法網。李克嘉今天的下場，再次證明偉大領袖毛主席的英明論斷『搗亂，失敗，再搗亂，再失敗，直到滅亡』的正確。六隊還有人反心不死，也只有死路一條。」

林扯高揮舞拳頭，神氣活現，好像六隊囚奴們的命運都攥在他的手心裡。

聽林扯高眉飛色舞的訓話，在文革已接近尾聲時，六隊接著發生張錫錕事件，現在又親眼目睹李克嘉被弄成這樣，感到劊子手已經瘋狂，會不會來一次垂死前的大屠殺？大家都在思考怎樣渡過這段時光？六隊的氣氛非常緊張。

李克嘉被關進反省室，曾風聞他將同張錫錕一道押赴刑場，準備「秋後問斬」。但過了幾個月以後，一九七六年四月初，出人意外他卻從小監裡放了出來，而且沒有重新關進嚴管組中，而被編入大田二組。

當人們盤問他出逃的動機時，他拒絕回答，好奇的人們於是猜測，他有一些沒人知道的隱情，北京城裡爆發的「四五」運動，是不是與他有某種聯繫？

大約在四月底，因為天安門事件，引發了監獄當局那根異常敏感的神經，借五一「大檢查」名義，六隊進行了繼七四年十一月八日大搜查以來又一次徹底搜查。主要搜查我們從報上摘抄下來的天安門詩作。

（四）四個馬鈴薯人

鹽源盛產馬鈴薯，十幾年來，我們利用

「工餘」時間在地裡翻撿這些「加班糧」，從沒人想到用它來進行藝術造型，然而李克嘉卻用馬鈴薯來造型人體。

他先用小刀將馬鈴薯刻出了頭和身子，再雕出眼睛、鼻子、面頰、嘴和耳朵，還用了彩筆勾畫了眉毛和頭髮。在身上畫上彩色的衣服，最後將馬鈴薯人的下端切平，四個小巧玲瓏栩栩如生的人體藝術雕塑，被他擺到他的木箱子上。

更為奇特的是，四個馬鈴薯人中的一個，畫上了齊肩的長髮。三男一女四個馬鈴薯娃，擺在李克嘉的箱子上看著李克嘉。

這一年，「五．一」大檢查時，檢查人命令李克嘉抬出木箱，他按照檢查人指定的地點，將木箱連同四個馬鈴薯人，一起搬了出來，放在檢查人的面前。

四個馬鈴薯雕塑人像，一下子吸引了林扯高的注意力。林扯高瞪大了眼睛，直接走到李克嘉的位置上，站在四個馬鈴薯人面前仔細端詳審視，然後指著四個馬鈴薯人，一臉嚴肅地責問李克嘉：

「這是什麼？」

「馬鈴薯。」李克嘉漫不經心地回答道。

「我是問你，你把四個馬鈴薯做成了什麼？」林扯高厲聲的喝斥著。既不願意當眾點穿啞謎，也不想在李克嘉面前示弱。

「人體造型。」李克嘉很隨便的態度被林扯高理解成對他的渺視，在林扯高看來，四個馬鈴薯娃，是一起很嚴重的「政治事件」，四個馬鈴薯娃，正好擊中了林扯高心中的鬼胎。

這些年來，經歷了獄中文字獄的長期迫害，知道當局可以隨便找一個藉口，為一句話，一個動作，一個表情，動不動對囚奴一頓毒打。

三年前的徐世均，就因用有毛澤東畫像的報紙包東西，差點要了他的命。不過，李克嘉沒有絲毫驚慌，反而嘲弄了對方，使林扯高十分狼狽。

「你別裝蒜，李克嘉，你是大學生，我知道你們這些臭知識份子，向來喜歡用暗語、影射之類的手法散佈你們的反動觀點。你今天必須向我交代清楚，這四個馬鈴薯人你指的是誰？你雕這四個小人的目的是什麼？」林扯高直點正題，逼問李克嘉。

李克嘉依然平靜的回答道：「我可沒有任何意思，我覺得好玩，閒著沒事，隨便雕雕，怎麼？犯了那條法？」語氣裡顯出明顯的諷刺。

林扯高的火氣上升：「混蛋，我這是在問你！你做的四個人究竟是影射的誰？別給我裝蒜。今天不交代清楚，有你的好果子吃。」

兩個人的對話看似玄虛，當時早已是公開的秘密了。中國政局的動盪和分裂，到了文革晚期，毛澤東已無力繼續控制局勢了。

中國自古以來就盛行巫蠱之術。民間對於奈何不得的敵人和仇家，往往請來巫師，仿造對方的形象，紮成一個草人或布娃娃，並在草人或布娃娃的身上寫上仇人的名字及生庚年月，然後施以「法術」，用咒語、火燒、溺水、針刺等方法來詛咒仇家。據說如此作法，可以使之心神不寧，或發狂生病，甚至於遭到橫禍。

巫蠱之術傳播很廣，我只是聽到過這方面的故事和傳說，並沒在生活中看到這種把戲真見效，小時候看到小夥伴玩過這種遊戲：紮了一個小布人，說是某個欺負過他的人，然後用手比作槍，對準小布人，嘴裡發出叭叭叭的槍聲。

共產黨執政以來，嚴厲取締了宗教和民間信仰。巫師道長的咒語和法術早已絕跡。怎麼到了今天，林扯高會把李克嘉的馬鈴薯人當成了巫蠱之術，相信這李克嘉在監房中作法，來發洩對當今的不滿？

林扯高平時一貫瘋瘋扯扯，六隊流放者確實沒把他放在眼裡，但張錫錕一案以後，卻給我們上了一課。斷不可小覷這個頭腦簡單的傢伙。他照樣能用毛澤東那套整人方法，把我們送上斷頭臺。

此刻，林扯高看著四個馬鈴薯人，臉上露出一股陰森森的殺氣。李克嘉已經感到了一場殺身之禍正在向他逼來，所以沈默不語，靜靜地觀察。

「李克嘉你說說，不多不少，你只做了四個馬鈴薯人。又不多不少，只有一個女人。你別裝糊塗，你究竟借此來影射誰，咒罵誰？你是聰明人，你知道，攻擊毛主席的無產階級司令部的人，就算是自由公民，弄得不好也要殺頭的，何況你是個犯人？」

林扯高幾乎將四個馬鈴薯人的性質點穿了。院壩裡的人們，即使平時不關心政治的，也被他點醒了，便將眼光一起掃射了過來。

製作這四個馬鈴薯人，純粹出於李克嘉的藝術欣賞？還是另有所指？問題的嚴重性恰恰在於，經林扯高這麼一「認定」，只消將「惡毒攻擊黨和國家領導人」這個罪名按在李克嘉的頭上，那麼李克嘉的生死簿，就攥在林扯高的手裡了。

此刻的李克嘉已完全明白，他的四個小馬鈴薯人，已把他推向了「絕境」。

李克嘉被再次關進了小監，而且情況比上次從鄭州抓回來嚴重得多，除了套上十五公斤重的死囚腳鐐外，還加上手銬。

四個小馬鈴薯人被當成了「罪證」，被林扯高小心翼翼地裝進了一個特製公文箱裡。隨即，比張錫琨更殘酷的刑訊加到他的頭上。李克嘉無意中，成了林扯高往上爬的墊腳石。

然而，李克嘉在小監關了五個月後，便傳來了粉碎「四人幫」的消息。政治氣候陡然驟變，他不但保住了性命，還因此獲得了提前釋放。

（五）特大喜訊

就在緊張追捕劉順森等三人的同時，九月九日下午，我正在豬圈裡淘豬糞，突然聽到場部的高音喇叭裡一遍又一遍的播放著《蝶戀花．答李淑一》。中共把這首詞曲當成喪歌。每當中央廣播電臺裡反覆播送這首喪歌，人們便知道中共的某位要人一命嗚呼了。

由於連日廣播都有毛澤東健康情況的公告，我猜想這哀樂便是宣告毛魔命歸黃泉了。正挑著豬糞向場部方向走去，卻被興沖沖的陳孝虞叫住。

走近以後，陳孝虞附著我的耳朵告訴我：「特大的喜訊，老頭子駕崩了！」因為特別的興奮，兩人緊緊擁抱，我情不自禁的滿臉熱淚。

我倆放下手中的工具和糞桶，快步向六隊正面那個小山頭上跑去，想在那裡聽聽從廣播裡傳來的更多消息，然而那高音喇叭裡除了一遍一遍播送的《蝶戀花》，便是冗長的治喪委員會名單和訃告，此外，就聽不到多少有價值的東西了。

我首先想到毛澤東歸天，象徵他的專制皇權結束了，我相信，天怒人怨的毛家皇朝解體，比之歷史上任何暴政來得更快。

毛澤東對中國人民所欠血債，僅他提出大躍進的三年中餓死的人，（由於中共有意塗抹嚴密封鎖，至今沒有一個精確資料），僅四川一省，後來廖伯康說至少一千三百萬。和平年代餓殍遍地，冤獄國中，白骨成山！

同時瘋狂地擴軍備戰，畸形發展核武器，想把中國帶進萬劫不復的核戰大災難中！至於說到他對文化、教育，科學、衛生、工農業生產等等領域的蹂躪破壞，用「罄竹難書」都難以概括。

毛澤東獨裁解體後，是出現一個新的專制主義政權呢？還是順應世界潮流進入一個民主時代？這雖難以預見，但可以肯定，魔王挖空心思為保住其專制帝國永不變色的夢想，以文革徹底失敗作了絕筆。

現在，他給中國人民帶來的這場空前大災難，已載入中國歷史最黑暗的一頁。

不過，他在廿八年的經營中，所建立的專制制度，機構盤根錯節，百足之蟲死而未僵，獨裁並不就此結束，中國社會還要經過一個長期痛苦的改造時期，才能從專制深淵中走出來。

我還估計，毛澤東歸天，一段時間因爭奪權力，難免親毛嫡系與「走資派」的火併，一時雖然難預計這場火併的結局。但在世界民主大潮流衝擊下，東方專制主義被迫退出歷史舞臺的時間已經不遠，最起碼地說，無論他們打什麼旗號，皇帝已經不能再登上歷史舞臺了。甚至終生任職——這種人類歷史最落後的政治制度，也要在中國消失了。

那天晚上，何慶雲臂戴黑紗，紮著小白花，組織六隊的全體囚徒坐在壩子裡，喇叭裡廣播喇叭一再重播這一「特大喜訊」。農六隊所有囚奴，心裡壓抑喜悅相互傳遞著，悄聲議論。

在中共這輛專制列車上，劉少奇被弄死了，林彪叛逃身亡，江青無駕馭大局的能力，最後毛死前匆匆忙忙拉了一個華國峰，給他定下了「按既定方針辦」而閉上了眼睛，他這種做法又能延續多久呢？

毛澤東靈堂裡鬼氣瀰漫。看得出前去弔唁的人們，各懷鬼胎，都在磨刀霍霍，雙方在身後藏著一把利刃，企圖一劍擊倒對方，奪取政權一劍再定乾坤，結束這場權力爭奪的惡戰？

第二天，與隊部辦公室相隔的那垛牆上，何慶雲將老魔頭的三尺相框掛在上面。算是臨時佈置的「靈堂」。

八點多鐘，何慶雲宣佈全隊不出工，將全隊人員列隊集合，參加「向毛澤東遺體告別」的追悼大會。隊伍拉開，人與人之間保持一公尺的間隔，他宣佈，開會期間不准任何人交頭接耳和喧譁，專等廣播喇叭裡傳出向毛澤東遺體告別的那一刻。

主持儀式的華國鋒宣佈告別儀式開始，廣播喇叭裡一片肅穆，三鞠躬後，遠處隱隱約約傳來了嚶嚶的哭聲。

而在農六隊的壩子裡，卻傳出了一片清脆的耳光聲。這是農六隊的囚禁者在刺刀逼迫下，發生的一場「送瘟神」最後一次「悔罪儀式」。隊伍深處，傳來了一聲聲詛咒。

「你在念什麼？」一個獸兵，一面朝那些不願低頭的腦後勺上劈著響亮的耳光，一面追問從隊伍中發出的聲音，但是誰也沒有吭聲。

站在前面位置上的鄧自新回過頭去的時候，立即被衛兵走過去抓住：「你看什麼？」鄧自新回答道：「舒展一下頸子，已經受不了啦。」那名衛兵無法反駁，卻朝著鄧自新劈下一掌。鄧自新立刻反抗起來：「我犯了什麼法？哪有在追悼會上還打人的？」然而衛兵並不回答他，又是重重的劈下一掌。

我昂著頭站在那裡，結果我的頸項上也被重重的劈了一掌，隊伍雖然還維持著原來的隊形，卻激起陣陣喧譁，莊嚴肅穆的氣氛一掃而光。

只有何慶雲端立在隊伍前方，如喪考妣，對身邊發生的騷動裝做沒有察覺，只是呆立垂頭，三鞠躬做得虔誠恭敬。

魔頭升天了，經過魔頭幾十年的經營，此刻雖已沒有任何公開反對他的勢力。但此時此刻，統治者在更瘋狂的爭奪權力，會對反抗者施以更殘酷更瘋狂的鎮壓。災難也許將延續一段時間。

毛魔頭歸天的時候，正值劉順森從農六隊越獄的四天之後，重慶市的警備區接到了鹽源發過來關於劉順森出逃的通緝令，文革中，接到這類「邊關」發來的緊急通緝令，負責捕捉逃犯的人都禁不住要罵娘，罵那些勞改官員都是一群飯桶，拿了國家俸祿，連幾個赤手空拳的犯人都看不住，還要別人去擦屁股。

其實，鹽源監獄方自己都弄不清楚劉順森、孟平、楊漢群三人的準確出逃路線和目標。近一年來，四川省勞改廳所屬的各監獄，發給重慶地區要求協助拘捕歸案的案子有增無減，當時，僅鹽源農場管教科的檔案櫃裡，就擺著幾十個沒有歸案的逃犯檔案，這種現象似乎更說明了政治氣候的變化，醞釀著某種動盪。

就在毛魔頭歸天這個時候，劉順森三人正坐在一輛從雅安開往成都的班車上。

第二節：瘋狂的油庫彎

一九七六年九月，九〇九獄方正驅使二道溝的奴隸集中在油庫彎，召開一個「奮戰一百天、改造油庫彎」的誓師動員大會。

油庫彎因鹽源農牧場油庫所在地而得名，站在它最高處，向西俯瞰可以看到小金河從鹽源縣城外緩緩流過，回過身來，一條長五百多公尺，雨水沖刷而成的溝壑就叫油庫彎，它是一條頂部平均寬度大約五十公尺，而它的底部則被沖刷成寬度一百公尺的山溝。

（一）監獄學「大寨」

所謂改造油庫彎，就是把這條因雨水沖刷而成的溝壑，用流放者肩挑背磨填成一彎梯田，並在這彎梯田一側的山腰上，修出一條寬八公尺的公路，成為由鹽源農牧場進入鹽源縣的通道，設計者把它描繪得十分宏觀。

根據測算，整個工程的土石方量大約一百萬方。如此浩大的工程，要求集中在這裡的一千名囚奴一百天內完成，這就是說，每人每天要完成十立方的挖土和搬運的工作，當時挖方的定額是兩立方，就是要求現今上油庫彎的囚奴完成正常情況的五倍工作。

平時喜歡畫漫畫的陳容康，在地上用石頭作筆，畫了一個天平。天平一頭吊著一個瘦骨嶙峋的流放者，手上端著一罐三兩的玉米巴，另一頭是一座大山，大山將人高高舉起，懸在天空中，無法下來……

毛澤東晚年掀起的「農業學大寨」運動，本想掩蓋他大躍進和人民公社的慘敗，然而他是用新的罪惡來掩蓋先前的惡果。他把全國大飢荒歸罪於老天後，想出驅使農民，勞命傷財的改土改田，美其名曰「愚公移山，人定勝天」的「大寨精神」。

中共農村的基層組織，以每年完成改田改土的工作量作為政績考核，年復一年，原來土地表層的沃土，被「大寨田」埋入地下，形成貧脊的瘦土，加上農民被剝奪了土地的所有權，積極性完全喪失，土地歉收日益加劇。

而每年在這些農田建設的大軍中，也不知多少農民，累死在改田改土的工地上，而壓在農村最底層的五類份子及其子女，更是受害最慘烈的群體。

老魔頭升天後，陰魂不散，繼續殘害人民，下層官僚繼續奉行不顧勞動者死活的大寨精神，油庫彎的改造便是其中一例。

經過十年文革，農六隊反抗迫害的力量遭受了殘酷摧殘，像陳力、張錫錕等優秀份子，紛紛慘遭殺害。其他的人，像鄧自新、陳容康、陳孝虞、賴開明、王文典等，經過長期的黑審、鬥爭、繩捆、鐐銬、毆打的折磨，磨鈍了稜角和鋒芒。

油庫彎改造工程打響後，我們在槍桿子押送下，在油庫彎工地上，再次承受暴政的蹂躪。工程的第一天，天還沒有大亮，我們便肩扛工具，推著板板車，向工地進發。進入工地，藉著燈光，我看到：兩面是黑壓壓的山頭，入口處，就像是一扇進入地獄的大門。

工地上還亮著電燈，高音喇叭裡「東風壓倒西風」的狂叫，向我們壓來，好在我們大多數人都經歷過瘋狂的大躍進，麻木而無所謂。

廣播裡播放著「鳥兒問答」，陳容康走到我面前，低聲向我問道：「這首詞是什麼時候寫的？什麼時候發表的？怎麼過去從來沒有聽到過？」我搖搖頭。對著這地獄的入口打著寒顫，天氣特別冷。

不一會，徐世奎來了，馮俊伯緊跟在他的後面，兩個人用皮尺在荒山坡上比劃了一番以後，便在要挖地方劃出了第一根石灰線。接著，徐世奎站在土坡上宣佈：「從現在開始，油庫彎工程正式開工，今後，由馮俊伯負責把每天要完成的作業線劃出來，必須完成才能收工。馮俊伯所耽誤時間算半個工。」聽到他這一命令，所有的流放者都搭拉著腦袋。

「畫地為牢」，鄧自新嘀咕道。

大家心中明白，這是一條在當天絕對沒有希望完成的「任務線」。就為這條線，可以犧牲工地上苦役犯的休息和睡眠時間；為這條線，可以抽乾他們的血汗；為這條線，還不知道誰會被埋骨於黑幽幽山溝中，毛澤東最得意的軍事化管理，再次搬到苦役犯身上，任務像軍令一樣，以不可違抗的形式，壓迫著每一個人。

陳容康還在興味濃烈地吟誦著那首詩：「炮火連天，彈痕遍野。」他背誦著：「怎麼得了，啊呀我要飛躍……訂了三家條約，還有吃的，土豆燒熟了，再加牛肉……不須放屁，試看天地翻覆。」他讀著讀著，突然罵道：「這也叫詩麼？流氓！流氓詩。」他嘆著氣，憤憤然對著廣播聲傳來的地方呸著口水。

黃占邦推了他一把：「幹活吧！什麼天地翻覆，現在是泥土翻飛，要你腿桿跑斷，筋骨壓彎，汗水流完，那才叫放屁。別聽了，幹活吧。」

陳容康拿起了畚箕和鋤頭，開始上起土來。

「唉：中國人真可憐，霸王在城頭上飲酒作樂，奴隸們在陣前拼力厮殺。什麼天地翻覆，外國人哪裡曉得，我們已經有多少年沒見過土豆紅燒牛肉了。」他一面發出低沉的嘆息，像是從地底下發出的呻吟。

奴隸畢竟還是奴隸，儘管意識到必需反抗壓迫，但是十幾年的挨鬥挨打和折磨，磨掉了我們中青年時代的血氣方剛，變成了馴服的勞動機器。

改田改土是我們每到冬天都要從事的苦役，它的工序極為簡單：挖土，上土和運土。

按照實作經驗，運輸距離在二十公尺以內，一個人挖土，可以供應三個人上土和一個人推車，每個作業組大致由五人組成。

現在為了不讓任何人閒著，五人作業小組，就配備兩台板板車。

推車人將滿載的車推出去倒掉同時，還停著一輛空車供人繼續上土，等第二車中的土上滿了，推土手剛好將空車拉回來，再將已裝滿土的車推出去，滿負荷運轉沒有停歇的時間!!

照這種安排，平均每人每天可完成的最高土方量不會超過三方。而面前的那道白線，是按照每人十二方土的工作量劃出來的，縱然將勞動時間延長一倍，也不可能在一天之內完成四天工作量邁過這條線。

然而，奴隸們依然埋著頭，默默的幹活，推車的把裝滿泥土的重車推出去倒掉後，就趕緊把空車拉回來，利用下一車還沒有裝滿的機會，才可以喘上一口氣，上土的則利用裝好了一車泥土以後，空車還沒有拉回來，或者挖土供不上時，才可歇一口氣。

無論是那一個環節落後了，就會馬上聽到站在高處的徐世奎喝罵聲。

他的喝罵聲像一條皮鞭，一下一下的抽打在我們身上。這大概就是長年累月習以為常的規矩，就像耕田的牛，駕轅的馬，在皮鞭抽打下，每每因驚恐而無奈前進一樣。

隨著時間一刻刻過去，挖土的茬口在一點一點推進，而推土手推出倒在溝谷的紅土，一寸一寸的向溝中延伸，倒出去的紅土被車輪輾壓著，變成了一條條漸漸伸長的帶子。

早上起來，無論天氣有多冷，只要開工，不出五分鐘，就要脫下披在身上的棉「鎧甲」，光著身子迎著寒風，揮汗如雨。汗水滴在那一條條被車輪輾出的帶上，泛著紅光。

到了上午十一點鐘光景，寒霜融化，西北風卻從山坡的高處刮下來，亂風常常把泥沙刮進我們的眼中，使我們睜不開眼睛。

好在眼睛有一種排泥沙的能力，劇痛一

陣，擠出黃色的眼淚，可以恢復視力，實在不行，用衣服揩一下，繼續趕，否則，自己工作的茬口拉在後面，徐世奎又會站在高處叫罵了。

「催命鬼！」黃占邦朝著徐世奎站的地方恨恨地說，一面幫楊厚模撥開被泥沙糊住的眼睛，猛吹他緊閉的淚眼。

「換一下吧！」推土手把空車推回來，喘著粗氣喊道。他已經累得上氣不接下氣了，一邊甩著酸痛的膀子。

「虧你說得出來，楊厚模眼睛都要瞎了，你還換他去推土？」黃占邦打抱不平的喊道。

「那麼你試試，這千斤的重車誰能推上一整天？」胡亞東漲紅了臉，不停的甩著膀子。看樣子他真的吃不消了，他快已五十歲的人了，入獄已十幾年，大躍進年代，他還只有三十出頭，大躍進的折磨奪走了他的壯年。

陳明九接過他手上的車把喊道：「條條蛇都咬人，誰叫你滾到這個爛泥坑裡來呢。」說著搖搖晃晃將滿滿一車泥巴推了出去，胡亞東不敢怠慢，拿起鋤頭上土，蹲在一旁的楊厚模一邊還在流淚，一邊站起身來繼續上土……

緊張的勞動，使人忘記了時間，早上吃的半罐玉米粑早已化成了屎，進大腸了。但汗水流多了，反讓人不感到飢餓，過度的體力消耗，使人全身乏力，體力不支，上泥時，因端不上車，而灑落在地上；推土時，推著推著就眼睛發黑。

苦役犯大量出汗，而又缺乏鹽水補充，稍一停歇，冷風一吹，就傷風感冒，六隊的工地上，第一天就有十幾個人得了感冒，頭痛耳鳴，但誰也不敢歇息片刻。

中午時分，彭文學駕著馬車，把午飯和水送到了工地上，奴隸們歇下來，用自己的破衣服擦了擦滿是泥土的手和滿身的汗水，便向馬車圍了過去，每個人手上端著飯盅，圍著馬車上卸下來的水桶，一大盅水下肚，汗水便如注逼了出來。

整整一上午的超強勞動，胃酸大量消耗掉，胃口極差，拿著罐罐飯，對著它發呆。今天罐罐飯比起以往增加了一截，菜也是平時一周才能吃到的炒馬鈴薯片，算是對勞動者拼命的一點回報，然而可惡的西北風，惡作劇地把泥沙刮進罐罐中，彷彿催促囚奴們快吃。

吃過飯還不到十分鐘，山坡上值班的老管就催大家動工，他們坐在荒坡上面，不像往常那樣有哨棚可以躲避風沙，便想早點收工。

代朝謀爬上山坡，看了看一上午的「戰績」，一上午的拼命，茬口只前進到全天任務的十分之一，於是向站在茬口前的人吼道，「隊部是下了決心的，今天劃的白線不挖完，是絕不會收工的，下午不抓緊完成，就只好在工地上睡覺了。」人們都瞪著他。

「反正就這麼一把老骨頭了，充其量就丟在這深山溝裡算了。」蔡先祿喃喃地嘀咕著。

高原的深秋，天空上沒有一絲雲彩，早上八點鐘，太陽才從毛牛山口露出臉來，照著這片紅土地，照著這群又黑又瘦的苦役犯，為他們那過度勞累而嘆息，除了徐世奎的叱罵，沒有人安慰他們。

單調的鎬頭挖土聲與車輪前進的聲音混在一起，勞累至極的人們，挨到下午七點鐘，太陽悄悄跌進了西山坡後面休息去了，但工地上的囚奴還在燈光下揮汗如雨。

彭文學趕著馬車把晚飯送上工地的時候，星星已悄悄的爬上了天空。大躍進的噩夢整整過去十八年了，它那不眠之夜又復活了，慶父不死，魯難未已。

勞累了一整天的奴隸，早已困乏不堪。很想就地倒在泥土上，閉上疲倦的眼睛。但不遠處發出了一陣粗暴的催促聲，當兵的已換了執勤的人，新值班的老管，正催促想閉上眼睛的人。

十幾年來，農場的房屋、道路、農田、水庫，都是我們親手創造，可是暴戾成性的獄吏們，絲毫也不會愛惜這些創造財富的奴隸，他們對我們使用的語言從來就是繩索和棍棒。在暴戾成性的獄吏摧殘下，奴隸們大量死亡。然而這一切，被捂得嚴嚴實實，不為世人所知，這樣的苦役到什麼時候才能結束？我們到什麼時候才能像人一樣生活？

開工第一天，工地上的高音喇叭，從早晨到深夜，不停地叫嚷著：「不須放屁。」幸運的是，今晚隨著喇叭安靜下來後，工地上的電燈跟著熄滅，工地上一片漆黑，這真是老天救人於危難，在土地上的各中隊，被迫收工回營。六隊也不例外，我們在漆黑裡摸著收拾好工具，拖著疲憊的身子回到黑洞洞的監房。

第一天，我們從早上六點幹到了第二天凌晨一點，整整十九個小時。留給我們睡覺的時間只有四個小時。「就這樣幹」，徐世奎宣佈，我們「欠下」三分之二的任務沒有完成。

第二天，早上五點鐘，當疲倦已極的奴隸們還在酣睡中，廣播喇叭又嘰哩哇啦吼叫起來。睜開惺忪睡眼的人們，又在槍桿子押送下，高一腳低一腳趕到工地，耳朵裡塞著「久有凌雲志，重上井崗山」的吼聲

陳容康在我後面罵道：「人都快要死了，還喊給誰聽？」

從此以後，工地上那條催命的白線，一天天往山坡上爬。中間的溝被填得越來越狹窄，越來越深。挖土的茬口也一天天在升高……

(二) 神仙土下

挖土也改變了方法：在茬口下方挖空一條槽，使茬口上幾十噸的泥土虛懸在凹槽上，再在虛懸的泥塊上面，將鋼釺插進放土的縫裡，用力一撬，使整塊土方垮塌下來。

這種取土方法被稱為「神仙土」，比之一鋤一鋤的挖就快多了，但是因為泥層的鬆緊度不一樣，掌握得不好，基腳槽口挖過了頭，泥土還沒等到鋼釺撬動它，便自動垮塌下來，傷及下面沒有防備的人。

有些土質較硬的神仙土，基腳挖好以後，

無論鋼釺怎麼撬動，那空懸的土方卻老放不下來，使急於搶任務的人們在下面乾著急。

然而這種帶有人身傷亡危險的挖土方法，卻是囚奴們採用的最常用方法。皮鞭下的高額任務，使奴隸們無法顧及自身的安全！

隨著茬口一公尺一公尺向前推進，茬口高度也一點點升高，一個工段經過兩周挖土，茬口的高度都會在兩公尺高左右。從旁邊去看，要放的泥土便像一個張牙舞爪的妖怪，張開血盆大口，好像隨時都要將腳下的奴隸吞進肚子裡去。

當神仙土快要垮下前，它會移動自己幾噸重的身軀，發出輕微的沙沙聲。挖土手就憑藉自己的經驗和特別敏感的耳朵，捕捉到這種「神仙」發出的信號，向它下面上土和拉車的人報警，大喝一聲「來了」。

所有在危險區裡的人，憑著這一喊聲，便立刻向四方彈射出去。緊接著一聲悶響，幾十噸泥土，捲著強大的氣浪垮塌下來，揚起巨大的煙塵。

神仙土下面的奴隸們，若發覺垮塌的時間過遲，或風聲破壞了「神仙」發出的危險信號，或聽到的信號太弱，都會造成悲劇。

偏偏每天上午一過十點，強勁的西北風呼嘯而來，好像是專門為那神仙打掩護似的。每次狂風大作時，挖土的人什麼也聽不見，就只好憑經驗和直覺來判斷。往往神仙借狂風的掩護，施展著它的神威。

工地上因放神仙土而傷人的悲劇，像魔鬼一樣纏繞著大家。尤其是那些本身就體弱，過於勞累的人。

蔡先祿，這位身材瘦小，戴著高度近視眼鏡的小老頭，一位厚道和善卻又顯得有些迂腐的中學教員，常常固執地與人爭辯，他卻是大家公認的善良好人。

在油庫彎的工地上，看他推著平板車運土，一車滿載的泥土超過他體重十倍，堆過了他的頭頂。從旁看，與其說他在推車，不如說他用瘦弱的身體在同它拼命。

每一車的啟動，他都要把脖頸伸得特別長，漲得通紅的臉上青筋暴突。他已把最後氣力使出來了，可那千斤重車還呆呆地站在那裡不想走，到了這個程度，旁邊上土的人都會幫他推一把。車子啟動後，見他搖晃著全身，踉蹌前進。

不知哪一股力量支撐著他，他一車又一車的推土，每天要把近百噸的泥土推出去倒掉。工地上經常可以聽見他低沉的哼唱：「我們折斷腰，兒孫筋骨瘦！」當年楊白勞所唱的悲歌，而今出自他口，伴以他低沉渾厚的男低音，變得很悽愴悲涼，聽了讓人想哭。

「蔡老師的歌聲太悲了！別再唱這老掉牙的歌了，換一曲吧。」陳容康非議道。

蔡先祿並沒有理他，繼續的吟唱這兩句歌詞。寒冷的空氣中他的牙在咯咯作響，喘著粗氣，但歌聲沒有停。

「樣板戲不嫌老，唱樣板戲！蔡老師。」鄧自新在鄰近組裡向這邊喊道。

蔡先祿瞪了他一眼：「要麼你唱來聽聽！」

「好的！」鄧自新回應道：「你們可聽好了，這幾天廣播在喊什麼？聽清楚了：『久有帝王志，重上萬歲堂！千里來尋舊窩窩，皇宮變了樣。到處警衛密探，還有刺刀守衛』，你們聽清楚了沒有？」鄧眼鏡來勁了。

他用的喜兒的曲調，唱起來別有風味。工地上頓時活躍了起來。「鶯歌燕舞，鶯歌燕舞，你們看黃占邦才叫鶯歌燕舞呢。」

經鄧自新一指，大家抬眼看到站在高高的坎上放土的黃占邦。他身上那件棉鎧甲，早已撕成了無數的碎片，在大風中飄揚飛舞著。

上油庫彎工地以來，每天二十小時的勞役，哪有時間對破損的萬疤衣進行縫補？每人身上穿的棉鎧甲，都變成了幾十條的巾巾掛在身上，被大風一吹，就成了四處飛揚開的亂毛，這裝束，人們相互看慣了，倒也不覺奇怪。但陌生人看到，必然心驚：一個個都像從地獄裡爬出來的鬼？

「世上無難事，只要肯攀登！」陳容康苦笑一聲，長聲悠悠地跟著那廣播員的聲音唱道：「好一個換了人間，好一派鶯歌燕舞。」

我環視了一下整個工地，錘擊聲、挖土聲，已經淹沒了這廣播傳過來的「歌聲」。這些衣衫破爛筋疲力盡的奴隸，確實是毛澤東統治下「到處鶯歌燕舞」的生動寫照。

「不需放屁，啊呀！我要飛躍！」剛剛把車拉回來的蔡先祿，朝著廣播喇叭的方向唾了一口吐沫罵道：「什麼狗屁詩，廣播員還一本正經的朗讀這下三爛的東西，不感到羞恥!?」

「唉！你可別小看哪！『先上九天攬星星，再回河裡捉王八』，這可是你想都想不出來的絕句！」鄧自新又向蔡先祿喊道。

蔡先祿原來是國文教員，他聽鄧自新添上這麼一句，接口道：「對，讓我想想，該怎麼改，明天上工地來，讀給你們聽，怎麼樣？」

「你別唱『兒孫筋骨瘦』了，別老是苦自己，改一首唱唱吧！」鄧自新在隔壁工段喊道。

流放者討論廣播裡傳來的毛詩新作時，忘卻了曠日的疲勞。就在他們的注意力被廣播裡傳來故作呻吟的「詩歌」所分散時，死神卻已悄悄地站到那神仙土坎上了。

當蔡先祿口裡唱著：「哎呀，我要飛躍……不需放屁，」一面運足了氣力雙手抬起那滿載泥土的板板車，弓身向前啟動時，突然站在高處的黃占邦驚慌地喊道：「來了！」大家還來不及抬頭，只覺一股陰風從山坡上疾撲下來，足有三公尺多高的神仙土像一堵建築物崩塌，一堆很大的泥土夾著呼嘯聲，撲了下來。大家立即向四面空地飛彈開去。

蔡先祿卻夾在平板車兩車把手之間，躲閃不及，隨著一聲巨響，倒下的泥石流重重地壓在平板車上，壓斷了車把，壓在他瘦弱的身軀上。整個的現場，像中了一顆開花炮彈，煙塵四起！同蔡先祿拌嘴的鄧自新，從鄰近的地上失聲驚呼：「哎呀！老蔡糟了，快救老蔡啊。」

人們在灰塵中向平板車撲去，所有在工地的人都自動放下手中的活，圍攏來拼命用手扒開壓在蔡先祿身上的泥土。鄧自新和黃占邦一面刨土，一邊指揮趕來救援的人。

足足花了十分鐘，人們才從平板車下把蔡先祿搶救出來。只見他奄奄一息，臉色鐵青。抹去他臉上沾著汗水的泥漿，那心臟還在跳動，只是雙目緊閉。

鄧自新把蔡先祿抱在懷裡，焦急的呼喚著他的名字，用手試著他的鼻息。

「掐他的人中穴，作人工呼吸！」周圍的人出著各種主意。在大家手忙腳亂的搶救中過了一會兒，蔡先祿的嘴巴開始蠕動，一股鮮血從嘴角滲了出來，接著眼珠子在緊閉的眼皮下動了一下，脈搏開始加快，鼻中也呼出一口氣來。他那幾分鐘前的笑容，還掛在嘴角上。

唐啟榮背著藥包從下面的「田」裡跑了上來：「趕快要馬車，誰跑回隊部去叫？」大家正在手足無措的時候，徐世奎倒背著手走了過來，他臉色冷淡無情，顯得十分不耐煩，他一面吆喝著圍在這裡的人群：「關你們什麼事？還不各就各位，你們的任務就這麼拖吧！」他吼叫著，人們紛紛的散開。

看到蔡先祿奄奄一息，徐世奎口裡不停的嘀咕道：「叫你們小心一點，你們就是不聽。」把事故責任推在受傷人的身上，這就是中共下層人員對「奴隸」慣用的手段。

唐啟榮找到了一架留在工地上的涼板，指揮著黃占邦，鄧自新等人抬著蔡先祿向場部醫院奔去。

自從上油庫彎工地以來，矮小而體弱的蔡先祿，同死神擦肩而過的險事已不止發生過一次了。

前兩天，在他推車倒土時，因為拉不住平板車車把，他和車一同翻下足有二十公尺深的溝底，幸好人和車一起翻下溝底時，平板車滾落在一邊，避免了重車壓在他的身上，但滾下來的泥石壓著他，在他身上留下數處傷痕。當黃占邦等人七手八腳的把他從溝底拉起來時，徐世奎卻在上面吼道：「趕快把車拉上來，你們在搞什麼名堂，思想開小差。」

平板車被拉了上來，徐世奎並不理會已數處受傷的蔡先祿，而是令人立即檢查那輛平板車摔壞了沒有，一面催促大家馬上動工。

有人建議，跌傷的蔡先祿回監舍去休息一下，上點藥。可是徐世奎卻惡狠狠地吼道：「我不怕你們裝怪相，今天完不成任務，你們就給我在工地上守一夜。」

大家早已習慣了牢頭對待奴隸的冷酷，蔡先祿坐在地上，用破布擦著手上和腳上的血，他的兩膝蓋已經青腫，黃占邦主動接過他拉的車，示意他坐在地上歇一會兒。然而生性倔強的蔡先祿，卻從地上站起來，從黃的手上奪過車把，一瘸一拐的繼續推。衝著徐世奎喊道：「我就是死了，也不會把自己的任務賴給大家！」

由於過度疲勞，死神隨時在窺視我們，現在當我看到蔡先祿被人抬走時，走過去揪開蓋在他頭上的破衣服，看著他緊閉的雙目和嘴角上一抹鮮血，不知是不是最後一瞥？心裡怎不湧起惜別之情，我的淚水忍不住流下來。

想著這些年來他的俠肝義膽。每次有人挨鬥挨打受傷，都可以看到他拿出自己珍藏的白藥精和藥酒之類的東西，一次次為傷者送去自己的慰藉，讓對方感受這難得的真情，看他一次次為需要幫助的人送去關切和溫暖。

後來，蔡先祿雖然從死神的手裡逃了出來，但腰部成了終身殘疾。

由於六隊的工地上連續出現兩起骨折的工傷事故，場部派駐工地總指揮在我們工地上開了一個會。徐世奎蠻橫的一口咬定蔡先祿受重傷，純屬他個人的疏忽大意，立即引起了奴隸們的非議。

隨著工期的推進，奴隸們工作的時間越拖

越長，剛開工的一段時間，按場部規定，外線用電最遲不得超過凌晨一點鐘，拉閘以後，荒溝裡一片漆黑，徐世奎無可奈何的收工。

因關燈影響任務完成，第二天，徐世奎自可搪塞指揮部。完不成的任務，便上交給了路燈值班室。所以晚上熄燈時間也一再延長。

即便這樣，徐世奎親自劃定的白線，從來沒有完成過。

凌晨時分，疲憊不堪的奴隸們歸去的時候，已是微霜初覆，北斗星也西墜在毛牛山上。到了油庫彎規定完成的最後幾天，奴隸們為了節約往返耽擱，乾脆就在寒霜紛飛的時候，選一個比較平坦的地方，席地而臥，蜷縮在自己的棉鎧甲下呼呼大睡，彷彿經過一場戰爭，這裡橫七豎八的躺著許多屍體……

有一天，我被紅色的光束照射得什麼也看不見了，手裡提著的車把，突然沉重了好幾倍，使我無法提起來，眼皮也像吊著兩隻沉重的鐵蛋。忽然覺得眼前火星紛飛，心裡發慌，反胃嘔吐，一股冷汗從背心中竄出來。兩條腿怎麼也不聽大腦指揮，面前那條暗紅色的光束彷彿升了起來，伸向遠方，伸向黑暗的星空！

過了好久，我才從昏迷中甦醒過來，最初感到奇怪，我怎會躺在泥土中？看著那架停在旁邊的板板車，我才慢慢想起，我是昏過去了，睜開眼睛，又闔了上去，我奇怪身上什麼時候結下了霜。更奇怪這麼冷的天，我還沒有凍死？只覺得渾身疼痛，無力站起身來。

周圍怎麼這樣安靜？微微的側頭四下張望，才在晨光中辨別出與我同組的夥計們。我暗自在想，這麼冷的天，這麼厚的霜，該不會又有人凍死在這裡？努力回憶昨天的情景，農三隊又死了一個奴隸，不清楚是凍死還是累死的。

工程進入最後收尾時期，工地上每天都有人昏倒，醫院的病房已爆滿。其實如果讓那些勞累死去的人，吃飽喝足美美的睡上幾天，便可以自動復原的。

沒有人統計，短短三個月，有幾人累死在工地上。幾人被砸成手腳殘廢，毛澤東的接班人接過「四個堅持」、「兩個凡是」的衣缽，隨時都把這種野蠻的桎梏重新套在中國百姓的頭上。

一九七七年初，油庫彎工程「如期完成」。當我們離開這令人咒詛的工地時，我們誰也不知道，以後，還會不會有這種瘋狂的運動？人類社會已經進入電子時代。而中國的勞動者，還被「大寨精神」愚弄著，用最原始的勞動工具，拼著性命，去完成愚公移山的拓荒蠢事？這是毛澤東駕馭中共奴役百姓的一貫作風。也是一大罪過!!

工程完工的最後一天，下午六點鐘，被摧殘得不像人形的隊伍，身穿比任何時候更巾巾掛掛的棉鎧甲，肩扛勞動工具，拖著平板車，踏著隆冬時節下過的一場大雪，翻過三號樑子時，當場就昏倒了兩人。他們在雪地裡等待著唐啟榮回六隊叫來馬車，將他們送去了醫院，後來這兩個人再也沒有回到六隊。

讓人傷感的是，再也聽不到蔡先祿和鄧自新的一問一答，蔡先祿唱的「兒孫筋骨瘦，老人折斷腰」彷彿還響在耳際，鄧自新改編的：「久有帝王志，重上萬歲堂！千里來尋舊窩窩，皇宮變了樣。到處警衛密探，還有刺刀守衛。」至今沒忘。

以後的幾個月裡，水腫病再度蔓延，我想，人是何等脆弱的動物，苛政暴行一加碼，人道主義丟得無影無蹤，共產主義的豪言壯語，全成了夢囈和昏話。後來，當農場的領導領著上級前來視察，在公路上指手劃腳的吹噓他們政績時，卻不講這些「政績」是奴隸們用鮮血和生命換來的。也許再過幾年，山洪爆發，幾十分鐘，大水就會衝垮這些泥質田坎，連那又直又平的公路一起沖毀，重現一個荒涼的山溝。

我不知道，這樣的工程有沒有經過勘查？還是僅憑他們的好大喜功，來迎合一曲「鶯歌燕舞」的學大寨狂想？

毛澤東年代，人民浪費在這種瞎指揮下的「建設」真是太多了！太冤了！數以億計的民夫和像我們這樣的囚奴，就為這些「宏圖偉略」的實現葬身荒溝，兩千兩百年後，秦始皇復活了！

從油庫彎撤下來後，我們關心劉順森的下落。也許他們會給我們帶回好消息。原來能打聽的線索，幾乎全部中斷了，我們對他們的處境很擔心。

第三節：尋找光明

一九六九年，毛澤東清除劉少奇的陰謀順利結束。在四月份召集了中共九大上，林彪以毛接班人的身分，寫進了新的黨章，演完了這場戲以後，毛澤東總算解除了多年的心腹大患，國內暫時平靜了一段時間。但就在這一年，因珍寶島軍事衝突，中蘇兩國已劍拔弩張，毛澤東號召備戰備荒，把注意力又集中在對蘇的戰爭準備上。

一九七〇年初，雲南通海發生大地震，接到報告後，皇上忙令新華社封鎖消息。不但不組織搶救，還拒絕國際救援組織的人道救助，只對災區運去了幾十萬冊《毛主席語錄》和幾十萬枚毛澤東的相章，可憐幾十萬通海同胞，連呼救聲都被禁止傳出，便活活地活埋於地下了。

（一）地震棚裡

當時，距通海並不太遠的鹽源，除了感到了大地在搖動外，並不知道通海老百姓所遭受的災難。忙於爭權奪利的中共各級官僚，只要災難沒有降臨他們的頭上，依然故我，對毛皇上備戰備荒的指令窮於應付的各級政府，哪裡還有精力組織災後救援？

六年後，唐山被大地震夷為平地，使數十萬人喪生。這一次大地震發生在北京附近，遠比通海慘烈，北京受到強烈震撼，中共才如夢方醒，立即向全國地震區發佈統一號令，震區城鄉以竹木為骨架，草席作圍牆，帆布和塑膠薄膜作房頂，一窩風地搭起了「地震棚」。

地震棚頂就像紙一樣，大風一吹就會掀去，無法遮風避雨，至於建立預測地震的設施，防止災難的種種措施，那是吼給百姓聽的瞎咋呼，並無實際行動。

戒備森嚴的監獄也不例外，只要圍牆足以保證犯人不趁機越獄逃脫，鹽源農場也驅使奴隸蓋上了地震棚，並將我們趕進了地震棚中，將原來的監房統統上了鎖。規定沒有經過隊部的允許，任何人都不得擅自打開監房自由出入。從此以後，所有犯人除開飯外，仍按老規矩在壩子裡站隊集合，工餘時間大多都蜷縮在地震棚裡。

地震棚內用一些破草席分隔成了許多「房間」。實際上變成了一個互通的大帳棚。雨季期間，沒有大風破壞，還可勉強應付，到了風季，狂風大作，整個蓬頂就像會被掀掉。

簡陋的地震棚，等於將全隊人員集中於一個大監房中，倒方便了大家互通資訊。流放者各自將白天所獲得的資訊，到了晚上傳送到地震棚的所有角落，每天，分散在各組的火炬成員，將收集到的情況交流後，立即傳給大家。

一九七六年「四．五」天安門事件後，中共兩大派的鬥爭越來越白熱化，在這種政治氣候乍暖還寒的形勢下，監獄方面也加強了戒備，院壩裡的武裝執勤，由原來的一人增加為三人。院牆外的巡邏頻率幾乎增加了一倍。

林扯高被停職反省後，林、何之間結束了長達七年的權力鬥爭，何慶雲重新執掌了農六隊的管教大權，但從鹽源縣傳來的各種「謠言」，卻使何慶雲越來越擔心，中共上層的分裂，使他失去了安全感。他懷疑所依附的「當權派」，能否確保局勢渡過這段動盪時期？他的內心既沒有底，也不知該怎麼辦？他在場部子弟小學當老師的老婆，幾乎天天在他的耳邊吹枕頭風，要他在這種政局不穩時期，做事不要太絕，要給自己留條後路等等。

當時，流傳在鹽源老百姓的謠言空前活躍：例如「紅天已暗，白日正顯」；「夜觀星象，東北方紫微星為黑氣所蔽」；「東方定有一異人收拾毛氏江山」；又說「當今政府犯了地煞，故地震不斷，幾年內必有血光之災降落神洲，到時血流成河，屍骨成山」。

表面上看，這是一些毫無根據的民間謠言，其實正反映了民間渴求毛澤東專制及早滅亡的心願，渴求一個民主政府上臺，以解人民於倒懸。

中國歷史上最黑暗時期，正是各種謠言在民間廣泛流傳的時候，例如東漢末年太平道，就有「蒼天已死，黃天當立，步在甲子，天下大吉」的口號。瀕臨死亡邊緣的農民，往往借助一些宗教傳說來號召和組織人民起義。

今天，處在封閉狀態的大陸，與封建社會並沒有本質的區別，人民也像中國歷史上反覆出現的情況相似，借助迷信和謠言反映他們的要求。在鹽源這種十分落後的地區，現在出現大量謠言就不奇怪了。

當時，正是各種地下組織如雨後春筍蓬勃生長的時候，由於中共對國境外的反共活動一向戒備森嚴，更由於中共的反滲透措施，中國的民主運動幾乎沒能與境外接觸。而國內的地下組織，基本上是一些由中共內部分化出來的政治上的反毛派，他們立足於奪權以反毛澤東獨裁，此外則沒有形成民主建國的政治綱領，但是，形勢正要求國內的反獨裁力量聯合起來，沒有統一目標、行動綱領、組織方式等，就不能反抗表面仍然十分強大的獨裁勢力。

六隊的政治犯，就是基於這種認識，謀求向外界尋找出路。當時我們尋找的是反毛澤東個人獨裁的地下組織。

為了分散當局和士兵的注意力，劉順森在地震棚的中心地帶擺了一張小桌子，撿了一塊楠竹片當作驚堂木，開講評書。他以在少年時代積累的豐富歷史知識，用他天才的智慧和出色口才，借古諷今，那時，他講的是姚雪垠撰寫的長篇小說《李自成》，以及相關的歷史故事「紅蓮教」。

每天晚上，在劉順森的評書桌周圍，聚集了一大群聽眾，在人群後面，還經常站著當班的巡邏士兵，這些士兵與其說受人指派來監視劉順森，不如說被他精湛說書所吸引來聽故事，聽講的人築起的人牆，成了火炬成員交換情況，分析形勢的最好掩護。

（二）逃亡

火炬成員交換了國內形勢的基本估計後認為，中共獨裁勢力和「走資派」的較量，已到了最後攤牌的時候，「四．五」運動的信號表明，北京城裡因權力傾軋而釀成的全面內戰隨時都會爆發。在這個時候，被關押的政治犯，隨時都可能遭到統治者的毒手，與其坐以待斃，不如在這種情況出現前早作打算。所以，應該有人越獄，去尋找那些處於地下、並有相當民眾基礎的民主組織。

根據大家收集到的情況，決定派人去重慶尋找活動頻繁的「人民黨」，對於這個組織，當時只是耳聞，並不知道具體情況，因為在獄中，我們不可能知道詳細情況，一致決定，由劉順森同熟知重慶的孟平和楊漢群一同越獄，去完成這極其危險的使命。

在這以前，農場的流放者，經歷過無數次逃亡，但這些逃亡，僅抱著個人目的，而沒有某種政治目標，這次是農牧場建場來，第一次為尋找地下組織的探險行動。

一九七〇年，蔣正君為首的那次大逃亡，就因為缺乏統一的認識，對形勢估計錯誤，缺乏一個明確的目標，最後，很快被破獲，幾十個人都成了當局無情打擊的對象，當場被處決的人就有五人，留下慘痛的教訓值得記取。

火炬戰士們把平時省吃儉用每月僅兩塊零用錢聚集起來，交給了劉順森作為路費，大家同劉順森商定好出逃路線，研究出逃過程中可能發生的意外。

預定逃亡前，鐵匠房的沈官科和蔣真富，利用全天在鐵匠房的機會，先將一個木梯子預先送進三號監房，計畫借夜幕的掩護，利用惡劣的天氣，來掩護出逃第一步的成功。

九月初一個風雨交加的夜晚，大家正在地震棚裡「讀報」，蔣真富在小解時，用鋼絲鉗迅速下掉了三號監舍的門鎖，預先藏在廁所裡已整裝待發的劉順森三人立即跟出，迅速地進入三號監房。五分鐘後，在廁所裡的皮天明，從容從廁所裡走了出來，將下掉的鎖重新鎖上，以麻痺巡邏哨兵查哨，不致於馬上發現劉順森等出逃的痕跡。

這一切都進行得十分順利，當皮天明回到地震棚以後，所有參加這次行動的火炬戰友都舒了一口氣。

劉順森、孟平和楊漢群三人藉著風雨聲和夜幕的掩護，將預先放在三號房裡的梯子抬到上舖去，很快架上了房頂的橫樑，楊漢群第一個爬上去，利索地揭開了房頂的瓦片。

瓦片揭開，狂風捲著大雨向他頭上灌壓下來，三人各自紮好緊身的小包袱，頂著大雨，迅速登上了房頂，順著瓦溝匍匐著向下方的屋簷爬去。

突然，崗哨上的探照燈打開了，強烈的光束射穿白茫茫的雨霧，從房頂慢慢地橫掃過來，三人緊貼在瓦溝中，借屋頂的掩護，等探照燈光從身子上方掃過去。兩分鐘以後，探照燈熄滅，整個的房頂又重新淹沒在雨夜之中。

三人側耳靜聽，崗哨上並沒有任何動靜，屋簷下的圍牆通道裡也沒有巡邏兵。便迅速地從屋簷上躍起，跳在圍牆與監房間的過道上，很快找到預先埋藏在那裡的鐵鍬，用它在牆上挖開一個洞，三個人爬出洞口，來到圍牆外的那片玉米地裡，在大雨中直起腰來，檢查了一下隨身攜帶的小包，互相拉了拉手，慶賀越獄計畫的第一步順利完成。

三人站在大雨中猛吸著新鮮空氣，這是他們入獄來第一次站在牆外呼吸「自由」的空氣，心裡有一種說不出的激動，再回頭望了望那聳立在大雨中高高的圍牆，判定了自己所處的位置，立即竄進了茂密的玉米林中。十分鐘以後從這片玉米土裡出來，踏著鬆軟的泥土，走上三號樑子的彎彎梯田。

三人不敢逗留，順著出工的機耕小道，迅速越過二號樑頂。身後隱約傳來地震棚中的嘈雜人聲，判斷是學習完清點人數的時候了。

他們知道，自己的「失蹤」，已為留在監舍裡的人掩蔽過去，放心地沿著山樑上的機耕道走去，找到平時洗手洗腳的山水窪，在那裡清洗了滿身的污泥，立即順著馬路直奔鹽源縣城，當他們看到了鹽源縣城的輪廓時，大雨也停上了。

三人敞開被大雨濕透的衣服，藉著下半夜吹來的涼爽晚風，吹乾了衣服。又辨了辨方向，直奔預先聯繫好的縣城郊區一家院子，天還沒亮，登上卡車離開了鹽源。

（三）追蹤

第二天早晨七點鐘，當農六隊的囚奴們從地震棚裡出來時，嚴管二組的組長樊友才才發現劉順森失蹤。他不敢遲疑，立即去隊部報告。

他明白昨晚例行查房時，還在稀裡糊塗報告全部到齊，僅此一點，他就負有「謊報人數，掩護外逃」的責任，經過緊張思索，向隊部謊報說，劉順森於黎明時分失蹤。

正當樊友才向何慶雲報告劉順森失蹤時，嚴管一組的馮俊伯也氣急敗壞的跑來報告說，他們組跑了孟平和楊漢群，說劉順森大概是在大家都熟睡時逃走的。

但哨兵卻向何慶雲報告，說三號監舍房頂揭開了瓦，室內發現架在屋頂的樓梯；監獄圍牆也被打了一個大洞……根據腳印判斷，大約是在大雨開始時出逃的，有些腳印已被雨水沖掉……這與馮俊伯和樊友才兩個奴才所報告的情況完全不同。

「火炬案」爆發後，林扯高虛張聲勢，企圖把何慶雲多年的工作成績一筆抹煞，但嚴密搜查後，卻一無所獲。結案時，已被抓住的「火炬」線索，像一把無法抓牢的短髮一樣滑掉了，倒使何慶雲緩了一口氣。

為了證明自己在六隊的工作成績，在場部，何慶雲賭咒發誓，拍著胸口保證：「六隊絕不可能存在一個組織嚴密的『反革命集團』，也沒有可能與社會上的任何『反革命組織』存在過聯繫，張錫錕等人不過是一時頭腦發熱，寫出什麼『火炬』刊物，充其量不過是發洩對現實的不滿。在隊部嚴密監視下，組織集團，既不可能，也沒有這種能力。」

張錫錕被處決後，六隊短期相對「平穩」，「火炬」似乎隨之熄滅了。

現在，何慶雲聽到劉順森、孟平和楊漢群三人越獄的報告後，使他感覺問題遠比估計的嚴重。

對火炬重大嫌疑人劉順森突然出逃，何慶雲又該怎樣向場部交代呢？特別令人氣惱的是，這件事情發生前，居然沒有一個人向他報告過一點跡象，當劉順森等人跑了足足八個小時以後才跑來報告，還隱瞞了真相。

何慶雲猛拍桌子，對馮俊伯和樊友才厲聲訓斥：「你們監督到哪裡去了？不但事前沒有任何報告，就連逃跑初的實情也是假的，你們是不是同劉順森串通好了，來欺騙政府？如果一旦證實你們欺騙政府，絕不輕饒。」

眼下的事件證明，原以為已熄滅的「火炬」，又在六隊燃燒起來了，何慶雲不得不對張錫錕寧死不屈、慷慨就義的正氣所鎮懾，嘆服「火炬」的頑強。

張錫錕啊張錫錕，你一個文弱書生，你的精神和靈魂力量，竟是這樣堅強！張錫錕啊張錫錕！你寧願一人獨擔罪名，從容走向刑場，也不招供任何一個同夥，這太可怕了！

想到這些，何慶雲不禁心驚肉跳。

這個可怕的「火炬」啊，他們不露一絲證據，證明他們比以往更成熟、更嚴密，逃亡前經過了周密策劃，現在許多細節，突然的擺在何慶雲這個老牌特工的面前，使他感到十分棘手。

三號監舍的房門是誰打開的？以後又是誰鎖上的？梯子是什麼時候拿進去的？又是誰拿進去的？昨夜點名是誰在點名時虛報人數？「火炬」有多少人？預先又怎麼商定的？出逃的目標是什麼？會不會與外界的某一組織和政治集團有聯繫？是怎樣聯繫的？

一連串的問題困擾著何慶雲，而他原先確實是過於自信了。

夜深了，何慶雲頭腦中仍然是一團亂麻，他懷著重重心事，輾轉反側。這些天來，老婆反覆地向他嘮叨，勸他看清形勢，不要把壞事做絕，給自己留條後路。還說如果中共政局發生變化，他何慶雲未必不會被清算，甚至惹來殺身之禍。丟下她和孩子怎麼辦？

老婆的話語雖屬「婦人」之見，卻觸到了他的靈魂深處的隱痛，是繼續追查下去？還是就此收手？裝著什麼也沒有看見？什麼也不知道？

劉順森、孟平和楊漢群三人出逃的第二天，農六隊出奇的平靜，靜得讓人擔心。好像大事就會出現。我們都在為劉順森、孟平和楊漢群三人祈禱，估計他們已經在這麼長時間，走出了當局布在西昌地界的第一道封鎖網，如果行動順利，一天一夜的功夫，可以到達石棉的地界了。

但在這種平靜下，更需要大家警惕，並密切注視隊部的反應。不僅可以從中判斷劉順森等人行動的成敗，更要警惕何慶雲耍花招，多年的經驗證明，何慶雲比林扯高狡猾得多。

晚上集合點名，何慶雲拿著點名冊，仍像往常一樣的清點了人數，隨即很平靜的樣子講了話，他說：「昨天晚上的幾個亡命徒，趁著雷雨的機會跑了，六隊跑人已不是一次兩次了，黃學全還敢在小監裡掀開房頂逃跑呢？李克嘉那麼厲害，最終還不是落網了。所以隊部一點都不擔心，用不了三兩個月，短則十天半月，三個人就會伏法。」

接著，他話鋒一轉，口氣強硬地警告道：「現在社會上有些謠言，這不足為奇，階級鬥爭就是這個樣子，你們中的極少數人，不要以為一點謠言，便天下大亂了，因而躍躍欲試，劉順森便是其中的一個，實話告訴你們，無產階級專政的銅牆鐵壁是永遠不會垮的，像劉順森這樣敢於向鐵牆上硬碰的人，到頭來都要像張錫錕那樣，落得粉身碎骨的下場。」

這一套陳詞濫調，我們聽得多了，早已不起作用，只不過是虛張聲勢，藉以掩蓋他心裡的緊張而已。點完名解散以後，何慶雲便把樊友才叫到了辦公室。他是何慶雲最近指派的嚴管二組組長。

現在何慶雲對「火炬」有了新的認識，雖然他與林扯高有不可調和的矛盾，但不得不承認，利用奴才監視「火炬」的方法是正確的。他放棄了對火炬份子採用說服教育的「陳腐」做法。

經過多年考察證明，像馮俊伯、周學祝這類人，已變得十分油滑，往往陽奉陰違，在需要時，表面上助威吶喊，而對記功減刑的空口許諾不再相信，尤其看到陳賢士等人的下場後，更趨於明哲保身，並不想把壞事做絕。於是，在何慶雲的心裡，已失去了利用價值。

而樊友才是一個刑期只有十年的刑事犯人，初來六隊，並沒有接觸「火炬」，也沒有什麼政治觀點，這樣的人，盲從性極大，極容易被獄方許以小利加以利用。

此人長著一雙三角吊眼，一雙轉動得特快的老鼠眼睛，給人一種崑曲《十五貫》中婁阿鼠的形象。就憑這種臉型，就知道此人心術不正，適合用作鷹犬，所以何慶雲把樊友才當成咬住「火炬」蹤跡的如意人選。

俗話說，江山易改，本性難移，樊友才對這種地獄般的煎熬，高強度的苦役，以及半飢半飽的豬狗食，使他筋骨散架，度日如年。這種生活，才過去兩年。還有漫長八年，怎麼熬？

何慶雲把樊友才叫進辦公室，問他為什麼在劉順森逃跑的當天晚上毫無察覺？是不是把隊部交給他的任務當成了耳邊風？昨夜為什麼沒有按部隊佈置在地震棚集中學習？聲色俱厲質問樊友才，說隊部多次向他敲了警鐘，說劉順森的評書中必有名堂，要他注意劉順森借說書搞什麼活動，但是他卻沒有放在心裡。

接著何慶雲便一連串的提問：昨晚狂風大作時有那些人離開了地震棚？是去廁所解手還是幹其他的事？劉順森是什麼時候了離開地震棚的？三號監房裡的樓梯是什麼時候放進去的？三號監舍的門鎖是誰預先下掉的？

樊友才本來對劉順森這次逃跑的事一無所知，事後懷著鬼胎千方百計撒謊，掩蓋清點人數時的失察。充當了劉順森逃跑的掩護人，現在，他似乎有些後悔。

自從何慶雲叫他重點監視劉順森後，他只把注意力放在劉順森寫什麼、傳什麼、傳給那些人上面，卻沒有注意到劉順森在神不知鬼不覺中作好了出逃準備，比如說劉順森出逃的路線，路資的籌集，出逃的目的，可能的去向等等，樊友才實在是一無所知。

至於何慶雲問到樊友才當晚二組在清點人數時，是誰在冒名答應？樊友才幾乎沒有絲毫察覺，並且直到他們出逃十個小時以後才發覺。

看到樊友才緊張困惑的表情，何慶雲並沒有過多的責怪他。

其實樊友才的內心是極其複雜的，自從他被何慶雲委派接替陳賢士的角色以來，目睹對「張錫錕案件」告密立功的人都先後暴死，六隊陡起的張錫錕英魂不散的傳言，猛烈衝擊著他，在充當何慶雲密探的幾個月裡，有人用

「做壞事要遭報應」來警告他。雖然他向何慶雲報告過，但何慶雲只是好言安慰而已。

何慶雲的好言安慰並不能解除樊友才的心理壓力，古人云：「惡不積不足以滅身」，「蒼天報應論」多少制約著他。

當天晚上，何慶雲對樊友才進行一番教育後，接著就是更進一步的許諾。在強烈誘惑的驅使下，樊友才從何慶雲辦公室出來以後，便陷入緊張的思索之中。

第二天中午，樊友才便去找馮俊伯。對前天夜雨前後離開地震棚的人進行逐一排查。最後定下了八個人。除了劉順森三人在逃，還剩下五個人。當然不等於說開鎖、上鎖、打掩護的人一定就是這幾個人。也不排除其他人的可能性。

第二天，樊友才和馮俊伯便將提供的八人黑名單，擺到何慶雲的辦公桌上。何慶雲根據兩人提供的情報，最後將重點調整為三個人。懷疑他們是給劉順森逃亡的策應者，作為重點監視和審問的對象。

第四節：強弩之末的猖狂喚醒皮天明

從油庫彎撤下來的第二個月，一九七七年的春節後，有一天早上，何慶雲宣佈上午延後出工兩個小時。

（一）劉順森不幸捕回

等待出工的奴隸們，被叫回到各自的監舍中，眼睛盯著大監的鐵門外。十點鐘左右，三個戴著刑具的流放者，在四個帶槍老管的押解下，在鐵門前露面。

我驚得差一點喊出聲來，原來三人正是我們日夜懸念的劉順森、孟平、楊漢群。他們出現時，劉順森走在最前面，上身穿著黑色的燈芯絨上衣，手上戴著手銬，蒼白的臉上留著一路的風塵，但並沒有喪氣，彷彿在思考著自己的失誤。

孟平和楊漢群反捆著雙臂，緊跟在劉順森的身後，他們三人從大門進來後，並沒在壩子裡停留，而是逕直闖進了對面的小監中。

從他們出逃至今，還不到半年時間。一種不祥的結局，正在向我們襲來。在何慶雲臉上，流露出一種得意的冷笑。他不像林扯高那樣虛張聲勢，他要對付的是有「經驗」的反改造老手。

當局在破獲蔣正君集團案中嘗到了甜頭，他們會用同樣的方法來對付抓回來的三個人，以摸清出逃時的掩護者，和火炬的懸疑內情。

第三天，劉順森便被單獨送到鹽源看守所，以便對這次逃亡，進行分隔審理。各個擊破是他們破案慣用的絕招。

根據陳力的先例，我立即預感到劉順森凶多吉少。

三人被抓回的當天晚上，何慶雲在集合點名時，陰險的警告六隊的火炬份子，他說：「劉順森的逃跑，涉及六隊的一大批人，在出逃當晚為他打掩護的人就有好幾個，現在這些人趕快站出來坦白交代，凡是主動交待出問題的，可以從輕發落，如果屬於他人交待出來的，後果自負。」

他一邊講，一邊用他鷹隼一樣的眼光一掃視著大家，好像在捕捉獵物。

其實，早在劉順森出發的第二天，何慶雲便根據樊友才所提供的黑名單，一直沒有放鬆對掩護者的追查，令他感到奇怪的是，黑名單中的人，並不是他平時最關注的火炬份子。其中相當一部份是入監不久的年輕小夥子，這使他意識到，「火炬」的影響在擴大。按照樊友才提供的情況，何慶雲最終將目光收縮在三個人身上，這就是皮天明、賴開明和蔣真富，其中以皮天明為重點。

皮天明是兩年前從古柏逃跑而送到這裡來的年輕人，根據樊友才報告的情況，有人曾看到劉順森出逃前幾天，皮天明曾將樓梯抬到熬藥灶的旁邊。

根據這個線索，皮天明最先受到何慶雲的提審。

何慶雲說：「麻雀飛過都留著影子，你不要以為你做得秘密，就可以蒙混過去，你好好交待吧！」當即遭到了皮天明理直氣壯的否定：「那梯子是大家用來晾衣服的，誰都用過它，搬來搬去，全看哪兒晾衣服合適，怎麼能因為我搬過梯子，就一口咬定我參與了幫助劉順森逃跑？」

皮天明的回答，使何慶雲難以繼續追究他，同時皮天明來六隊才一年多，火炬的黑名單中，並沒有他的名字，談不上是火炬的追隨者，更談不上是火炬成員。

按照何慶雲的判斷，幹這件事的人，應當另有其人。

儘管如此，何慶雲並沒有否定樊友才提供的情況。他覺得六隊的全體政治犯，都會成為火炬追隨者，這讓他感到既可怕又擔心。

「火炬」果然像一個可怕的幽靈，不但沒有隨著張錫錕的處決而消失，反而在六隊到處遊蕩，劉順森雖然被抓回來了，但他外逃的目標、任務和組織關係，至今一無所獲。

（二）二胡情誼

皮天明押到六隊，是一九七五年九月的一個下午，那天他身穿一件花格子襯衫，衣服上沾著很多泥巴，手臂上留著兩道被繩索勒過的黑印，臉上還有傷痕。

他才二十來歲。在他那黑黝黝的臉上，在兩彎濃黑的眉毛下，瞪著一雙倔強的大眼睛裡，閃爍著不甘受人侮辱的剛烈性格。看到他的樣子，便聯想到我自己，我也是這個年紀來到鹽源農牧場，至今已是三十九歲的中年人了。

皮天明隨身攜帶的破爛行李上，插著一把斷了一截龍頭褪色的舊二胡。一身裝束，很像一個走江湖的落魄藝人，腳上穿著一雙舊皮鞋，前面已經裂開了口，從裂口中露出腳的大姆指。

那天值班的鍾花臉，將皮天明帶到嚴管二組的門口，並把當時的陳賢士喊出來，要陳賢士安排皮天明的鋪位。沒過幾天，我們才知道他叫皮天明，是從林業隊逃跑抓回來的「犯人」。捕前是重慶一所中學的學生。

他們的可塑性極強，當他們一旦瞭解世界後，就會與自己貧窮處境作對比，從不成熟開始，發展成毛澤東的堅定反抗者，場部拖拉機組的孫明權就是一個例子，皮天明又是另一個典型。

他初到六隊正「火炬」案發的時候，他親眼目睹張錫錕案的處理經過，張錫錕視死如歸的人格魅力，使他深深折服。當他受到劉順森的影響後便開始認識社會黑暗的原因，很快成為火炬的追隨者，從初入監獄時的「逃」變成「反抗」。

自我學拉二胡後，耳朵裡常回蕩著母親當年演奏的《二泉映月》，而今我在鐵窗下演奏它，便用來安慰自己受傷的心靈，我不懂樂理，人們評及我拉的二胡說：「你在琴中哭泣。」

我深信音樂有震撼人心的力量，垓下一戰，漢軍的竹簫楚歌，吹散數十萬楚兵，可見音樂能表達語言無法表達的感情，即使在文革最瘋狂的時期，連生性暴戾的士兵，聽到李克嘉演奏二胡時，也會聞琴而靜，沒對拉琴粗暴干涉。

工餘時間，他迷上了二胡。從二胡中所表達的內心獨白，溝通了囚奴們的心靈。靠二胡我結識了李克嘉，後來又邂逅冷軍，現在又碰到皮天明。

有一天，我正在獨自調整二胡的音調，一曲「良宵」還剛剛開頭，便見皮天明站在我的床頭看。我停下了弓，用探詢的眼光看著他。他稱我老師，很大方的向我請教二胡弓法。想到皮天明初到六隊時他帶著一把二胡，那身江湖藝人裝束，理應對它瞭若指掌，怎麼會來向我請教弓法？在六隊，當二胡老師非李克嘉莫屬，我哪敢被人稱作「老師」？

我連忙挪動了一下身體，請他坐下向他說：「我是初學的，拉得不好，不敢妄自為師，還請你指教。」

皮天明搖了搖頭，顯出他的天真，說道：「你別誤會，我根本就不會拉二胡，但聽到你和李克嘉的琴聲，我幾次都想拜你們為師，極想學會這門樂器，可是李克嘉送進小監了，所以我只能拜你為師了。」

那時因四個馬鈴薯人，李克嘉第三次關進小監。

我好奇的反問他：「我看到你才到六隊帶著二胡，我以為六隊又增加了一個愛好音樂的人呢。」

「唉！說來話長，那是一件紀念品，我從進監獄的那一天開始，便一直帶著它，這是一位我在中學時代鐵哥們的遺物，」皮天明回答我，眼睛變得灰暗起來。接著向我講了一段有關那把二胡的故事：

「他比我大三歲，那時，我們都是學校毛澤東思想宣傳隊的隊員，他拉得一手好二胡，我就是從他那裡才知道『二泉映月』的，聽他演奏這首曲子，常會情不自禁的流眼淚。」

「有一天下午，我在他的寢室裡聽他演奏二胡，天色漸漸黑下來，突然聽得校門口人聲鼎沸，來了一群與我們觀點敵對的造反隊員，個個手裡操著大刀，我們還沒看清楚他們的臉，他們就已殺奔我們的寢室來了，那時重慶武鬥正在高潮中。」

「三個大漢見到我們，不由分說便朝我們倆亂砍亂殺，我倆還來不及奪門而逃，寢室的燈也熄了，黑暗中，只聽到他慘叫一聲，就撲在我的身上，我只覺得血從他的身上流到我的身上，聽見寢室裡有人在亂翻，我在他身下不敢動彈，只聽見其中一個人說道：『都被收拾了，快走吧』！」

「我在黑暗中等了幾分鐘，聽聽四下沒有

動靜，便挪開壓在我身上的哥們，黑暗中只覺得他渾身是血，已經說不出話來，摸他的鼻子，還有一點氣，便趕緊摸著黑，連背帶爬的把他背到了附近醫院，醫生說他已經死了。」

「我回到學校，找到了他丟在那裡的二胡，想昨晚的可怕經過，若不是他壓在我的身上用生命保護了我，我恐怕也不在人間了，我拿起二胡一看，龍頭被折斷了，就將這把二胡留作我永生紀念品吧，便把它帶回家，收藏起來。」

「血債要用血來還，當天下午，我們集合了更多的同學，向昨夜襲擊我們的組織發起了大規模反擊，我在那次反擊中，懷著滿腔怒火，只想替已經死去的哥們復仇，進入陣地拼刺刀，我見人就砍，自己也多處負傷，那時我才十五歲。」

皮天明停頓了一會，好像還陷在往事中，「沒幾天，警備區清查那次血鬥的兇手，我就被抓了進來，臨出家門時，我什麼都沒帶，就帶上了這一把沾著哥身上血跡的二胡。」

「文革」中像這樣的故事太多了，那把被折斷龍頭的二胡，引起了我的注意。

如今，當我面對皮天明的請教，反而讓我為難起來，弓法和指法，我是講不出來的，想了半天，我只能用「練」來回答求教者：「憑著你的聽覺，用你的心去指揮你的兩手，反覆修正，以求達到手和心的一致。除了『心領神會』之外，我確實講不出多少奧妙。」

於是皮天明回到他的監舍，取出了那「紀念品」，坐在我的對面，跟著我調好音調，緊了緊二胡的弦把，便開始拉起來。

初學二胡的人，包括我在內，最怕初拉出來的殺雞殺鴨聲遭人恥笑，所以總是把卡子取掉，依依呀呀的先拉給自己聽，一面修正自己的弓法和指法，經過一段時間的「啞練」，達到可以讓人聽的程度後，才敢將卡子安上。開始時拉弓的手極輕，發出很低的聲音，絕不敢放肆，以招致聞者的非議。

然而皮天明則完全不同，一開始，便將卡子安得高高的，拉弓的手，下得極重，共鳴箱飛出的聲音，就像一頭公牛在昂首高叫，對別人的恥笑，甚至干涉，他全都不予理會。

我從他不怕恥笑的專注勇敢態度，看出他極強的個性。看到他聚精會神的正襟危坐在那裡，不覺暗自驚嘆：一個理直氣壯不護短的人，坦誠到連自己的失誤都不加掩蓋的程度，表明他是個光明磊落的人，而沒有任何虛偽加以掩飾。

也正是這勇敢和專注，才是最快學好一門樂器的捷徑，他說，這可是他那忘年之交的哥們生前告訴他的。但是，皮天明這種毫不加掩飾的真誠，卻被鬼蜮之徒所傷害，失足於他們布下的陷阱中!!

從此以後，每當奴隸們收工回來走到六隊的圍牆外，就可以聽見皮天明十分刺耳的「殺雞殺鴨」二胡聲。但是，即便滿院子充滿他憋腳的琴聲，總比打罵呻吟聲好聽得多。

看他的拉琴姿勢，並不拘泥，坐累了，就跪在鋪位上，凝神聚氣十分虔誠，開始還有人對他的琴藝評諷譏笑，時間久了，開初討厭他琴聲的人們也漸漸聽慣了，沒有人對他再加嘲諷，反而還有誇獎他的琴技進步很快。

於是，我對皮天明的坦誠、勇敢、執著的性格產生了好感。為了更深入瞭解他的內心，我常主動找他聊天拉家常，漸漸地，從他對身世的介紹中，我發現了他那雙倔強的大眼睛裡，包藏著人間的辛酸：

他的父親是早先銀行裡的一名普通職員，他出生於一九五四年，五歲就失去了生母，因為家庭貧寒，繼母很不喜歡他這個前母留下來的孩子，自從繼母生下弟弟後，什麼家務事都要他做。

文革開始那年，皮天明才十二歲，父親去世不久，繼母帶著才滿四歲的弟弟，離開了家。從此他拉過板車，過著半流浪的生活，後來在一次打群架中，結識了他的哥們。

文革武鬥中。皮天明的哥們被打死，他奮起復仇，落入監獄。年僅十五歲的皮天明，落到以少管所為家的地步。

在大陸這個大監獄裡，人們的悲劇太多，人們遺忘的事情也多，在這個人口太多的國家，像皮天明這樣渺小的生命，只是千千萬萬中的一個。這些被文化大革命遺棄的渺小生命，被少管所收留，在少管所裡，他飽嘗了拳頭和虐待，監獄像一個消化弱者的垃圾箱，消化了他們弱小的生命。

「我發誓，我要毀掉這吃人的垃圾箱，即使我去死也在所不惜。」皮天明在介紹完自己的身世後，一字一板的說道。從他那倔強的眼裡，使我看到了又一個孫明權式英雄影子。

我作為「反右」的犧牲品，而皮天明則是「文革」犧牲品。雖然年齡相差整整十六歲，但仍有共同之處，黑暗的社會，使我們走到了一起。經過練教二胡，我們的心距離越來越貼近了。

（二）掩護

皮天明調來六隊時，張錫錕剛犧牲。他十分尊敬張錫錕，聽到「火炬」的前前後後，他伸出大姆指說：「無怪乎那麼多人都欽佩張錫錕。他雖然死了，但死得值。他才配得上頂天立地的好漢！」

他十分崇敬劉順森，用心聽他講解歷史，很快成了他獄中的新「哥們」。這不光因為他們先後在重慶「少管所」關押過，劉順森的正氣以及他淵博的知識，讓皮天明的眼界日益開闊，從而把劉順森當成了良師益友。

劉順森在作越獄的準備時，曾徵求過皮天明的意見，因為他是在文革武鬥白熱化時才離開重慶，比我們離開重慶要遲得多，更加熟知文革變化以後的重慶。

皮天明在得知劉順森將到重慶去，拿出了自己身上的十五塊錢，並且表示願意為劉順森出逃作掩護。

出逃的那天晚上，皮天明潛入廁所中，預

先下掉三號監舍的門鎖，當三個人成功的進入三號監房後，又由鐵工房的另一名鐵匠將鎖鎖上。六個人配合得很順利，使專門盯哨的樊友才，沒有絲毫察覺。

現在劉順森抓了回來，根據樊友才的告密，何慶雲為縮小懷疑圈，最後鎖定在皮天明身上。因此何慶雲把皮天明再次叫到隊部去，作了一番「坦白從寬，抗拒從嚴」的說教後，隨即叫樊友才立即調整皮天明和賴開明兩人睡鋪的位置，將皮天明的鋪位調到緊靠著樊友才的位置上。並在小組上宣佈，從即日起，皮天明、賴開明兩人不得單獨行動。無論是上廁所，洗衣服，到醫務室拿藥，都必須事先通知樊友才。此外，還作了一條特殊規定，原先由全組人輪流扛全組農具的任務，從即日起由二人包幹。

從此，何慶雲每晚都要把樊友才叫去，聽取他對兩人的反應。特別強調要他搜集皮天明、賴開明兩人同其他人接觸的情況。何慶雲還想在他們身上發現隱藏的線索，在下班扛工具的時候，皮天明遭到了押隊的槍桿子幾次暴打。樊友才對他的岐視性的規定和老管們的暴力，使皮天明壓抑著怒火。血氣方剛的皮天明，立即作出強烈的反抗。

一九七七年四月，以「反革命越獄集團」立案的「劉順森專案」，上報西昌法院正式預審。西昌地區派出的專案小組，在鹽源縣和六隊兩處監獄中同時開審。越獄集團的成員首先被定為皮天明和賴開明。何慶雲想從兩個年輕人身上牽出更多的人。為了放長線，暫時沒有把二人關進小監。

皮天明被隊部傳訊。當他坐在那張被審人專用的小板凳上時，他雙眉緊鎖，目光卻炯炯有神地盯著面前的預審人員。

皮天明雖然第一次登上重案犯的座位上，但態度冷靜。

預審人員問到：「你是何時何地參與了劉順森反革命集團逃跑計畫策劃的？」皮天明抬

起頭來冷冷的回答道：「你們既然都早已認定了，幹嗎還來問我？」

兩個預審人一開始就吃了閉門羹，失望地問道：「你知道在你們的逃跑計畫中，本次逃往的目的地是什麼嗎？」沈默！

「你在這次逃跑中所分擔的任務是什麼？」

皮天明重複著他已經回答的話：「不知道。」

看來，靠這樣的審訊一無所獲，審訊者同何慶雲交換了一下眼色，何慶雲對皮天明說：「我們對你作的交代，已算仁至義盡了。你應當明白，抗拒從嚴的後果。」

於是，預審的開場白又回復到政策交代第一步，在上級法院面前暴露自己的無能，使何慶雲感到十分羞愧。

對於樊友才的步步相逼，皮天明開始都默默地忍受下來，他來六隊時，最瞧不起這條癩皮狗。鋪位調整後，他從來沒有同他說過一句話，他認為同樊友才講話，會污染自己的嘴巴。每天下班後，皮天明照例端坐在他的床前拉二胡。他用這種表面上的若無其事，來隱藏內心的痛苦掙扎。

隨著對劉順森的審問加緊進行，樊友才對皮天明盯得更緊，也更猖狂。除了繼續在勞動上對皮天明施加壓力，還當著皮天明的面，幸災樂禍說「現在劉順森已被立案，案子馬上就要水落實出，劉順森的案子，不是一般的案子，誰掩護過他，少說也得攤上一個無期徒刑。現在有人不但不悔改交待，還要抗拒，大概是嫌自己的刑期短沒有過癮，真想弄個無期徒刑，守著吃一輩子牢飯吧。」

當夜深人靜時，他撫著隱隱作痛的傷疤，回顧他走過的這二十六年的人生之路，好像走得太久太累，他感到沒有什麼值得他留戀的東西，與其無端遭受著樊友才這隻瘋狗的撕咬，不如一拼了之。

然而沒人察覺出他即將爆發的怒火！白天，他仍顯得那麼平靜，即使在工地上挨了打，回到監舍，也像沒有發生過一樣，只拿起他那破二胡用力的拉著，借那樂器聲，壓抑著心中的怒火。

這是一場爆炸到來之前的潛伏期，他那琴聲中好像是一種對於親人的祈願，也好像是萬馬奔騰般的內心在怒吼，好像牽掛著遠方的親人……每天清晨起來，他的眼裡殘留著淚痕。

男兒有淚不輕彈啊，看到他將痛苦深深地埋藏在心底，被痛苦深深折磨，我只能暗暗地為他感到難過。

（四）怒劈狗腿子

出工的時候，樊友才不斷對皮天明怒喝。苛責皮天明動作遲緩，磨磨蹭蹭。當大家已站好隊伍報數的時候，皮天明還在捆全組人的鋤頭。當樊友才再次向他吼叫時，皮天明狠狠地瞪了這條老狗一眼，看著樊友才洋洋得意的樣子，一股熱血衝上了皮天明的腦門。

殺！殺死這條狗！殺死這條為虎作倀的傢伙，剷除這個汙物，伸張那被壓抑得太屈辱的心靈，有時用殺戮對付狗腿子是迫於奮而自衛。

正因為這樣，當舞臺上的武松殺死西門慶時，換得觀眾的是掌聲和喝采。這段時間裡，皮天明的二胡拉出萬馬奔騰的聲音，我聽出那琴弦裡飛出來的決心，不禁心中一怔，但那時不知道他要幹什麼。

第二天清早，他以修鋤頭為名，向木工鄧世全借了一把磨得鋒利的斧頭，趁大家不留意，便在早上出工時順手放在門邊的角落裡。位置正好正對著樊友才的舖位，當門打開時，斧頭被遮住，而當門關上時，順手一操就可以捏在手裡，這是他想了又想作出的決定，對累累咬傷他的狗，以血還血、以牙還牙的時候到了。

一九七七年五月的鹽源，這天時值初夏農忙時節，太陽特別的大，天空沒有一絲的雲。

中午，剛剛從工地上收工回來，大家等著

開飯，樊友才端著一盆水坐在舖前彎下腰去，正沖洗那顆沾著汗水的禿頭，這時，皮天明從監舍裡緩緩地向門口走出來。突然，皮天明把門關上，從牆角邊操起了那把利斧，然後以迅雷不及掩耳的動作，對準樊友才那水淋淋的光腦袋揮起斧頭，朝著那腦門猛砍下去！

樊友才聽到關門聲，抬起那禿頭，正與那利刃迎了個正著，那一瞬間，一股血帶著白花花的腦漿從樊友才的禿頭裡飛濺出來，直撲在門板上，牆上和床頭上，一股血腥的氣味飛向監舍的所有角落。

樊友才「啊」了一聲，便倒在床上，血像打碎了開水瓶一樣，染紅了他的舖。

而此時的皮天明，眼球幾乎要瞪出大眼眶，舉起斧頭向正在上舖嚇得縮成一團的王維松喝道：「聽著，你這條癩皮狗，不要以為我不知道你做的骯髒事，今天本要用你們兩條命抵我一條命，看在你家有老父，姑且饒你一命，記住，今後不得作惡，否則就是這條老狗的下場！」

王維松，這個向樊友才提供皮天明掩護劉順森出逃的人，此時嚇得魂不附體，縮在牆角瑟瑟發抖，面如土色，大氣不敢出。

這突如其來的事發生後，全監舍的人驚得鴉雀無聲，大部份人用欽佩的目光注視著皮天明。緊閉的門被皮天明把守著，親歷這場恐怖事件的人，還來不及作出反應，一時間，整個監舍靜寂無聲！

皮天明手執斧頭，冷冷的看著那在血泊中掙扎的樊友才，持續了兩分鐘，微微一笑，猛然地捏緊了手中的利斧，毫不猶豫的對準了自己的腦門心砍去。鮮紅的血向那門上飛濺開去，在那上面劃上了斑斑印記，這時他才打開了大門，搖搖晃晃的跨出門檻，便跌倒在門前的水溝邊。

被人扶起來的皮天明突然清醒了過來，他掙脫了扶他的手，獨自踉踉蹌蹌地從水溝邊爬起來，走到院子中間，面對著在壩子裡的囚奴盤腿坐下，鮮血已染紅了他的上半身，在陽光下顯得特別的紅！

老管們面對他這種行動，一個個呆若木雞，看著他盤腿坐好後，大聲地唱起歌來！他唱的歌詞是：「天地有正氣，雜然賦流形……」歌聲同他的琴一樣，開朗激昂，正是他心地光明的自然流露，還增添了一股視死如歸的氣概。歌聲衝決了牢房的鐵門，衝破了封鎖六隊多年的沉寂。

聽見他的歌聲，我才領悟到，無論是平時拉的二胡，還是此刻唱出的歌，都是他對這人間地獄的控訴，在皮天明這短短二十六年人生中，罪惡的人間使他清醒，他既然沒有力量砸爛這個罪惡的世界，就除掉一個惡鬼吧，現在就藉著歌聲走向解脫。告慰他短短二十六年人生，最有意義就是做了一件除惡的義舉。

「伏清白以死直兮，固前聖之所厚」，「人生自古誰無死，留取丹心照汗青。」我用心聆聽他的歌聲裡所要表達的最後囑託。

人們這時才從惡夢中驚醒，過道上的人一陣驚叫，監舍裡的所有人聞聲湧到了二號監舍的門口。有喊報告的，有喚唐啟榮的，有喊搶救的，頓時亂成一團。沈官科大著膽子，從監舍裡一躍而出。從倒在血泊裡的皮天明手中奪下他還緊握著的利斧。有人向崗哨上尖叫道：「殺人啦。」

所有獄中難友全都自動集合在院壩裡，他們誰也沒有說話，神情肅穆，從不同的角度，來思考眼前這一幕。

皮天明在六隊找到了同他心心相印的兄弟，他對劉順森的出逃抱著極大的期望，現在他的兄長被抓回來了，等待劉順森的凶多吉少，偏偏像樊友才這樣的人，還想踩在他的身上立功求赦。

哨樓上傳來急促的腳步聲，顯然在發出某種指令。

此時，正是收工的時間，剛剛回來的流放者不斷湧進大門，院壩裡的人越來越多。何慶雲、徐世奎和老管全都來到了現場，老管們都下了崗樓。唐啟榮正指揮著幾個嚴管組的人把樊友才扶上了急馳而來的馬車，也把皮天明扶了起來，鮮血染紅了監舍的門口和水溝。

新來的中隊長余胖子，同何慶雲，徐世奎和鍾花臉一語不發的站在往日點名集合的台前，余胖子張開大嘴，露出發黃的大牙，傻呼呼地看著皮天明發愣。過了好一陣子，余胖子才猛然驚醒過來，連忙吩咐唐啟榮和幾名組長，把樊友才從血泊中抬到醫院去。

皮天明因為大量出血和過份的刺激，昏迷了過去。他側歪著身子，倒在自己盤腿唱歌的地方。太陽照著皮天明，好像在他的身後布著一圈金光閃閃的光環！

那天集合開飯，大家默默地吃飯，沒有人說話，也不知道口中的滋味。人們似乎剛從一場惡夢中醒來，回味著剛才看到的一幕，有人在悄悄議論著什麼，也有人擔心皮天明的安危。

半個小時以後，唐啟榮從小監走出來，並向隊部辦公室走去，半個小時後，才將樊友才送去醫院搶救，從農場醫院傳來消息：兩個生命垂危的人，都急需血漿。中午飯後，人們看到皮天明被幾個人扶著關進了小監，聚在壩子裡的人，才開始散去。

余胖子得到場部指令，要他想盡一切辦法搶救樊友才，因為陳賢士的死已在就業人員中鬧得沸沸揚揚，如果樊友才成為第二個陳賢士，那麼今後還有誰敢公開靠攏政府？至於皮天明也要救活，讓他押赴刑場充當「反面教員」。

在下午出工時，余胖子在全中隊徵求自願的獻血者，報酬是為獻血者每人發給十斤糧票。當余胖子向六隊的流放者徵求獻血者時，當天下午就有三十多人報名願為皮天明輸血，而申請為樊友才輸血的，只有兩名組長礙於隊部的淫威而勉強報了名。

大約三點鐘，醫院專門組成的搶救小組，

帶著輸血用的血袋和鑑別血型的設備趕到了六隊，他們被限制在小監那陰暗潮濕的房間，對已經昏迷的皮天明進行了「搶救」。

醫生看到皮天明昏睡在稻草墊起來的囚舖上，於是對這種惡劣的衛生條件提出抗議，說他們無法在這麼骯髒的地方救活這個生命垂危的受傷者，但兩個最先獻血者，早已躺在皮天明的身邊了。

鄧揚光守在場部管教科，表面上裝得十分冷靜，但內心卻像十五個吊桶打水，孫明權與彭幹事同歸於盡的事一直像噩夢一樣纏繞著他，這些年輕的「反革命」，不同於一直堅持用非暴力手段與他們鬥爭的老一輩犯人。文革中錘鍊出來的年輕人，奉行以暴易暴的手段，而所有的獄吏，可不願犧牲於亡命者的手下，這正是鄧揚光所不敢面對的「人性危機」。所以文革以後，他們的殘暴相對的抑制著，而把施暴的事轉交給年輕的老管們。劊子手到了這時，內心的虛弱才充分流露出來。

晚上集合點名時，余胖子一再鼓吹政府的人道主義，把他們對皮天明出於政治目的的施救吹噓得天花亂墜，隊伍中立即響起了各種議論，油庫彎那近似奪命的勞累還沒有完全恢復，皮天明被樊友才步步緊逼的前前後後，都是大家親眼目睹的，還好意思拿人道主義往臉上貼金？

給皮天明輸血的人何嘗不明白，救活皮天明，就是讓他在刑場上去死，但出於人類同情的本能，不希望看到他因失血而死，皮天明的義舉激發了人們樸素的感情。

與此同時，在醫院裡，兩個醫生忙碌著，不停的為樊友才測血壓和脈搏，一口袋血漿高高的懸在他身邊的鐵架上，樊友才躺在病床上，他的頭部進行了消毒處理，迸出腦漿的地方，蒙蓋著一層白色的紗布，醫生們明白，就是手術成功，大難不死，樊友才也是一個白癡。

可惜，儘管所有的措施都用盡了，下午六

點鐘，只見樊友才在病床上痙攣了一陣，隨即臉色變青，呼吸弱得像一絲快斷的線，心臟也漸漸停止了跳動，他沒有挺過這最後的一夜，死神牽著他下了地獄。

而皮天明卻在骯髒的四號小監活了過來。

皮天明斧劈樊友才的故事，一時成為鹽源農牧場各中隊最熱門的話題，人們談論皮天明時，總要聯繫他可憐的家世和遭遇，就連那個逃過死劫的王維松，也以敬佩的心情向人們介紹皮天明的家人，他本是皮天明的鄰居。

人們談到他拉琴，都交口稱讚他的毅力和意志，他的一言一行，成為六隊人們敬仰的偶像，大家敬仰皮天明的義舉，讚揚他除了一條害人蟲。三個月以後，西昌法院以「反革命報復殺人罪」，判處他死刑，立即執行。

又是一個蘋果成熟的季節。一九七七年七月二十七日，是一個晴朗的日子。上午九點鐘，我們正在監獄大門口前的垃圾堆中篩炭灰。一輛藍色的解放牌卡車，鳴著警笛，駛過小木橋，朝著六隊的公路急馳而來，停在大鐵監門外。

四個身穿白色民警服的人從卡車上跳下來，手裡提著一副手銬走進了鐵監門，大約半個小時以後，隨著一陣清脆的腳鐐聲，皮天明那熟悉的身影出現在鐵柵門中。

那天，皮天明穿著藍色的勞改服，手上戴著手銬，腳上還拖著一副十五公斤重的死囚鐐。在他蒼白的臉上和額頭上，留著兩條長長疤痕，使人想起了三個多月前他盤腿而坐的那一幕，他炯炯有神的大眼睛，依然那麼倔強、自信，顯出他永遠都不會被征服的心靈。

四名員警跟在他身後，皮天明出了大門，略一停頓，抬眼環看了一下四周，眼光迅速掃向正在垃圾堆中篩炭灰的我們，於是嘴角邊湧起了一絲微笑，然後聳了聳肩膀，轉過頭挺起胸脯，拖著腳鐐向那輛卡車一步一步移去，鐵鐐在他腳下發出有節奏的撞擊聲，所有篩垃圾灰的人都停下手中的活，向著皮天明的背影佇目而望，看到他的身影漸漸遠去，腳鐐發出的撞擊聲也漸漸遠去！

（五）永別了，二十年後再見

皮天明明白，他就義的時刻到了，他用堅定的步子向他的歸宿走去，雖然他的肉體將永遠擁抱著這荒涼的邊漠，但他的靈魂在升騰。

他的聲音裡沒有一絲的怯懦和哀怨，只有慷慨就義前那種蒼涼和悲壯，正如他坦誠率真的男子漢性情。他的喊聲，彷如洪鐘大呂，撞擊著山谷中這死沉沉的地獄，也好像一個被壓抑了幾十年的巨人猛然驚醒，發出仰天長嘯，他的喊聲猶如一股洶湧澎湃的巨浪，沖刷著每一個人的心靈，所有的目擊者心潮起伏，我的熱淚奪眶而出。

此時，我心中湧起一曲送別的悲歌：「風瀟瀟兮，易水寒，壯士一去兮不復還！」與壯士的這個最後的照面，一直留在我心裡。我突然的想起了他常說的一句話：「我發誓要毀掉這吃人的垃圾箱，即使我去死，絕不後悔。」

十五公斤重的鐵鐐拖在他身後，發出有節奏的響聲。他走到了汽車邊，四個民警兩個人在上面拉，兩個人在下面舉，將他連同鐵鐐一齊舉上了車廂。隨著一聲腳鐐撞擊車廂板的響聲，他已經站在那卡車上了。他轉過身來，臉朝著我們，高高的舉起那帶銬的雙手向我們再次拱手致意。

「永別了，難友們！別了，二十年後再見！」

後來有人十分懺悔地回顧道：看著樊友才欺負皮天明，扛起全組人的工具，一路跌跌撞撞，卻沒有幫幫他，甚至看到皮天明遭受老管的皮鞋腳尖時，也無動於衷，對皮天明拉二胡也橫加干涉……倘若時間可以倒流，一定要用自己的一切來彌補這些過失！

汽車啟動緩慢地向前駛去，皮天明還在向我們招手……

汽車馳過了路邊濃蔭覆蓋的蘋果園，正是早熟蘋果成熟的時候。從綠葉中露出一個個微紅的果實，吐出一陣陣誘人的芳香。

「給我摘個蘋果吃！」皮天明向著白制服說。

汽車停下了，兩個白制服埋頭鑽進了密林。不一會捧著幾個又大又紅的蘋果向皮天明遞去。

皮天明接過蘋果，毫不猶豫的大口嚼了起來。他畢竟才二十六歲，生活才剛剛開始。生活的甜頭他沒有來得及品嘗，然而，現在這一切都過去了。

我突然聽到距我三公尺遠的陳孝虞的抽泣聲。這最後的生離死別時，我們才感到與他兩年多的相處太過短暫，才感到與他血肉相連，難捨難分。

我遠遠的佇立在垃圾堆前，一直淚眼濛濛地注視著他，看到他大口吞嚼蘋果的樣子，忍不住淚水往下流淌，一滴一滴的滴在腳前的泥土中。這一夜，我翻來覆去的睡不著，耳朵裡總是迴蕩著他拉二胡的聲音，腦海裡迴旋著他那開朗的音容笑貌：「你教我拉二胡吧！」他真誠地請求我，「音樂是心靈的語言，隨心所欲吧！」我這樣回答他。

記得有一次，他坦率地問到我，人的一生該追求怎樣一種理想？我含糊地回答他：「你還年輕，怎麼在一生中選擇自己奮鬥的目標，只能用心去考察就是了。」

想到他的決定，未免匆忙，不聲不響，沒同任何人商量，暗暗下定了決心，令人心疼，也令人欽佩！

三個月前，他盤腿危坐在院壩中間，血流滿面，引亢高歌的情景，又浮現在眼前，響在我的耳中。「永別了，二十年後再見！」這摧人淚下的告別，使我無法入眠。

第二天，七月二十八日上午九點鐘，鹽源農牧場的全體流放者，再次被押解到農七隊的那片大壩子裡。走進這個壩子，就有一股血腥氣撲面而來。

鹽源農牧場的獄吏們在這裡留下了多少血跡？那圍牆後面的草坪上，一個個敢於反抗迫害的奴隸，就在這裡紛紛倒下，然而反抗卻前仆後繼，一次比一次更為壯烈。現在又一位喋血英雄，就要在這裡從容就義。

進入會場，四周的牆上照例佈置著黑洞洞的槍口，各隊帶隊來的幹部們，三五成群的在那長長的廊沿下，各侃各的龍門陣，會場裡鬧轟轟的。

大會一開始，依然殺氣騰騰地把將被槍殺的人扭上主席臺前，受刑者依然被打得皮開肉綻，「四人幫」雖已粉碎了大半年了，可毛澤東的衣缽幾乎被全盤繼承下來，無產階級專政依然是中國人民頭上的緊箍咒，所不同的是，主持會場的人，卻換成了鹽源縣法院的院長，他口吃的講話，少了些文革時期的殺氣。

這段曲折的歷史，每前進一步，都是艱難的，殺人還將繼續下去。

廁所的一角，夏光然找到了農二隊的當年同皮天明同案處理的張磊。兩人便蹲在那裡悄悄地交談著：

「知道皮天明家在那裡嗎？」夏光然問。

「好像在漁洞，我和皮天明本來並不認識，只是在一次搶砸一個百貨商店時，結成了一夥，那一次，實際是兩個造反組織聯合幹的。」

夏光然思考了一下，繼續問道：「農二隊還有其他人知道皮天明嗎？」

張磊思索著回答道：「倒是有幾個，但他們知不知道皮天明的家就很難說了。」

夏光然拜託張磊一旦打聽到皮天明的下落，一定通知一下六隊撿牛糞的鄧洪元。

火炬成員十分清楚，自己是在尖刀上與統治者作拼死的鬥爭，隨時都可能遭到殺害。當這種情況發生以後，每一個火炬的成員，都有義務弄清楚他的家人和地址，收拾好犧牲者的遺物。一旦有機會，將死難者的事蹟告訴他的親人們。

在監獄中，我們雖然沒有組織綱領和規章，但是生死相依的情誼，比任何組織章程更使我們緊密聯繫在一起，可惜皮天明案來得太突然，事前也沒有預先同其他人商量，更沒向任何人託付他的後事。

在毛澤東時代的監獄中，稀哩糊塗被冤枉整死的人太多，若不是生前的好友為之代勞，許多人就算不明不白死去，也無人知曉。尤其是在那個年代，一人入獄，株連全家，加劇了骨肉分離的悲劇。

就在皮天明斧劈樊友才的當天，就有細心的火炬成員為他保存了他帶到六隊的那口破皮箱和那把他一直癡心演練的二胡，暫時收藏在鄧洪元那裡。如果遺棄他的繼母和兄弟還在重慶，在得知皮天明壯烈犧牲後，能為他點一束香，也算讓他在九泉之下瞑目了。

後來，我回到重慶以後，專門兩次去漁洞尋找劉順森和皮天明的家，望著街上的行人，我茫然四顧，劉順森留下的地址早已人去屋毀，至於皮天明，更像是無根的樹了。

當年這一血案早已埋入地下，所有的當事人先後的離開了人世，對於尋找他們的家人，我始終沒能如願。

第五節：變態劊子手林扯高最後下場

十年前，林扯高剛跨出農校大門，就來到鹽源農牧場，籌建「八一五紅色造反兵團」。在小夥計們簇擁下，他在場部掀起了造反風暴，圍剿走資派，爬上鹽源農場革命委員會副主任的寶座，掌握著近萬名囚犯和「刑滿釋放犯」的生殺實權，可謂勢焰燻天。

但是，林扯高用打砸搶開劈出來的仕途，是一條充滿荊棘的曲折道路。在六隊，他陷入了同老保份子何慶雲等人的難以調和的較量中，以他盲目崇信、直線思維的簡單頭腦，哪是久居官場「老保」的對手？

幾個回合下來，林扯高不但沒有制服對手，反而被對手一腳踢了下來，被削去了「革命委員會副主任」的頭銜，只掛了一個一般幹事的職務。

自從七五年十二月李克嘉被抓回以後，已有半年沒見到林扯高了。傳說他被派去學習，又傳說因為他「老子」被審查，他也受到追究。

林扯高的沉浮，一直是我們觀測政治風雲變幻的風向標，一九七六年五一節前，林扯高神氣活現地突然出現在六隊，參加了這次大檢查。

（一）冤魂找上他

一連串的挫折打擊，使林扯高的銳氣磨滅了，也動搖了他的自信。

自從張錫錕被害後，林扯高莫名其妙地感到緊張，他開始惡夢連連，並常常從惡夢中驚醒，醒來總是大汗淋漓，驚悸異常，卻又說不清夢中的究竟。有一段時間，因為惡夢，林扯高對夜晚特別感到恐懼，入夜不久剛剛人靜，便感到窗外有異物閃過，原來風吹門窗令他心驚肉跳，因此在自已寢室的窗子外加上鐵柵。

一到晚間，林扯高便將窗子緊閉，為了不被恐懼控制，每晚都要吞服安眠藥。但這種措施也只起暫時的作用，時間一久，安眠藥也失去效力。因為晚上休息不好，白天便感到煩躁和疲憊。他開始大量的喝酒，並趁著酒興，摔盤砸碗，以此來抒發內心的鬱悶。

六隊的幹部本來就對他的驕橫跋扈看不順眼，對他淺薄無知而狂妄十分反感。此時更對他冷嘲熱諷，挖苦揶揄反正沒好臉色給他看。他從廠革委副主任位子上摔下來後，不但失去了權力，且變成了人見人厭的老厭物。

我想，使林扯高內心異常煩躁的真正原因，應該是他內心深處的邪惡權欲，是他失去權力的失落感。

就在陳賢士被摔下身亡那個秋收季節，林

扯高莫名其妙的產生了一股學開拖拉機的勁頭。按照他的身分，他本可以向場部提出申請，到場部正式舉辦的拖拉機駕駛班學習三個月，領取正式的駕駛執照後，才正式駕駛拖拉機。但是駕駛班的負責人卻是他仇視的老保份子，林扯高不願放下架子去懇求對方，而是霸王硬上弓，看中了每年都要到六隊翻地的郭賢師傅。

郭賢在徒弟孫明權復仇自爆的餘波還沒有平息，接著又遭遇陳賢士墮車身亡事故，本來就膽小怕事的他，就更加小心翼翼了，他比任何人都早出車晚收班，以此來消弭監獄當局加給他的精神壓力。

有一天，郭賢來六隊翻耕的時候，被林扯高攔住去路……林扯高搶上了郭賢的車，命令郭賢教他開拖拉機。面對這位紅極一時的革委會紅人，郭師傅左右為難。按場部的明確規定，駕駛者若是就業人員，不得任意接納學徒，更何況眼前這人，是全場聞名的造反派頭目，倘若再次發生陳賢士這類「意外」事故，那麼新帳老帳一起算，他一生就完了。但是郭賢又不敢公開拒絕他，弄得不好，自己就討打了，無可奈何的郭師傅，只好讓林扯高坐在副駕駛的座位上。

說也奇怪，這位平時野性十足的造反悍將，自從跟郭師傅學開拖拉機以後，便變得虛心起來，每天攔住郭師傅駕駛的拖拉機，坐在副駕駛座位上，聚精會神地觀察著郭賢的每一個動作，不厭其煩的請教，並不理會郭賢流露出來的討厭。每天耕完地，林扯高還幫郭師傅打掃油膩的車身，加注黃油。

郭賢卻完全是另一種心態，他隨時都在提防這個「徒弟」給他帶來意外的麻煩，郭賢知道，林扯高性如虎狼，什麼時候不如意，便會把自己往死裡整，順了他吧，出了事故自己擔當不起。所以抱著敬神鬼而遠之的態度，想甩掉他的糾纏。

於是郭師傅趁在小食堂吃飯的機會，向何

慶雲報告了這件事。何慶雲婉言勸阻了這個派門對手，然而他把何慶雲的勸阻當成耳邊風。

每天翻耕土地時，林扯高照樣坐上拖拉機，漸漸地，他強迫郭師傅讓出駕駛座，喧賓奪主的坐在郭師傅的位置上，並命令郭賢坐在一邊指正自己的操作。林扯高第一次啟動拖拉機時，因為油門與離合器配合掌握不好，拖拉機立即熄火。

老式拖拉機的柴油發動機，要用一根繩子拉動飛輪，以帶動啟動馬達，再迅速的調整氣門點火，這是一套麻煩的啟動操作，林扯高哪裡掌握得了？好不容易啟動了，僅控制油門跟上啟動的動作，已累得郭賢師傅滿頭大汗。遇到轉彎時，踩油門不及時，跟著又熄火了，於是重新啟動。

一個上午，就被這種啟動、熄火、再啟動折騰過去了，郭賢雖累得上氣不接下氣，但拖拉機還在原地打轉，地沒有翻耕出幾分。

按照場部規定，就算是正式報名學習駕駛的學員，剛學會駕駛，是不准在農田裡操作的，誰擔當得起誤了農時的責任？怕惹事端的郭賢，只好忍氣吞聲的伺候好這位新徒弟，提心吊膽地擔心他操作不當打壞了零件，受到追究。

翻耕任務被耽誤，負責秋耕秋種進度的徐世奎跑了過來，向林扯高喊道：「你這是搞什麼名堂？」但蹲在車輪旁邊的林扯高，忙著再次啟動，並沒有答理徐世奎。

徐世奎被林扯高這種輕慢無理激怒，衝著他吼道，「誰教你來瞎折騰的？你今天的崗位在哪裡？快給我走開。」

林扯高受到這種近乎挑釁的指責，站起身來，對著對方怒目圓睜：「我要幹什麼還輪不到你來指劃！」林扯高一邊恨恨回擊，一邊捲起袖子，以一種打架的習慣動作來回應徐世奎。

何慶雲在不遠處看到這個情形，便走了過來，仗著有徐世奎撐腰，改變了好言相勸的態度。向林扯高厲聲的申斥道：「你講不講理，場部有規定，沒有駕駛證的人是不准開車的。何況你是一個幹部，生產任務這麼忙，你卻在這裡胡鬧，已經折騰大半天了，拖拉機還在原地打轉，你要胡鬧到什麼時候？」

面對著六隊的兩位土霸王的夾擊，林扯高發起橫來，「你們這些鐵桿老保，經過了文化大革命的教育，還死死抱著守舊的老黃曆，死心塌地的當保皇派，處處同我們作對。」林扯高用造反行話來回答。

他們的爭吵，吸引了搶播春小麥的幾十個「勞動力」的圍觀。大家停下手中的話，看看六隊的「神仙」怎麼打仗？

徐世奎火起，便不顧什麼「政治影響」，一把抓著林扯高，把他扯上田坎怒斥道：「你給我滾。」

（二）「上馬」和「下馬」

林扯高不甘示弱，一邊從徐老大的手上掙脫出來，一面繼續吼道：「毛主席他老人家最近指示我們，右傾機會主義份子，又叫反革命修正主義者，他們和我們革命群眾的根本分水嶺，便是對待革命群眾的革命態度。在社會主義建設中，是幹還是不幹，是上馬還是下馬，路線鬥爭搞了那麼多年，天天在教育你們，為什麼你們老是聽不進去，死心塌地的站在反動的立場上，反對我們革命派在社會主義建設事業上上馬？看來繼續把無產階級文化大革命進行到底是多麼必要。」林扯高吼叫著，不斷捏緊拳頭，在徐老大面前晃。

站在一邊的何慶雲，看著圍在周圍的幾十號囚奴，十分難堪，呆若木雞。何慶雲這種表情，顯然助長了林扯高的氣焰，他繼續用教訓的口氣喝道：「上馬，還是下馬，是當前革命派與反革命修正主義者的根本分水嶺，你們自己不幹，還硬把我們拉下馬，我們是絕對不會屈服的。」

這一段當時毛澤東的口頭禪，不管帽子合

適不合適，就像魔咒一樣，套在對方的脖子上，使對方瞠目結舌，敗下陣來。

徐老大沒趣的悄然離開了，何慶雲被對方的帽子扣過來，也心虛起來。

在那個年代，辭令越左越吃香，不管「左」得是否合理，也不管「左」得如何可笑，儘管何慶雲知道林扯高不過想過一番駕駛癮，哪裡談得上什麼「革命」、「上馬」？但他尷尬的站在那裡，任由這個狂徒重新啟動拖拉機，得意洋洋的把拖拉機開動起來。

郭賢看到自己搬來的救兵也沒能制止住「徒弟」，只好站在那裡，看著林扯高駕駛突突冒著濃煙的拖拉機，在大田裡掙扎前進。

目睹這場鬧劇，我心想，平時對犯人一凶二惡的徐世奎和何慶雲，原來也是一副賤骨頭，林扯高用毛澤東這條鞭子一抽打在他們身上，就像抽打在一個溫順的牲畜身上一樣，立刻使他們老實起來，不覺感到好笑。

正遐想間，突然看到林扯高駕駛的拖拉機在盡頭轉彎時，拖在後面的鏵口深深的紮進了田坎中，拖拉機連連冒出黑煙，發出刺耳的吼叫，把田坎啃出了一個缺口，拖拉機被巨大的阻力攔住，在兩塊田坎中間熄了火。

這齣洋相，立即點燃了何慶雲已被潑熄的怒火，他覺得這個傢伙的「革命」咒語，等於當著眾多犯人的面重重搧了他一記耳光。使何慶雲怒氣發作，一個箭步，竄到熄了火的拖拉機面前，衝著束手無策的林扯高怒聲喝斥道：「你給老子滾下來，再這麼胡鬧下去，老子就對你不客氣了！」

說著，便伸手拽住林扯高的衣領，一把將林扯高從駕駛座位上拽了下來，兩個人立刻扭成一團！

幾十個種麥子的囚奴，聞聲從四面八方圍攏過來，這是在六隊十多年來，第一次看到兩個管教在田裡進行精彩的相撲表演。

格鬥表明，看似統一的隊部，早已是貌合神離，現在終於連表面那塊遮羞布也撕掉，將爭強鬥狠的真面目暴露在囚奴們的面前。圍觀者抱著看戲的心情，唯恐有一方敗下陣來，中斷了這場好戲。

這麼多年來，我們都對這兩個作威作福的傢伙敢怒不敢言，不管誰被打傷誰，都替自己出了心頭的惡氣。

本想離開現場的徐世奎，這時也停下腳步，看到兩人扭成一團，並不置可否樂得看熱鬧，他雖對林扯高十分厭惡，但對何慶雲也沒什麼好感，兩個獄吏發生火拼，徐世奎站在哪一方都不妥當。獄吏間相互談不上友誼和信任，也不會有拔刀相助那點江湖義氣。

站在高處的老管，更是抱著袖手旁觀看熱鬧的心態，前些年武鬥高潮中，他們聽從軍管會指劃與獄吏瘋狂廝殺，互有傷亡，仇恨還留在他們的心裡。

兩個人在泥地裡滾成一團，使出平生氣力，都想把對方壓倒在身下，狠揍對方一頓。從年齡上看，林扯高占著年輕的優勢，但從力量上看，二人不分上下，兩個人在泥土中翻滾著，誰也沒有占著絕對優勢。正在酣戰得難解難分的時候，榮老頭看到這邊人聲喧嘩，便從田坎上柱著拐杖走了過來，等到他到人群中，看清是林扯高與何慶雲正打得難解難分，便擠進人群中，喝住了兩個滿身是泥的人，眨著他的獨眼，衝兩人喊道：「你們都給我停下，到場部去解決。」

兩個沒有分出勝負的鬥雞，鬆開了對方，拍打著滿身泥土，撫摸著各自的皮肉傷，一前一後的到場部評理去了，榮老頭邊走邊嘀咕：「真不像話，在犯人面前大打出手，影響都不顧了。」

奇怪的是，第二天，林扯高依然出現在郭賢開來的拖拉機上，林扯高格外得意，何慶雲好像洩了氣的皮球，連理都不想理他。

今天的任務是翻耕山樑上大面積紅土地，所以改用了寬犁鏵，拖拉機也由輪式拖拉機換成大馬力的東方紅履帶拖拉機。翻犁到中午，郭賢檢查了一下油箱，發現柴油已所剩不多。午飯過程中，郭賢還沒放下碗，這位剛學會發動、踩油門基本操作的「新學徒」，迫不及待的甩開郭賢，獨自爬上拖拉機，開往油庫加油去了。等到郭賢聞聲從食堂趕出來，拖拉機已經開出幾十公尺遠了，郭賢連忙跑進隊部辦公室去報告徐世奎。

（三）好險！

開車剛上癮的林扯高，精神抖擻的駕駛著那台履帶拖拉機，沿著通往場部的機耕道向那座必經的木橋上馳去。在接近木橋時，林扯高減低了油門，放緩了速度，可那方向桿，卻不知怎麼搞的，不聽使喚起來，眼看拖拉機已越來越駛近木橋，但拖拉機卻明顯的偏向橋身右邊。林扯高急忙向左打方向桿，力圖使拖拉機從木橋中間駛過去，但拖拉機卻完全違背他的意願，偏偏越來越向右邊駛去，逕直向橋右側的河床衝下去。

林扯高萬分驚慌，手忙腳亂，急剎車的踏板也不知那兒去了，右腳亂踏了一陣，也沒找著，眼看整個車身已伸出了右邊橋墩，懸伸在空中，若再前進一米，拖拉機的重心就要移出橋墩，林扯高就與拖拉機一道墜下十公尺深的河溝，首創鹽源農場的特大新聞：「林高明同志以身殉職」了。

不過，閻王爺的生死簿還沒他的大名，被嚇得冷汗直冒的林扯高，慌亂之中，終於踏中了緊急制動踏板，拖拉機排煙管吐出一口黑煙後發動機停止了轟鳴。整個拖拉機嘎然站立在右邊的橋墩上，前半部的履帶凌空懸出橋墩外，煞似一頭躍起的怪獸立在橋邊。

「好險！」這時，聞訊趕到的徐老大一行人失聲驚叫了起來，大家圍著懸在橋墩上的拖拉機散開，七言八語的議論開了。

一分多鐘以後，嚇傻了的林扯高才回過神來，他從駕駛艙裡慢慢伸出頭來，雖然強裝鎮定，卻沒有掩飾住險些喪命的驚恐，臉也變得煞白。一聲不吭的下了車，坐在剛下過雨的泥濘路邊，像洩了氣的皮球，喘著粗氣。

徐老大叉著腰，忍著一腔怒火，並沒有理他，一個勁催促代朝謀趕快到場部報告，請他們趕緊派一台拖拉機來，將這個停在橋墩上的怪獸，從懸崖邊拖回來。

這件非同小可的事故，像一瓢當頭冷水，潑熄了林扯高心頭的狂躁之火，使他一度的陷入了沈默。緊接著，發生李克嘉被抓回以及馬鈴薯人案件，又使林扯高像打了雞血一樣，重新振作了起來。為了審理「馬鈴薯人案件」，林扯高經常在深更夜半提訊李克嘉，故意的讓他亢奮的吼叫聲傳到壩子裡，好像是為了挽回面子、重新樹立他的威信似的。

可惜的是，緊接著毛澤東一命嗚呼和「四人幫」被捉；緊接著，李克嘉又被放出小監；再接著，又是場部處理他無照駕駛，險些車毀人亡的嚴重違紀事件。

當然在這一連串的事件背後，決定著林扯高沉浮的，是中國政治氣候的驟然變化，他的沉浮，幾乎是毛澤東獨裁政治變化的晴雨表。因為無證開車險些車毀人亡事件，場部「革命委員會」專門的通知了他已退役的父親，並當著他父親的面，撤銷了他管教幹事職務，責成他停職反省。林扯高被停職以後，知道大勢已去，便請假回到老家探親。

照理說，在那亂世年代，無官一身輕，對他這種文化層次極低、又無專門技能、長期沾著政治紅光的人，是一次極好的隱退機會，或回家當農民，拿起鋤頭耕耘自己田園，或復員到工廠，當一個普通工人，過自食其力的的日子。

然而這位林扯高，既不服「四面樹敵」的處境，更不知道「亂邦不入」的道理，在盲目尊崇毛澤東的愚昧信仰下，他並不甘心接連的挫折。

在權力爭鬥「場」中，林扯高的內心失意和煩躁，找不到宣洩管道，加上平時結怨眾多，敵手難免對他施以落井下石的報復，使他空虛的神經更受嚴重刺激，越發失去了常態。

(四) 家庭「革命」

回家期間，他不但沒有閉門思過，好好反省一下連栽跟斗的原因，反而像得了神經病似的，老是找岔子同老婆過不去，輕則怒斥她目光太短淺，小市民習氣太重；重則拳腳相加，一邊打，一邊還振振有詞說：「反動的東西不打不倒。」

對老婆施暴之外，又對他僅六歲的兒子也看不順眼，稍不聽話，便會抓住孩子的頭髮往牆上撞，用他那雙習慣打人的手，在孩子身上施虐。周圍的鄰居實在看不下去了，隔著窗戶勸阻林扯高，林扯高卻吼道：「那個敢干涉造反派的革命行動，就是找死。」

母子倆平靜生活被他攪得恐怖不安，過了幾天，老婆因為受不了這種虐待，趁他不備，收拾東西，牽著孩子回了娘家。

那知道妻子對林扯高的忍讓和逃避，反而加重了他的猜疑心，妻子出走的第二天，林扯高怒氣衝衝地追到老丈人家，血口噴人，誣賴妻子行為不端，要追究她的姦情等等。林扯高不顧老丈人的阻攔，一把抓住妻子，將她拖回了家。

當天晚上，林扯高便將妻子綑在木床上，像審訊犯人一樣，要她老實交代，還抽出腰間的皮帶，狠狠地抽打她。林扯高六歲的兒子眼見母親被父親虐待，抱著他的大腿，苦苦哀求，但已失去了人性和理智的林扯高，反而將這個只有六歲的孩子，綑在辦公桌上。可憐母子倆嚎啕大哭，哭聲驚動了居委會，才出面邀約了幾個老大爺老太太，敲開了他的家門，把母子倆放下來。

就在這天夜裡，疲倦不堪的林扯高鼾聲大作，母子倆乘機逃出了魔窟。等到林扯高一覺醒來，面對空蕩蕩的屋子，開始有一點後悔，但他上哪裡去找回他的妻和孩子？

當林扯高沮喪的回到了農六隊時，隱瞞了失去妻兒的悲劇，那時我們正苦戰在油庫彎工地上，林扯高在工地上露面時，他那一貫冷峻無情的臉，他那動不動就念著語錄盛氣凌人地訓斥流放者的作風，突然收斂起來。

我們當時雖不知道他探親回家發生的「暴力革命」，但卻知道他因無證駕駛闖禍，受到場部的處分，成了「準犯人」，成了沒有什麼權力的一般幹部。我們只是對他抱著敬神鬼而遠之的態度，並沒有把他當成「落水狗」來「痛打」。

林扯高回六隊的第一天帶班，便在我們這個組挖方的工地上，選了一個高處的位置，面朝我們盤腿而坐。沈默很久，也沒人答理他，許久，開口的第一句話，便特別實在：「唉，你們一天要幹多少小時才能完成任務？」距他最近的陳明九順口回答他：「二十小時都完不成。」接著補充說，「起碼要七十二小時才能完成。」

林扯高聽後，便在那裡認真的推算起來。最後像發現什麼秘密似的驚訝問道：「那不是要整整三天三夜不吃不喝不睡覺才能完成嗎？」蔡先祿答腔道：「是呀，林幹事，你看隊部下達的任務，不是存心讓我們不睡覺，要我們的命嘛？」

這話使他若有所悟，平時隊部給囚犯們下達任務時，他向來就沒把流放者當人，否則，拿什麼向上級邀功？。

他呆呆地望著灰濛濛的天空，此時已是飛沙走石的冬季，他望著在狂風中掙扎的囚奴，像第一次親身感覺到他們苦難似的，於是又問道：「隊部都沒有給你們加班糧麼？」

陳明九一半帶著挖苦的口氣回答他：「林幹事，你又不是不知道，場部有規定，深夜加班要過十二點，我們才能吃到三兩玉米粑。」面對著這一群皮膚曬得黝黑的苦力，林扯高也許體會到了，他即使遭受了再大的不快，但比起這些苦囚來說，仍是一個在天上，一個在地獄，殘酷的現實能觸動他的良知嗎？

他從坐的地方站起身來，在這狂風呼嘯的黃沙中，一路掃視著這片忙亂的工地，最後將目光停留在工地那幅巨大橫幅標語上：「抓革命，促生產，奮戰一百天，堅決拿下油庫彎的改土任務」，便一面搖頭，一面喃喃自語「文革流產了」，一面從坐的土堆上走開了。身後卻傳來蔡先祿的喊聲：「林幹事，幫我們反應一下，這樣幹，我們還活不活？」

大約過了一個多星期，一天凌晨四點鐘光景，當疲憊不堪的囚奴踏著開始下霜的泥土從工地歸來時，距離六隊大鐵門三百公尺遠的山坡上，便聽見從崗哨棚裡傳來了一迭棍棒打人聲和追趕吶喊聲，有人被棒棍擊打，發出沉悶的「樸樸」聲和呻吟聲。

陳容康低聲的咕嚕道：「不曉得哪個挨了！」他前面的楊雲門卻隨口應道：「真的被打死了，倒還痛快了，再不受這種折磨了。」

隊伍裡沒有人回應，細細聽去，夾在那雜沓腳步聲中，竟是鼾聲。幾天幾夜幾乎沒有睡覺了，站著和走路都想睡覺，這時正值下半夜，風聲已收斂，鼾聲聽得十分的清楚……

（五）打死你這爛賊

前面的囚奴已經走到了六隊的大門口，我突然看到，兩名士兵左手拿著手電筒，右手持青槓劍，正在緊緊追打林扯高。只見林扯高雙手抱頭，在士兵追趕下，正在隊部走廊裡來回逃竄，追打的人卻邊追邊喊：「打死你這爛賊，打死你這爛賊！」

林扯高躲避不及，身上連中數棒，正拼命繞著走廊的柱頭抱頭鼠竄，企圖向外逃走。卻被籃球場通道口兩道手電筒光罩住，於是一前一後四個人，四根青槓劍將他圍在中間。

正在林扯高將挨上一頓痛打時，操場外突然傳來徐世奎的喊聲：「天還沒亮，林高明又在鬧什麼？」倘若沒有徐世奎給林扯高解圍，他難逃一頓痛打，四條漢子將手中的青槓劍撐在地上，七言八語地圍著他罵開了。

一個人手裡舉著一隻豬蹄向他劈頭摜去，並大罵道：「林高明這個爛賊，幾輩子沒吃過東西了，天不亮就跑到老子廚房來偷肉，你以為老子不知道，老子看你進來賊眉賊眼的樣子，就曉得你在心裡想什麼，你他媽的真不是人。」

另一個接著吼道：「你總是到廚房來偷東西，上星期天我給班長留的半隻滷鴨子，你進來一趟，就不見了，害得我還遭到事務長批評，說！是不是你偷的？」

「你別裝蒜，這段日子，只要你到我們廚房來，就要丟東西，不是油瓶子，就是佐料罐，今天現場逮住你，說！你偷了幾次？別給他囉嗦，到他寢室去搜。」

四個人當著徐世奎的面，一面數落著林扯高一椿椿劣跡，一面推推搡搡逼他開了寢室的門。果然，從林扯高寢室裡搜出來的臘肉香腸、雞腿菜油、佐料等應有盡有，其中可以立即辨認出來的，便是從老管廚房裡盛佐料的罐子……林扯高在贓物的面前，帶著臉上的血跡，只好低頭不語，任憑責罵。

其實，老管對林扯高「順手牽羊」癖好早已察覺，第一次抓獲時，從他荷包裡扯出了一條剛剛酥好的魚，炊事員並沒有過份聲張他當著別人出醜，林連連賠小心和認錯，事情也就當成開了個小玩笑算了。那知那林扯高失去了控制，像染上了毒癮，三番五次去老管廚房看炊事員做菜，看見了，便要「嘗一嘗」，或順手牽羊。

掌勺的廚師想戲弄這個厚顏無恥的傢伙，有一次，炊事員冷眼瞄著林扯高下手去抓盤子裡的熟兔肉時，便取出鍋裡燒得滾燙的油勺，向他的手打去。滾燙的油在他那只手上烙下了幾塊黑疤，算是對他的小偷醜事留下了記號。

從那以後，炊事班長便向徐世奎打了招呼，禁止林扯高再去他們的廚房。但這一次夜半行竊，被老管逮了個正著，不但遭到一場棒打，並因此鬧得沸沸揚揚，使林扯高「揚名」全農場。自此以後，他的醜聞不脛而走，他的綽號也由林扯高變為「林瘋兒」和「林偷兒」了。所有的人對他都刮目相看，都把他看作是精神失常的瘋子。

林扯高混到了這個地步，可謂顏面喪盡，「革命」的遮羞布扯破後，便赤條條地裸露出一個貪婪無恥的無賴真身來！隨著那些小偷小摸來的東西一件件從他的寢室搜出，這位文革初期鋒芒畢露的革命闖將，便徹底現出了他的原形。

回看林扯高十年文革生涯，他在六隊所演出的一幕幕鬧劇：無論是抓反革命典型人物，還是破獲反革命集團；不管是組織血腥批鬥會，還是羅織殺人材料。一樁樁，一件件，無不暴露出他對流放者的喪心病狂的迫害心理，無不說明他的內心兇殘。

至於林扯高跟何慶雲的明爭暗鬥，與場長們的奪權較量，無不反映出他善觀中共上層的政治風雲而投機鑽營的秉性，他所幹的一樁樁事，都記載著他的無賴本性。

他中毛氏邪教的毒太深，以為照著魔頭的教義行事，縱不能振臂一呼，天下回應，也可出人頭地，稱霸一方。這種趁亂打劫的舉動，在當時很常見，文革初期的「革命闖將」，大都屬於害了這種病的人。到了文革後期，這些人奮鬥十年卻一無所獲時，便在信仰危機中墮落了。

林偷兒終於越來越狂了，有一次，他從油庫彎的工地上往回走，繞道去場部。當他經過林業隊賣蘋果的開票處時，看到一名就業人員家屬，將一背兜蘋果放在開票處約二十公尺遠的石坎上，他一看路上無人，便迅速地蹲下身子，背上蘋果，拔腿就跑。

開票的老太太聽見身後的腳步聲，回頭一看，見自己那背兜蘋果被人背著，已經跑出十幾公尺遠了，便顧不得開票，慌忙追了上去，一面追一面叫喊抓賊。

林扯高聽見身後有人在喊，便撒腿狂奔起來，當他跑出了一百多公尺遠，看看已到了場部蔬菜組的地界，正要往六隊的彎道上跑，卻偏偏被蔬菜地裡趕過來的四五個「勞改釋放犯」攔住了去路。其中一個高個奪下他背的背兜，其餘的幾個人一擁而上，不由分說，便動起拳腳來。對他左右開弓，給了他一頓飽拳。

他們大部都是附近幾個中隊的刑滿釋放人員，大家議論紛紛，一時傳為笑話，傳遍了整個鹽源農場。

林扯高偷竊上癮，已到寡廉鮮恥的地步了，他很快從農六隊進了「毛澤東思想學習班」，當年，就在這裡他主持了第一屆「毛澤東思想學習班」的開辦典禮，並在這裡整治過被他劃為「走資派」的人，農場書記高德勝，以及六隊的李培連，都曾在這個學習班挨過打，受過刑，想不到今天，他也被另一批掌權者「請君入甕」了。

隨著清算「四人幫」深入進行，地方上開始清理「四種人」，仍以路線鬥爭的方式來達到清算的目的，翻雲覆雨，波譎雲詭，只不過，玩人和被玩的人換了一下位置，整個的文革便是一場人玩人的大悲劇。

不！這場悲劇應當追溯得更遠，幾乎一直可以追溯到中共的起家。毛澤東一直在中國這個政治舞臺上導演著人玩人的悲劇，像林扯高這樣的悲劇人物比比皆是。一個平時對「囚奴」們作威作福的特工人員，至此已被完全阿Q化了。

毛澤東把林扯高變成了爭奪權位的鬼魅，一度成為決定全農場囚奴命運的主角，後來在權力角逐的鬥爭中，變成了現在這個樣子，中了毛氏邪教之毒的人，大致都同他一樣，一旦中邪，就沒有人性，不認父母，不認妻兒，在他的眼裡，除了鬥爭、整人，所剩的是極為淺薄的損人利已。到了撈不到稻草時，便成了見東西就偷的人渣。

（六）重上井崗山

一九七九年，我獲平反回到重慶後，聽到傳來有關林扯高新的消息。

這年冬天，毛牛山冰雪封山後的一天，天還未亮，一個人影正向山上疾步攀登，他的手裡提著一支左輪手槍，這個人衣著單薄，臉色鐵青，一邊向上急步小跑，一邊還不斷地警惕地回頭張望身後的動靜。

這時，這冰封的荒山早已沒了人影，大雪早已淹沒了原來的馬路，原始森林已被大雪壓得如同一床大得無比的棉絮，如果大山深處沒有人接應，那麼他多半只有凍死或餓死在山巔上，然而他卻堅定的向山峰登去。

林扯高在毛澤東思想學習班裡聽到傳言，說毛牛山上就有王洪文組織的武裝部隊，又聽說一大批「決心緊跟毛主席革命到底」的人，都拿起了武器集中到山上，決心再走井崗山之路，這夢囈般的鬼話，他也信以為真。

於是林扯高打定了主意，在一個早上，天還沒亮，他便從學習班翻牆進入部隊營房，偷偷竄到了一個他平時很熟的連長寢室，偷走了他的手槍和一匣子彈，然後，大搖大擺的從營房大門走了出來。

當值班的衛兵盤問他時，他只回答說到馬路上跑一跑，鍛鍊鍛鍊身體，說著就裝出晨跑鍛鍊身體的樣子瞞過衛兵後，便迅速的取道農七隊，逕直向直通毛牛山的公路飛奔，朝著那白茫茫的山上奔去。

一小時以後，被偷了手槍的連長發覺自己的槍支不見時，便四處尋找，問及營房站崗的衛兵有沒有外人在早上進出時，衛兵才告訴了他一大早林扯高從裡面出來過。

連長馬上意識到危險的事就要發生了，連忙召了兩名士兵帶上了槍枝，匆匆忙忙向農七隊追來，到了農七隊再從那裡的守門人處，證實一大早林扯高的確經過這裡，獨自向毛牛山方向走去了。

三個人直撲毛牛山追趕林扯高，一個多小

時以後，追趕的三個人終於看到了茫茫白雪之中的林扯高身影，緊接著便是包圍、喊話，茫茫大山中響起了稀疏的槍聲。

不過這並不是什麼工農起義軍的槍聲，而是抓捕林扯高和林扯高拒捕發出的槍聲，槍聲斷斷續續的持續了一個多小時，大約林扯高偷來的子彈已經打光了，終於被三個軍人制服，束手就擒。

林扯高被押回農牧場以後，在審訊中，他除了對偷槍上山的經過供認不諱外，卻拒絕「認罪」，等到法庭最後將一張判處他二十年徒刑的宣判書遞給他時，他公開的撕了那份判決書說：判決書上稱他「上山為匪」是對他的誣衊，上毛牛山，就是要緊跟毛主席的革命路線，重上井崗山之路。

第二年，又聽到另一種傳說。說林扯高在幹部學習班上，公開的散發「傳單」，號召在學習班學習的成員集體突圍，衝出牢籠，再上井崗山打遊擊，因此被認定為現行反革命活動，組織挑動人上山為匪……被判二十年徒刑。

兩種傳說都說，林扯高要「重上井崗山」組織武裝起義，然後被打成了現行反革命，並被判處了二十年徒刑。這真是「風水輪流轉，禍福本無常」。

毛澤東想打倒在地再踏上一隻腳的走資派，卻反過來把他的嫡系傳人關進了大牢。

有人說，張錫錕犧牲以後，英魂不散，先後捉了陳賢士，黃學全，劉資元等三個猶大去，最後還把林扯高的魂魄攝了去。

第六節：最後犧牲的「火炬」烈士

隨著北京城裡專制魔頭命歸黃泉，閻王殿裡為爭奪最高權力的火拼也激烈地爆發出來。中共掌握兵權的軍中將領，一舉將毛澤東的嫡系傳人「四人幫」投入了監獄。

毛澤東紅色江山千秋萬代永不變色的帝王

夢，嘎然破滅：他的鐵桿親信們成了陪葬品，其餘的爪牙也樹倒猢猻散，丟下「反帝修」大旗，跟隨新主子追逐「人民幣」去了。

才登上統治舞臺的華國鋒和其他頭目們，面對毛澤東丟下的千瘡百孔的爛攤子，為了展現他們強權的力量，在神州大地又掀起了一場瘋狂的殺人運動，歷史再次留下了專制主義的血腥罪行！

當時，發生了聞名全國張志新[1]案，張志新案件很多內幕被重重遮蓋著，後來為張志新平反昭雪時，只說是毛遠新幹的。在張志新精神失常的狀態下，先對她進行輪姦，再割斷了她的喉管，再予以虐殺。

在鹽源縣法院處決了皮天明以後，西昌高等法院便加緊了對劉順森「反革命越獄集團」的審理。

皮天明斧劈樊友才的案件，使鄧揚光增加了更多的疑團，他們沒有預料到火炬的影響擴散得那麼寬，新增加的孟平、皮天明、楊漢群，是他們所沒有料到的人物，這些年輕人都拒絕交代關於火炬的其他成員情況。

（一）監殺

鄧揚光本想沿著火炬的線索，找到六隊反革命組織綱領、成員名單、活動計畫、與社會上的聯繫等情況。但審訊了幾個月，因毫無進展，只好以逃跑的幕後策劃者名義，將夏光然、賴開明，陳容康等人關進小監。

徐世奎在六隊的二百號人面前惡狠狠地威脅道：「你們不要以為共產黨出了『四人幫』，就天下大亂了，你們總是錯誤估計形勢，認為時機已到，可以組織越獄，可以推翻無產階級專政，於是蠢蠢欲動，但是我要警告你們，你們這些人不嘗到無產階級專政的鐵

[1] 張志新（一九三〇年十二月五日——一九七五年四月四日），女，天津人，因在文化大革命中批評對毛澤東的個人崇拜和極左派而成為著名的持異議人士。她的監禁生涯從一九六九年到一九七五年一共持續了六年，直至被殘酷處死。她後被中共平反，並被追認為烈士。

拳，是不會甘心的！」

那段時間，他們組織了專門的審訊班子，對五個人輪番的突審。對夏光然、賴開明和陳容康威脅說：「如不交代，將要算總帳。」

因為「火炬」是對他們這麼多年來的罪惡的揭露和控訴，不除掉這個記載他們罪惡的幽靈，令他們寢食難安，火炬幽靈一直徘徊在鹽源農牧場。大開殺戒的屠刀，藉著在全國掀起新一輪殺人運動，再次向我們頭上高高舉起。我理所當然成了他們的審理重點之一。只是因為沒有找到任何證據，而沒有被關進小監。

蔬菜組的一名神經極不正常的殘疾人劉開雲，就因為說了幾句對宋慶齡的瘋話，就被關進了小監，後來竟被牽出去槍決。

劉開雲因何判刑我不知道。但他來到六隊時左手因受刑致殘，他與人們說話時語無倫次，根本無法交談溝通，人們都知道他是一個精神病人，而這種精神病的病因，則來源於中共的暴政虐待和恐怖高壓。

劉開雲因為左手殘廢，隊部將他安排在菜蔬組，平時就讓他一個人牽著一頭種牛放牧，他放牛時，老朝著那頭牛嘮叨著胡話，並常發出嘿嘿的傻笑，幾個無聊的年輕人常常戲弄他，可他一點也不介意，每天可以聽到他在小溪邊語無倫次的嘮叨，但不知他在說些什麼。

沒想到，九月二十七日鹽源縣城的公判大會上，劉開雲竟與劉順森一道，被處死刑。宣判他的罪行是：「瘋狂的誣衊和攻擊黨和國家的領導人」。

所謂「瘋狂誣衊黨和國家領導人」，就是劉開雲曾說過，在抗日戰爭時期，他在重慶曾與宋慶齡睡過覺。

劉開雲與我年齡相當，抗戰勝利時才八歲。一個不足八歲的童稚，怎麼可能發生這樣的事情呢？這純屬一個精神病人的胡言亂語，據此，竟對一個無辜的精神病人實施槍殺。

這些年來，我親眼看到多起對精神病人被處極刑或虐殺的案子，僅六隊，就有一九六九年的劉志和，還有一九七四年大年初四被活活打死在小監裡的「癩子」。他們身受雙重殘害，神經失常，得不到應有的人道主義治療撫慰，反而遭到肉體上的消滅。更何況精神病人口出狂言，言辭荒誕，劉開雲被槍殺，實屬中共傷天害理。

不久，我在工地上受到徐世奎多次警告：「你還在為你的右派進行翻案，你是不到黃河不死心，只有給你兩顆花生米，你才肯甘休，你已表演得夠充分了，只有叫你永遠喊不出聲的時候，你才會安靜下來。」

事過幾十年了，他那咬牙切齒的殺氣，仍令我記憶猶新。

對於這種殺氣騰騰的警告，我經歷過多次，心中有數，估計我又一次被申報了死刑材料，理由便是多次「無理申訴」。申冤，被當成「死不改悔」，成共產黨殺人的理由，出身「黑五類」要殺，瘋子要殺，說話犯忌要殺！反對暴政主張民主更要殺!!共產黨治下的中國沉冤深似海。

（二）為少年精英送行

一九七七年九月二十七日清晨五點鐘，天還是黑糊糊的一片，六隊的大鐵門就打開了。前一天晚上由何慶雲親自點名挑出的五十名流放者整隊後，在八名荷槍實彈士兵的押解下，走出農六隊，步行二十里，去參加鹽源縣城召開的「公判」大會。

在這五十人中，「火炬」的嫌疑人占了一半，十幾年來，何慶雲費盡心機，都沒使這些人回心轉意，現在他讓我們眼睜睜看自己的同伴被殺害。這種劊子手震撼我們心靈經常用的手段，我們稱之為「陪殺場」。

五十名「陪殺場」的隊伍走在昏暗的路上，山路上本來就坑坑窪窪，加上前幾天下了今年的最後一場雨，水窪遍地，泥濘難行，此時天還沒有亮，腳踏著碎石或淤泥，深一腳淺一腳的走，好幾次幾乎摔倒。因為下過雨，又時值深秋，我感到特別寒冷，想到劉順森今天與我們永別，五更的寒意，重重包圍了我。

我抖了抖身體，清醒了一下頭腦，這種「陪殺場」，我經歷得太多，但是我深信這倒行逆施，不可能持續下去，否則，人類就被邪惡征服，人類將面臨滅亡。

走在路上，耳裡響起了劉順森最愛吟唱的牢歌：「戴枷長街行，告別眾鄉親，男兒從此去，壯士不回頭。長夜盼天明，拂曉待雞鳴！」我們曾一起在牢房裡合唱這首歌；唱著它，我們送走了多少熱血志士飲彈刑場；唱著它，在恐怖暴行中舉起火炬，照亮了黑暗的地獄。追逐「火炬」燃起的希望，我們一同渡過了六千多日日夜夜，共同熬過了苦難。此時此刻，讓我再為你低吟這首牢歌，講述你的故事：

劉順森出生在一個幹部家庭，姐姐是中共重慶市團委的一名官員，是當時「根正苗紅」的「紅五類」，本可以借此平步青雲，混一個新貴的位置。

然而，天質聰穎勤奮好學的劉順森，為了追求「真」，看明獨裁者的真身，選擇了一條反叛之路，這是一條被打擊、被專政、並注定獻出一生的「絕路」。他同中共權貴的姐姐發生了一場又一場的爭論，直到被逐出家門。

一九五五年，他就在同學中發表講話：「你們讀到鐵托在普拉的演說嗎？鐵托的觀點是正確的，因為他主張不能過早實行農業合作化，否則，其結果就是對農民的剝奪，你們想想，現在就對農民實行統購統銷，必然扼制農民的生產積極性，這樣下去，我們的國家就危險了。」

老師聽到後，既驚奇又害怕，在家訪時，憂心忡忡對劉順森姐姐講：「你們家有一些社會上沒有的資料，告訴你弟弟，看了以後，千萬不要在同學中講，否則會被看成反革命教唆犯，惹出是非來，非同小可。」

劉順森聽後，卻據理力爭說：「內部消息

為什麼不可以告訴人民？人家的預言是根據當今社會的真實作出的，用不著幾年，就可以看到這個結果。」

沒過四年，大飢荒果然席捲了整個中國大地。

沙坪壩是重慶的文化中心，一九五五年，大專院校正在大張旗鼓進行反胡風[2]集團運動，正在沙坪壩一所中學就讀的劉順森，氣憤的說道：「中國的知識份子太軟弱了，他們在暴力下不敢講自己的思想，口被封住了，胡風只說了點學術界的怪現象，就被打成反革命！今後誰敢說共產黨半個不字？」

校長聽到後，再次找他姐姐說：「你該管管你弟弟啦，經常發表一些令人心驚肉跳的話，總有一天會招來意想不到的麻煩，到時悔之晚矣！」

氣急敗壞的姐姐動手打了劉順森，並說，「你是劉家的不孝子孫」。將他趕出了家門。劉順森毅然的離家出走，父母老淚縱橫地把他送到姨父家，那年，劉順森年僅十五歲。

一九五七年，劉順森剛剛跨進高中的門檻，就帶著同班的同學，將反對「黨委專斷」的大字報刷到了街上，在那張大字報上，劉順森公開抨擊了人民代表大會是共產黨的橡皮圖章，人民沒有自由，各級共產黨組織包攬了大小事務，是歪風邪氣的避風港。

嗅覺靈敏的街道幹部，拿著撕下來的大字報找到了他姐姐，姐姐沒好氣的說，我已經沒有這個弟弟了，你們該怎麼處置就怎麼處置吧。於是在反右後期，劉順森被送到少年管制所，並且再也沒有出來過，實際上成了一個少年「右派」。

[2] 胡風（一九〇二年十一月二日——一九八五年六月八日），湖北蘄春人，原名張光人，筆名谷非、高荒、張果等。文藝理論家，文學評論家，翻譯家，七月派詩人，中國左翼文化代表人之一。曾任中國左翼作家聯盟宣傳部長，與魯迅甚有交往。中華人民共和國成立後，因其文藝思想與主政者不和而遭到整肅，並掀起一場涉及面巨大的政治批判運動。改革開放後被平反。

勤奮好學的劉順森，一頭栽進少管所的圖書室，如飢似渴地學習各種知識，如同進入了知識的寶庫，在少管所造紙廠裡的故紙堆裡，找到了不少一般人不感興趣的資料，有從市委那裡送來的蘇共二十大內部檔案；有供中共中級幹部參閱上面蓋有「密」字的內部資料。時值瘋狂的大躍進年代，

他同許多中國掙扎在飢餓中的老百姓一樣，親身體驗了他曾大膽預言的災難成為現實，他孜孜不倦地閱讀和思考，想從書本上找到災難的原因。結果，他發現馬克思主義理論存在著巨大的錯謬，並破天荒的提出造成中國災難的原因是中國的迷信和個人獨裁。

他認為，在社會主義理論和實踐中，最需要防止野心家用「社會主義的民主集中制」來閹割民主。同時他認真閱讀了中國古代經典著作，四書五經無所不讀。花這樣大的功夫苦苦閱讀和思考，對於一個不滿二十歲的中學生來說，是不可思議的。可以說，他是中國思想界湧現出來的早慧天才。

在毛澤東統治的中國，是絕不容許這種青年湧現出來的，毛澤東只希望他的御用文人鸚鵡學舌地用馬克思的隻言片語來欺蒙民眾，而不允許他們獨立思考。

劉順森最終認識到毛澤東是中國近代的最大獨裁者，並痛斥毛澤東是中國人民的最大敵人，這注定了他以後漫長的監獄生活。

由於博覽群書，劉順森積累了淵博的知識，使當時只會背誦毛澤東語錄的共產黨獄吏們，不敢在他面前搬弄他們的老祖宗經典。在許多場合下，因為他無情的糾正這些管教所「引用」馬列原著，而弄得對方十分難堪，醜態百出。

在同何慶雲一場關於農民地位和狀況的爭論中，劉順森當即向在坐的人們背誦《資本論》中論證農民的大段原文，然後侃侃而談：

「馬克思從來沒把農民看作社會主義革命的同盟軍，他說小農經濟是發生資本主義的溫

床，但是，在我看來，中國農民卻是一個最可憐的階層，在中共打天下的時候，農民們為之拋頭顱灑熱血。可是在共產黨取得政權以後，他們卻沒有過上豐衣足食的生活，在三面紅旗的試驗中，農民大批的餓死在人民公社的茅廬中，至今還在飢餓線上掙扎。侈談共產主義不是很可笑嗎？

可以說，目前中國的億萬農民的理想，僅僅還是吃飽肚子，這僅是人生存的本能要求，而不是空洞許諾的共產主義！」

「中國農民是中共施行共產主義犧牲品」。劉順森的這段話，尖銳的諷刺了這個「管教」。

唉！縱然劉順森是對的，但他應當明白，他的命運卻掌握在別人的手裡，自古以來為真理而犧牲的人雖不少，但在這個謊言充斥的時代，說真話的人，是要冒殺頭的危險啊。

劉順森博覽群書，精通典藉，他從《道德經》到《天演論》，從斯多葛學派到馬赫，縱橫馳騁在先哲們的哲學園地裡，使動不動拿著紅本本訓人的獄吏們自慚形穢。在這個「知識越多越反動」的年代，劉順森雖然衣衫襤褸，鶉衣百結，且遭受飢寒和奴役，面色蒼白，嚴重貧血。然而，他的精神是富有的，面對粗野橫蠻的士兵，面對如狼似虎的獄吏，他橫眉冷對，從內心深處藐視他們。

三元宮有他的吼聲，在甘洛農場斯足分場墾荒時，他組織了幾十個水腫病人，持續了一個月的集體抗工，甘洛的鬼門關前，他聚集全隊數十名生命垂危的人，攔住四川省勞改廳派下檢查「工作」的警車，控告管教隨意打人和剋扣囚糧。

到鹽源以後，劉順森與我們相處的十三年歲月中，他幾次在批鬥自己的大會上據理力爭，讓主持會場的人只好萬分尷尬地收場。

一九六六年的春天，我倆被「推薦」去參觀成都的「農業學大寨展覽」，我們利用這一次機會，更多的瞭解毛澤東把中國搞成了什麼樣子，出發前，他用辛辣的諷刺，對朱國驥之流的阿諛奉承下了一副「醒腦湯」。

參觀隊伍才出發，龐玉篤便撕下人道主義的偽裝，不顧劉順森是參觀代表的身分，竟惱羞成怒給劉順森戴上手銬，劉順森在激奮之下，自譜曲自填詞，吟出了黑牢歌——帶枷長街行有力截穿了管教科的偽善面孔。

當有人在遭到無緣無故的辱罵和毒打時，會聽到劉順森的抗議噓聲，然後幫助那些被打傷的同難，渡過受傷後的難熬日子。

劉順森的威信是建立在自己不畏強暴的形象上的。長期的監獄折磨，使文質彬彬的劉順森變得「粗獷」起來，他的肉體上留著劊子手的累累鞭痕。

劉順森酷愛古代典籍。當時的獄中，除了《毛澤東選集》和《語錄》外，幾乎搜光銷毀了所有讀物。一經搜出，便目為「四舊」，予以銷毀。在這種情況下，劉順森卻像保護自己的眼睛一樣，保護他珍愛的書籍，甚至不惜與獄吏和獸兵爭搶，一本《詩經》，一本掉了幾篇的《論語譯注》，一本霉跡斑斑的呂振宇編寫的《中國政治思想史》，和一套范文瀾編寫的《中國通史》。

監獄當局搜去了劉順森所寫下的每一張紙片，並將其付之一炬，使這位文史天才沒有任何遺著留下，憑著他超凡的記憶力和聰穎睿智，他常常站在獄中的講臺上，給周圍的難友傳授知識，傳播正義良知。

在流放者的眼裡，劉順森不僅是一部活的四庫全書，更是一本百問不厭的活字典。像當年陳力一樣，他身邊常常聚集著一大群渴求知識的年輕人。在鹽源農場十三年的漫漫黑夜中，劉順森是難友們公認的良師益友。

何慶雲只好虛張聲勢板起臉說：「你別放肆，你要對你說的話負責。」

林彪在溫都爾汗機毀人亡的消息傳來，劉順森用二戰後期對希特勒幾次密謀暗殺故事作對比，來說明世界上的任何獨裁者必然敗亡的下場。他說：「國內經濟繼續惡化，縱使毛澤東孤注一擲發動文化大革命，用更大暴力清除異己，卻並不能挽回他徹底失敗的命運。」

不久，在劉順森的倡議下，六隊舉起了反抗的「火炬」。記載在鹽源農牧場反抗專制暴政的閃光一頁上。

張錫錕從容就義以後，劉順森繼續高舉「火炬」，懷著探求光明、追求民主的赤子之心，帶著孟平和楊漢群，在難友的掩護下，冒著生命危險，翻越囹圄，直奔重慶。去尋找反抗暴政的地下組織。

可惜，他們三人就像穿梭於魔網底下的小魚，不幸誤觸魔網，而沒有逃脫被抓回的厄運。

(二)縣裡召開的公判大會

叭的一聲，我的右腳重重絆著一塊石頭。因為用力過猛，大姆指的指甲被踢破，血從那裡沁了出來，痛得鑽心，使我猛然從沉思和回憶中痛醒過來。

看看拉遝的隊伍已經繞過了四號樑的埡口，東方也漸漸地呈現出一片魚肚白來，在昏暗的晨光中，山下的鹽源縣城的輪廓已在薄霧中顯露了出來，我忍著鑽心的疼痛，跛著腳跟在隊伍中下了山崗。

八點左右，我們這支「陪殺場」的隊伍，已經到了距縣城僅一公里的小金河上的石橋上，天上沒有雲彩，太陽從山後冒了出來，就像離地僅三尺高似的，早晨的鹽源縣城，空氣凝固，一絲風也沒有，昨夜的寒氣，還沒有退去。街道上仍然殘留著豬牛羊屎的痕跡。雖然被人打掃過的，但在太陽光的照射下，仍散發出一股膻臭味，體現出邊荒小城的粗獷。

今天的鹽源縣城，如臨大敵，從石橋開始，戴著紅袖套的荷槍實彈的民兵，每隔二十公尺，就站著一人。他們瞪著一雙雙虎視眈眈的眼睛，注視著這支「陪殺場」的隊伍經過。

剛剛跨入鹽源縣城，一幅「堅決鎮壓一切

敢於反抗的反革命份子」的紅色標語，橫跨大街，我們從這副巨大的標語下走過。馬路兩旁參差不齊的泥牆上，貼滿了白紙黑字的標語，字體就像是小學生寫的：「堅持兩個凡是，按毛主席的指示辦事」；「你辦事，我放心！」；團結在華國鋒為首的黨中央周圍等，跟文化大革命的年代一樣。幾張「打倒四人幫」，「粉碎王、張、江、姚的反革命奪權陰謀」的舊標語，被撕去一半，在風中抖動，嘩嘩作響。

再往前走了十分鐘，馬路上的人群漸漸的密集起來，一群頭裹大白布的當地人，正用好奇的目光打量著我們這支衣衫襤褸的隊伍。幾個身穿黑紅相雜衣裙的彝族婦女，不停地朝我們指指戳戳。

我們要到達的最終地點，是縣城中心的一片大壩。大壩由各式建築物四面包圍組成，可以容納數千人集會，六條寬度不同的巷道，從壩子的中心向四周輻射出來，中間留著許多被雨水積成的泥窪和土堆，殘留著許多菜葉和豬糞，看樣子，這裡平時是鹽源的集貿市場。

大壩被幾條粗大而醒目的石灰線分割成了十幾個方格，壩子東面樓房牆下，砌著一個高出地面一公尺的三合土平台，平台上方，撐著一幅十公尺長的紅色橫幅，上書「公判大會」的字樣，平台前已站著四名全副武裝的士兵，營造出一種殺人的氣氛，這便是今天大會的主席臺。

我們進入會場時，何慶雲同一個約四十多歲的中年人握手寒暄後，隨後領著我們走進緊靠主席臺前的第一個方格內，看來我們算是來得早的人了，八名「保鏢」留在圈外，喝令我們席地而坐。

二十多年來，對於這種殺人大會，我已記不得參加過好多次了，每次參加這樣的大會，我都感到灰暗和傷心，要好些天才恢復，尤其是看到我的戰友一個個在大會上與我訣別，心中更痛苦難熬，今天，我還第一次到鹽源縣城

「陪殺場」。

也許是昨夜幾乎徹夜未眠，加上今天早上又起得特別早，又走了那麼多山路，我感到特別困倦。腦子裡很亂，剛剛坐在地上，便覺得眼前火花四濺，我閉上雙目，好一會兒，便覺得右腳指頭特別痛，脫下那只黑色血痂黏在一起的鞋，從破棉衣上扯下一塊棉花，默默地擦去傷口四周的血污和泥沙，再用破布包紮起來。

漸漸地，鹽源農牧場其他勞改中隊的人員陸陸續續進入會場。他們在帶隊人的指揮下，將廣場前面的白色方格一個個的填滿。我回頭看去，一片灰濛濛的人頭大約有八百人左右，廣場四周的方格內，還空空如也。「陪殺場」的主角，仍然是鹽源農牧場的流放者。

過了不久，壩子周圍的六條巷口漸漸的擠滿了人群，這是些頭頂大白盤、穿著補疤衣的當地農民，他們是被公社組織來「受教育」的？還是自動跑來「看熱鬧」的？我不得而知，他們懷著強烈的好奇心，翹首向我們張望。相互交頭接耳，使會場很嘈雜。

（四）賠殺場的「五類」

到了九點鐘左右，北面巷道的深處傳來了一陣陣吆喝聲，不一會兒，一群形象沮喪、面色蠟黃的人，在民兵吆喝和押解下擠了進來。

為首是一個柱著竹棍的一瘸一跛、頭髮花白的老者。身上那件滿是補丁的衣服上，沾滿了油膩。他鼻子上架著一副眼鏡，一個鏡框是用白色的膠布貼好的，另一邊乾脆只留著半片鏡片，他胸前懸掛著一尺見方的木牌，上面用紅筆寫著「死不悔改的反革命份子」。從他這身打扮便可看出，他忍受著長年的鬥爭折磨，有人說他是原鹽源縣委書記，也有人說他是辦公室主任。

緊跟在老者後面是一個長鬚白髯的老人，他穿著一件補疤疊補疤的中式長衫，頗有點古風裝束，我估計他是一個老教書先生，他的臉上倒還乾淨，但表情木然，看不出憂愁和哀傷，脖子上吊著一塊大木牌寫著「國民黨特務」。可從他那副寒酸相來看，很難將他同電影裡的「特務」聯繫在一起。

再後面便是一個四十多歲的女人，她嘴裡正不停地自言自語叨嘮著什麼，兩隻手不時向空中揮舞，好像在發表演說，也像一個樂隊的指揮。她的衣服已被撕成布條，在風中飛舞擺動，有的地方還露出皮肉來，蠟黃的臉上帶著一種久經折磨而精神失常狀態，她的胸前吊的牌子上寫著「地主婆×××」，走起路來時，胸前乾癟的乳房擺來擺去。

「地主婆」身後，是一個大約五十多歲的男人，頭髮亂蓬蓬的，卻被剃去了一半，半邊白、半邊黑。我知道那叫陰陽頭，在那個年代，是專門用來侮辱被批鬥者的，以此迫使他們低頭認罪，他在隊伍中始終沒有抬頭，胸前掛著一塊白牌，沒有任何字。

在最前面的四名頗具特色的「演員」後面，依次跟著大約五十多名形容憔悴衣衫襤褸的人群，他們的臉色灰暗，毫無血色。

隊伍的後面，還跟著一個大約十三歲的小男孩。那孩子赤著腳，穿著一條像刷把一樣的褲子，他的身上雖然沒有掛木牌，但他瘦削的臉蛋上，已經不存在孩子的稚氣和童真，只透露出一臉茫然和恐懼，讓人看了特感同情。

最後入場的，是由兩個年過六旬的小腳老太婆領頭的人群。照樣是衣衫襤褸，補疤累累，兩個老太婆一搖一晃的進場，顯出一副急欲前行卻無法快步的樣子。

跟在老太婆身後是幾十名衰弱不堪的「病號」，兩個套著紅袖套的民兵在後面大聲驅趕喝叱，但老太婆好像擔心被石塊絆倒再也爬不起來似的，顫顫慄慄仍然走不快。

靠西南面的巷道裡，也擠出來了一支隊伍，大約也有五六十人，胸前也掛著牌子，他們是鹽源公社的五類份子代表，那些人的衣著更破爛，樣子更像當地的農民。

靠北面的巷道裡擠出來的，是鹽源各鄉鎮的被管制份子和五類份子代表。他們衣著襤褸，面容憔悴，看得出這些「代表」平時除了忍受極度貧困外，還要受到民兵和積極份子加給他們的壓迫。

他們被押來，是接受教育，還是跟我們一樣「陪殺場」？

來參加「陪殺場」的「五類」，有好幾百人。一個幾萬人的小縣城，就有這麼多黑五類，可見社會被扭曲到了什麼程度？

當壩子裡所有白色方框被填滿後，已快十一點鐘了，白線方框以外的地方，已圍滿了看熱鬧的白頭帕，「白頭帕」與「方框」之間，被幾十名民兵站崗阻隔，切成了一條間隔大約一公尺寬的分界線，這條分界線，便是人為畫定的專政和被專政的界線。不過，隨著會議的進行，這條分界線很快便被擁擠的人群破壞，被專政者，很快同當地人擠成一體。

一公尺高的主席臺上，坐著七八個主持會議的人，台前站著四名全副武裝的士兵，臺上台下，倒是界線分明，各自身份也分明。看看方格填滿，大約過了半小時，主席臺中央，端坐在那裡的一位矮個中年人，手裡端著話筒，用嘶啞的聲音宣佈——「公判大會開始」。

今天的殺人大會與以往的不同之處，就是免去了全場起立和讀毛主席語錄的方式，主持人簡短的講了今天大會的宗旨後，便一聲令下：「將罪犯押上來！」麥克風裡傳出了沸騰的口號聲，會場上並沒人喊口號，聲音原來是早就灌製好的錄音帶上播放出來的。

此時，四十多名腰配短槍的員警，每兩人押一個，以幾乎以百米賽跑衝刺的速度，將二十多名赴刑者推到主席臺前。

全場頓時啞然，我的心也陣陣緊縮，在光天化日下，當著鹽源縣城的父老鄉親的面，對臨刑前的受刑人進行慘無人道的毆打的酷刑，正在赤裸裸展示著。

二十多名受刑者，每個人被繩子緊緊綑

綁，血流滿面，不成人形。死刑之前還要承受一次死去活來的折磨，這便是「無產階級專政」對人民的現場「教育」，這種對人性和人類尊嚴的挑釁，至今想起來，仍心有餘悸。

我抬起頭來，在三十幾張血臉中搜索著劉順森。當我終於從他的姿勢判別出他來時，心狂跳起來，回想去年九月，我在他逃離魔窟前的一天下午，同他道別，囑他一路珍重，一路平安，卻沒想到，那一次道別，竟成了我們的永別。

同張錫錕、陳力一樣，此刻劉順森正被兩個虎賁反剪著雙手，按倒在前臺，將他的頭幾乎按到地上，在繩索綑紮下，他無法伸直脖子，沒有抬起頭來，看得出他用全部毅力強忍著痛苦。在生命最後一刻，仍保持著大義凜然。並不像相鄰赴刑者那樣前仰後翻。

我深知劉順森的個性，他不願讓難友看到他滿臉是血，增加難友們永訣的痛苦，既然繩鎖喉頸無法喊出壯烈的呼聲，還不如乾脆就保持沈默。

後來我才聽難友介紹，劉順森被槍殺前，被鹽源農牧場醫院的周延陽注射了啞針（估計是強力麻醉類藥物），使他發不出任何聲音。

自古以來，為名節和理想而慷慨就義者，無不抱著「一腔熱血，勤珍重。灑去猶能化碧濤」的精神，劉順森同張錫錕一樣，在審訊中痛斥大陸的獨裁專制，留下了「金甌已缺總須補，為民犧牲敢惜身」的誓言。

好一個「金甌已缺總須補，為民犧牲敢惜身」的慷慨遺言，這也是他留給我們的最後叮囑。

在刑訊時，他平靜回答劊子手：「你要問我的同黨麼？我可以直言告訴你們，六億中國人民都是我的同黨，你們可以殺我，卻無法撲滅人民對你們倒行逆施的憤怒。你們可以消滅我，卻無法抹去你們犯下的累累罪惡。」

劉順森在就義前所寫的絕命詩，和他寫下的許多天才論述，全部被劊子手搜去，他的遺遇證明，根正苗紅的出身，只要反對中共的倒行逆施，同樣要遭到格殺勿論。

劉順森等人被押下主席臺良久，隱約從遠處傳來槍聲，坐在廣場後面看熱鬧的「白頭帕」躁動了起來，我聽見傳來了嚶嚶的哭聲。赴刑者中定有他們的親屬在其中。在我心中，又填了一筆中共對我們所欠的血債，此刻我只能把這一筆筆血債，深深地埋心底，直到幾十年後寫在這本書中。更等待清算中共獨裁那天的到來。

（五）血的祭奠

四十年前，在日本飛機狂轟濫炸下，我在外婆的懷抱裡，逃出鬼子的鐵蹄。我們這一代飽經苦難的人們，一直在心靈深處發問：為什麼日本人肆無忌憚的欺侮我們？那是因為黑暗的獨裁統治使國家貧弱，那時為反抗異民族入侵而舉起了「抗日救國」的大旗，抗戰勝利後萬眾一心團結一致民主建國。

大陸在中共挾持下倒退到黑暗年代，我們這些飽經苦難的人，應該告訴今天的年輕人，我們是如何在「革命」的說教中，換來了飢餓和貧窮，換來了奴役和折磨，換來了血腥的屠殺！大陸已被中共「淪陷」，從惡夢中醒來的中華兒女當改「抗日救國」為「抗共救國」才對！

當我神思恍惚中走出會場時，我木然地隨著隊伍押出鹽源小城。這麼多年來，我親自送走了一批又一批為追求真理、為挽救國家和民族而壯烈犧牲的戰友，他們的形象活躍在我記憶裡。

我的耳邊又響著他們鄭重囑咐：一定要活著走出這口活棺材！一定要把這段苦難經歷告訴世人！並為這段歷史作證！

可是，我們所期待的那場暴風雨卻遲遲未來。我們低估了大陸獨裁勢力的頑固性，低估了專制制度在人們頭腦中的思維勢能；低估了中國容忍暴政的「寬宏大量」；低估了中國人在長期暴力威脅下無知的程度。

毛澤東死後，並沒有被焚屍揚灰。他的像反而還掛在天安門城頭，遺體也被供奉在天安門廣場，供一大群愚昧的民眾頂禮膜拜。

「始作庸者，其無後乎」。雖然毛澤東的嫡系傳人被一個個投進了監獄，雖然「凡是」派不得不讓位於鄧小平，然而歷史好像仍停滯著，邁不出大步。

而「改革開放」，獨裁衣缽依舊，並以一黨專政替代了原先的一人專政。中國人民所期待的民主政體並沒有實現。中國人民的遲鈍，使新的執政者贏得了對獨裁政體修補時間。大陸步入了一個無冕皇帝的集體專制時代。

天氣太悶熱了，該有一場席捲這片污濁、野蠻的暴風雨降臨，以沖刷這片滿是罪惡的土地。雖然我們曾預言過，只要毛澤東這個惡魔命歸黃泉，他所開闢的千秋萬代永不變色的帝業，會隨著他一道葬身在歷史的沉渣中。

我們期待到中國民主革命成功的那一天，我們一定會隆重祭奠陳力、張錫錕、劉順森、皮天明等人。只要中華民族在世界民族之林中長存下去，代表人類進步的民主潮流，一定會沖垮任何形式的專制主義堤壩。

我相信，我所記載的先烈事蹟，終將成為中華兒女反抗專制暴政的一段史詩，定會為後代傳頌！

第六章：中共後集權時代

在結束毛魔王二十八年的血腥統治時，因為剷除了所有還在萌芽中的反抗力量，使取代中共的力量並未形成，人民被迫容忍了現狀。然而歷史還是翻開了新的一頁：一九七六年十月六日，經過十年「文革」，被毛澤東視為洪水猛獸、並一直踩在腳下、必欲置之死地的「走資派」宮廷政變成功。

二十八年暴政，毛賊使人民處於飢餓貧窮的狀態，所有生活資料，包括必不可缺的糧食、布匹、油鹽、燃料等等，都要「憑票供應」，更不要奢談住房和交通了。當毛澤東的絕對權威所造成的迷信、恐怖和愚昧漸漸消失時，人們才開始回到了現實中。

鄧小平選擇了「以經濟建設為中心」來代替狂熱的階級鬥爭，他們選擇了緩和矛盾卻不實行民主的機會主義策略。把政權當作掌握他們手中的法寶，不願歸還。他們一面聲稱不可能將取得的政權拱手讓人，同時希望在取代毛澤東一人獨裁的條件下，出現一個集體掌權時期，實行和平改良。新的歷史時期就是在這個基本方針指導下出現的。

一九七八年，剛剛掌權的「走資派」，抓

緊推進兩大改革：

第一，為了緩和已處在「崩潰邊緣」的國民經濟，首先要找回萬民被毛奪走的飯碗，解放被凍死的農業，他們的救世良方便是「三自一包」。

第二，調整被毛澤東弄得極其緊張的社會結構，解放打翻在地並踩上一隻腳的中共各級舊官吏，使這些人成為掌控國家機器的新主人，以清除「文革」扶植起來的「造反派」。（這種換湯不換藥，大大阻礙了社會民主的進程。）同時為了收攬民心，將毛澤東圈定的龐大的「五類份子」來了個一風吹，其中也包括對一九五七年無辜受冤害的右派進行平反。

一九七八年召開的中共十一屆三中全會，揭開了全國大規模平反冤假錯案的序幕。一時間，似乎有一種萬象更新的新氣象。我們這一代人，腦子裡充滿了近百年來遭受列強瓜分的恥辱感。使我們從小就把「振興中華、立志報國」當成公認的價值觀。在經歷日本入侵，國破家亡的刺激後，「愛國」便成了我們至高無上的原則。不管是誰，也不管帶什麼政治色彩，立志報國是第一原則。可惜我們並沒意識到，竊得政權的毛共已將大片領土出賣給了蘇聯了！

當我被莫須有扣上右派帽子時，我表現出的驚慌失措和誠惶誠恐，至今都令我感到羞恥，面對無理剝奪我讀書的權力，我只是傷心落淚和萬分痛苦，而不去思考災難的原因，在大學求學的我在政治上什麼都不懂。

連番的批鬥會上，我不但沒有理直氣壯抗議這種陰謀迫害，反而想方設法為自己申辯解釋，說自己從來沒有反對共產黨的想法。但是，我越是辯解，就越使迫害升級，我的申辯不但沒有獲得饒恕，反而使我變成「死不改悔的極右份子」。

第一節：風向陡轉？

嚴酷的事實糾正了我的幼稚，毛澤東顛倒黑白、指鹿為馬的倒行逆施，使我認識到中共宣傳的東西全在騙人，所以我的政治道路的選擇，不是因為我的家庭出身，恰恰是共產黨的倒行逆施。

經過長達二十三年的地獄煉獄，我把自身的苦難同中國的災難結合起來，獄中的鬥爭，使我越堅定了反對獨裁的信念，於是，我開始了真正的「脫胎換骨」，開始了精神和靈魂上的新生，成了一個執著的反專制戰士。

二十年來，我不斷為自己的冤獄據理力爭，從入獄那一天起，到一九七九年獲平反，整整二十年，持續申訴百餘次。一方面揭示那個年代冤海無邊，同時也巧妙保護了自己。同獨裁專制作鬥爭的過程，就是我申冤與抗爭相交織的過程，而我的申冤過程，就是我揭露共產黨的血腥、暴戾、腐敗的過程。

一九七八年，母親帶著欣喜來信告訴我，她已獲得平反，這一年平反冤假錯案，像一陣熱風，融化著毛澤東幾十年冰封的專制地獄，許多呻吟於地獄的冤魂，遍佈全國各階層的「五類」，走出了地獄。

我拿定主意，要借這股「平反風」洗刷冤情，正大光明從地獄的大門走出去，同時決意將二十年獄中所見所聞，以及囚奴們長期的苦役折磨，烈士流血犧牲的樁樁事實公諸於世，傳給我們的後代。

偏僻的鹽源，像冰封大地裡陽光照不到的死角。這裡的冰雪遲遲難以融化，九〇九獄方對平反「冤假錯案」似乎沒有任何反應，「落實政策」既沒有宣傳，又沒見有多少人改判獲釋。到了這個時候，我同母親的來往信件，照例都要被拆開檢查，我還得用隱晦苦澀的語言，同檢查者對話，既要說出二十年冤獄對我的摧殘，又要表達含冤二十年上告無門的悲哀，為了能將信寄給母親，要說多少言不由衷的假話？

事實將會證明，解除長期冤獄，還要經歷痛苦而曲折的過程。

何慶雲和徐世奎，壓根就沒把六隊二百多號流放者當人看，今天卻要為最反動的傢伙「平反」，心理上怎能接受？他們害怕這些人獲得平反，對自己不利。

還在一年以前，在槍殺劉順森和劉開雲時，徐世奎還惡狠狠地警告那些不認罪伏法的反改造份子，是「自尋死路」。今天風向陡轉，要為右派平反了，他能接受嗎？這種變天又不翻天的把戲，著實令人困惑。唯獨那位平時愛說些風涼話的「逍遙份子」馬大炮，卻不時從場部，甚至從成都帶回一些從未聽過的新鮮見聞。

然而毛澤東歸天已兩年，報紙上雖然一陣陣吹平反的風，可在華國鋒兩個「凡是」鐵幕下，對製造冤獄的鬼蜮們既沒有撤職處理，又沒有受到任何譴責。中共把所有罪過，由一個替罪羊江青背著。

這使我明白，舊的國家機器，不可能否定自己。一黨獨裁下，就是改良都難以推行！「平反」就更難，眼看平反冤假錯案與「偉光正」要撞車了。

（二）清溝聽聞

經過十幾年的修建，二道溝上游最高處修起兩個大水庫。並在水庫與各下游各中隊間，修建了綿延幾十公里的環山溝渠，依靠這些溝渠，將水庫的水引進了幾百畝水稻田裡。這些水渠像曲折的腰帶，盤繞在水庫以下山頭的山腰間。

夏天因山洪爆發，從四周光禿禿山包上沖刷下來的泥砂，淤塞了這些水渠，所以來年春播前，各中隊都要抽出勞力清理這些環山溝渠。監督這些勞動力的獄吏和士兵，在水渠上方找一個便於監視的地方，圍起一個臨時哨棚，居高臨下的監視著清溝工作。

每一年的清理淤泥，按參加清溝的人頭劃成了幾十段，勞動任務落實到人頭，並規定幾天時間內完成。正巧這一次我被劃在哨棚下面那一段，這天，我正在溝裡除淤泥時，突然從頭頂上飄下來兩個人的對話聲：

「這些天遞上來的申訴狀，占了全隊一半，聽說榮山茶廠的反革命犯都放了三分之一了，搞來搞去，搞了這麼多年，我們管的都是些冤枉事。」這是何慶雲的聲音。

聽到這話，我停止了手上的工作，以免弄出響聲中斷了他們的對話，我想從他們的談話，獲得有關落實政策的消息，於是我索性停下來側耳細聽。

「上面不是說了嘛，過去抓人和判決是對的，今天給他們平反也是對的。反正你我只能跟著政策走，法院也真是扯蛋，把那麼多不該抓的人抓到我們監獄來，找我們的麻煩。」這是徐世奎的話，帶著明顯的埋怨。

「話也不能那麼說，就拿張錫錕的案子，是你和我親自整的材料，經過長達半年多時間的審理，管教科幾十號人都討論通過的，前天就聽西昌中級法院的人說，要重新調查這個案子。」何慶雲說。

「就是嘛，這種案子若在兩年前拖著不辦，肯定說我們是修正主義路線作怪，誰反對槍斃張錫錕，至少就落個同情反革命的罪名。今天倒好，還不到三年，又要你重新審理，說是錯案，如果誰頂著不辦，又說你抗拒政策，對抗中央。古柏的老康就是一個例子，職務都被撤了，還掛起來反省。我真搞不懂『路線鬥爭』是怎麼回事？怎麼才算對。」徐世奎困惑的語氣裡，含著牴觸。

「搞成這樣，都怪那個林高明，他一到六隊，天天大呼小叫，說六隊的反革命份子要翻天，天天把我們當右傾夾起來整。今天倒好，他夾起尾巴走了，爛攤子卻丟給我們來收拾。」何慶雲素來與林扯高不和，現在林扯高倒楣了，何慶雲當然不會放過說風涼話的機會。

「我是準備好，六隊把人放完了，你我都回家扛鋤頭去。」徐老大在作後一步的打算了，這些年來，徐世奎在六隊占山為王，老婆孩子也生活得安逸富足。他當然清楚，他的一家是寄生在六隊兩百號奴隸身上的，犯人沒有了，他這個家也就該搬走了。

何慶雲倒顯得豁達些：「路線鬥爭就是這個樣子，毛主席他老人家不是早就說過，在中國出修正主義隨時都是可能的……」他的話突然中斷了，他知道不能再說下去，否則就是「反黨」了。

「李培連不但獲得平反，還升了官，你我都寫過他的材料，他若在農牧場不好相處啊！」徐老大觸及到具體問題了，因此，他打定主意，「走為上計」。

我屏住呼吸，全神貫注側耳聆聽，這可是將近二十年來，難得聽到的話。這番內心自白，才是整人者內心的真話，二十多年來，人們習慣了聽假話套話，能聽到他們肺腑之言，倒是機會難得。

我抬頭向哨棚望去，只見徐何二人同「帶班」的兩名士兵正盤腿坐地。士兵的思想畢竟單純，在「支左」時，他們只知道用青槓劍砍人打人，在需要的時候，他們也只知道執行命令捆人，他們在「支左」中猖狂打人，他們本是泥腿子出身，在毛澤東的大躍進中，曾經嘗過野菜或觀音土的滋味。

入伍後揚眉吐氣，過著飯飽肉足的生活，便心甘情願被人當槍使，決不去侈想生活之外的事，無產階級專政少不了這樣毫無頭腦的「槍」，也少不了像徐世奎，何慶雲這樣的「槍手」。

（二）高德勝的死訊

清理水渠的勞動剛剛結束，郭川小又調回了六隊，替代了已經年老的榮老頭。

郭川小調來以後的第三天晚上，便把我叫

去隊部辦公室去，待我在小凳子上坐好後，便低聲問我：「你知道高德勝書記的下落嗎？」我感到他的問題好突兀，搖了搖頭。

他停了一下，便告訴我：「他已死了，死得很慘，是被造反派們鬥爭，打斷了左側的全部肋骨，並把他關在騾馬堡附近的水碾房裡，又不給他醫治，結果打斷的骨頭穿破了皮，傷口化膿感染而死。

死的那幾天，他在小屋子裡成天喊叫，很淒慘，但沒人敢理他。也不准家屬去看望，還說他死不認罪，死有餘辜。」

他還說：「文革初期，造反派鬥爭高書記時，其中有一條罪狀便是坦護你和陳力。」

這麼多年共產黨的殘酷是盡人皆知的，歷史上法家提倡嚴刑峻法，毛效法商鞅、李斯，使他得了一個暴君美名，對不聽使喚的人絕不會手軟。

聽郭川小講完後，我倆低下了頭，一時沈默不語。掐指算來，他死去快一年了。說到這裡，郭川小望望我，進一步補充道：「你和陳力被管教科申報了兩次死刑。但是高書記說『這兩個人出身學生，是可以通過教育來挽救的，共產黨人強調的是改造人，而不是消滅他的肉體，何況，這兩人在犯人中影響很大，改造好了，一定會帶動一大片，有利於我們的思想轉化和教育工作。』」

高德勝這個調子一定，我死刑得免，看來我之所以能夠倖存下來，確有高書記極力保護的一份功德。

關於高書記，我確曾聽過他的種種傳聞，文革後，一九六六年冬天，我與他在六隊的蔬菜地邊見了最後一面，當時見他穿著布鞋，臉色蒼白。記得那一次見面，他簡單詢問了我的近況，說了幾句「認清前途」的話，便匆匆離去。

從此，高德勝和李培連便從二道溝「消失」了，郭川小今天告訴我的這些情況，我還是第一次聽到。

關於我被申報死刑的說法，我早已耳聞，但何以又免了這死刑？卻一直懵然，這次聽到郭川小的話，我的腦海裡再度重現了十三年前在基三隊的絕食，並在一九六四年的國慶日前，我與高德勝的第一次對話，那是一次思想交鋒，我相信，那次我的坦然和正氣，一定深深地觸動了他。

這使我相信，共產黨決不是他們自吹的鐵板一塊，恰恰相反，由於它的不得人心，它的內部正在熔化分裂，慘無人道的對待高德勝，一定是傚仿了中央高層中對待劉少奇、彭德懷、賀龍等人的手法。

想到這裡，我問郭川小：「他的家屬還在嗎？」

「在，還在騾馬堡，這些年來，因為高德勝的問題，家屬也被整得很慘。」

這一席對話，使我們間的距離拉得很近，我們相對沈默，我在心裡祈禱著亡靈。大約五分鐘後，我抬起頭來，對郭川小說：「我想，該寫一份悼念高書記的信，以表達我對他的哀思，請你轉交給他的家屬。」他點了點頭。

對於高德勝所加入和維護的黨，我沒有任何好感，但對於高德勝這樣的黨員，我認為他是中共隊伍裡沒有喪失人性的一員。在複雜的社會中，一個人誤入某種政治組織，誤信某種信仰，本不足為奇，曾迷信於邪教的人，並不等於邪教頭，相反，應當相信人心都是肉長的，即使一時執迷，幹過壞事的人，有一天大徹大悟幫助我們，這樣的人，應視為我們的朋友。

那一夜，郭川小和我交談到深夜。他詢問了我最近收到母親的來信沒有，問到母親的身體和近況。我告訴他，母親已經摘去右派帽子，並在為我「平反」，上下奔波。我也向他詢問了一些有關平反政策的問題。最後，郭川小宣佈，從明天起，我被編入雜務組。

雜務組是一個由農六隊的木工、鐵匠、飼養人員和機修人員混合編成的小組。我的任務是跟著來六隊翻耕土地的拖拉機，幫他們打鏵和保養拖拉機，這樣一來，平時，我可以滿山遍野的在外面跑，而不必在小組裡列隊報數，集體出工，收工。只是到了晚上，仍回六隊的監舍歇宿。

第二天，我便跟著來六隊耕地的拖拉機，坐在後面的鏵口上操縱升降鏵口的盤子，我的「師傅」是東方紅拖拉機司機李進。

為耕地打鏵，這可是一個極苦的差使，這時風季還沒有結束，經過一個冬天乾旱，山樑上乾透了的土地，在鏵口和履帶的翻動下，掀起一股股紅褐色的「濃煙」，然後被肆虐的西北風捲起來，裹纏著整架鏵座。

我坐在上面，看不見方向，呼不出氣來。每天，只要一開鏵，用不了半個小時，我的混身上下便被紅塵裹成一個灰人，頭上背上，就像上了一層塗料似的。幸好，我是剃光頭的，洗臉洗頭並不麻煩，只是吸進肺裡的大量泥灰，七竅之中堵滿了泥沙，嚴重損害我的健康。用李進的話說，「這哪裡是人幹的活？」但我很樂意的接受了，因為即使打鏵時苦不堪言，但我獲得了久未有過的活動空間。

從此以後，我結束了站隊集合、報數出工，連小解都要呼喊報告的那種生活，結束了稍不如意，便遭到苛責、毒打的提心吊膽地獄生活。

（三）獄中「自由」

到雜務組後，我能單獨的進出監舍，還可以去場部子弟校的閱覽室，在那裡讀到裝訂成冊的「參考消息」，過去，我在垃圾堆中偶爾撿到一張，便如獲至寶，雖說「參考消息」屬於中共特意篩選出來的內部讀物，畢竟比假話連篇的人民日報有了些新內容。

同時我還可以去其他隊約會同難朋友，從他們那裡直接得到平時無法聽到的消息。晚上七點以後，我可以去場部的任何一個中隊看露天電影，去當地老鄉家裡作客、買米和買肉，不再擔心徐世奎躲在大門內側，突然向我襲擊。

我可以去農家瞭解他們的生活狀況，去和他們交朋友，去打聽「平反」的有關消息和政策。可以去場部的任何一個地方，只要在晚上十一點鐘回到監舍就寢就行，姑且把這種生活叫做「自由」吧。

自由是太可貴了，冤獄剝奪了她整整二十多年了！經歷漫長的歲月，我才獲得這份「自由」，並且是以為拖拉機打鏵這種苦役作代價換來的。

開初那幾天，深夜從場部歸來，路過蘋果園，聞到那沁人心脾的蘋果芳香，我真想變成一隻棲息在樹下的蟋蟀，再也不要回到那陰森森的牢房裡去，無怪乎哲人說「生命誠可貴，愛情價更高，若為自由故，二者皆可拋」。

郭川小的妻子姓廖，是場部一名倉庫保管理員，許多年來，她對我們的處境流露出同情，我們管他叫廖老師。為了避嫌，她在表面上對我們保持著嚴格的界線，而顯得冷漠，但每遇到流放者被處罰的時候，她都會通過丈夫替當事人解圍，在監獄這種嚴酷氛圍中，已是難能可貴了。

自我被調到雜務組後，有時也可以去幹部食堂吃飯，便時常與廖老師照面，有一天，她在球場外碰著我，硬是拉我一起去她家吃午飯，我不好推辭。去隊長家做客，對我來說，是二十幾年來第一次，未免感到拘束。

進屋以後，桌上已擺好飯菜。郭川小從廚房裡拿出一瓶酒，斟滿了一杯送到我的面前，為了不掃他的興，我接過酒杯只呷了一口，他拉扯了一陣閒話，便道出他的本意，說他的兩個孩子，女兒初中畢業準備報考中師，兒子也小學畢業準備考中學，兩個孩子在場部的子弟校讀書成績平平，希望我能給他們兩個孩子補補課，能讓他們順利的考上學校。

我沉吟片刻後回答：「我的學業已整整荒廢二十多年了，中學課程雖然用過功，但這麼久了難免遺忘，需要先對現在的中小學教材熟悉一下，然後什麼時候補課，也需要向雜務組長彭文學打個招呼。」

郭川小聞言，抽身從裡屋拿出三本書來，那是他女兒正在學習的語文、數學、政治的印刷講義，他一邊遞給我一邊說：「關於補課的時間，就在每天下午，雜務組嘛，回頭我向彭文學說一聲。」

給中隊長兒女補課的事，就這麼定了下來。

每天下午，我準時的來到郭川小家裡，經初步摸底，郭川小女兒的功課相當於小學生。而他的兒子則連四則運算都不會，這便是文革的重大成果。

好在廖老師平時對孩子管束甚嚴，成績並不是最差的，經過我的輔導，孩子們進步很快，但我沒有把握經過短期複習便可以考取學校。為了給孩子們補課尋找輔導資料，我便到農牧場子弟校圖書館借一些升學考試的複習資料。

從場部走過來時，我一路都在回憶這裡的舊貌，慢慢判斷出這兒正是當年的基建三中隊所在地。

十五年前，當我從西昌黃聯關押來二道溝時，正值冬天，當時場部幾排紅磚房子的前面，就只有一彎狹長的水溝。溝裡的水黑黝黝的，很像是城市裡的下水道，冬天的乾風，刮走了這片紅土裡所有的水份，唯獨在這裡還保存著這一窪「黑水」。

十幾年來，但各水庫中浸下的地下水，匯集成了一條寬約二十公尺的小溪流，囚奴們又在河溝兩岸種上了樹苗，幾年後成了一條綠色走廊。

與這條綠色走廊形成的同時，在當年的基三隊旁邊，建起了許多簡陋工棚，成了就業人員的主要住宅區。住宅群的主人在工棚前修築了石板小路，形成了一條「小街」，農場場部周圍蘋果林中間，現在已建成場部子弟校的校舍。一道圍牆，將就業人員的工棚隔在外面。

許多年沒來過了，今天算故地重遊。

學校最角落的地方，是圖書館和閱覽室，我剛剛走進過道，便碰見了來這兒不久的魏朋萬。他原是昭通地區的中學教師，平時沈默寡言，幾乎不與任何人交往。他身材矮小，加上眼睛近視，才四十多歲，便顯得特別蒼老。

在六隊時，他經常完不成任務。每到農忙時節，他成了「挑燈夜戰」的常客，好在他特能忍耐，一直逆來順受，十五年勞役，咬著牙，默默忍受著無端的侮辱。從沒見過他頂撞過幹部和衛兵。

子弟校遷到這裡後，魏朋萬接到了場部人事處的調令，安排到這個學校當國文教員。調令下達那一天，他不敢相信自己的眼睛，工資由原來的每月二十元增加到三十五元。覺得福從天降，大抵是因為他歷來逆來順受老實聽話贏得了農場的好感，但根本原因是因為學校師資奇缺。

現在他幾年前鐵青的臉色，已帶上紅潤，與他在六隊時成天哭喪著臉可謂「判若兩人」。握手寒暄後，魏朋萬便邀我去他的辦公室小敘，我才得知這所子弟校原來是從騾馬堡遷來的，文革期間，原來的老教師關的關、逃的逃、病的病、死的死，雖然老教師都與公檢法沾親帶故，依然沒有逃掉文革的劫難。

連李培連這位響噹噹的馬列主義專家，尚不能免卻牢獄之災，像高德勝這樣從雪山草地上爬過來的人，尚且死在造反派的棍棒之下，教師們豈能自保？

（四）就業員的窩棚區

從學校教學樓向下望去，在一牆之隔的地方，便是就業人員的窩棚家屬區，呈現在窗戶下面的，便是那些用破石綿瓦、牛毛氈和木板釘在一起的窩棚屋頂。

看到這些破爛的屋頂，使人聯想到抗戰時期重慶臨江門碼頭下，傍山而建的貧民窟，想起電影《一江春水向東流》的淑貞，拖著一老一小吟唱「月兒彎彎照九洲，幾家歡樂幾家愁」，而今居住在這裡的囚奴們，已唱不出這樣的歌了。

那些在監獄中熬掉了十幾年青春年華的男子漢，就在這裡燃燒著生命的餘燼。男人難免有七情六欲，也想找個女人成家，但每月僅有二十塊錢的勞釋人員，到那裡去尋找共度「寒窯」一起過日子的女人？「一人吃飽全家不餓」，便是這些就業人員的自我調侃。

就業人員中相貌英俊的勤勞小夥子，就連場部的幹部家屬，都會盯著不轉眼的，卻很少正常的女子，願意落嫁到這些鴿子棚裡來。

雖然如此，這些鴿子棚中的女人，還是一年年在增加，嫁進來的女子或是「黑五類」；或是窮得為幾斤糧票便可委身他人的乞丐女；或是相貌奇醜或有生理缺陷的女人；或是被人遺棄的二婚嫂。

我和魏朋萬的話題，很快轉到這些鴿子棚裡的「居民」身上，就業人員中良莠不齊，層次懸殊，其中不少陳賢士之類的人渣，也有像王大炳這樣的老實巴交大好人。

女人們品性各異，有純樸天真的山裡妹，也有賣慣了皮肉，擅長算計別人的野雞；有為幾斤糧票就可姦宿一夜的「大姐」，也有不堪侮辱而自殺的女人。

貧病交困，文革對社會倫理的極大摧殘，在這些密佈的鴿棚裡，天天都會發生打架鬥毆、坑矇拐騙、爭風吃醋的奇傳緋聞。總之，在這片綠茵下，天天都在上演真實的悲劇。

我知道王大炳自去年刑滿後，便留在場部養豬場餵豬，他幾次托人帶信叫我過去一敘，我調到雜務組以後，得知他從長壽老家接來一個農村姑娘，並計畫在一九七九年春節結婚。

多年來，王大炳對我的熱心幫助，我一直都銘記於心，聽到他將成婚，我決定抽時間去向他表示祝賀，拿出兩年積蓄的零用錢，去鹽源縣城買了一床緹花毛毯，作我送給他的結婚禮物。

七九年元旦後的一天，我沿著堰溝邊的小路一路尋去。

他的「新房」，原是農一隊的菜棚子，經過改造，小屋的泥巴牆已刷過石灰水，大門也是新釘上的，唯一的一扇窗戶也安上了玻璃。小屋前大約三十平方公尺的三合土小壩子，打掃得挺潔淨，就怕夏季炎炎赤日曬在牛毛氈上，會使屋裡變成蒸籠。即便如此，對一個刑滿人員來說，已是來之不易的理想居所了。

我走到門前敲門，大門應聲而開，一個大約二十來歲的姑娘迎了出來，她身穿一件藍花舊棉襖，雖補了幾塊疤，但洗得很乾淨，腳上穿一雙紅色的新布鞋，瘦小的身子後面，還垂著一對烏黑的辮子，很靦腆的瓜子臉上，左眼帶著淺淺的疤痕，顯得比右眼小。見有客人來了，禮貌的請客人進屋。

我跨進門時，大炳正在灶前忙碌，見我進來，起身熱情地招呼我。我掃視了一下這間大約十五平方公尺的泥牆「新房」，地下是剛剛打成的三合土，門左面一張木床，上面放著兩床大紅的被子，木床擋頭的木架上，擺著自製的木箱。屋裡收拾得很乾淨，連灶旁的葵花桿，也堆放得整整齊齊。

靠床的牆上貼著一個大紅的喜字，而床頭的上方則貼著一張紅色的雙子圖，女主人說，那是娘家專門從長壽縣裡買來的，表示娘家人對新婚夫婦早生貴子的傳統祝福。

我把帶來的禮物放在木箱上，順手接過大炳給我遞過來的木凳，在園桌旁坐下，談話自然落到女主人身上。

她來自長壽縣白鶴公社，父母雙亡，有兩個兄弟，都是當地農民。本應談及她家鄉的風土人情，以及聯姻始末，包括婚姻介紹人。但她開口便將她家的糧食收成帳，娓娓道來，打破了拘謹。

她說她一家四口，一九七八年分得黃穀四百五十斤，玉米三百餘斤，地瓜八百斤（折合口糧兩百斤）。收打的胡豆、麥子、豌豆之類統統折合口糧總計一百五十斤，如此合計起來，四口之家全年共分得口糧一千一百斤。四個人平均，每人不到三百斤。

因為一切家庭副業全被當成資本主義尾巴割掉了，因而副食品極度稀缺，這點口糧全用來填肚皮也只夠半年。穿衣服要靠布票，一家四口一年可以分到四丈布票，要完成國家的棉花徵購任務才能領到；一家四口的菜油票，每人每年只有一斤，也要在完成油菜子徵購任務後才能領到；除過年過節，平時見不到豬肉；菜裡是從不放油的。她講這些時，如數家珍，全然忘記了拘謹靦腆。

雖然我對這些情況早已知道，但聽她一一數來，仍讓我感到驚心，再次證實農民仍處於飢寒貧苦的悲慘狀態，這大抵是她願意遠嫁鹽源，並跟一個比她大二十多歲的就業人員一起過日子的原因。

她天真的告訴我，她今年已經二十二歲了，還很少有聽見雞鳴狗吠。說到這裡，她還講了一個她小姑養雞的故事——

「小姨懷孕了，農村習慣，坐月子要殺幾隻老母雞補補身子，但整個生產隊已看不到雞的影子，不知她從哪裡弄了幾隻小雞來餵，又怕生產隊知道，便把雞用木箱裝起來，關在豬圈頂上面餵。但是圈起來餵是要糧食的，一家人一分自留地全種上了紅薯，好不容易等到小雞長到半斤重左右，卻被公社當書記的舅舅知道了，說是資本主義尾巴，逼著小姨殺了小雞，砸了雞籠。」

「她被逼無奈，只好把五隻小雞全部殺掉，當時捨不得吃，便燻好後掛在房樑上，想等到生孩子後吃，沒想到被黃鼠狼叼了去，為這件事，小姨還傷心的哭了一場。」

當時的農民到了後半年，都要向公社借第二年的糧食渡荒，於是公社便成了壓在當地農民頭上的債主，而農民成了公社的債務人。實際上，這個「國家」，又是由一些大大小小的書記組成，在這個奇特的奴隸社會裡，農民成了公社的奴隸，哪能當家作主人？

我從王大炳家出來的時候，已是深夜十二點了，他一直陪著我走在鋪滿炭渣的小道上，在寒氣逼人的夜裡，風已漸漸平息，從蘋果園中吹過來果子的芳香，使人感到舒暢，只是在河邊黑洞洞叢林深處，卻隱藏著時隱時現的詭異。

近年來，新近釋放來的許多文革闖將，習慣了打砸搶，把文革的畸形也帶進了這鴿子棚貧民區中來，一個人單獨在夜半穿過那片密林，常會遇到蒙面「好漢」的行劫。

流放者本來赤貧，誰也沒有多大的油水，但面對突然竄出來的「蒙面人」還把一把尖刀頂著自己，在驚恐之中，任憑對方將兜內僅有的幾塊錢搜去，再把手腕上的「山城」牌手錶抹去，這樣的事發生多了，就業者們相約來到管教科投訴，希望「政府」採取措施。

按常理講，這狼牙府豈容搶劫？可搶劫案頻發，偏偏沒有抓到一個，於是一到了晚上十點以後，便很少有人單獨在那片密林中行走，不得不從那裡路過，也要邀約上三、五成群結伴以壯膽。

以後當我回到重慶，更體會到在大陸，那柄對準「政治犯」的刺刀，卻對刑事犯完全無能，對刑事犯罪這種放縱，使正常秩序難以維持，人們敢於公開攔路搶劫，卻不敢公開反對獨裁和伸張正義。

王大炳打著手電筒，我手裡拿著一根棍子，我倆剛剛轉過蔬菜隊與農三隊交界的岔路口，突然聽見不遠處傳來呻喚的聲音，接著便是一陣雜沓的腳步聲。我倆停下腳步，警覺起來，大炳打亮了手電筒，向那方向照射去，我也下意識地捏緊了手中的木棍。

在手電筒光下，距我倆大約二十公尺遠處，兩個人影扭在一起，跌跌撞撞地向我們走來，一股薰人的劣質酒精氣味向我們撲來。

定睛看清，原來是一男一女，那女人似乎很清醒，她正死死地用手拽著那個喝得已經爛醉的男人，而那男子的嘴裡還在不斷嘟噥著「酒話」，看到這情景，我倆才感到鬆了口氣。

大炳說，那女人的名字叫銀枝，是鴿子窩棚裡的頭號新聞人物，傳說她原籍綿陽，為生活所迫，當過「王大姐」，而被關押「勞動管教」，就地服了兩年刑。獲釋後，被基三隊的一個小夥子接到這裡來安了家，但不久，小夥子暴病身亡，銀枝重操舊業，成了鴿子棚區爭相追逐的對象。

那女人胖胖的臉上佈滿了雀斑，一個大而扁塌的鼻子幾乎是貼在麻臉上的，一對豌豆大小的小眼珠，很像華君武筆下的漫畫人物，但她才三十出頭，臉蛋雖醜，身材卻很勻稱性感，加之以頗講究衣著，善於打情罵俏，她的男人一死，就迎來了周圍更多的男人。

為她而爭風吃醋的事情頻頻傳出，她既成了窩棚區裡的話題，也成為了周圍幾個犯人中隊的「新聞」，她雖受到許多人的指指戳戳，但也得到不少人的呵護，銀枝的日子過得並不困難，她可以同任何男人相好，只要她樂意。

此時，她見我們倆站在那裡站著不動，便向我們喊道：「過來幫幫忙，把他送回去。」我們便走上去，把那醉倒的漢子扶了起來。於是，銀枝接過大炳手中的手電筒在前面帶路，我們倆扶著他搖搖晃晃地送到了場部蔬菜組的集體宿舍。

送回了那醉漢，我們倆才重新往農六隊走，我想，這鴿子棚決不是大炳這樣的老實夫妻久居之地，所以勸他在完婚後，應儘快想辦法回到長壽老家去。

這年的五月份，大炳申請返回長壽原籍的報告獲准，他迅速辦了離場手續，回到他的故鄉去當農民去了。

這一天，他專門備了一架馬車，拉上所有的行李和媳婦，離開了這消磨掉他二十年青春年華的魔窟，雖然迎接他的另一個天地絕不是「福地」。

（五）再逢李培連

一天，馬大炮站在六隊壩子裡的土墩子上，高聲向壩子裡吼道：「李培連從監獄裡放出來了，昨天他的老婆坐著場部派去的吉普車去騾馬堡接他出來，不久，場部還要專門為他召開平反大會。嘿！嘿！」這馬大炮在故意向我們播「小廣播」。

我早耳聞李培連被劃為走資派的「黑幹將」了，後來又聽說他進了「毛澤東思想學習班」。一晃十年過去了，十年前聽他講楊修故事的情景還在眼前，不料，如此謹小慎微的共產黨秀才，也難逃牢獄之災。

林扯高奪權，李培連坐監；林扯高發瘋，現在李培連又官復原職。這原因在哪裡？監獄的看守們困惑了，毛澤東的鐵桿什麼時候才能悟出這一切原是被「階級鬥爭」所戲弄？幾十年來，中共統治下的中國，在這種「否定之否定」的怪圈裡跳舞，演出一場又一場自己捉弄自己的醜劇。好像不殺人就抖不出「無產階級專政」的淫威，「文革」以來慣例，每年國慶日前後，當局都要召開相當規模的公判殺人大會，「文革」高潮的幾年，每次講殺一小批，動輒是十幾二十多人。中共說不這樣，貧下中農就要回到萬惡的舊社會，千百萬人頭就要落地。結果在毛共統治下餓殍遍野，人人自危，民不聊生。

一九七八年十月前夕，鹽源免去了這一年的「公判大會」，九〇九各中隊還免去了以「檢查衛生」為名的大搜查，過去常對「反革命」敲打和恐嚇的話，也收藏了起來。六隊多年繃得極緊張的神經，鬆弛了一下。不過，二十多年受夠欺壓的囚奴們，反而感到疑慮，生怕這又是一次「陽謀」？

這一年「國慶」期間，在農一隊的大壩裡，與以往只放映幾個「樣板戲」大不相同，連續放了兩天露天電影。影片十分新穎，頭一天晚上是鮑國安主演的《隋煬帝》。第二天晚上放映的竟是再三受到批判的大毒草《桃花扇》。文革中「借古諷今」這頂帽子，壓死了多少知名藝人？說國民黨時代藝人是任人玩弄的玩物，曾幾何時，這些被「解放」的「玩物」，竟在中共控制的舞臺上紛紛罹難。連玩物都不是，變成了一群罪不容誅的奴隸。

毛澤東只允許他們鸚鵡學舌唱頌歌，歌功頌德，三呼萬歲。可這些人偏偏要借古諷今，惡毒影射，攻擊三面紅旗和社會主義制度？毛澤東武斷說他們對無產階級專政懷恨在心，所以必須「改造」「消滅」。「文革」中大批藝人慘遭鬥爭抄家，被逼投河上吊，古裝戲因此銷聲匿跡。

今晚舊戲在銀幕上出現，令人耳目一新，其實「隋煬帝」仍屬新劇，不再是高喊毛主席萬歲的樣板戲罷了。

在演出「隋煬帝」的這天晚上，我在農一隊的露天電影場上，與整整十一年沒見面的李培連夫婦相遇。

那天下午七點鐘，我們吃過晚飯以後，便整隊向對面的農一隊出發。當我們的隊伍剛剛跨進大壩子圍牆的大門時，便在圍牆外的草坪上看見了周麗萍。

一九六五年，受高德勝委託，李培連調到農六隊，對重刑的政治犯實行「感化」教育的試點，我和陳力便是這個試驗田的「試驗品」。

聽說一九六七年底，李培連被打成「五·一六」份子，不久就被關進了毛澤東思想學習班，住進了「牛棚」。當年革命委員會曾逼迫周麗萍同李培連離婚，卻遭到了她的嚴詞拒絕。於是她的命運便像金梅那樣，被解除公職，帶著未滿十歲的女兒，到北鳥與女兒相依為命的熬過了十年。

想不到今天，竟在這裡不期而遇，她看見我以後，立即向我打招呼，十一年不見，苦難在她的臉上刻下了很深的皺紋，頭髮也剪得短短的。在夜色朦朧中，周麗萍已鬢髮斑白，完全是一個五十開外的老太婆了。當我走近她，正要詢問李培連的下落，周麗萍卻向我伸出手來。

二十多年來，我們同所有管教人員存在一條無法逾越的溝壑。管教人員視我們為可以隨意侮辱的賤人，而在我們的眼中，他們是一群失去人性的豺狼，彼此之間，是奴役和被奴役的關係，除了冷眼和敵意，便是警惕和小心。

記得一九六六年一次學習會上，李培連說：「我和你們僅僅是認識上的區別，我們用自己的觀點來改造你們的觀點，所以不應該把這種關係變成人格上的等級和界線。」這種與毛澤東所主張完全相悖的說法，也許是他的一廂情願，也許是他的欺騙，誰知他內心怎麼想？

「文革」終於使李培連夫婦跨過了與我們間的鴻溝，此時，回過頭去看看這條剛剛跨過的鴻溝，便會明白這不過是毛澤東所布下人與人間的陷阱而已，否則人與人間怎會互鬥，怎會互相殘殺？

周麗萍扭過頭去向馬路上招手，我順著她招手的方向望去，離我五十公尺左右，一個穿著灰色長褂的人正從夜幕中向我們走來。這便是十一年前這個農場管教科的才子，被認為全農場理論水平最高的李培連。

在暮色中，我細細打量他。此時此刻，他與十一年前風流倜儻迥然兩樣，臉已變得蒼老凝重，顴骨高高突起，額頭和兩鬢已布下很深的皺紋，鬢邊兩縷白髮在微風中顫動。十一年前那種自信和鋒芒蕩然無存，換上了一抹抑鬱和失望，特別是他那件打著補丁的中式長褂，與他十一年前西式風衣顯現出的瀟灑外表，已迥然兩人。

十年來，李培連丟掉了西方的派頭，而返古到華夏古裝。看來十一年的監禁生活，少不了毒打、刑具和折磨。五七幹校也好，牛棚也罷，關禁閉反省也好，反正是坐牢，磨去了他原先的稜角和「威風」，沖淨了他篤守的共產主義信仰。這十年中，他實際上已淪為階下因，真正到了他說的「我和你們僅僅只是認識上的區別」的境界。而他善良的妻子和女兒，也因他的株連，渡過了不堪回首的歲月。

生活本身使李培連親身體會到，無產階級專政究竟是怎麼一回事？那可不是用楊修的故事取迴避而躲得開的。

時間倒轉回去二十年，李培連剛剛從中國人民大學法律系畢業，是「新中國」稀缺的第一批法官。那時他還沒有踏進法院的門檻，而是分配到雅安農學院馬列主義教研室任教。

第二年的反右運動中，李培連充當了圍剿「右派」的劊子手，參與並製造了當時轟動全國的雅安農學院反革命案件。使得上百名雅安農學院年幼無知的學生和一些天真的老教授淪為反革命份子，陷身囹圄，許多人含冤死去。

這個浪潮過去後，緊接著便是大躍進。在毛澤東「跑步進入共產主義」的凱歌聲中，大陸上卻迎來了空前絕後的大飢饉。作為知識份子，李培連也許在災難面前開始反思，也開始有所醒悟。不久，他便從學校調到鹽源農場。很快成為高德勝所倚重的人。

他在翻閱了我和陳力等人的檔案以後，從六五年開始，便鼓吹對農六隊「最頑抗」的反改造份子推行「感化」教育，可能是他對雅安農學院所犯罪惡的一點內心懺悔或補過吧。

在當時險惡政治氛圍下，李培連敢於公開向我講楊修之死，是需要膽量和勇氣的。其實在當時，中共內同他相類似的人很多。其中最著名代表人物當數北京市委書記吳晗，一九五八年，吳是最先向右派發難的打手，「章羅聯盟」的帽子，就是吳給章伯均和羅隆基扣上的，殊不知事隔八年，他卻因新編歷史劇《海瑞罷官》最先祭了「文革」的血旗！

現在站在我面前的李培連，恐怕已經「嘗盡愁滋味，欲說還休」了吧，他一定還記得跟我講楊修故事這件事。多年以來他奉行明哲保身態度，結果同樣難逃厄運，身陷囹圄。說明對獨裁者取忍讓和順從，換不來獨裁者的憐憫。

李培連向我走過來，並伸出了手，這十年遭遇，突破了我們之間的界線，我握著他的手覺得非常粗糙，感覺到他的手上有一層厚厚的老繭。

十一年前的舊事，我們都記憶猶新，想當年那些激烈的爭論，以及我不顧後果坦言直陳的話，一定對他產生過震撼。否則，他也不會用楊修之死來暗示我要我學會保護自己了。

我們互道了「你好」後，就語塞了，雙方心裡縱有千言萬語，在這種大庭廣眾下，一時難以暢述。此時，電影也開映了，我們三人從就業人員的隊伍中弄到一條長板凳，就在大片就業人員和犯人的座位後面，安放了座位，靜靜觀看那銀幕上閃動的畫面。

中國歷史長河中，數以百計的帝皇匆匆而過，唯獨其中的暴君，在民間廣為流傳，首屆一指當數秦始皇，再就是隋煬帝了。

西元六〇四年楊廣登上帝位，他用文帝積累的民力和財富揮霍無度，修行宮，鑿運河，炫耀國力，窮侈極欲，武力侵略，用百萬人民的生命來滿足他驕奢欲望和擴張野心。煬帝在位十四年間，黃河流域的百姓生靈塗炭，流離失所，最終逼出了農民大起義，他也死於叛將之手。

李世民說他「廢行德治，竭天下民力於一己侈奢」。魏徵說他「窮天下之物為自己獨享」。隋煬帝對內肆無忌憚，搜括民財，修建行宮，剛愎拒諫，陰險多疑，曾揚言誰向他進諫，即便當時不殺他，以後一定要殺掉他。

銀幕上再現了當年老百姓生靈塗炭的一幕又一幕，使人聯想到當今的毛澤東，毛澤東對中國文化和社會的破壞，隋煬帝還遠遠不及。

我和李培連一邊看電影，一邊低聲議論，我們談到一九五七年開始的文字獄，從他的沈默中，我已感到觸及到他的痛處。人無論如何無奈，充當別人的槍手總會感到難堪。

於是我繞開話題，談到文革，他依然像

從前那樣深藏不露，但禁不住我的追問。他說：「這是一場剿滅中國傳統文化道德的災難，也更排斥西方先進文化和倫理。講忠孝信義是封建的糟粕，講平等自由博愛是資產階級面紗，殊不知沒有道德規範的人，便成了赤裸裸的野獸。」

當我說到中國這二十八年來，所謂馬克思列寧主義的社會主義實踐，實際上是被野心家利用推行個人獨裁的遮羞布。因此，中國出現了一個典型的獨裁復辟時期，他點頭同意。並指著銀幕上的楊廣，狠狠地說「壞在他的身上」。

如此看來，那些尋找救國救民真理的人們，在經歷了這樣的實踐後，恐怕再也不會相信共產黨的宣傳了，這可是無數人用性命換的教訓啊。

但願這種認識，將對未來的社會發展起作用。

我問他現在做什麼工作？他搖搖頭說：「暫時什麼也沒有幹，在家等待組織的安排。」語氣中顯示他的灰色和低調，像他這種誤上共產黨賊船的，年過半白，才發現少年壯志成灰的人，在中共內恐怕為數不少。

電影放完了，李培連仍陷在深深沈思中，銀幕上的兵荒馬亂以及宇文化及用利劍直逼楊廣胸膛的畫面，在我的腦海裡留下了陣陣餘波，我相信也在他的腦海裡留下了反思，這種「借古諷今」的電影，能提醒台下的觀眾嗎？文化人的苦心大概就顯示在這裡了。

從壩子走出來，我們就此分手，直到一九七九年我獲得平反出獄，再也沒有碰到他們夫婦。聽人說，他已調往其他的單位，但沒有人知道究竟是什麼單位，是高升了？還是另調了？但我看，李培連在今後中共的政權下，混碗飯吃倒不成問題，但要想實現他的一番抱負，恐怕就困難了。

因為，在中共的奴役統治下，不是用人才，而是用奴才。奴顏媚骨、厚顏無恥、蠅營狗苟的奴才是獨裁統治所需，而有責任心、有社會擔當能力、有良知和骨氣的人，遲早會成為中共政權的死敵。

（六）山溝裡的平反

一九七八年下半年，平反冤假錯案的初潮，終於湧進了鹽源農牧場，湧進了這堵圍得像鐵桶般九〇九的下水道中。

近三十年來，全國有數以千計的像九〇九這樣的集中營，在這些「下水道」裡，關押著大量的服刑者和就業人員，其中屬於「政治犯」的人數，佔有相當大比例，在鹽源農牧場中，政治犯約占三分之一強。因莫須有罪名，受到刑罰、折磨、飢餓、槍殺而冤死的人數，全國不會低於數百萬。由於承受不了精神折磨和非人虐待而自殺的人，可說比比皆是。

在歷次運動中，當局在對受害者宣判時，往往以「惡毒攻擊」，「污衊黨的方針政策」，「企圖顛覆人民民主專政」等想當然的罪名，不但毫無法律依據，而且不按法律方式，以「黨的政策」和執法人的好惡來定奪。所以，毛統治時期，獄中關押的「反革命」犯，絕大多數都是冤案。因「不認罪」而死於獄中者，難以計數。

在農六隊這個魔窟中，徐世奎和何慶雲習慣了使人「認罪伏法」。只要誰公開說自己沒有罪，或者寫上訴材料偷偷寄出，一經發現，都要嚴查到底。輕則鬥爭，重則加刑，甚至於處死。陳力、張錫錕、劉順森這些被當局殺害的「反改造份子」，哪一個不是為反抗冤獄而慘遭殺害的？

專制時代，罵皇帝，甚至影射攻擊皇帝都是死罪，而今對毛澤東稍有不敬的言辭，也要粉身碎骨。有了中共公開提倡，小人們挾私報仇，抓住仇家對當今統治不滿的言論置之死地。階級鬥爭的三昧毒火，封死了申冤的門，進監的反革命份子，就別想正大光明走出牢門。

一九七八年，鄧小平執政，不願去觸動共產黨的統治，甚至不願搬掉實行改良的絆腳石，而是利用原來的各級官吏來「撥亂反正」，工作豈有不受阻撓之理？

平反冤假錯案，本是鄧小平「撥亂反正」的第一步，卻受到舊政府衙門的重重阻礙。那有自己否定自己的道理？要翻夾私報仇的冤案，比登天還難。所以平反並不像以往整人運動那樣雷厲風行，而是被中共各級官吏軟磨硬拖頂著不辦。被平反的人，依然要夾著尾巴過日子，他們在落實政策辦事機構的門外排起長長的隊伍，像乞討施捨的乞丐。

一九七八年夏天，第一個登門為農六隊平反的是從德陽法院來的人，他們對德陽監獄的管教幹事蔣平富進行了悄悄送別，蔣出獄的那一天，幾乎沒有人知道，大家還以為他是正常調動，調到了另一個中隊去了呢。

接著是對曹季賢、李克嘉等人平反出獄，才開始了有點平反冤假錯案的動靜。

開始獲得平反的人，原是共產黨的基層幹部，或是家中有父兄在朝為官的人，當他們被「外調人員」傳訊後，回到監舍，才把自己平反的消息傳給了獄中其他難友，這個消息像春風一樣，感染了六隊所有的「反革命犯」。

一時間，寫申訴的人，一傳百，何慶雲們最忌諱的情況終於發生了，一向揮舞著「認罪伏法」大棒的徐世奎也沈默了，平時窮兇極惡的惡吏，被迫改變盛氣凌人的態度。一面用「我們是執行單位」的盾牌，應付受冤人的責問，背地裡想如何賴掉該負的責任。

關在六隊的人，有很多是農村抓來的，寫不出訴狀，便來找我代筆，從一九七八年六月開始到一九七九年初，半年時間裡，找我寫申訴材料的有二十多人，每到收工或星期天，我抬出一張破桌子，在院壩裡擺開書案。

在六隊多年，同監人是不准交談彼此案情的，否則，便要在大會上批鬥，故一室相處多年，彼此並不知道所涉案情，到了請我寫申訴狀的時候，才把他們的隱情和盤托出，使我對毛澤東時代各階層狀況有更全面瞭解。

農六隊一直被當作無產階級專政死敵的集中地。其實這個被視為反革命重刑隊關押的人，絕大部份，原來都是一些很單純的受冤者。他們中除了不小心誤撞毛澤東所設禁區外，就是被飢餓逼上梁山的本分農民，這些冤案冤情其實很簡單：

有因為汙損了一張毛澤東人頭像，被判刑的廖某；有因為替機關寫標語，將毛主席萬歲寫成毛主席一歲的陳某；有在殺過年豬時隨口說了一句「豬毛算什麼東西」，便被仇家誣告，說這是指桑罵槐的咒罵領袖，被判刑的；有因忍不住說了句林彪一臉奸相的楊某；有因為在一九五九年發現妻子與民兵隊長通姦，而大罵武裝部的向某；有在一九五九年打開生產隊糧食保管室，任社員一搶而空的牟某；一九五九年在萬縣發生的公社社員哄搶糧食事件。被稱為「武裝暴動」而判刑的王某（後來某作家以此為原型寫成了小說《犯人李鍾桐的故事》）。

……

這些冤案主人公的名字，已記不準確，但他們的案情可編成毛澤東冤案錄，是這一時期官逼民反的大曝光。這一個個案件的主人公，許多是陷身文字獄的普通市民，被長期沒為奴隸；更多是樸實憨厚的農民，僅為生存身陷囹圄。

六隊開始平反後，何慶雲的心情非常複雜，眼看過去被踩在腳下的反革命一個個獲得平反從大鐵門走出去，感到尷尬又擔心，過去做的許多違背良心的壞事，令他心虛。在這段時間裡，何慶雲口中雖然將「認罪伏法」改成「有錯必糾」，表面服從黨中央新政策。

眼看那麼多冤假錯案被推翻，他擔心現在一風吹的案子，到今後又說犯了「路線錯誤」，被重新否定怎麼辦？所以對平反工作採取一拖再拖。

暴力不僅扭曲了受冤人，同時也扭曲了這些專政基礎的打手們，以我在本文中所介紹的張劍波、林扯高、張醜德、鄧揚光、龐玉篤、何慶雲、徐世奎等人，他們都被荒謬階級仇恨毒化成失去人性的打手！他們從不去想想被害人的冤枉怎樣痛苦；現在幾十年過去，如果他們中還有人活著，不知是否找到了毛澤東這毒根，在總結一生時有所慚愧而悔悟？

因違背社會發展的基本規律，共產黨整個施政綱領全錯了。同時建政不建法律，在執法中沒有共同認可的標準為依據，留給執行人隨意變通的空間。所以對處於弱勢的百姓憑好惡任加冤害，無法無天是對無產階級專政的恰當概括。

（七）李大漢

我因腿被狗咬傷臥床的那幾天，李克嘉平反獲釋的消息，在六隊引發了一陣熱議。

李克嘉也是有一定「名氣」的反改造份子。十幾年前，他是唯一的以「刑事犯」的名義而被長期關押在「反革命隊」的大學生，在六隊的十四年中，他從來沒有談到過因何入獄，想來興許有一段不願公開的隱私。

許多年來，李克嘉以抗暴聞名農場，他的身高一米八，體質強壯，得了一個「李大漢」的綽號，也因為身強體健，營養消耗量特別大，所以他對每頓僅只有半罐的玉米粑產生的不滿也更強烈。

他創下了一個又一個反抗飢餓的故事，收穫馬鈴薯時，憑著他的身強力壯，可以在半路上攔住滿載回隊的馬車，把成筐的馬鈴薯從車上卸下，埋藏在山溝裡，以備冬天飢餓時果腹。收穫玉米時，他曾將整整一板車的玉米，神不知鬼不覺的交給老鄉，在收穫完畢後，再去那裡取回。

然而久走夜路必有撞鬼的時候，老管崗樓下面的反省圈裡，經常可以見到身軀高大的李克嘉挨捆挨打，日子久了，徐老大和何慶雲便乾脆把他分到嚴管組去，用槍桿子押著上下班。

然而，即使如此，李克嘉仍然將大包的玉米子裝進口袋帶進監舍，他那件厚棉衣裡，裡層縫了一條貼身的大口袋，那口袋裡裝十斤玉米也看不出來，他便靠這件特製的大鎧甲，將地裡能夠擄獲的「進口貨」混過崗樓檢查。卻又經常被帶班的老管識破，只要看到那崗哨下的反省區中有李克嘉的身影，便會見到他身邊被撕下的「口袋」，以及從那裡面掏出來的玉米，剝光那棉鎧甲後，便對他非捆即打。並當著他的面，將那件鎧甲撕得粉碎。

然而，剛撕毀一個包，過不了幾天，他又會再縫一個包背在背上，他為果腹，可謂百折不撓。

為了逃脫飢餓的折磨，李克嘉越獄了，他逃跑次數不多，但動作驚險。兩年前，他從成都火車站月臺上帶著手銬，飛車越窗而走。回來時，竟被用鋼絲捆著手臂，其形狀之慘實在罕見。

然而，李克嘉與「火炬戰士們」不同。我們不大交流對於獨裁政治的看法。一九七六年因為四個馬鈴薯人，他幾乎被林扯高置於死地，這個馬鈴薯人事件，是純粹巧合，還是知道共產黨權力爭奪的內幕？我不得而知，也沒有交流過。

但是，一場反「四人幫」的傀儡戲，卻使他因禍得福，那次被關進小監不久，便從小監裡放出來，緊接著獲得平反，這裡面一些情節，使人猜測他與中共有無人知道的關係和隱情。

現在，李克嘉就要出獄了，他是六隊最先獲釋的「反改造」尖子，離開六隊那天，人們向他祝賀。在他啟程返回雲南大理老家時，臨行前，取出了一本珍藏了十幾年的《樂府詩選》送給我。他珍藏的這本書，得以保存至今，可謂珍貴之極，算是十四年朝夕相處的紀念。

我打開它，上面題有（贈別）五律一首：「來時風蕭蕭，別去正花朝，並轡多殞命！遺諧意應高，文明天地久，大業永不凋，四化更新日，詩書念我曹」。這麼多年來，赤手空拳同獸警們的鬥爭，使我難以忘懷。

相別後，我聽人說他去大理投奔他當省委書記的大哥，並擔任過縣文教局長的職務。以後他還參加過市長的競選，他期望的「四化更新日，大業永不凋」，將遭遇什麼結果？我自有看法，加上我們政治追求不同，以後就斷絕了聯繫。

二〇〇九年四月上旬，我返鹽源會見倖存難友時，難友們對他嗤之以鼻。據難友說，陳龍富於一九八五年逃亡路過雲南找到李克嘉，本希望得到他一點幫助，但李克嘉不但不念昔日難友之情，反而先穩住陳，然後偷偷向公安局報案，並領員警來捉他。幸好陳龍富及時發覺逃脫，才免遭李克嘉暗算。這種出賣昔日難友的行為，使他成為大家心中不恥的小人，這是後話。

這年五月雨季來臨時，有一天郭川小把我叫到隊部去，說隊部決定：從今天起派我出去看守五號樑上的玉米。按六隊規矩，凡單獨外居的差使，若不是政府信任的人，便是將刑滿釋放的人，這種差事是何慶雲、徐世奎絕不交給我的，我預感到，我出獄的時間已臨近了。

郭川小通知我後，便催我趕快回監收拾行李，當天就搬到看守棚去。

（八）勞改隊的狗也傷人

一九七九年的四月的一天，我到林業隊去。田井陌托人帶來「口信」，說他回重慶時，專程去北碚看望了我母親，說她現在已平反，生活好多了，盼我早日回家，還給我帶來二十斤糧票和一些副食，要我去他那兒取回。

第二天中午，我趁拖拉機在四號樑子耕地的時間，翻過山樑去了林業隊。當我翻過山坳進入油庫彎時，踏著兩年前拼著性命造出來的大寨田坎，腦海裡重現那幕令我不堪回憶的圖景。

修築堤面寬度達一點五公尺，最高落差三十公尺，長一百多公尺，儼然一個小型水庫的攔洪壩。然而這「壩」僅是一塊乾田的田坎，為了這「政績」，我們被驅使曾每天十六小時苦戰。農場的「官」哪裡把我們當人在用？

那年冬天的奪命苦戰油庫彎主體工程雖已完畢，但這項工程所帶來惡果，很快顯示出來。經過兩年雨季洪水沖刷，梯田兩側的排洪道，已塞滿了泥沙，洪水越過溝渠，灌入田中。用泥土堆積起來的田坎，在洪水浸泡下紛紛垮塌。落差最大的七號田，已被沖出了幾段缺口。所以這兩年，雨季一過，只有派人對缺口進行「修補」。

此時正是初春時節，基建隊正在用混凝土重新安裝排洪涵洞。

中午時分，修補田坎的就業人員都已下班回隊吃飯，田坎上散亂堆放著工具。當我漫不經心地從那裡經過時，忽覺身後一聲響動，一股冷風從身後向我襲來，我還沒有來得及轉過身，就覺得左小腿肚子上被猛烈地咬了一下。

我回轉身去，一條足有一米多長的灰色大狼狗，正惡狠狠瞪著我，兩排鋒利的尖牙上還銜著從我棉褲上撕咬下來帶血的棉花。那畜牲兩腿前扒後蹬，一副躍躍欲向我撲過來的姿勢，如果不是那鐵鏈的約束，我不知會受它多猛的襲擊。

我低頭看了一下我的左小腿，棉褲已被這牲畜撕破，血順著褲腳流到了腳跟。一股怒火從我胸中燃起，心想我已被人欺侮了二十多年，今天這畜生也來吃我一口？便忘記了疼痛，順手從地上操起一條青崗木扁擔，朝這條牲畜劈頭蓋腦的砍了過去，那畜生的背上頭上和腿上已連連被我擊中。

那畜生出乎意外的受到猛烈反撲完全被震

住，慌忙掉過頭去，抱頭鼠竄，那窮兇極惡的吠叫，變成一迭聲淒厲的告饒聲。最後蜷縮著身子，將頭埋進了涼棚的席子下面，發出一長串淒厲的哀嚎，任我在它的屁股和背上猛打。

聽到大狼狗連聲哀嚎，田坎那一端，三個人沒命的向我跑來，邊跑邊喊：「打不得，打不得。」我認得是場部蔬菜組看棚子的人，等到他們跑到，我才收住扁擔。那年長的喘著粗氣向我喊道：「別打了，這狗是李隊長花兩千元買回來照看蘋果園的，今天把它借來，讓它看一下工具。你若把它打死了，我們可賠不起。」其他兩人死死地抓著我的扁擔。

我狠狠瞪了三個人一眼，看了看那隻把頭死死埋在席子裡的牲畜，它身上幾處已滲出了血。便扔了扁擔，彎下腰捲起那被狗咬傷的左腿褲腳管。血已滲了半邊褲腿，在揭開的地方小腿肚中間，露出一個血肉模糊酒杯口那麼大的傷口，血從傷口處不停地往外湧。

三個就業人員蹲下身子，一面看我的傷口，露出不知是同情還是畏懼的眼光，並連連催促著我趕快去醫院做手術。

從那兒到醫院少說也有三里地，我看了一下傷口，思量了一下，頭也不回大步地沿著那條通往場部的大路走去。血順著我的小腿流到了後腳跟，又一滴一滴地灑在我走過的馬路上。所有過路的人都用驚奇的目光看著我。

當我匆匆跨進場部蔬菜組的大門，蔡幹事從裡面迎了出來。他看我這副尊容，顯出驚奇的樣子，問我發生了什麼事？我坐下以後，向他簡單的講了剛剛發生的事，並說明來意，請他把蔬菜組的馬車借給我，把我送到醫院去。

他看了看我的傷口，說蔬菜組的所有馬車今天一早都被派到城裡拉化肥，現在還沒有回來。所以只好派兩個人，用板板車把我送到醫院去。說完，要我坐下稍等一下。五分鐘以後，我便坐在板板車上，由兩個人拖著向醫院走去。

進入場部大樓大門附近，已是下午一點鐘

了，不知因為剛才失血過多，還是打狗消耗了大量體力，我的肚子特餓。從懷裡摸出三兩糧票和一塊錢，交給兩位拉車的人，請他們到場部食堂弄點飯給我吃。他們接過我的飯票，不一會兒便端來了一大碗。板板車周圍聚滿了即將上班的就業人員，他們向我問長問短。

這時，剛調到場部蔬菜組的楊厚模走過來，向我喊道：「你要出獄」了。

我不解地問：「何以見得？」

他一本正經的說：「狗都在攆你，便是預兆。這勞改飯你吃了快二十年了吧。總算被你熬出頭了。」說著，板板車重新啟動，一路上碰到不少熟人，都說被狗咬傷是一種吉兆。

這一天，非但沒有到田井陌那裡去取回母親帶給我的東西，反而傷成這個樣被人用車拉到醫院去。但我對這條傷人的惡犬，已重重教訓了它一頓，打得它連連哀嚎，出了一口惡氣。一路上受到那麼多人的祝福，使我的心情感到舒暢。

車到農一隊門口，適逢抽水房的李相華從那裡經過。他看了我的傷勢，說他這就回隊通知郭隊長，請他下午派馬車到醫院來接我回隊。

下午兩點鐘，板板車將我拉到了醫院，在兩位拉車人的協助下，我被送進了手術室。值班的醫生看著我那麼大的傷口，又看我幾乎毫無反應的表情，便馬上為我消了毒，剪去已經被咬翻的那些皮肉，打了破傷風針。為我動手術的醫生問我打不打麻藥針？我搖了搖頭。縫合手術進行了一個多小時。從此以後，在我的左小腿肚子上，留下了一道足有八公分長的疤痕。

下午五點鐘，彭文學奉命駕著馬車來接我，回到六隊後自己走進監舍，直到這天深夜，原先被興奮所抑制的痛感才開始發作，這一夜，我輾轉未眠，痛徹心扉。耳朵裡響徹著楊厚模的叫聲：「狗都在趕你了，該回家了！」

是啊二十年了，我該回家了，牢底坐穿了，人也到中年了。我生命最燦爛的時光，都被冤獄無端消耗掉了。未來的歲月，前途未卜，吉凶難料。疼痛直到天明，一夜無眠。

因為腿傷，郭川小特別批准了我臥床休息。在獄中二十年，因這麼一點傷，竟破例臥床休息，這是我第一次享受到「人道主義待遇」。

一周臥床，配以吃藥消炎，傷口沒有發炎和異常。

閒來無事，便想起了給母親寫信，信上雖然說我被狗咬，但筆觸卻很輕鬆，二十年的苦難磨出來的人，被狗咬了這麼一口，實在算不了多大的事。

殊不知這輕鬆的一筆，卻急壞了千里之外的母親。正巧與她同看此信的還有一個名叫鄒銀雙的女醫士，本是北碚防疫站的一名幹部，巡迴下鄉，駐在蔡家場醫院。在她得知我被狗咬以後，專門去防疫站為我配製了狂犬病的疫苗，用航空寄來。只是那藥寄達鹽源時，我早已拆線痊癒，並下地勞動了。

接著，母親在第二封信裡，除詢問我的傷情，還附有鄒銀雙的照片。母親來信介紹她今年二十六歲，一直還未出嫁，因為同情母親的遭遇，在蔡家醫院便認母親作了乾娘。她讀過我寄給母親的那些信件後，不但羨慕我的文才，也同情我的遭遇，並暗示母親，願意等我回到重慶。

那一封信提醒了我的婚姻，這本是人生大事，而今像我這樣的四十開外的老童子，戀愛已被冤獄埋葬。這麼多年來，我一直處在生死未卜中，忘卻了自己是一個有血有肉，有感情的人，每天只盼著有一口飽飯吃，不挨餓，不受人侮辱！哪有條件去妄想女人？我凝視著那張相片，她會成為我未來的妻子麼？於是我對那相片長嘆一聲：「花非花，霧非霧。夜半來，天明去。來如春夢幾時多？去時朝雲無覓處。」後來，每當我看到這張相片，便想到在母親的身邊竟有一個女人等著我，便感到心跳臉紅。

第二節：看守莊稼

這些年來，不知是老百姓特別餓，還是特別窮。農民們從階級鬥爭的緊張關係回歸現實時，釋放出一種追求物資的爆發力。

農場周圍的老百姓一直對拿著槍桿子強迫他們的農場頭們懷著敵意。偷農牧場地裡成熟的莊稼成了一股風，開始時，是個人在夜間的行為，守莊稼的人一般都在白天，任務是防止附近老鄉放牧牛羊群時，因無人管束而傷害莊稼。

白天值班的人說，一片片剛種的馬鈴薯晚上被人「挖去」，由個別人的小偷，漸漸發展到大批人的奇襲，有一天夜裡就挖掉十畝地的馬鈴薯種，從足跡看，至少也有二十個人來過。

面對老百姓的行動，只好加強防範，晚上，每個山頭增派兩個人駐守，發現有人立即吹哨警報，這種消極的防範，雖然起了一些作用，但並沒有因此使老鄉不來夜襲，所以新增了巡邏隊，我便是指派的巡邏人之一。

（一）首次外宿

得到指派後，我回到監舍，收拾行李。周圍的人都圍著我詢問，是不是被釋放回家了？哪一天動身？當他們知道我被派出去守莊稼時，都勸我，不要去招惹老鄉，以免引禍上身。說這裡的老鄉極野蠻，晚上出來偷莊稼都帶著刀子和棒棍，對於阻攔的人，輕則棍棒相加，重則刀劈斧砍。

但憑我對老鄉們的瞭解，雖個別人性情兇悍，但絕大部分是山區農民，他們對統治者恨，但又無可奈何，對「犯人」經過瞭解，越來越同情了。

下午兩點鐘，我背上了被蓋卷，端著臉盆

和碗具，暫別了我的難友們。

十八年了，我第一次在山坡上單獨住宿。與我同時派去看莊稼的還有老吳，他提著一盞油燈，我們收拾好那莊稼棚中的涼板和稻草，天也漸漸黑下來。當夕陽滑向西邊的地平線時，漫漫的霧氣從山底下升上來，滲入到那黃昏夜空中。此時，若站在山樑上向西看，牧羊人被夕陽染得特別紅，在他們鞭子指揮下，牛羊群轉過山坳，漸漸地隱匿在山後面。我和老吳直到天色黑盡，田野裡草蟲爭鳴才回到小屋。

第一個夜晚，蚊鳴四起，我和老吳回到屋裡，將白天採來的青蒿架在玉米桿上，燻出濃濃的青煙，頓時安靜了許多。

這一夜躺在坑上，精神特別興奮。側身去看從門口映進來的晴朗夜空，繁星點點，又將我帶回三十多年前的童年時代。不知何時沉沉睡去，一覺醒來已是第二天清晨。我趕快爬起身來，沿門前那條二十公尺寬的過道開始跑步，享用這清晨新鮮的空氣。

太陽還沒有露面，那東邊毛牛山下青灰色山巒中，早行的牧羊人，已在山坳唱起了悠揚的山歌。不一會兒那牛群羊隊，一個一個從山間閃身出來，這詩情畫意在內地是見不到的。

由於我長期生活在六隊高牆內，一直都沒有機會接觸和認識周圍的農民，特別是經常來到六隊地界的牧民們。守莊稼後，我很快同這些牧羊人認識並建立了友情，他們是上了年歲的老婦人和十二、三歲的孩子。

那時還是「人民公社」時代，能同大人們一道放羊的，不是生產隊長的孩子，便是會計的孩子。大人劃著界線，但孩子們卻不以為然。

同孩子們交談，知道他們只讀過小學一二年級便輟學了，我記得他們中最小的年僅十歲，他能夠非常自如的躍上牛背，騎在牛背上做著各種動作。他們對村裡大人們發生的吵嘴打架從不隱瞞的告訴我，只是因年歲太小，還弄不清楚那段歲月中「人民公社」複雜的人際關係。

在我看山的時期中，有緣認識了兩位老大娘，一位姓劉，那是去年秋耕，我和李進駕著拖拉機在北坡的蕎子地認識的。

六隊收割蕎子，地裡照例是撒得遍地都是，隊部的家屬對它們不感興趣，如若是流放者去撿，就只能拿去作飼料，若要是誰拿去吃，被何慶雲們抓住，那就是自找麻煩。所以，那些蕎子都爛在地裡。

這個秘密，被那位劉大娘發現，於是在拖拉機正要翻耕的地裡，她便來了一個「小秋收」，殊不知中午時，她背著背兜，翻過山樑時，被看山的「抓住」，硬說她是偷的，不准她背回去，雙方僵持著，滿山都是罵架聲。

正在這個時候，我和李進走過去，替她證明確實是地裡撿的，才使她得以脫身。兩天以後，當我們在另一個山樑上耕地時，老遠就看見她在地邊向我們招手，待我們停下拖拉機，便見她提著一個口袋向我們走來，口袋裡裝的是一塊羊肉。不容我們的推辭，說什麼也要讓我們收下。最後我們只好掏出身上的三塊錢才收了她的「禮」。

這一次我守莊稼棚，第一天便見到她和另一個大娘，正向我們的小棚子走過來，走到跟前，我從棚子裡出來向她們打招呼，讓她倆走進棚子裡。她向她的同伴介紹道，「這是小孔，開拖拉機的。」又指著她的同伴說：「這是詹大娘，梅雨六隊的，我的鄰居。」

兩位老人年齡都已六十開外，與我母親相當，只是山裡人，勞動成了習慣，所以身板很結實，那詹大娘，右眼正在發炎，經常眼淚滴答，她說山裡人窮，沒錢去鹽源看眼睛。

她倆放牧的羊群每天都要從這裡經過，從此以後，她倆便是小棚裡的「常客」。在山上，整天守候著牛羊群，加上這些牲畜又必須在有草有水的地方，從早到晚是不會回家的，中午的飯菜便在前一天準備好，用特備的罐子裝好，裝進帆布包，到了中午打開挎包，就地撇兩根樹條當筷子，席地而坐，便吃起來。山裡人長年如此，並不在乎飯菜的冷熱，飯後也不喝水。在我們看山前，兩位老人中午從來沒吃過熱飯、喝過一口熱開水。

山坡上除積水窪中的雨水，要喝乾淨水是沒有的。我和老吳是趁去伙食團打飯時，用盅子接一盅水到山上洗臉洗腳，山上多的是前一年留下的玉米桿，只消三個石頭一架，自製的鐵缽便是鍋，喝開水熱飯菜還是很方便。

我們來後，這棚子也成了她倆中午熱飯喝水的地方，我們彼此一天一天更熟悉了。從那以後，她倆每天都要帶點牛羊肉來，表示我們為他們提供生活上便利的謝意，中午「共進午餐」的時間，也是我們拉家常的時間。

詹大媽眨著流淚的左眼試探問我：「你為什麼會到裡面去的？」我明白她的困惑，她們所聽到的宣傳，把我們描述成什麼樣的惡魔我們並不在乎，這年頭中共的顛倒黑白已成習慣，所以儘管我們被說得如此可怕，相信的人並不多。

但是事情的真相，對於這些老實巴交的農民，卻難以用幾句話說清楚的。面對她的提問，我只淡淡一笑，隨口說，農村裡五類中，反革命排第四位，問道：「你們村的反革命難道都是殺人犯麼？」她搖了搖頭，這樣類比，使她明白，我們是些受苦人。

「你今年多大年紀，家裡還有人嗎？」詹大媽繼續發問。

「四十二歲了，我家裡還有一個老母親也同你一樣大年紀。」聽我這麼回答，詹大媽嘆了一口氣。她的大兒子是梅雨六隊的隊長，今年已四十歲了，算是我的同齡人。

「你進那裡面究竟是為什麼，你判了幾年？」她重複地問我，顯然想知道我的身世和底細，但是，怎麼告訴這位面善的老人呢？說自己是反對政府她們會有什麼反應，驚異，恐慌還是同情？說自己是被冤枉的，她們會理解嗎？說自己被監獄看守無緣無故欺壓，她們能相信麼？

想了一會，告訴她：「我是一個右派！刑期是二十年，已經坐了十九年了。」兩個老人聽了頓時一驚，面前這人怎麼在監獄裡關了十九年？那定是很大的罪，不是殺人放火，就是拿槍造反？尤其她倆想不到，我入獄時才二十二歲，驚訝的問道「啊呀！你怎麼二十二歲就進監牢了？」這口氣對我這個文弱人這麼年輕，在監獄中關押了這麼久很惋惜！

從那以後，兩位老人一有機會就要問我，年紀輕輕幹了什麼「傷天害理的」的勾當？不滿足她們的好奇心，是不會甘休的。

有一天，天氣特別晴朗，我們就坐在西山坡，面向梅雨鎮，我向她們講述了二十二年前的故事：我如何在大學讀書，學校如何的大鳴大放，我因為什麼而被劃成右派，以後，又如何去農村勞動考查，如何不服，又如何被處十八年徒刑，又如何反對三面紅旗加刑為二十年。

當我講到當年的飢餓，喚起了她們的共鳴，梅雨公社也一樣的樹皮草根都吃完，眼睜睜看著自己的家人得了水腫沒法救，詹大媽的老人就是那時候死的，埋在梅雨的山腳下。於是兩個老人不斷地嘆息，不斷地安慰我，說我命太苦，嘮叨著我大難不死必有後福。

她們告訴我，在這二道溝和梅雨鎮間方圓幾十里地，幾百戶人家中除了兩個高中「秀才」，就沒出過一個大學生，不識字的村民對「秀才」的仰慕，雖經文革浩劫，也一直沒有改變，供在堂位正中的靈位上，「天、地、君、師」從未移過。

隨著交往的加深，詹大媽在我的同意下，把兩個正在小學讀書的孫子，帶到我的棚子來，那天，她要兩個孫子為我行了拜師禮，對我說道：「我們鄉裡人就盼一個有文化的人，讓他們跟你多識幾個字。」從那以後，每天下午五點鐘，在我的莊稼棚裡便多了陣陣孩子朗朗的讀書聲。我樂意這樣做，不獨以此來表達對老人的關懷和謝意，也以此來消除我和老吳的寂寞。

兩個孩子大的在梅雨公社辦的帶帽中學讀書，小的在公社小學讀二年級，大媽告訴我，他們沒有老師，教他們上課的是村裡的會計，每天上兩節課，有時候會計有事，整天就放假，他們只好在家割牛草、餵豬。大孩子已十三歲，連小學課本上的字都認不完。

詹大媽給我送來的「束修」之禮，是我多年沒見過的核桃和蜂糖，我只有拿出平時省下來的零花錢，偷偷塞在她的帆布包裡，可是第二天就退還了我，這使我明白，她們發自對孩子們的母愛。

看山守莊稼的這段日子，母親幾乎每十天給我寫一封信，來信告訴我說，她的問題已經獲得改正，右派帽子不是「摘掉」而是「吹掉」的，並說她正在跑重慶大學，每一次都把重大對問題的覆函夾在信裡給我寄來，我知道這些信灑著她的汗水，那時我還不知道乘坐重慶市的公共汽車有多麼打擠。

上山後，生活漸漸走了正規，每天上午繞著放牧牛羊的跑道上小跑，活動四肢，兼有檢查所轄八百畝玉米地有無異常情況，便與老吳輪流著回隊取飯菜，下午六點到晚上八點鐘，為兩個孩子補習，直到夜色朦朧，送走兩個孩子，我便去溝邊取水，洗臉洗腳，有時借皓月當空，對著一輪明月，我坐在棚子前的青石板上，取出二胡拉起「蘇武牧羊」來。

幽揚的二胡聲常帶我到埋於山崗前的張錫錕、皮天明「墳前」。其實那裡並沒有墳，殘暴的當局是想把他們徹底的消滅掉，不留痕跡，但怎麼都無法消除烈士們在人們心中留下的偉大形象？

恰好，今年八月二十五日是張錫錕遇難三周年的日子。原先火炬的成員，陳容康、鄧自新已分別回了家，其他戰友已經雲散。這天我又去了那裡，我站在他們葬身的亂石包前，向那裡行了三鞠躬，並將一柱香插入亂石中，默默對著蒼天，天地若有情，怎麼允許這些英雄從中華民族中抹掉？我想天地中正氣永存，中華民主事業永存，火炬精神也將永存。

守山的日子，比之在監舍小組中，確是輕鬆多了。玉米沒有成熟的那一個多月裡，我還常常在夜間去場部看電影，有時和兩個孩子一齊去。一個月後，那玉米的植株長到兩公尺高，茂盛的玉米林，密不通風，已背了半尺長的娃娃，掛著淡紅色的鬚。

記得當年才到這裡時，這五號櫟種的蕎子植株不到半尺高，秋收時連投下的種子都收不回來。後來，利用毛牛山上運回的腐植土，配以化肥，種下玉米的年產量逐年升高，紅土地也變成黑色，原來過去土地荒成了紅土，變成「鬼不生蛋」，仍是「人禍」造成的。

徐世奎對我在山上的「勞動」似乎永遠都不會放心，經常在中午，大家休息時出來查哨，說現在玉米已是懷胎時節，必需須加強守護，對我和老吳明確規定中午時節，我們必需在玉米地裡看守。

為防止他在中午突襲檢查，所以中午我們不會呆在看守棚裡，而是披著一床簑衣，鑽進茂密的玉米林將蓑衣墊在地上睡午覺。有時，我在玉米林中睡著了，被詹大媽發現，她責備我說：「睡在潮濕的玉米林裡會受涼生病，也會得風濕，老來會得大病，如果你今後回家，你媽看你一身是病，會很傷心的。」

我口頭上雖然答應改正，但中午時間太長，在玉米地「午休」實在是無奈的事。

有一天，我在去農二隊那條小路上不遠處，在玉米林裡鋪上簑衣開始睡覺，不覺進入了夢鄉。恍惚中聽到兩個過路人的講話聲，那聲音很熟，我被驚醒，側起身來透過玉米葉縫向外望去，原來是農二隊的兩個幹部，正坐在距我藏身處十公尺的路旁歇腳，其中一個是農二隊的中隊長，人稱夏麻子的。另一個便是農二隊的王事務長。在玉米葉的庇藏之下，路過的二位並沒有查覺出我。

只聽見那夏麻子正大聲嘎嘎的吼道：「政治犯都要平反了，這是今天的政策，你沒見嗎？老鄧上臺了，中央組織部換人了，胡耀邦當組織部長了，他說全國各地落實政策進度太慢了。你沒看到嗎？過去只要說錯了話進監的統統都要放。」

那王事務長接口道：「我就不相信，難道過去抓的反革命都是好人，造成冤假錯案都是黨的政策失誤？」聽去，他在發牢騷。

夏麻子就比他高明，他回答道：「這叫政治路線，過去搞的是階級鬥爭路線，連鄧小平都幾乎成了中國反革命的總頭子，今天卻是鄧小平掌權了，又變成鄧小平路線。過去不抓人是錯誤的，今天不馬上放人同樣是錯誤的，這叫路線鬥爭的需要，懂嗎？」

夏麻子這番開導卻招來了王幹事的洩氣話：「那還要我們這些人幹什麼？你我不如趁早收拾行李回家當農民去。」這擔心同徐世奎一模一樣。

兩個人說到這裡，便站起身來拍拍屁股，逕直沿著放牧大道向場部走去，我也從地上站起身來伸了一個懶腰，目送他們走下山坡，消失在轉彎的地方。

（二）夜襲

連日天晴，五號樑上的玉米，已由一片蔥綠變成橙黃。莊稼漸熟了，收割季節也越臨近，越接近收割時候，我們越感到緊張。一個月前老鄉們對馬鈴薯的興趣，現在加倍轉向這片長勢良好的玉米。靠路邊的一圈玉米已經稀稀拉拉，被人光顧得差不多了。

我們對於老鄉的興趣是理解的，人民公社使他們一無所有，農民對糧食的緊張比市民更甚，他們偷勞改隊的莊稼與我們實在毫不相干，河水不犯井水，犯不著拿命去同這些帶「武器」的農民較量，能夠做到監守不盜已非常不錯。

為避免口舌之爭，我們將那掰掉玉米留下的光桿一一砍掉，為徹底消滅痕跡，我和老吳還點火把它們燒掉。劉大媽問我們抓到過偷玉米的人沒有？我只笑了笑答道：「抓了又怎樣，不抓又怎樣？」話已講到這裡，我便把前天中午發生的事，向他們一五一十講出來。

那天上午十點鐘左右，老吳就注意到四五個婦女背著打豬草的背兜，從梅雨偏東的方向鑽進了玉米地。直到中午時分，一個婦女，背著滿滿一背沉甸甸的「豬草」，從那玉米林裡鑽出來。估計她在地裡已潛伏多時，想到中午時分，我們回隊拿飯時，才走出玉米林。

老吳卻一直注意這幾個人的動向，見這女人慌慌張張鑽出玉米林，便追了上去，攔下了她的背兜，將那「草」嘩拉一聲倒在地上。一背去了殼的黃橙橙的玉米倒了一地。可萬沒想到那女人立即要起橫來，反誣一口說老吳對她動手動腳的。

此時玉米林裡埋伏的其他幾個「夥伴」，一齊從玉米林裡湧了出來，將老吳包圍起來，剛才那女人仗著人多勢眾，反而把老吳揪住，要把他弄到公社大隊的武裝部去。其他的人揚言，要把老吳捆起來。

幾個女人七嘴八舌說，「這些玉米地原來就是梅雨三隊的土地，地裡長著牧草，是大家放牛羊的地方。而今你們來了，拖拉機翻了地，就連地邊的草皮也被鏟完。冬天牛羊沒有草吃過不了冬，全是勞改隊造成的。我們今天在地裡掰幾個玉米是應該的。你們還倒我們的玉米，沒收我們的背兜，當真認為我們好欺不是，叫你們隊長來，我們也不怕。」

我聽他們的七言八語，正尋思如何解脫老吳的困境，郭隊長已帶著五六個人聞聲趕來。那一群婦女見來了那麼多人，畢竟還是心虛，一個一個都溜走了，唯獨剩下剛才倒掉玉米的那女人，她說玉米也不要了，只要把背兜還給她。

我從地上拾起那空背兜，遞給了那女人。

那女人接過傢伙，飛也似地跑下山去，追上她的同夥們。

我剛把故事講完，跟著詹大媽一起放牧的小男孩從外面走了進來，神情十分神秘地附在我的耳邊告訴我說：「今晚梅雨三隊的人集體出動，要來幾十個人全都操短刀和木棒，你要小心。」

這孩子從不說假話，一群武裝的農民，就要在今晚光顧玉米地突擊搶收了，這些缺吃少穿的農民，把怨恨發洩在自稱是代表他們利益的政府身上，雖然來者氣勢洶洶，但他們怎能改變處於弱勢群體狀態？我們是奴隸，本與我們毫不相干，自可跳出圈外。

明知今晚要生事，為了自身安全，今夜不在棚中睡覺，或去詹大媽家，或就哪一個山溝野壑蹬一夜，任村民們自便。但郭川小那裡怎麼交代？況且逃未必是上策，弄得不好，農民反而不會饒過，想到自己處在被人吃的地位，在這複雜的情況下不好處理。

中午去伙房拿飯時，我便把這個消息告訴了郭川小。

那一夜，正逢六月下旬，一輪殘月在晚上十點鐘才爬上東邊山頭上，月光映著這片廣闊的山樑，靜靜地，沒有風，雖盛夏卻很涼爽。溝壑中一米多高的青蒿草叢中，爭豔山丘的十樣棉花，在月光中，黑聳聳一叢一叢令人感到迷惑。

好像，那最深的草叢中不知什麼時候，已藏伏著手提短棍的夜襲者，他們仗著這些草花的掩護窺視我們，準備在我們沒有提防時竄出來，將巡邏人打昏在地撲向玉米地……

郭隊長派來近二十名增援者，每人都帶著短棒和臉盆，天黑前，就已聚在我和老吳的棚子裡。大家討論怎樣對付今晚的「武裝衝突」，意見一致，今夜只能虛張聲勢。一面不斷遊走，一面敲打竹筒臉盆，使整個山上都有聲音，告訴那些暗藏的偷襲者：「這裡今夜有大隊人馬看守，你們還是回去睡覺吧。」

叮囑大家，短棒是用來防身的，不到萬不得已，千萬不可動手。即使發現了偷盜的人抓到了贓物，最好倒掉他們偷的玉米，勸他們回去。

守夜者按照商訂好的辦法，當夜幕已將山頭封住時，一迭聲的喊聲和口哨劃破了道道山樑。二十幾個人編成六個小組，從不同地點輪番呼喊對面山頭上的人，有意的怪叫和大笑，還有人長聲幽幽的唱著山歌，好像整個山頭上都是看露天電影歸來的人。

然而畢竟勞累了一天，精力漸漸不支，隨著夜漸漸深沈，山頭上的人聲也漸漸地稀疏下去，有的喊著喊著卻傳來了鼾聲。就在各山頭漸漸「靜」下來的時候，危險也正一步步的從山溝中湧了上來。

此時郭川小帶著五六個小夥子，從四號樑那邊吆喝著朝這裡走來。他們每人手裡拿著一條青槓扁擔和一支手電筒，將那些已睡著的守山者重新喚醒。老吳故意向郭川小那方向詢問已是幾點了？對方回答已是凌晨兩點鐘了，分明提醒夜襲人：時間不早了，回家睡覺吧。

大約又過了半個時辰，突然聽到靠梅雨方向的山溝傳來了吼聲，接著離我大約只有二十多公尺遠處響起了急促的跑步聲。沒想到，如此層層設防，偷襲者還是潛入了玉米林，那裡面傳出掰玉米的響聲。

守夜者驚動了，十幾支手電筒同時射向那個方向，玉米林中嘩啦一聲響，一支背背兜的人馬從裡面撞出來，朦朧中黑壓壓一片。我同幾個人跟著向那個方向跑去，一腳被一塊石頭絆了一跤，爬起來低頭一看，原來是一個一尺多長的玉米棒，打開手電筒一路照去，那路上稀稀拉拉到處都是。

看來偷的人心很虛，只顧逃跑卻把剛剛到手的戰利品丟了一地。我們把他們趕出了六隊地界，郭川小便鳴哨收兵，一路上將灑在路上的玉米撿起來，送到曬場上去。沒過多久，東方已呈現魚肚白。一場夜襲就這麼輕輕鬆鬆地對付過去了，一晚上沒有睡覺，雖然嗓子喊啞了，但終於沒有出事，不管怎麼說這一夜也和平度過了。

正當郭川小集合大家，佈置白天休息和勞動時，突然代朝謀氣喘吁吁地跑來報告，隊部門口靠核桃林那半邊坡上的玉米昨晚被盜。郭川小聞訊，臉色一沉，沒想到昨晚的夜襲者竟玩起聲東擊西的計謀來，見五號樑子防守嚴密難於下手，便將大隊人馬遊擊到隊部門口下手了。

連忙率眾趕到三號樑子。大家還沒有走攏，便看到那地裡桿倒葉垂狼藉一片。順著那坡地向油庫彎那條路走去，在坡邊的一個深岩坎下，留下了一大堆夜襲者撕下的玉米殼，估計那數量至少幾千個，郭川小面對這堆玉米殼直搖頭。

大家回到六隊壩子裡已是八點鐘了，他臨時作出決定，早上出工除蔬菜組留下少許辦菜的人，其餘人全部投入突擊搶收，這一年的秋收就這樣提前了。同往年一樣，在大隊掰玉米的流放者後面，照例跟著「小秋收」的幹部家屬，而一夜沒合眼的守山者，只給了不到四小時的睡眠時間。

昨夜表明，別看這邊遠山區的農民，不乏組織能力極強的人，乾脆今晚改變戰術，用埋伏靜聽的辦法，守株待兔。發現異常後立即相互通知，集中人力以對付來襲者。除了五號樑子的玉米地，其餘的人，一旦有動靜便立即打口哨，以集合各路「人馬」。大家分了組，按郭川小布的點埋伏下來。這一夜雖是陰天，但山上依然朦朧可見。

大家靜靜等候，十一點鐘過了，老吳急急地向我們走來，一面壓低嗓門向我們喊道：「聽見沒有，靠農二隊那只角有響動。」大家屏住呼吸伏地細聽，果然那邊傳來了輕微的劈啪聲，大家一齊向那方向奔去，那起初微弱的聲音越來越清楚。就在距我們不遠處，玉米林深處傳來掰玉米和腳步混合而成的聲音，少說也有幾十個人，眼下就要同這些夜襲者「短兵」相接。大家都在思考：怎麼同這麼多夜襲者交手？

我們每個人心中都明白，夜襲人為防止被人逮住，腰間都別有武器。幾天前農二隊還發生過守莊稼的就業人員，被強襲者用鐮刀砍傷的事。誰也不願冒險，正僵持著，一片火光向這裡遊來，郭川小率領一支巡邏隊五分鐘以後，同我們會合。

面前這片玉米林，頓時被火光照得通明，大家藉著這股力量，齊聲發喊向玉米林中圍了過去。裡面的夜襲者驚慌起來，嘩啦嘩啦的從玉米林縱深處向外「撤」，火光中看得清楚那些衝出「重圍」的，並不是什麼兇神惡煞全副武裝的強盜，其中大半是頭纏白布的婦女。

只見她們一手提著背兜，一手用力拔開阻止她們前進的玉米桿。當她們從玉米林縱深突出，到達地邊的小路後，便向山溝方向奔去，那些剛剛掰下沒有撕去殼衣的玉米，撒在山坡上到處都是。

剛剛追過第一道山溝，卻被一陣迎面打來的石頭堵截回來，唯獨兩名中年婦女，被郭川小們攔住生俘。守夜人將她們圍住，不知道因為害怕還是在火光下怕被人認出，她們把頭埋得很深，圍在頭上的大白布帕，將她們的臉遮得很嚴實，只有她們身上已很破爛的補巴衣，在剛才突圍中被玉米桿撕成了幾大片。

其中一個腳上穿著很舊的布鞋，也不知被哪一根埋在地裡的玉米樁，扯斷了鞋絆，只好拖著鞋站在那裡，使她顯得彆扭而又可憐。這山裡的農婦，因為窮，平時下地幹活是從不穿鞋的，今晚出來夜襲，把只在家裡上坑時才穿的「當家鞋」也穿上了。

就這麼打扮的兩位被俘者，手腕裡斜背著兩個大背兜，背兜裡只剩下了幾個玉米。我藉著火光注意去看，她倆的腰間確實背著鐮刀，但卻並沒有棍子和其他兇器。看來這是兩個典型的農家婦女，與「暴徒」完全是兩碼事。

她倆站在火光下，一句話都不說，也不抬頭，圍觀的人七嘴八舌說起來。郭川小向她們問道：「你們是哪一個生產隊的？」對方沒有回答也沒有動，好像木頭人一樣，「你們偷六隊的莊稼有幾次了，今晚來了多少人？」對方只是略微的抬了抬頭，依然絕口不答。

「你們是啞巴呀！」老吳插嘴道。「你們這些人，平時小偷慣了，今晚你們搶勞改隊便是搶國家，搶國家是犯法的，要勞改的啊！」

也不知道兩個女人是被嚇著了，還是壓根就反感，抑或是不知道該怎麼回答才能脫身？依然不說話。「好了！你們兩個自己說，今晚的事該怎麼處份你們？」郭川小繼續的追問著。此時兩個女人才微微挪動了那白帕巾，露出一直藏匿的臉，嘟囔著：

「今晚怎麼這麼倒楣？玉米沒偷著，衣服都撕破了，鞋也弄壞了，二十幾個人都跑脫了，就剩我們倆了，唉！都怪那鞋子不爭氣。」，拖著鞋的女人狠狠把那雙鞋脫下來向背兜裡一摜，把幾個還剩在裡面的玉米全都抖在那裡。

「隊長，我們這是頭一次，就放過我們吧！」她倆微弱的聲音，將自己心裡的虛弱暴露無遺。

「抓住你就是第一次，沒有抓住的就不知道有多少次了，現在把你們帶到我們那裡面去，關在小監裡，再通知你們的隊長，明天取人。」郭川小嚇唬這兩個鄉下女人，他一邊說，一邊還在笑。

然而沒見過世面的女人卻當起真來。連忙喊道，「隊長，我們真是頭一次，就放過我們吧！」喊聲裡一片懇切。

此時那些驅追夜襲人的守夜隊員都紛紛回來了，殘月從偏西方向的厚厚雲層裡鑽了出來，時間大約已是凌晨兩點了。郭川小向兩個女人正色道：「這一次念你們是第一次被我抓住，且放了你們，但背兜必需沒收，下次你們如果再來，被我抓到就沒有那麼便宜了，起碼要把你們關幾天禁閉，你們聽見沒有？」

兩個女人聽說放她們走，拔腿要走，但隨後便回過身來，去拿自己的背兜，被喝住。老吳把那個脫了鞋的女人的鞋從背兜裡甩給了她，兩人才撿起了鞋，依依不捨怏怏離去。

自從同集體夜襲人面對面的較量後，我們先前對他們的恐懼，頓時化解。這些來夜襲的「小偷」，根本就不是一群全副武裝的「亡命徒」，而是一群普通的農民。他們之所以變得有點「打家劫舍」的意味，實在是被二十多年半飢半飽，缺食少穿的生活逼出來的。他們知道自己的不幸，並知道反抗，這就很不容易了，算是他們二十八年來的一大「進步」！尤其是他們已會用古來兵法之常用計謀，昨夜的聲東擊西，今夜的接應撤退，都說明他們反抗的成熟。

一部「水滸」，雖沒有概括今天，卻更包含了今天，中國歷史上占山為王的綠林豪傑，哪個不是被官府和暴政逼急來的？這些夜襲人使我領受到當年梁山泊打家劫舍的味道。

後來每當我看到從那茂盛的十樣花叢中，突然鑽出幾個背大背兜的身影，便很自覺地走開，對這樣的衣衫襤褸者應當也必須閉一隻眼睜一隻眼。從此整個的五號樑山坡便顯得十分的平靜。

第三節：「平反」第一回合

六月中旬的一天上午，張青富專門從隊部到山上來通知我，說重慶來了專案的外調人員，要我立即回隊接受「提審」。一面悄悄對我說：「平反有著了，是重慶大學來的人。」

我帶著難以說清的心情，回到棚子裡換了一件乾淨的「勞改服」，向山樑走去。一路上，那提審的說法一直在我心中攪動，那法院顛倒黑白，使清白的我身陷囹圄二十年！廿年不白之冤使我對法庭充滿憤恨，怎容得它再來以「提審」重述舊事？

但我馬上明白，我將同虎狼對話，文字獄的餘悸還籠罩著周圍，稍不留意會惹上新的麻煩。隨即想到「提審」中可能發生的情況：對方若故意裝成不瞭解案情，讓我重述舊事，我能不能壓抑內心的厭惡？面對這無法可依的「法庭」，我該如何與之抗爭？若僅僅因政治需要，我這種情節簡單的冤案，是全部推翻呢？還僅僅在條文上作些修改？這二十年來，我一直以「誣害」一詞抗訴重慶法院。

但是，我馬上想，張青富告訴我來人是重慶大學的，這在耍什麼把戲？難道重慶大學是製造我冤案的元兇？

（一）複查人的醜惡表演

二十三年前，我在重大讀書時陷入右派的前前後後，此刻又浮現在我的眼前，那時我還不滿二十歲。

中共建政初期，靠宣傳營造出一個唯有共產黨才能救中國的形象，迷惑統治著人們，廣播、電影、大小開會，街頭宣傳，學校教育，把共產黨的英明偉大說得天花亂墜，幾乎不容我產生對共產黨的懷疑。當然更不能把英明偉大的共產黨組織，想成冤枉我的兇手。

所以第一次把我推上鬥爭會時，我的腦子一片空白。對這種莫須有的冤情不敢公開反對，沒想到這種天真的馴服，正好是共產黨的陽謀家們，想要達到冤枉人並封人口的需要。

兩年以後，我在南桐界牌公社和叢林煉鐵廠，親身經歷了毛氏三面紅旗，以後又在南桐看守所，親身體會到全國人民的災難，從而醒悟到這種「陽謀」的毒辣時，我已被釘死在「反革命」的大牢裡了，那時我與所有被冤枉的人一樣，想過輕生。

我身旁的受難者一個個餓的餓死了，犧的犧牲了，我從他們的身旁走過來，走過了漫長二十年煉獄，我才明白赤手空拳的我，同完全蓄謀的，武裝到牙齒的魔鬼較量，無異於以卵擊石。

回想我在空虛和失落中走上人生；在中共所布下的政治騙局中，從一個孩子熬到了中年；在暴政帶來的災難中從無知走到成熟。並痛下決心同這個吃人的制度抗爭到底。

托蒼天保佑，我是僅存下來的倖存者之一，我總算看清魔鬼中共正由強大走向滅亡。

罪這字，在寺院裡，是佈道住持用作誨人的常用語，兒時進得佛堂，往往方丈見面帶凶相的不善之徒，便雙手合什連連頌念「罪過、罪過」，但並不知道這「罪」所指什麼。

長大了，念書以後，隨著知識的增長，懵懵懂懂知道，那是宗教勸人修行的戒律，後來讀到佛門十戒和勸人向善的「百過格」，始接觸先知們靜坐打禪和思過悔罪的方法。這同中共法庭所講的罪，有完全不同的含義！即使對中共，學生時代，我也從未冒犯過它。

我根本就沒有任何的罪！

想著想著，六隊的兩扇鐵門就在我的眼前，我迅速調整了思路，從容地向何慶雲辦公室走去。

當我跨進門時，何慶雲站起身來，向我指著那辦公桌前為審問專備的小木凳，示意叫我坐下，我拉長了臉，冷冷地向那辦公桌後的陌生人盯了一眼，心中又重新溫習了一道剛剛想過的對答詞。

何慶雲神情木然的坐在左側的靠背椅上，辦公桌上放了一包「大前門」，滿屋香菸繚繞，看樣子，他們已經在這裡等了一會了。

辦公桌後面，坐著兩個陌生人，一老一少，老的頭髮已經花百，大約六十開外，鷹鼻上面一雙兇悍的眼睛正注視著剛剛進來的我。年輕的是一個不滿三十歲的小夥子，我想這大概就是重大來的外調人員了。

兩分鐘沈默以後，那年老者滅了菸蒂開始「提訊」。

「我們是重慶大學保衛科的，」老頭不緊不慢地開了場：「受校黨委委託，專程從重慶坐飛機來對你一九六〇年『反動日記』一案重新複查。」老頭停頓了一下，他眼睛裡露出一種凶光，接著說：

「首先，你要認識到共產黨的政策歷來奉行有錯必糾，有錯必改的方針，我們從不冤枉一個好人，也不輕易放過一個壞人，這次對你的案件進行複查，再次證明黨的光明正大，你要認識到，這是組織上對你的關懷，同時也是給你的一個很好的機會，你要把當年有關本案的情況如實的向我們提供。」

果然，來人是重慶大學的，這種由學校出面進行複查故案的做法，恐怕只有中國共產黨統治下才會這樣做。難道我的案件，當年是由校黨委提供線索和事實，只不過報到重慶法院去完清一個法律手續？如此看來，法律不過是中共各級地方組織玩弄的戲法，難怪說中共無法無天。

現在，面對刑期執行了二十年了，我申訴了那麼多次，累遭「強行剝奪上訴權」，累遭批判鬥爭後，這老頭再來「糾錯」，並說中共的政策是光明正大的，不冤枉一個好人，也不放過一個壞人，令人感到可笑？

更堪有那麼多人已含冤九泉，被槍殺的，打死的冤魂，能容忍這老頭子今天在這裡胡扯麼？冤案已成事實，還說什麼有錯必糾？玩弄掩耳盜鈴的把戲，恐怕只有鄧小平這類在毛胯下三起三落，幾乎被弄死的「走資派」，才想得出來！

他們怕政權垮台，執政黨易位，失去統治的寶座？又怕毛澤東的死黨真的繼承「正統」，逃不掉被打翻在地踏上一隻腳的厄運，才想出這緩和矛盾的做法？所以就是再尷尬，也得讓我們這些受害者，忍受這種不倫不類的把戲，高喊「有錯必糾，有冤必改」來掩蓋過去所造的罪逆。

當然，在中國還沒有產生與共產黨平起平坐的政治力量。缺了監督，玩這一套是非常容易的事！怪不得人們議論，鄧小平只能在政治上小偷小摸！

想到這裡，我看了看坐在審訊位置上的老頭，共產黨也虧了這些通曉變通的基層老官僚。當年就是這些官僚，奉旨把全國數以百萬計的知識份子，實行焚書坑儒，而今又靠他們把這麼多的血債一筆抹掉，還要二十年死裡逃生的人，向冤案製造者磕頭謝恩。尤其我每年都在申訴，憑什麼把這些向重慶市法院申遞的狀子，向重大保衛處複述一道？這不是捉弄人麼？所以我一向認為法院就是毛澤東玩弄的木偶。

而我現在領會二十年前儲安平所說的「黨天下」，有著多深刻的真知灼見。我那時還沒有理解這個小和尚在向老和尚進言時，已看透了毛澤東，共產黨。

面對這個老滑頭，而不是面對重慶法院，照理我可以拒絕一個學校保衛處所提出的問題。原先準備好義正嚴詞的控詞需要調整。

但轉而一想，我的冤案根子在學校黨委，而學校的黨委是奉黨中央的政策行事的。沒有我被劃為右派，我怎能身陷囹圄？我之所以二十年來沒有找學校，便是深深知道這個皮球在中共的腳下從學校踢到法院去了。我不能鬧笑話，做完全無用的事。

而今天球又被法院踢回學校了，所以我立即問道，「請問學校也負責刑事案件的審理麼？我不希望在這個方式不明的情況下，回答與本案無關的組織提出的問題。」

我的回答，引起那個做記錄的「書記員」特別的驚愕：他停下了手中的筆，抬起頭來長時間的注視著我，老頭也好像被問住了，何慶雲也無話可答，複查問案陷於僵局。

其實黨的利益高於一切，是中共早向全國老百姓公開宣稱了的，不過這個黨一直是一個抽象的概念，它由誰來代表？說工人或農民那才真是瀰天大謊。現在看到，左右共產黨的，原來是幾個中共中央的頭。它是那樣的少，簡直可以個人的名字命名。過去二十八年的執政黨就是毛澤東黨。

不過黨這個名詞在字典裡並不光彩，它是有共同利益的人群，為實現共同利益的集合體，在中國「結黨營私」，可以概括為皇帝控制的大臣們操縱全國大局的集團。它從來就是小得可憐的。

其實有關描述黨的名詞幾乎全是貶意，什麼朋黨之爭，黨同伐異都是表述爭權奪利的名詞，至於孤群狗黨，黨棍，黨禍更是老百姓用來罵人的。曾經在中國歷史上釀成冤獄國中，政局動盪的閹黨，例如明朝的魏忠賢，就留下了殺害忠良的千載罵名。

同其他人一樣，二十多年前，我被第一次推到鬥爭會上時，那種失魂落魄，至今想來真是羞愧難當。

當我糊里糊塗的跟著同學們喊共產黨萬歲，毛主席像父親時，我是絕不會意識到我正充當了他攫取皇冠的擁護者。後來又強迫我們充當了他的犧牲品。而今看穿了反右派的鬼把戲後，我的內心滿是懺悔和痛恨。

毛澤東當年將我劃為右派，鄧小平在二十年後又為我平反，統統都是為建立中共一黨專制的政治需要，在這種翻雲覆雨之中，我既感到被捉弄的悲哀，又十分無奈。

眼下為了早日出獄，我也只能裝聾作啞。不過，要我跪著承認自己的錯誤，我是無論如何辦不到的，面對老頭子的提問和要求，強忍著內心的反感，還是把當年我幹的荒唐故事重述了一遍。

那老頭子悠然的抽著菸，把口裡吐出的圓圈甩得老高，看得出他對於我所講的荒唐往事，並不感到絲毫興趣。這種故事，在當年出身不好的大學生中真是太多了。

戲，演了二十年，我幾經生死，總算到了收場的時候了。

我從他那老奸巨滑的眼裡看到他正打著主意。他裝出替我昭雪的那張面孔是多麼虛偽，其實他正打著從我身上撈取好處的算盤，對我心裡滴下的血，除冷笑和渺視外，不會產生任何同情。

大老遠從重慶坐飛機到鹽源來，總不能空手而歸！

「噢！對了，證據。」老頭狡猾的眼睛露出假裝的為難，告訴我說，收集證據是他平反的最重要的工作，「請你把那兩封從南桐寄給重慶大學的信，詳細加以交代，最好你能向我們提供這些信件的郵局的收據。」

這又一次在觸我心中的傷疤，當年我向我稱為母親的學校黨委，表白自己絕無對她的「反心」，為加重自己的誠意，用大學生向黨交心的時髦形式。這兩封血書，同當年許多年輕人的交心書一樣，除了證明我心理上的失態，能說明什麼呢？同時誰還記得這段思維混亂中的細節？

何況，整整二十三年，我經歷農村，看守所，監獄，流放等幾個場所，歷經數以百計的大搜身大檢查，連原來的判決書都沒有了，怎麼可能還將兩張郵件的收據保存下來？我意識到這個老頭在故意的耍弄我，以獲得卑鄙的愜意。

於是我搖搖頭回答說，「時間已過了二十年，我已無法想起當年我幹了些什麼，至於郵件的收據我完全沒有印象，現在要我拿出這些證據豈不是強人所難？難道因為拿不出郵局的收據，就可以改變事情的真相嗎？」

我的語氣變得憤怒起來，這老頭沒有吭聲，那坐在一旁的何慶雲也明白那麼多封申訴信，他肯定拆開看過的。我現在只有悔恨當年的無知，對重大黨委毫無防備，我真相信這個組織就是我的「母親」，可沒有想到，它毫不猶豫的給了我二十年牢獄之災！

可是老頭的臉色沉了下來，悶聲問道：「那麼你現在回憶一下，二十年前，從南桐叢林煤礦的集中地，在你的鋪位上搜出來的那本日記，是從哪年哪月開始的，都寫了些什麼？」

這又一次扎到了我的痛處，這本日記作為

判我十八年徒刑的原始依據，早已被法院收去，至今肯定還保存在法院的檔案中。現在，我已不屑再去回憶當年為擺脫痛苦，挖空心思偽造出來的東西。

我在二十年中已反覆說清，我已脫胎換骨，我已從乞求寬恕中認清了中共！認識了自己，這是我從煉獄中得到的最大收穫!!

既然已經明白了，面對這個坐在我面前的黨棍，我心裡燃起的是一把怒火！於是怒聲回答道：「你們既然什麼都掌握了，還問我幹什麼？難道這一切重大黨委沒有責任嗎？」

這一聲責問使老頭收斂了，他不再像開初時那樣盛氣凌人，他既不能用施捨恩惠來哄我感恩，又不能就此翻臉。嘀咕著說：「我辦了這麼多右派案子，頭一次看到你這樣惡劣的態度。」最後匆匆收場道：「好吧，給你一點時間，把今天提訊中所有的問題，仔細的思索一下，並寫出材料來。」

老頭子結束了對我的第一次提審，對這個第一次見面的老頭，對他故意挖傷疤的提問，我已經最大克制了。既然是為我昭雪，我本應站在原告立場，聘請律師在法庭上辯護。但情況絕不是那麼一回去事。

他要我現在裝扮出一個被整後，受到恩赦的玩物。可我提出的質問卻使他吃驚，我因此想到其他獲平反的右派同學委屈求人的處境！世道沒有變，當年整人的人又是今天執掌平反大權的人。

他身邊那個書記員停下了記錄，按照老頭吩咐，從皮夾裡取出了一疊白紙遞給了我。

懷著一肚子苦澀，我走出了那辦公室。對這種戲謔的平反，我毫無快樂的感覺。因為，坐了二十年牢我現在已將牢底坐穿，才來「平反」！天下那有這等無理的「衙門」，這等荒唐的事？

走出鐵門便碰上王文典和蕭弟良，他倆倒是懷著美好的祝福，詢問提審的經過。我苦笑著感謝他們的關心。

（二）第一次到詹大媽家

下午詹大媽和劉大媽又來莊稼棚了，他們倆最關心我落實政策的「結論」。我心裡因為有疙瘩，不願向他們提到鄭老頭演的戲，因為這兩個善良的老人是不會懂得「人肉筵席」的。其實像他們這些勞苦的民眾，幾十年來，又何嘗不是在中共擺下的筵席上，任統治者的筷子，挑來挑去的吃呢？

當我回到莊稼棚，詹大媽在門口坐著，她已經聽到老吳說重大來人的事，見我走上山來起身迎著我，告訴我，下午六點鐘，一定要到她的家裡去，她有事告訴我。

過去她和劉大媽曾幾次邀請我去作客，都被我婉言謝絕了。因為當地人的習俗，凡是去人家裡第一次作客，都不能空著手去。我窮犯人一個，用什麼去作第一次見面的禮物？而且，去人家那裡作客，肯定又吃又包，我會因此而十分尷尬。

但今天此刻，被重大來人整整三個小時「提審」，弄得心情極為煩燥，如果趁此去梅雨走一趟，散散心興許會沖掉剛才的不快。

同時想到在這兒已經整整十五年了，還沒有像像樣樣的去普通百姓之家作客。對他們的風俗人情所知甚少，說不定什麼時候要我捲舖蓋回重慶，這種一無所知還是一種遺憾。想到這裡，我打定主意，今天下午六點以後去梅雨走一趟。

同每天一樣，下午七點鐘各組已收工完畢。山樑上靜悄悄的，除了有一兩個揀糞的人影在四號樑子晃動外，看不到一個流放者。此時兩個老大娘已背起了帆布飯包，呼喚著各自的畜群，沿著那條老路緩緩而歸了。

夏天的鹽源山坡上，下午要到八點鐘夜幕開始降臨。此時距天黑足足還有一個小時，我向老吳打過招呼，便跟在詹大媽放牧羊群的後面，緩緩地同她一起向山下走去。

詹大媽開始詢問今天白天，重慶來人「提審」的情況。因為我實在不想再談「提審」

事，有意問她的小孫子今天那裡去了？

忽然她試探性的向我說道：「你也快脫法了，苦日子也熬出頭了，人也四十二了，該馬上成家了。」

真的，愛情、戀愛、婚姻，這人生中一個重要里程碑，竟被漫長的二十多年冤獄給埋掉了，至於愛情和性的欲望，也在這段與死神和魔鬼的搏鬥中無意忽略了。實我何嘗沒有渴求一個善良女孩子在我的身邊？然而所有一切生理上和心理上的需求，都一次次被殘酷的處境化成瞬間幻影消失掉了！

母親給我寄來那張鄒銀雙的照片，一直就夾在我的筆記本中，說不清是什麼感情，有時候，想到自己危險的處境反倒覺得獨自一人更好，因為一人而無牽無掛，就是在我一朝面對死神時，也少卻了後顧的憂慮，心中反而平靜。

不過，現在我該如何回答身旁這位老人的關愛呢？倘如說：「大娘你就別管了，我不會結婚的。」那就未必太失人情常理，只好用沈默靜候著她往下要說的話，果然她開口了：「小孔，你有文化，人也挺好，脫法以後就在我們梅雨鎮安個家，我替你介紹一個對象。」

平常交往中我知道她是一個說一不二的人，說出來的話一定要辦到，聽她這口氣大約已經為這件事籌畫多時了。「哪！我們公社的農機站裡，我的一個侄女在那裡當工人，今年才二十七歲，我看你們挺般配。」

我實在沒想到，今天她特意邀我去她家作客，竟是為我當紅娘來著。心裡不免掠過了一陣緊張。像還沒扎根的水面浮萍，當時我對今後的前途還沒有定準，何況母親在重慶眼巴巴地等著我，說什麼我也不能在這裡安家！

面對老人的一番好意，我無法生硬的拒絕，只好說道：「還早著呢，又不知道什麼時候脫法，脫法以後幹什麼，弄不好會連累別人的。」

但是她卻很認真說：「我那侄女兒，人雖

然有點胖，但是體力極好，人也能幹，今天我已經將她約到我的家裡，你們見見面。」她這番熱心很難拒絕。

天色漸漸地昏暗下來，將到梅雨村，那些在河彎裡的大大小小被綠茵環抱的村落，在暮色中升起了嫋嫋青煙。走過草坪，沿著一條青石板路再往下走，便是村莊的地界了，這地方，我們每年挑草都來過。

她把兩個一同放牧的孩子叫過來，吩咐他們繼續向前，把羊關進公社的羊圈後，一定要上鎖。關照完畢領著我向一條青石板路走去。石板路被大樹覆蓋著，十分的涼爽，幾隻蜜蜂嗡嗡作鳴，平添了矮牆茅舍裡的安靜和祥和。「文革」的烽火沒能燒著它。

大約快九點鐘了，天色已經很黑，經過的園子裡傳來挖土的聲音和人聲。詹大媽告訴過我，現在土地包產到戶了，家家戶戶都起早貪黑的。

如此走過了十幾家人家，在一段半截泥牆和一幅柳條編的小門前停了下來，詹大媽向門裡邊呼喚著她的兩個小孫子，兩個孩子蹦跳著從裡面跑出來，一見他們的奶奶把老師請來了，立刻迎上來打開柳條門，很有禮貌的喊了一聲：「老師，請進屋裡坐。」

我跨進柳門，只聽見一陣陣蜜蜂的嗡嗡聲，那大約只有三尺寬的屋簷下，整齊放著六、七個蜂桶，一個三十多歲的農村婦女，正戴著用白紗布做的防蜂帽，在一個蜂桶裡舀蜜。我才明白詹大媽送給我的蜂蜜，都是自家採集的。

從柳條門到「堂屋」，大約十五公尺長的石板小路兩旁，長著茂盛的蔬菜瓜果。走完石板路跨進大門進入堂屋，迎面就是一個留著草木灰的火炕。這是山區百姓人家家家都有的取暖設施，每逢夏天，落雨後天氣很冷，主人引燃火炕裡的樹根疙瘩，一家人圍著火炕取暖烘乾被打濕的衣服。

「神龕」上留著天地君親師的牌位，堂屋

中間除了一張木方桌和四條長板凳外，屋角裡放著一些還沒有來得及收拾的農具和幾個老樹根，川西地區的貧苦人家大致都是這樣。

詹大媽進門摘下她的帆布碗袋和蓑衣，一面招呼我坐下。這時一位四十歲上下的男子從裡屋走了出來，大媽向我介紹，這是她的當生產隊長的大兒子，我每天上課所教的兩個孩子便是他的兒子。

大媽把兒子叫到一邊，在他的耳邊吩咐了幾句話後，他便出門去了。兩個孩子正在裡屋完成他們的作業，大媽也去灶房裡弄飯去了。

我跨進了孩子做作業的房間，那屋子裡除了一個糧食櫃，兩張古式的木床和舊木櫃外就再無別的傢俱了。看來這位平時為人慷慨的大媽家裡實在很貧寒。在那個年代，農村人一家人能有幾間土瓦房和自留宅園，賺一個溫飽，便是很富足的人家了。

這時天色黑盡，採蜂糖的女主人收了白面紗，脫下防蜂帽和手套走了進來，去灶房換下詹大媽。大媽便端著剛泡開的一杯茶，走進了堂屋遞給我，介紹說：「鄉下人喝茶全是自己種的。」我恭敬的端在手裡呷了一口，那茶是甜的。

她坐在我的面前，向我聊起了農村的熱門話，她說，土地包下來後，今年她在承包土裡收的玉米，比往年從公社分的糧食增加了兩倍，現在一家人的口糧不愁了，還可以用來餵豬。說著她興致勃勃地領我去參觀她家新修的豬圈。裡面餵著一大一小的兩個豬。

她指著那大架子豬說，今年的過年豬有了，到時候殺過年豬時，你無論如何都要來吃我們的「刨湯豬」。緊靠豬圈，是用竹篾圍成的雞圈，到了下半年她打算餵幾十個雞。

看來農民沒有從毛澤東的人民公社裡得到溫飽，這些年農民們總算吃盡了苦頭，這個大救星帶給他們災荒飢餓的苦果，到頭來還得靠自己的雙手，依靠自己的勤勞才得解脫。

詹老大出門足足過了一個小時才回來。不

過他並沒有請來詹大媽要他去請的客人，說：「今晚農機站不湊巧，臨時加班，預先沒同人家約好，所以只好改期了。」

說罷便從懷裡摸出了一張兩寸照片遞給了我，說是姨妹托他將照片帶給我，當時鹽源的相館還沒有彩色照片，我接過那張黑白照片，照片上是一個標準的村姑打扮，穿著白色印花的襯衫，胖胖的臉蛋旁垂著兩根又粗又短的黑辮子，腳旁放著一個花籃，背景和畫面並不十分協調，但她那種青春活力的氣息散發出一種誘人的光彩。

「怎麼樣？」大娘隨即向我發問道，我用點頭和微笑來表達我的模稜兩可，那絕不是因為我的眼界太高，恰恰相反，脫離生活太久了，在我重新回到生活中來時，那種拿不定主意的心情使我有一種身不由己的感覺。

正是「殘雪暗隨冰筍滴，新春偷向柳梢歸，可憐鬢髮蹉跎老，每惜梅花取次稀。」（北宋‧張耒）

大媽已將豐盛的晚餐放到堂屋的桌上，自從一九六二年我從重慶監獄流放西昌，至今整整十七年了，除了幾次在甘洛、黃聯關用衣服換糧食，應邀到農家正式作客還是第一次。

同詹大媽一家圍著方桌共進晚餐時，我像一棵乾渴多年的老樹，沐浴著這個溫馨家庭的甘霖。而今我已四十多歲了，來到這個家庭裡，有一種說不出的陌生，對著面前的菜餚出神。細心的詹大媽觀察到我的哀傷，不斷為我夾菜，用寬慰話分散我的注意力。

那一夜，我十一點鐘才離開詹大媽家，我的兩個學生打著手電筒一直把我送到五號山樑子六隊的地界上。我踏著深夜露水初降的草地，藉著下弦月灑下的銀光，獨自回到了我的莊稼棚裡，老吳也剛從農場場部看完電影歸來，大約已是深夜十二點了。

這一夜我躺在床上想，我正面臨一個重大的轉捩點。

回重慶後，我以怎樣的身份踏入社會：五

類？準五類？獲平反者，還是被政策施捨的人？社會會以怎樣的方式接納我？我又怎樣立足在現實中？在陌生中怎麼找到自己的位置，建立新的社會關係？

詹大媽的話和她的關懷又一次重現眼前，母親寄來的那張照片，以及大媽拿給我的照片一齊都閃在我的腦中，人真是非常微妙，二十年監獄裡想都不敢想的事，現在突然擺到我的面前，要我面對，要我選擇。

然而，我不能在當局流放我的地方安家，這算是我對命運的抗爭吧！上午那老頭「審案」的對話，老頭的戲謔和官腔令我厭惡，那口氣裡的施捨和恩賜令我憤怒！我在火炬中寄望的巨變並沒發生。

好像我仍生活在以往一樣的環境中，使我對即將踏入的地方產生疑慮，那不是鮮花佈滿的美好世界，興許又是一個隱約的陷阱。對前景茫茫未知的擔憂油然湧向我的心頭。

（三）飛起來吃人

幾天後，隊長再次派張青富來莊稼棚裡喊我回隊部「傳訊」，這次是重大專案組的複審，也是終審。出我的意外，上次提訊的主角沒有在場，坐在辦公桌後面的那一位在第一次預審中的書記員。

「我姓崔，是重慶大學保衛處的。」年輕人自我介紹道，口氣很和藹，「這次重大保衛處專程派鄭老師和我來這裡是對您的右派，和一九六〇年的『反革命』一案，重新調查審理。為了弄清幾個關鍵的疑點，上次請您寫的材料寫好了嗎？」

估計他才從政法學院畢業，對共產黨那套還不熟悉，我從上衣口袋裡掏出兩張昨天寫好，應付鄭老頭的「待查材料」交給他。

他將材料接過手，看了兩遍便夾在一個卷宗裡放進了公事包。沉吟片刻，又問了一些當年反右派的細節，以及叢林集中地另外的幾名同學。最後問到我的家庭情況後就結束了整個的「複審」。

其實連這次「複查」都完全多餘，事情擺了二十年，不會變質，一切都看「共產黨」怎麼作弄我了！

重慶大學的調案人員是什麼時候走的，我並不知道。離最後一次問案大約五天後的中午，我從看莊稼的棚子回伙食團取飯時，胖胖的馬事務長站在籃球場壩子中間，高聲把我叫住，一邊從懷裡取出一封信遞給我，「諾，這是你們學校那個姓鄭的老頭臨走時托我轉交給你的。」

馬事務長向來講話聲如洪鐘，且多幽默，大家都叫他馬大炮。當我從他的手裡接過那封信時，聽他解嘲似的吼道「你算有本事，鬧了二十年，居然把案子鬧翻了，不過不是鄧爺爺，你一輩子都難翻身。」

我看那信封印著重慶大學四個紅字，心中一愣，這鄭老頭何必用這種方式來表達他的「公務」呢？難道還有什麼要用「書面的審問」才可以弄清的嗎？

我拿過信，並沒有扯開它便轉身離去。

「噢，還有，」馬大炮繼續站在那裡向我喊道：「那姓鄭的再三關照，要你回重慶後，先要到重大保衛處去一趟，因為，關於你落實政策的事全由他們負責，他們要向你交代有關的政策。」

我心中一怔，難道這裡面裝的就是正式的平反通知？於是把信揣在懷中，快步的提著飯籃子沿著小路向山樑的看守棚走去。

回到棚中顧不上吃飯，便急忙把信拆開讀了起來，「孔令平同學」那信箋上抬頭的稱呼，已與我相違了二十三年。

繼續往下讀去：「這次我們專程從千里外來到西昌鹽源為你落實政策，通過我們大量艱苦細緻的調查，終於才基本上查清了你的問題。」讀到這裡，一種感激的衝動湧上了我的心頭，但不知為什麼，我始終對那鄭老頭產生不出任何的「報恩」情來。他的信與他的提審竟如此不同，令我困惑，繼續地往下讀：

「現在我們已完成任務回重慶了，因為聽說西昌一帶盛產蜂糖、核桃和大白瓜子，本打算順路帶些回去，但因為從重慶來的時候走得太急，帶的錢不夠，現在隨身攜帶的錢只夠作回去的路費，經與你們馬事務長商量，請他能為我代購蜂糖十斤，核桃十斤，大白瓜子十斤。所用的錢，他答應暫時為我墊一下，我回重慶設法給他寄來，請你在回重慶時能順便將這些東西帶回，在重大保衛處面交給我。」落款處寫著鄭樹勳的大名，時間是一九七九年七月。

讀完此信，心中一沉，剛讀信時冒出來的感激之情，頓時被後面這段文字像一盆髒水潑熄，想到十天前坐在「法堂」上提審時，他那施捨和盛氣凌人，使我噁心。那正是「八座荒唐起居無節，一班齷齪堂構相承」，封建時代，權臣弄權，使朝綱敗壞，惡吏猖獗，冤獄叢生。往往貪官污吏藉著冤獄的荼毒，對無辜者趁人之危敲詐勒索，「竹槓好敲受冤人」、「衙門八面開，有理無錢莫進來」，就連普通獄卒也用得滾瓜爛熟。

清朝末年，冤獄氾濫，近百年中國民主主義思想深入人心，大清王朝被民主革命所推翻，究其原因，猖獗的冤獄和腐敗的吏治是一種催化劑。

中共奪取政權後，毛氏二十八年統治，被民主革命浪潮捲沒的各種沉渣，以空前速度重新泛起，其數量之多，情節之荒唐，比前清末年有過之而無不及。這些冤案配上「解放人類」、「光明磊落」、「革命」、「有錯必糾」這些漂亮外衣，打扮得說不上來的醜惡！

它不但演唱了中共統治的老底！更向世人昭示，「革命」和「改造」怎樣掩蓋獨裁專制的地獄黑幕！而我不但親身經歷了這個地獄的全過程，臨到收場時，還要親身領受一下，共產專制的惡吏「敲詐勒索」是怎麼回事？雖然演員的扮相太令人噁心。

其實這鄭老頭說來也夠愚蠢，勒索的東西如此低微，既不是黃金白銀綾羅綢緞，竟是區區十斤大瓜子、十斤核桃、十斤蜂糖。其價值之低微創勒索之「紀錄」！所用的障眼法更令人可笑，需知那馬大炮雖與鄭老頭「同朝為官」，可素不相識，憑什麼要為鄭老頭去墊錢購買？鄭老頭的真實意圖從這封信裡已一目了然，對他初審時的一本正經全都戳穿了。

就是在大清末年，吏治腐敗的慈禧時期，這索賄的事一經老佛爺查到，「怪責下來」，也要對索賄人依律嚴辦的，輕則丟官、重則丟命。再愚蠢的「官」都不至於貪財亡命到連後果都不顧的。

索賄也得講技巧，一般都授意下屬，擺設陷阱，使受害人就範而巧取之。絕犯不著為三十斤山貨留給被索者以書面把柄。要麼這鄭老頭實在配不上官場老手，要麼索賄已成「無產階級」專政合法之風，被索者就是去告官也奈何不得。不過這種煞似小流氓對小百姓的勒索，竟玩到我這種重刑犯頭上，也太輕視了二十年改造的功力！

把我這種當局視為頑梗不化的反改造尖子，交給如此平庸的老流氓審理，真是對我莫大的渺視。原判如此粗俗已夠鬧笑話，複判又如此兒戲，可悲的政治犯在草菅人命的無產階級專政時代死亡大半，還要對其倖存者任意猥褻，只有在中共獨裁統治下才會發生!!

好在當局嚴密封鎖著新聞媒體，使得像這樣的醜聞被死死捂住，否則就憑這大量官場腐敗拿來公開曝光，這個政府早已是千手所指，難以維持下去了。唉！新聞封鎖對於保護中國黑暗的專制統治真是太重要了啊！

好在，我已習慣了忍耐，對於殘暴和腐敗的中共各級官吏，既已認識清楚，中共的嚴刑峻法會在監獄中輕易打死瘋子，像劉康雲、劉志和等因說胡話可以拉出來槍斃，甚至像那癲子可以關起來亂棒打死，在我頭腦裡烙下的「暴政」烙印太深，難以忘懷。至於官員走後門，公開索賄行賄，因媒體被嚴加封鎖，所知甚少，現在總算親身經歷到了。

向一個一無所有的政治犯索賄，在現今民主國家裡是不可思議的。這鄭老頭所以公開索賄，仍因官場腐敗到了無可顧忌的程度了。

可我還必須清醒地面對現實，因為平反回重慶後，我首先得找工作，尋生活的基本條件。而今後工作的安排，待遇的高低，還不憑這老滑頭簽字的「鑑定」意見？倘若順他的意願，安排一個好工作，多拿的待遇補上這三十斤山貨，算得了什麼？怪不得當時回校落實政策的同學都帶著「貢品」，先拜「落實政策」的菩薩。倘若在這個問題上不通竅，慢待了菩薩，意味在新生活開始，就給自己今後設下了坎坷，難道我二十多年還沒受夠麼？

這麼一想真還不敢得罪這鄭爺，想我死裡逃生撞過了重重牢獄關，今天自己的命運還操縱在這鄭老頭手裡？不禁悲從心來。要不乾脆先發制人，把這封信往上交，告倒這老惡棍，從他的手裡奪回今後命運的操縱權，興許是上策，但轉而一想，我的舊案子還沒翻過來，現在政策還沒落實，反把落實政策的人告了一狀，這連環狀子又怎麼了結？

何況現在我所依憑的，僅是鄭樹勳托馬大炮帶給我的信，這封信並不足以證明鄭老頭勒索的證據，這種共產黨內污七八糟的事，也只能「查無實據」了！

包公已死快一千年了，今日以說假話和諂媚為能事的官場中，哪有斷奇案的清官生存餘地？清官也成右派或右傾份子了。既然黑白不分，積重難返，真告官又扳不倒，豈不是引火自焚？當然我憑著這二十年練出來的「橫勁」也不怕誰了，但畢竟已過四十歲，還有多少精力能在訴訟裡打一輩子滾？

細算三十斤山貨，在那個年代都屬一類統購物資，市場上是憑票供應的，沒有票是看都看不到的。若論黑市，以蜂糖每斤三十元計，十斤蜂糖就要三百元才能買到，核桃也差不多就這個價，三十斤山貨備齊非一千元人民幣。對每個月僅兩元錢的赤貧奴隸，則要足足服刑四十年才能湊足，也許落實政策會領到一筆安家費，就用這筆安家的款子全用來買鄭樹勳所索要的「見面禮」，帶上這沉重的三十斤，遠涉千餘公里，乘了汽車換火車，就把獄中的破衣爛裳和被蓋全扔掉，還不知怎樣將它們運回重慶，當面交給鄭老頭！

想到這裡，便對這個面目猙獰的鄭老頭子好生痛恨。這一夜我翻來覆去的睡不著，直到了天亮了，還沒有想出一個應對的良策，思來想去，不如把這封馬大炮交給我的信，又奉還給他看，看他讀後，有什麼高招？

馬大炮畢竟是中共獄吏圈子裡的人，興許能說清這信裡的內幕，拿得出一個比較周密的應對方法。

於是一大早我便去隊部找他，那時他正在食堂裡用早餐，從我手裡接過那信箋讀罷便淡淡一笑。邊搖著頭嘆息道：「這幫人也夠厲害的，飛起來吃人，吃人還不吐骨頭。」

這真是局內人看局內人，看得多了便真了、深了。中共政府機關這種勾當，他已見慣不驚了，「飛起來吃人」可謂對公檢法真實的寫照，不但吃人不吐骨頭，而且連骨頭毛髮都要吃淨，我被他們關起來吃了二十年，好不容易僥倖生還，還嫌沒吃夠，追著還要再咬我一口。

馬幹事既如此評價，我便說道，「馬幹事你是知道的，我整整服刑二十年，除了破衣爛裳一無所有，哪裡拿得出這筆錢來進貢？再說回重慶交通不便，路又那麼遠，要我馱三十斤貨回重慶，不是要我的命麼？那重慶來人我又不敢得罪他，我該怎麼辦？」

他瞪了我一眼，站起身來在廚房前的壩子裡來回踱了兩圈，回到屋裡向我說道：「你只當不知道這封信，信沒有直接交給你，而是交給我的，回重慶照樣去看他，因為你今後的工作要他經手安排，所以你千萬不能得罪他，如果你見到他時，他什麼也沒問就只當一切都沒有發生，倘若他真要問你這件事，你就一口咬定，沒有接到我轉給你的信，明白嗎？」

看來只有裝糊塗了，有時處理棘手的事，還真是「難得糊塗」好。

眼下只好如此而行，至於這姓鄭的在我今後的工作上作什麼手腳，也只好聽天由命了。這是我即將出獄時，遇到對骯髒行為裝作什麼也沒聽見，什麼也沒看見的第一例。像我這種直性子人，心裡有說不出的彆扭。

後來我才明白社會上這種事太多了。見死不救，見人被搶劫或遭侮辱而裝聾作瞎，見邪惡也要逃避，大概成了中共統治下的一種社會風氣。

雖然如此，但鄭老頭這封信，卻在我內心蒙上了一層陰影。在我面對著即將開始的生活，就有一種朦朧的感覺：在中共統治下，未來是一個用新方式人吃人的社會，是的，我被從政治犯的人肉筵席上撤下來，又被裝進另一盤子裡，端到另一桌筵席上任人「品食」。

命運注定我這輩子是被人吃的命。

第四節：如此恢復自由

九月五日上午，七點鐘，當我回廚房取早飯時，在鐵門邊童幹事叫住了我，說「接場部通知，要你上午九點鐘去辦公大樓管教科辦公室，有重要的事向你宣佈。」

掐指算來，從六四年黃聯關到鹽源至今，我已在這裡渡過了十六個年頭了。蘇武牧羊十八載，而我雖不能自比蘇武，但不屈不撓同當局抗爭卻有共同的地方。

十五年來，到管教科辦公室僅只有兩次，第一次便是六四年九月，我從古柏押過來那天進過那裡，隨即被鄧揚光帶進了臨時反省室。在那裡同陳力一道渡過一年多小監生活；第二次，便是六五年十月十日，我和陳力進行聯合絕食鬥爭，高德勝派人把我背到了這裡。

兩次來這裡都記載著難忘的事件，甚至可說是人生的轉捩點。這一次我心中明白，平反雷聲響過多時，該是下雨的時候了。

但是經過這麼長的反覆觀察，看到鄭樹勳對冤案當事人的「恩賜」附帶勒索，看到獄方那種穩若泰山的樣子，預感到未來遠不樂觀。所以此刻我毫無興奮之感。反而平靜地思考這鄧揚光如何來見我？我如何來應對這根打了我十六年的黨棍。

吃過早飯，整理了一下衣服，便延著那條通向場部的小路緩緩向那裡走去。過了小木橋，繞過就業人員的窩棚區，走到圈著蘋果園的圍牆，使我想起了孫明權。那圍牆已經粉刷過好幾遍了，可怎麼也刷不掉那隱約的血痕。

深藏在果林中的黃色辦公大樓，已重新拆建，淹沒在鄰近十幾幢四層樓房中。那裡興建的場部食堂，學校，商場圍成了一個小小的城堡。走到場部的大門卻是又一番世界，原先是「河灘」的地方，已建起了一座小小的商業街。

還記得，今年五月送大炳回原籍時來過這裡，那時兩個推土機正在平地基，當時並不知道，這裡平出來是幹什麼的。想不到短短半年，這裡便完全建成了另一個世界，剛剛鋪好的三合土街道兩旁，新建起了好幾幢一樓一底瓦房，領先形成的一些店鋪已開始營業。

我緩緩走過小街，看清那些剛開張小店的主人，似曾相識，他們都是多年與我同難的流放人，只是向我打招呼的人，我卻叫不出他們的名字。

當我跨進黃樓裡的管教科辦公室大門時，壁上的時鐘指著十點鐘，我到農場十五年裡是第三次跨進來，雖然從形式上講，我將獲得同鄧揚光相平等的身份，但我明白，此刻我還是他菜板上的肉。

但我有一種沒被征服的奴隸重新站起來的自強感，至少心理上我是強者，我在路上想了一大堆與他見面時奉送他的話，請他們把中央文件拿給我看，並一條一款算好我的損失該怎麼補來？

從道義講，鄧揚光和多年使盡慘無人道手段的獄吏們，就是跪在我們面前，任我們唾罵也不過份！當然，我明白這些毛澤東起用的惡棍，不過是一些毫無靈魂的工具，昨天準備在絞刑架上處決我們，今天卻可以若無其事的向我解釋他們當時的無奈。

心裡正準備見到鄧揚光如何講話時，一些年輕人從裡面走了出來，這些人我從來沒見過，心裡掠過一層疑慮，好像過去那些打罵我的人全都回避起來，換上另一批新面孔。

鄧揚光沒有現身，這使我原先準備好的那些話，只好暫放一邊。

一個年輕人接待了我，我跟著他跨進了辦公室，裡面坐著幾位這次落實政策的人。他招呼我在一張辦公桌前坐下後，詢問了我一些生活的近況，然後在他面前的一疊文件中翻找了一陣，從裡面拿出一份來遞給我，一面對我說道：「你一九六七年加刑兩年的案件，經我場管教科上報後，又經鹽源縣法院複查，根據現在政策，對你重新進行了改正判決，這就是改判書，請你過目並簽字。」

我接過那張紙，這是一份由鹽源縣人民法院作出的刑事裁定書，編號為鹽刑複（七九）第一百號，其全文如下：

「被告孔令平，男，現年四十一歲，偽官吏出身，學生成份，江蘇鹽城縣人，大學文化程度。六〇年六月因反革命罪經重慶市南桐礦區人民法院判處有期徒刑十八年，六七年又因反革命罪經鹽源縣人民法院加刑兩年，合併原判共執行二十年，孔犯對加刑兩年並無異議，但根據黨的政策（而不是法律——作者），我院仍對其加刑兩年的主要事實進行了複查，經複查認為，孔犯在改造期中，以寫書面彙報和改造總結的形式，向政府公開闡述他個人對國家政治生活，對黨的方針政策的觀點和認識的大量文章材料，不是出於推翻黨的領導和無產階級專政的社會主義制度，在這些材料中有的認識是對的，有的認識屬嚴重政治性錯誤，是教育問題不應成為反革命罪行，給與加刑處理。現重新裁定如下：一，撤銷鹽源縣人民法院（六七）刑法字第三十九之判決，二，宣告無罪。

鹽源縣人民法院

一九七九年九月二十五日

看了這一紙判決，使我想到十三年前，我在農三隊宣判的萬人大會上，公開聲明的情節，鄧揚光氣急敗壞當場為我上了反銬。

從此開始，我一步一個腳印走到今天，這十三年中，不顧多麼危險，向毛澤東獨裁拼死一搏。我們舉起了反抗迫害的「火炬」，我們中最優秀的戰友倒下了，但我們終於活到了今天，冤獄垮了，中共自己否定了自己！

對我個人，面對這一紙判決，面對相同的事實，所作的兩個截然相反結論，這種由同一個法院出具的認定和否定的結論，沒有任何法律依據。經不起我一駁，說法院是被人捏在手中的玩具，確是恰如其份，現將原文抄錄於後，也一併公諸在此：

鹽源彝族自治縣人民法院刑事判決書（六九）法刑字第三十九號文

公訴機關：鹽源彝族自治縣人民檢查院　被告人孔令平，男、現年二十九歲，家庭出身偽官史（錯字），本人成份學生，大學文化程度，現押鹽源農牧場勞改：上列被告，因反革命一案經本院審理查明：

孔令平，於一九五七年整風之

機，猖狂進攻被劃為右派，五八年送農村監督勞動，又大肆進行反革命活動，一九六〇年八月經重慶市南岸區人民法院判處有期徒刑十八年。判刑後，仍繼續堅持反革命立場，一貫拒不認罪，多次無理申訴，六六年六月三十日在犯人中惡毒誣衊毛主席著作，漫罵我們偉大毛主席和黨的領導，又六六年六月在學習會上明目張膽地攻擊我文化大革命，並經常惡毒的誣衊我社會主義制度，蓄意攻擊我三面紅旗「大躍進得不償失」「人民公社搞糟了，搞早了……」同時還煽動鬧監，呼喊反動口號，辱罵我幹部、武裝反革命氣焰極為囂張。

查孔令平頑固堅持反革命立場，一貫不認罪服法，抗拒改造，敵視我黨和政府，攻擊誣衊我偉大領袖，攻擊我無產階級文化大革命，審理中孔犯供認不諱，本院為了鞏固無產階級專政，保衛社會主義建設事業的順利進行，加強對罪犯的改造，依法與以懲處，特判決如下：

對孔令平加判有期徒刑二年，合併原判為二十年，刑期自一九六〇年三月十二日起至一九八〇年三月十一日止，如不服本判決，可於接到判決的第二天起十天內向本院提出上訴及付本，上訴於西昌地區中級人民法院。

審判員：劉延仁，書記員刁燦明

一九六六年四月十八日

判決書錯別字連篇，這原是文革的文風，不足奇怪，暫且不說。毛澤東在世，因攻擊他的禍國殃民政策，而慘遭冤獄者千千萬萬，甚至因一句話，一張畫像，一張標語的筆誤而犯了忌諱，遭害者比比皆是，我不過是其中一例。

不過他死後，中共後繼者對罹難者只走了一個「平反」過場，毛澤東說是「路線鬥爭」，鄧小平說是「有錯必糾」，捉鬼放鬼拿百姓作犧牲品，拿百姓生命當「政治需要」，玩給百姓看！這裡除暴露獨裁者草菅人命，自相矛盾和自欺欺人外，還說明它沒有任何政見，既無信仰和理想，也無法律和信義！真是無法無天。

對我個人，從一九六六年四月十八日加刑到一九七九年九月二十五日的平反，中間經歷了十四年，對同一事件作兩個截然不同的結論，其根據不是法律，而是「黨的政策」，而政策是誰當權，誰就說了算數，雖總體上都一脈相承。例如無論宣判還是平反，一律稱被害人為「孔犯」，這種獨裁專權目無法紀的政體，無論是鄧小平還是毛澤東本質上是一樣的。

所以中共獨裁政權若不改變，暴政就會重新捲土重來。

眼下能告慰倖存者的，無非是我們等到了把牢底坐穿的時候，我們今後可以不戴「勞改釋放犯」的帽子，在刑滿以後得到一個公民的稱謂罷了。

加刑會上我當著一萬人的面公開表態，「自從我選定我的政治道路後，我從來沒有回過頭，今後也不會回頭。」那是同專制復辟決鬥到底的決心。若按「惡毒攻訐誣衊毛主席著作……同時還煽動鬧監，呼喊反動口號，辱罵我幹部和武器，反革命氣焰極為囂張」，在那時已夠判死刑的標準。

毛澤東開創了中共一黨獨裁。代替法律定罪的是一大堆由政策制定的帽子，扣上這些帽子就定下死罪。四人幫被打倒，給他們戴上的帽子依然毫無法律依據，這些毫無公認的條款，鄧小平只換了一個說法，說那是極左。

現在對我的「重新裁定」中用：「該犯主觀上並沒有××云云。」不過在玩弄詞藻而已，中共依然保持「無法無天」。所以就是平反，我仍將被人擺弄，距離光明正大，依法論處的到來，還有一大段距離。

但無論怎麼說，我的反抗換來「重新裁定」，證明歷史向前進了一步。最重要的是，踩在最底層的五類份子帽子一風吹了。由政治鬥爭和階級鬥爭作國家生活的最高原則，換成了以經濟建設為中心的方針。

毛澤東頑固推行階級鬥爭的禍國方針被取消了。

當我將這一張「平反書」折疊好，放進了上衣口袋，那年輕人囑咐我本月下旬，就來管教科辦理離場手續。這麼說來，我幾天之後就可以踏上回歸重慶的路了，而按我原判十八年的徒刑，我已超過了服刑時間，我的監獄生涯在中共建政三十周年才結束了。

阿彌陀佛，我在回到重慶後，還將領到第二張獲得重慶法院的「改正通知書」，以及重慶大學的改正右派、「恢復學籍」兩張「紙」。雖然這些通知書如同廢紙，除了證明為了政治需要，中共對一個無辜學生無緣無故作弄外，還能說明什麼？可惜今天我卻沒有看到當年宣判我的原凶，使我準備好的話沒有宣洩的機會。

從黃樓出來回歸的路上，碰到的就業人員向我爭相詢問。

其實這半年來，相繼都有人獲釋，但我的獲釋特別引人注目，這也許是我多年來是這裡同當局「以卵擊石」的代表，處於絕對弱勢的我，曾在毛澤東最顯赫時代被數次被申報死刑。現在能站立起來走出監獄，無論對獄方還是對我的同難都會產生強烈的反應。

我的同難們會從我的平反看到政治氣候變化了，無產階級專政在他們心中長期沉甸下來的畏懼消弭了；對暴力壓迫缺乏必勝信心的人，都會堅定他們反抗壓迫的信念。當然我能親眼看到不可一世的毛澤東這麼快隨著他的歸天，結束了他所開創的暴政時代，是我最高興的。

但我不是勝利者而只是倖存者，中國今後的路還長。

那天晚上，我在棚子裡久不能寐，回想起陳力、張錫錕、皮天明就埋葬在四號樑子上面朝二道溝的懸岩邊。在守莊稼這段日子，我常去那裡憑弔他們，至於劉順森的遺骨還不知道留在鹽源城下的那個地方？

今天我只能坐在四號樑的山包上靜聽風的呼嘯，好像在聆聽他們從天堂喊出的聲音，他們被猶大出賣，今天真正復活了。

他們活在我們心中，活在這個邊荒農場的一萬名流放者的心中，他們的傲骨使我想起戊戌變法的譚嗣同，臨刑前在前清陰暗的牢房裡，雋刻出流傳百世的不朽詩篇：「望門投止思張儉，忍死須臾待杜根，我自橫刀向天笑，去留肝膽兩崑崙」。此刻又響在我的耳際。

再偉大的人物也不能靠個人的力量扭轉乾坤，所有為民主事業而鬥爭的人不僅憑的是「海枯石爛乾坤滅，無為瓦全寧玉折」的勇力，更需要對世界潮流和對人類未來的信念。

想到一九六六年四月十八日加刑以後的十三年中，死神天天在我的身邊轉悠，從我的身邊拖走了最有骨氣的同難：那時壓根就沒想到，會由中共同一法庭來對這些判決進行推翻，為我和犧牲的人們一一進行平反。

中共內部的分裂，顯示出了它滅亡的第一走，張錫錕臨犧牲的預言，僅僅三年就開始實現。他說：「我看到你們的衰亡，但遺憾的是沒有看到你們的滅亡！」

如果說眼下我們得到平反表示中國專制力量向民主勢力「讓步」，那是因為毛澤東做得太反動，太不得人心，連中共自己都看不下去了。平反僅僅是緩和一下國內太激烈的矛盾，也是為今後開始以建設為中心的道路作鋪墊，為挽救瀕臨破產、國庫空虛的國民經濟注射強心針而已。

令人擔憂的是人民還處在沉睡中，需知中國社會全靠人民去推動和改變。而人民在沉重的災難下中保持安份守已的狀態，中國的自救何時成功？毛澤東長期對輿論封鎖使老百姓不敢想、不敢說，老百姓失去了進取的動力，變得老邁古板，便是中國的絕症。

眼下這種自上而下的糾正冤假錯案，卻不能撕開這個無產階級專政鐵幕下的種種黑暗，甚至於還產生像鄭樹勳這種公開以施捨者的身分，堂而皇之向平反者索取賄賂的怪事，豈不令人擔心?!

如果無辜者在冤獄中不明不白的死去，而不問其原因；如果幾千萬老百姓活活餓死不被清算；執政黨在國家大政方針上繼續出賣民族利益，那麼這獨裁的毒瘤，會在中國的肌體上生長，並在一定條件下惡化。

新的野心家操縱國家權力，換上了新的外衣。而舊病復發時，再出現一次社會的動亂並不是一件駭人聽聞的事！我們二十多年坐監，豈不冤枉？人民這麼多年吃的苦豈不是白吃了麼？

第五節：在鹽源的最後兩天

想到兩天後，我將要離開這裡，便想同多年共患難的人們敘別。只可惜，當年發配來的人，這些年來犧牲的犧牲，他調的他調。同他們中已故的人只能在墳上「話別」了。

聽說賴開明還在副業隊，還聽說高世清和金梅也在那裡，而且副業隊距離我們不到十里，來去兩小時，同時，在從副業隊轉回時，可以去醫院，然後去農一隊看看那裡還有哪些故交，於是我決定第二天便去副業隊。

副業隊剛剛成立兩年，原先這兒是利用牛羊皮毛作原料，專門製作皮革製品的一個手工工廠。從南充監獄調來的人中，有相當部份是做皮鞋和皮衣的工人，而今成為這裡的技術骨幹，後來將各農業中隊和基建隊的殘疾人調來進行了充實，建成了這個中隊。

這一天早晨八點鐘出發，九點鐘到了這裡。新建的圍牆裡面樹林繁茂，進門口的幾棵大黃桷樹，綠茵把它遮蓋得十分涼爽。這兒靠梅雨鎮，頗有些山清水秀的風味。

裡面已建成了兩個車間，一個皮鞋車間，那裡面陰暗潮濕，一股濃烈的香蕉水氣味樸鼻而來，幾十名就業人員，忙著排料、制楦、下底、縫紮、上漆；另一個車間是皮衣車間，裡面十幾台縫紉機上堆著滿滿的成衣或半成品。另外還有一個房間是專供兩個車間用料的鞘制場。

走進皮鞋車間，我很快就認出了從六隊調過來的人，他們都是十五年前從南充監獄經過死緩改判後調來的。我與他們多年相處，知道他們的底細，這些人在進監前，是普通的農民，沒有什麼政治色彩，多半因飢餓逼上了殺人之路。

當年他們由死緩改判後，因為刑期都是二十年的「重刑犯」，來時便編到六隊。到六隊後逐漸認識陷他們於絕境的是誰？成為我們的同情者。

（一）走狗懺悔

十幾年來，從南充改判來的人因為俯首為奴，被認為是放心的勞動力，所以刑期未滿為充實副業隊，便調到這裡成為第一批副業隊的勞力骨幹。

見我走進來，他們都放下手中的活，站起來同我握手問好。最裡面的地方站起一個人來，不是別人正是那位從我身上撈取了資本，獲得提前釋放的馬文華。

十年前，周學祝因涉嫌偷聽隊部開會，當場被徐世奎宣佈取消值班員，重新指派他接替周學祝，搬到周的鋪位上，成了我的緊鄰和新的專職「監督人」。

記得他從南充監獄調來六隊時，操一口很濃的廣東話，帶著口吃，身穿黃馬褂。知道他原是共產黨員，在部隊是一名上尉軍官，後來被西藏軍事法庭以「叛國罪」處以無期徒刑，如果他真看清了中共內部黑暗，毅然投奔光明，我們會刮目相看，以禮相待。

可沒想到他一到六隊後，原形畢露，在鬥爭會上充當何慶雲組織的打手班子，在各種場合下充當維持會的會長，經常聽到他訓斥被老管打得遍體鱗傷的奴隸。自從何慶雲選中他睡在我身邊，我平時的一言一行就很快的傳到何慶雲耳中。

有一次在出工時，一本他遺忘在舖上的「告密記事本」被我無意中拾到，那上面一條一款記載著我的「反改造」言行，時間地點和人證。這種特務動作，在六隊並不常見，因為殘酷的役使和飢寒交迫的生活，使流放者基本上與六隊管教人員抱敵對心態，「告密」一直被認為是最無恥的行為。像陳賢士這樣的出名人物，也是抓著重大線索告密，不屑對牢騷話作記錄的。

那次在農六隊召開對蔣正君等的死刑宣判會上，鄧揚光宣佈對他減刑八年，到一九七五年便提前釋放了。是不是還有原判對他量刑上過重的原因，我不得而知。

監獄中的「政治犯」是五花八門的，不過我想，他若早知進了勞改隊才後悔，何必當初走到「叛國」絕境去？

記得中學時代，從課文、小說、電影所看到的，被稱為用特殊材料做成的共產黨員簡直完美無缺，儼然聖者的形象。幾乎所有描寫與「國民黨匪徒」的智鬥，周旋而不昧，或在被捕後，經嚴刑拷打而不屈，「視死如歸」的無畏氣慨曾使我「感動不已」，所以對「共產黨員」產生過「敬仰」。

然而被神化的形象與生活中真實的黨員一比較，他們的自私狹隘，勾心鬥角，玩弄權術為平常百姓所不恥，從此對文藝為政治服務極為反感。到了獄中，見到無論是鄧揚光、何慶雲、還是張醜德、張劍波、林扯高等等的「改造者」，淪為犯人的陳賢士和馬文華，都讓我認識「共產黨」員究竟是怎樣一批人？

與馬文華已四年不見了，現在剛一見面，過去積鬱在心中的鄙視，立即爬上了我的臉，剛要把身子轉過去，他那滿堆笑容的廣東臉已迎上來，熱情的把手伸給了我。

一代怪才李宗吾，以其名著「厚黑學」曾名譟中國處世講壇。他宣揚一種治世良方，說一個人若想事業有成，在待人接物上必須臉「厚而無形」，心「黑而無色」。他的洋洋百萬字論述，就是把「臉厚、心黑」作為人的修養目標。

能做到厚而無形、黑而無色，便是進入了處世的最高境界，不過市俗中平常百姓，能為某種事業的成功，變臉於瞬間，處險惡的世事應付自如，能夠心不跳的人並不多。

此乃在舞臺上成功的必備條件，裝腔作勢，心裡早有了主意，等到別人相信對方的善意時，其實他心裡卻恨得你咬牙切齒，有了整治你的計謀，想把你一口吞掉。你能鬥得贏他麼？像我這樣的兩個回合三句話沒講完，便把真東西抖了出來，哪有不輸之理？

此刻面對他的笑臉和胖胖的手，我還來不及思考該如何對陣時，自己的手已被對方緊緊攫住，身不由己被他攔進了他的宿舍裡。這一舉動立刻讓我想起六年前在鬥爭會上，他那猙獰的臉和那本密密麻麻的「告密記事」。

不禁想，難道我這有力的肩頭將他提前墊出了勞改隊還嫌不夠，今天又想在我身上打什麼主意？

身子邊往裡挪，心裡卻起了警惕。但轉而一想，今天我的身上，恐怕再沒有他所需要記功的材料。倒是相反，該我用尖酸刻薄的語言奚落他了，他不敢把我怎麼樣。

心裡很快平靜下去，而且有了自己的主張，且看看他今天葫蘆裡要賣什麼藥？於是我微微一笑，跨了進去坐到他的床上。

這是一間大約十平方公尺的小屋，裡面擺了四張上下舖的鐵床，一共住著八個刑滿人員。

屋裡亮著發黃的電燈，使人感到昏暗而壓抑。一股因潮濕而泛起的霉氣迎面而來，這住房比場部蔬菜隊還要差。副業隊是就業隊之一，他們的勞動生活條件與犯人隊相比較，除了不受老管一舉一動的管束，並不見得有多大差別。

「賓、主」坐定，不一會工夫，他雙手捧著一盅泡得很濃的下關沱茶，熱情向我說：「幾年不見了，今天你是稀客，你還從來沒有到這兒來過，我正好昨天剛從鹽源托人買了幾斤新鮮羊肉，剛燉好，看在我們多年的交情，今天一定要請你喝酒。」

這種異常熱情中有沒有其他的意思？我還沒有查覺出來。常言道：「來而不往非禮也。」怎好以冷冰冰的面孔，回答對方的盛情？好在從六隊調來的人都知道過去的事。

馬文華在這裡依然是組長，大家對他的「陰陽面孔」並不陌生，也不會有人查覺出我對他的尷尬。

這時已是大約十一點鐘了，他忙著去伙食團端剛煮好的羊肉，並且拿來了兩瓶白酒。於是我站起來回應他的「盛情」，走出門外招呼所有原在六隊的人都進來，並且特別叫人請來了賴開明。

不一會十來個人圍在小屋裡，擠得滿滿的，小桌上擺著羊肉和酒，大家端起各自的酒杯，聞那酒是用酒精兌水而成的，酒勁很足。

於是我站起身來對著大家笑了笑，說道：「我因為今天沒有準備，本該由我帶酒來請大家吃一個告別飯，現在不好意思，就借馬組長的酒獻給大夥，希望大家身體健康生活順心。」說完端起酒來與大家一飲而盡。

我不會喝酒，喝了那口就停杯了，他卻自斟自飲，酒過三巡，紅雲開始布上了他那微胖的臉，話也叨嘮不絕起來。「真的，真沒想到，你現在比我強。」他喃喃的說著，把手裡的酒在我的眼前晃了晃，便向自己的嘴裡灌了下去。

「你比我強多了，我都知道了，你現在已經平反了，熬出頭了，自由了，你的前途無量，我真該好好地祝福你，而我可不如你，我還是一個勞改釋放犯，刑滿了又怎樣，提前釋放又怎樣？還得規規矩矩，到哪裡去還得請假，不批准還得上班，老婆孩子也不會來了。」

他說話斷斷續續不願結束，看來有醉意了，這很好，醉後心情也釋放了，醉後方能吐出積漚在心中的真言。他站起身來搖搖晃晃，但雙手卻緊緊抱著那盛白酒的碗，雙眼發紅。

「你醉了」，黃大力站起身來，用手按著他那端著酒碗的手，想阻止他不要再喝下去了。但是他卻將黃大力推開，搖晃了幾下身體，恢復平穩後，又給自己斟滿了一碗酒，對在座的人吼道：

「你們知道嗎，前年我回汕頭老家，老婆改嫁了，兒子也不認我了，我告訴他們：老子提前釋放了，可那臭娘們竟說什麼，『你這輩子就休想脫掉勞改釋放犯的皮，如果跟了你這種人一輩子受人歧視，一輩子倒楣。』你們評評理，老子五十多歲了，活了一輩子到頭來成了一條無妻無子的老光棍……」

酒的力量也夠神，他的這番自白，非借酒精之力是不能傾瀉出來的。

所有在場的沒有人說話，都在靜靜地聽他自我介紹：「真的，我真是一個糊塗蟲，年輕時候，跟著共產黨鬧革命，當兵了，還當軍官，那娘們整整比我大五歲，明明是她勾引我，鬧翻了我不幹了，就一口咬我同強巴頭人的女人勾在一起，所以軍事法庭說我同叛匪相串通，真他媽的怎麼會鬧成這樣？我糊里糊塗地栽在女人的手裡，……反正說不清了，老子也反了。」

他已經滿嘴酒精氣，說話斷斷續續，聯繫不成整體，一雙手在空中猛劃著，好像又回到了當年「康巴叛亂」戰場，又好像他正同他的上司拼命，「唉，我真糊塗，你說我是文化程度不高還是怎麼回事，其實，跟著毛主席幹革命我是真心的，想不到這輩子竟栽在臭婊子手裡……」

我看著這個醉醺醺的傢伙，從他斷斷續續吐出來的酒話中，我似乎弄明白了他的底細，這是一個「兵」，一個頭腦簡單的工具，他哪裡知道，當年康巴叛亂的真相，他也許至今還不明白，女人使他走上絕路，他剛才酒話中所提到的，興許就是誘他走到今天的人吧？

看來他並沒有讀過《厚黑學》，也沒有那種臉厚而無形，心黑而無色的本領，說穿了，他不過是一個不知羞恥的無賴。

「你要原諒我……」他那發紅的眼睛直勾勾盯著我：「別人罵我說，我是踩在你身上提前釋放的，這不是宣判大會上公開的事嗎？我知道，你恨我，我那時目光只有那麼淺，做了對不起你的事，你別與我一般見識……」

醉後吐真言，看來一個人最痛苦的事，便是回憶這一生做的虧心事，這是在良心發現和處境悲慘的雙重刺激下，才會發生的，他同林扯高本屬同類人，這種人該死後下地獄。

我望著他，一邊想，在中國就出多了這種沒有受過良好教育，也沒有人格的怪物，他們愚昧、輕率、唯我至上。那簡單的頭腦，恰恰是當代專制復辟狂最好利用的槍。

直到今天他腦子裡還擺脫不了忠於毛澤東，他根本不知道誰把他們帶到絕路上去，只好帶著他那花崗石頭腦，去見他崇拜的神了，而他那種損人的本能，決定了他不可能不做壞事，並且永遠不會有幡然悔悟的時候。

今天他之所以在我面前吐出真情，是因為他一直想置於死地的人，居然從獄中獲得了平反，想到當年被他踩在腳下的頑石，居然會堂堂皇皇無罪出獄了，而他還是一個刑滿釋放的老光棍，這內心深處的不平衡，才是剛才那番自白的原因。

這算我行將出獄時偶逢的奇事之一。這種當著大家面的公開道歉，說明專制主義的崇拜者是一些沒有任何信仰的人。

暴力扭曲他們的靈魂，而當暴力消失時，

便一片茫然，「追悔」是失足者常有的感情，記下這段故事，告誡那些思想糊塗的人！

(二) 拜別難友

在鹽源的最後幾天裡，我本打算多會幾位有共同經歷的朋友，小結一下我們所共同經歷的歲月，留下他們的地址，以便今後聯繫。可沒安排聽馬文華的胡扯。偏偏這一段孽緣未盡，被他糾纏了兩個多時辰。下午一點鐘我才擺脫他的糾纏，同賴開明出得皮鞋車間。

在大門口正好碰到整整十四年沒再見到的高世清、金梅夫婦，兩人頭髮已經花白，高世清穿著灰色西裝，金梅穿著皮衣，手裡提著手提包，與十四年前在場部糧庫禁閉室所見到的他們相比，已完全兩樣。後來在羊圈裡聽見他們的琴聲和歌聲，可從未面對面交談過，甚至連打招呼的機會都沒有，然而我們成了好朋友。

「一切會重新開始」金梅滿臉燦爛的說，她很自信，她是把這段不堪回首的往事，完全剪掉的人。可這一剪，就使她從年輕狀態，一夜間變成了白髮婆娑的老太婆了。

我想起十四年前兩個穿著破爛不堪的孩子，每天早上都要在羊圈前的田坎上望著自己的母親，背著重疊疊的一背衣物，沿那條小路向場部走去，那一幕又浮現在我的眼前。如果姐弟倆還活著，現在已是妙齡少女和小青年了，但當時看見他倆匆匆離去也沒問。

我們揮手道別時，大約是下午三點鐘左右。按照原來的計畫，我應在歸途中去農一隊和醫院，然後再返回林業隊，在那裡去取托田井陌為我製作的木箱。

那時還沒有包裝口袋，又沒錢去買皮箱，我在監獄中的破衣爛裳可以丟掉，但節省下來的兩套「新衣」和一套棉衣，我仍想隨身帶走，世隔二十年了，出去後每人每年定量的布票，衣著一定不寬裕。

過了醫院便是農一隊，想起十五年前我們

在馬鈴薯土裡尋找散落馬鈴薯的情景，那時滿目黃沙，一彎死水，兩岸紅土地，真不知這路該怎麼走才到它的盡頭？就像一個由命運牽著的盲人，耳邊響著淒厲的呼聲：「來吧！犧牲和鮮血伴你同行！從這裡走過去興許有你一線生機，一切聽命吧我的孩子！」

整整十五年中，在我們中誕生了陳力，張錫錕、劉順森這樣的英雄！在黑暗中舉起火炬，從百年來民主鬥士的手中，接過了反獨裁爭民主的大旗，至今我們仍可以感覺出這面大旗在上空昭展！他們的肉體就安息在這裡，他們的靈魂需要祭奠。當我將離去時，必須同他們一一道別，將他們生平留下的話寫在紙上，表示我至誠的祈禱……

第二天一大早，我便獨自向農七隊走去，鹽源的九月已是深秋時節，路旁荒草中，十樣棉花迎風怒放，風季悄然臨近了。

那一天，天氣陰沈卻沒有下雨的跡象，沿著大路的農七隊地界裡，沒有看到一個流放者。我沿路走來，從路邊採來一大束盛開的十樣棉花。

農七隊圍牆後面的荒草壩子裡，張錫錕和皮天明就倒在那裡。由農場執行槍殺的人，除了農六隊的公判大會外，基本上是在這裡就義的。

今天，五年過去了，那些路邊的白楊樹已高聳入雲，像一座座紀念碑。此時我腦海裡已湧現出當年飲彈後，倒豎在路邊張錫錕蒼白的臉。一面走，一面數著白楊樹的棵數，數到第七棵樹下，站在那裡向西方深深鞠了三躬，並把採來的十樣錦花端端正正放到那棵樹下。

默禱大約五分鐘後，睜開眼，回過身去，才發現十來個背著書包的學生，奇怪向我看著，他們中有幹部的孩子，也有就業人員的孩子，他們不解於我當時那古怪的動作，好奇我何以朝路邊的白楊樹禮拜？

他們不知剛剛過去年代的黑暗。那草坪，是灑著許多人鮮血的刑場，張錫錕、皮天明便在這裡飲彈犧牲，他們更不知道為什麼這些人在這裡就義？暫時我無法用幾句話同他們溝通。

我站在那裡同他們對視著沒有說話，也許這種對視引起他們的竊竊耳語。

距離七隊的圍牆大約百米的地方，此時我聽見那山坡處傳來推土機的轟鳴聲。遠處，三台推土機正在那裡將小山丘推平，而那填土的地方正是三年前烈士的喋血處，如今正被一堆堆紅土淹沒。

我向那裡走去，登上一垛還沒有推平的小土包，面對著推土機，我站穩了腳，眼睛向那紅浪翻騰的地方搜索，想尋到烈士們被槍殺的位置，但那卻是枉然。

不禁悲從心來，我舉起手，振臂呼喊著他們的名字，一面將手中的十樣棉花向那紅土撒去，期望那花瓣引導我去辨認英靈們的血跡，然而七彩花瓣四散著隨風飄零，忽東忽西，久久在空中徘徊，似乎不願隨便落在那裡。

倘若有一天，人們為紀念這些偉大的英雄，想尋找槍殺他們的地方，他們的後代子孫上那兒去找他們的遺骨，以寄託自己的哀思？想到他們成了葬身在這裡的孤魂野鬼，我的心能平靜麼？

一路走來，到了油庫彎，沿左側的公路，走上最上面那塊「大寨田」，我的眼前再次呈現出兩年前，我們在徐世奎驅趕下，在這裡連續三個月挑燈夜戰，這是我今生最後一次體會大寨精神。

此刻我又彷彿聽到那滿山谷鋤頭和號子聲，看到蔡先祿矮小的身軀，吃力推著那十倍於他體重的板板車，哼著那楊白勞低沉的哀歌向前艱難的走。

我想哪一天，任人烹宰的奴隸們站起來？

走到三號樑的最高處，站在通向鹽源的山隘口，透過被狂風攪得混濁的白霧向下看，山下那曲折迂迴的小金河像蛇一樣，盤繞在鹽源城下。十五年來灰暗的鹽源好像一個少見陽光的小城。我瞪大眼睛，尋找那山頭，看見了緊挨縣城中心的一個小白點，認得那是鹽源公判大會會場，陳力、劉順森就是在那裡就義的。

我失聲高喊：你們犧牲在哪一處呀，在我離開鹽源城的那天，我該到哪片山頭，哪一塊石頭前，來與你們告別，致我的哀思!?

從二號樑回到我住的莊稼棚，屋裡聚著向我告別的人，這一天我感到特別的疲倦，心裡說不出的滋味，好像一下子老了許多，大家取出筆記本，叫我簽名留念，我取出了筆本記下在座的人通訊住址，想回到重慶後，有機會給他們寫信。

第二天，九月十二日，也是我離開二道溝倒數第二天，我便按原計劃一大清早去了五號樑子的亂石堆前，下面白茫茫的一片，這是二道溝的最後一段，那高高聳立的亂石堆中，安葬著張錫錕。

四年前黃學全的媽媽曾在這裡祭拜他，想懇求他能饒恕她的獨兒，老婦人不明白，帶罪的靈魂只有上帝才能赦免。當時因為搞不清張錫錕遺骨在那一塊石頭下面，便選了一塊最大的亂石，那裡留下她焚香的灰燼。

九年前，陳力的遺體也葬於四號樑上，我也一直沒弄清他的遺骨準確的位置。

此時，我從懷中取出寫好的悼詞，當我燃起那張紙，朝著滿目荒涼的山崗行了三個禮，口中念道：「我將要離開你們了，如果你們在天有靈，那麼請助我將我們共同經歷的這一段故事，寫給世人，告訴他們我們所經歷的苦難和原因，讓歷史不要重演獨裁復活的悲劇。」

大地在那一刻特別的靜，好像在同我一起向我的難友們告別……

（三）陳文仲和鄧揚光

九月十三日，按照上次場部管教科的通知，我去那裡辦理最後的離場手續，這一次接待我的是曾把我比作「紅岩」人物的陳文仲，當我跨進辦公室，我們兩人的眼光突然碰到一起，他立即埋下頭去，而我原來準備給鄧揚光的那些話也被壓了回去。

自從六五年在高書記主持下，我們那場辯論後，迄今我們整整十四年沒有見面了，但我明白，他對站在自己面前的這個對手是太瞭解了，用他的行話來總結，「一個實足的無法挽救的花崗岩腦袋瓜」。

然而，十四年過去了，管教科不但沒能把我改造過來，反而對這花崗石奴隸「糾正冤案」，不管他此刻內心是否另有想法，他都得首先向對方宣讀：「宣告無罪」的結論。

他今天該用什麼來講「形勢大好」這句話，處在他的位置上，說過去共產黨是對和錯，都難下結論，心裡卻疑雲滿布，這共產黨究竟是怎麼了？毛澤東一死怎麼就全變了？不是說，修正主義復活是隨時隨地都可能的嗎？既然預見到了，也採取了措施，怎麼一個多月，這紅色江山就易幟了？

當然過去毛澤東可以隨心所欲的擺佈全國大局，所以他死後，別人也可以隨心所欲的推翻他的那一套，擺佈他統治的江山。

陳文仲此刻，只能對一切都不表態，對面前這個要他親自辦理離場手續的人，緘口不提往事為好。他是政法學院的科班生，潛意識中的良知，使他既不能在我這裡自討沒趣，又不敢有違於他所代表的政府，除了以辦事員的身分去宣佈今天的政策，還有別的辦法嗎？

這就是中共政策的「靈活性」，這比按法律條款論是非，隨心所欲多了。

這裡不存在使他感到為難的地方，他仍須理直氣壯坐在「法官」位子上，宣佈說，「你過去的案件是錯判了，現在予以糾正」。

於是他從他的文件夾中抽出一張紙來說：「過去是極左路線作祟，在當時形勢下法庭作出的判決是對的，現在形勢發生了改變，改正過去的判決也是對的，你簽字吧！」

倘若改判人向中共提出賠償損失，那麼他會從抽屜裡抽出兩把刀來，一曰：你不要不知好歹。如果鄧爺爺不給你平反，你還能翻大浪不成？你還不乖乖繼續坐牢？一曰：向前看，你不是沒有看到像你這樣的人多得很，你不看看國家主席也是受迫害致死的麼？這叫做歷史造成的，向前看吧！

前一種說法，自有一種施捨者的味道，那鄭樹勳不是占了這一成，才敢在平反人頭上刮一筆浮財麼？理由是說不清的，紅吃黑也罷，極左路線也好，在制服對方後，還補上一句：「我忠告你，好好吸取教訓，後半生就夾起尾巴做人吧」。麻辣俱全，被「平反」的人還得忍氣吞聲「感激零涕」。

然而這辣味對我這種「花崗石」的傢伙能接受嗎？可知我是被他當作是華子良式的人物，軟硬不吃。弄得不好這種私下敲的竹槓，不但不能讓對方就範，還要打到自己身上。受害人肚子裡這麼多年來的這把火發起來，指著他的鼻子又是劊子手，又是為虎作倀的亂罵一通，豈非自討沒趣？

看來在今天這種時候，必須及時變臉，唱紅臉唱白臉反正戲已經演完，別不識時務！大道理可以講，氣可以順，講賠是不可能的。

但今天絕對不能拿平時對犯人的臉給對方看。那鄭老頭因為不瞭解孔令平是提著頭玩命的傢伙，所以才做了那蠢事！

於是他輕輕咳了一聲，做了一個讓我就座的手勢，臉上也堆起了一朵似笑非笑的雲彩，停頓半分鐘，照已準備好的臺詞繼續朗讀下去：「根據中央政策檔的規定，在對你的問題經複查改判後應回到重慶，由重慶法院對你作進一步的結論並安置。」

念完後又停頓了半分鐘，也沒看我一眼，便從公事包裡取出了回重慶的「路條」和戶口登記的介紹信，說道：「這路條是你沿路買車票和住宿旅館的證明，搞丟了在路上遇到麻煩自己負責。

與戶口登記介紹信夾在一起的，是今年年底前你所『享有』的『糧票』、『布票』和

『油票』，這些都是全國通用的票證。」

「目前你的身分仍是刑滿釋放人員，因此，平反兩年所補發給你的工資，按就業人員月工資每月二十三元，扣去伙食、衣服費用十四元，每月應補發給你九元工資，一年另七個月所得的『補發工資』是一百七十元（折合二十美金），另外按同一標準發給了你十個月工資（計二百三十元）作為回鄉生活費，再加上回重慶的路費總共八百元。」

輕輕鬆鬆的一句：「宣告無罪」加上八百元的鈔票，就是中共政權對一個無知無辜的青年學生，進行長達二十三年殘酷壓榨和奴役後，給予「平反昭雪」的全部體現。這種憑共產黨決策者揉麵團的「政策」把戲，沒有人的尊嚴，有的是強權下的蠻不講理!!有的是弱肉強食！

怪不得那陳文仲除了照本宣科的讀，再也無法講。因為這是沒有理講，也沒有臉面對受害者講的呀。

現在大家已經看到，以反對剝削為口號的中共黨人，是怎樣在階級鬥爭藉口下，對受害者進行壓榨的。榨乾了他們的血以後，還要拎著這些受害者的脖子喝道：「姑念極左路線對你錯判，免你死在監獄中，還不快快向鄧爺爺謝恩。」

那可不假，在中國再大的中共頭面人物也給弄得死無葬身之處，劉少奇、陶鑄、賀龍！數不勝數，「階級鬥爭」的犧牲者是很悲慘的！

但是我們招惹誰了呀？憑什麼要把我們這些老百姓押到這「鬼都不生蛋」的地方，剝奪最基本權利，在飢寒交迫和皮鞭抽打下，在九死一生中奴役二十年？我們這二十年創造的價值和損失可以用八百元人民幣來補償麼？中共對無辜者的殘害能用「路線鬥爭」極左思潮「擴大化」來搪塞麼？最令人可笑的向被害者說：「向前看」，便將一切都一筆勾消了。

我們是普通老百姓，我們在喊出「中國，

我的祖國」時，是因為我們要受這個國家的保護。否則還叫什麼祖國呀，我們憑什麼無憑白故遭受共產黨加害？既然已經加害到這個地步，我們這些僥倖活下來的被害者，有資格向全世界主持正義的人喊道：

「我們是一群生在中國卻沒有祖國的人！我們是一群需要正義和人道來保護的受害倖存者，期待著你們救救我們，期望你們譴責這個國家的執政黨。譴責這世界中最專制蠻橫的政府。支持我們向這個黨討回無端剝奪的生命權!!」

像這樣的執政政府，有什麼臉向世界人民表白自己的偉、光、正？這同綁架的匪徒有什麼區別？我真想聲淚俱下的哭訴這二十三年來所受的人身折磨，並以原告的身分向國際法庭控告當事人。

然而，我到哪裡去尋找這正義的法庭？在這二十多年間，無辜死去的人成千上萬，我又算什麼？今天在這魔窟中，在一個把人當作草菅的年代，能活著從監獄裡出去，已是萬分幸運了。

我看他從皮包裡取出那錢，本想抓起那錢向他臉上擲去。當時倘若我真這樣做了，他充其量只笑一笑，拿出那套地痞絕招，將散落一地的錢一張張撿起來，再拿到他的上司那兒討好說：「這平反真是狗坐轎子，拿錢放人居然不知好歹，對這些花崗石腦袋只配用子彈敲破它們，這才是毛主席教導的。」

何況今天我圖了一時痛快，能對這專制政府損一根毫毛麼？倒不如現實一點，權且收下這錢，以後再細細算帳不遲。

不過，當年勞改廳的頭頭們像綁架那樣，用卡車像押送牲畜一樣把我們送到這兒來，今天我還得用這筆錢去買車票，住旅店，自己回重慶。

於是我壓著心頭的怒火，從他手裡接過那疊鈔票，有意在他眼前掂了掂，報以冷笑，連同那放在桌上的路條、票證和戶口證明，一齊塞進了我預先準備好的口袋裡。

正要轉身離去，這時從門外過道裡傳來了鄧揚光的喊聲：「老陳，那古柏的人，你處理了沒有？沒什麼好向他解釋的，告訴他，我們是執行機關，他有什麼意見，去找原判單位，我們無權決定……」

當他一腳踏進門來時，與我撞了個面對面，沒想到他現在才現身，更沒想到一直想敲破我這顆花崗岩腦袋的人，今天搖身一變，成了鹽源農牧場落實政策工作組組長。

想我十五年來，在這鹽源農牧場，他像魔鬼一樣糾纏著我：將我送進古柏反省室的是他；把我送進二道溝小監的是他；在農六隊指示打手對我輪番批鬥的是他；幾次指揮破壞我的絕食鬥爭的是他；主持加刑的是他；今天導演這齣平反戲的又是他！

好深的緣份！過了今天我也許就見不著他了，他的躲避是出於心虧還是害怕，且不管他，我不明白的是，我與他素昧平生，他又何必這麼追著我苦苦折磨摧殘？如果他沒有讀過我的申訴，瞭解我的冤屈，衝著職業而無可奈何，倒是可以把這帳算在「極左路線」上，但他是全都瞭解的人。

這麼多年來整了農場那麼多無辜的人，他不感到良心有愧麼？管教科所報那麼多死刑材料，難道他不心驚肉跳麼？而他做了那麼多傷天害理的事後，究竟得了多大的好處？升了多大的官？

人性在他是死滅了，他是一具活僵屍。

我攔住了他，喊道：「鄧科長，我們打了十五年交道，明天我就要走了，你總不至於現在還躲著我，是不好意思還是內心有愧？」

他見我話中全是刺，尷尬回答：「你的案子自會有人負責辦理，我們是對事不對人，你有什麼問題可以向辦理你案子的人說。」一面說，一面繞開我向辦公樓深處走去，我回過身攔著他喊道：「你不是在這麼多年一直把我當頑固不化的花崗岩腦袋麼？你們槍斃了那麼多人了，你問心有愧麼？」

也不知道是我這幾句話逼得他回不過神來，所以急於要退出這種場合，還是因為他果真忙於處理其他的事，他只在最裡面的辦公室，拿了一疊像檔案之類的東西，便慌慌忙忙出門向樓下走去，只說了一句，「我沒有功夫和你瞎扯」，便匆匆下樓去了，等我追了上去時，已經不知道他向哪一條路逃遁了。

（四）離開二道溝

於是我拎著我的帆布包下了黃色大樓，向四號樑子大步走去，心中計算著時間。從感情上講，在監獄這口盤剝我整整二十年的活棺材裡，我一分鐘也不想多待，路條既已拿到，我可以馬上離開這裡。

時值九月下旬，磨盤山已開始下雪封山，這幾天去西昌的班車車票已相當不好買，每天只開一班公共汽車。要一大早到公共汽車站排隊買，什麼時候車票售完，什麼時候開車，不能預售。

無論如何我都要趕在九月底以前回到重慶。

從黃樓出來時，已是中午時分，心中盤算，今晚只好在鹽源再過一夜，明天趕一個大早，儘早到鹽源車站去買明天的車票。為了能在明天早上到達鹽源汽車站，也為了同兩位關心我的大媽最後敘別，所以我決定今晚就到詹大媽家住一夜。

主意打定，我從管教科出來後，去五號樑子取了我收拾好的行李，將我的舊棉衣和勞改服捆成一個包，準備留給詹大媽，山裡人布票特別緊缺，平時注意到詹大媽一有空閒便補衣服，將我穿過的舊衣服送給她一定能派上用處。

我將換洗衣服和母親寄來的毛衣裝進木箱裡，箱子底下放著五百元錢，這是我服刑二十三年的全部資產，經過「文革」大亂，加上這麼多年來，老百姓缺吃少穿，小偷也十分猖獗。回程路上萬一所揣的錢被扒了去，我就只好沿途乞討回家了。

下午三點鐘，我道別了六隊相處十幾年的同難們，挑著兩個小木箱，跨出了六隊那大鐵門。沿著五號樑子向梅雨方向奔去，當我登上它的最高點時，我回過身來，向那隔著我已一里遠，隱埋在半山中的六隊圍牆望去，想當初來時，我沒想到會在這裡渡過我一生最寶貴的十六年，也沒有想到今天中共會用平反名義使我獲釋。

低頭向下俯視，望那六隊，好高的泥牆好陰沈的牢房，那深壑之下埋葬了多少人的怨恨，連同他們的白骨啊？僥倖我還逃脫了虎口。現在以「自由」人身分，向這人間地獄望別，好像才從一場二十年的惡夢中醒來，驚險之至。

然而光陰蹉跎，一晃已從二十六歲的小夥子變成四十二歲的中年人了，只是人到中年上無片瓦，下無立錐之地。

想起武訓傳中的記載，十五歲的武訓去張舉人家幹長工，整天被奴役苛待，牛馬不如的幹活，卻不發給工錢，直到三年後，他滿以為張舉人應當補上這筆血汗錢，沒想到在他去張舉人那裡結帳時，這個秀才拖出一本假帳來，硬說武訓的工資早已支付完了！等武訓傻張著嘴申辯時，卻被張家的奴才打了一頓，並且逐出張府。

對比武訓來，我還沒有被打出「勞改隊」，至於張舉人拿給武七的那帳本，我確是真的得到了，不過那時間可不是三年，而是整整二十三年。

我回到重慶北碚，兩年後，根據當時中共中央六號檔，我起草了一份索要在這裡十五年勞役，起碼該補工資的信，寄給四川省勞改局，請他們轉給這個農場，指名點姓寄給了農場管教科，結果這個農場卻給我回了這麼一封信，現在全文抄錄下來：

孔令平，你十二月二十二日來信提出：「要求重新補原來工資的問題」。你當時在我場「改造」那是犯人，哪有什麼工資級別？更無從談起補發原來工資的問題，當時你的原判還沒全部推翻，就是全部平反需要補發工資也只能找原判法院，執行單位不承擔補發工資的，當時你在文革期間被加刑兩年（實際服刑一年另八個月）後經鹽源縣法院裁定宣告無罪，我們根據有關檔精神按當時就業人員的工資標準補發了你的工資這是正確的毫無異議的。其次，要求發給數量足夠的安家費，這是沒有任何一個檔規定要對一個「勞改釋放犯」發給足夠的安家費用的規定，你這種要求是錯誤的，也是不可能的，相反的，我們根據上級規定發給你安置費，生活費和路費這是符合政策精神的。

鹽源農牧場管教科

一九八二年元月五日

武訓因不識字為張舉人白幹了三年，最後被痛打一頓逐出張府，從而痛惜自己不識字，萌生行乞舉義學的念頭。而我也只能在這裡記下這筆「無產階級專政」對我欠下的工錢。

和武訓一樣，我同樣是一個被封建惡勢力吞噬的受害者，所不同的，當時的滿清政府還大大讚揚武訓的義學精神，光緒皇帝准許武訓穿黃馬褂，並頒發了一塊「樂善好施」的匾額，兼作牌坊的橫額。

統治者的滿人尚能知道扶持教育贏取民心，郭英華說：「武訓死後……鄉民送者數萬，悲哀得未曾有過，人一生能有此報，足矣！」

而我呢？

第六節：再見！鹽源的老媽媽

九月十四日下午五點鐘，我就到了梅雨的山腳下，挑著行李沿石板小道往下走去，轉過幾道彎就到了詹大媽的柴門前，隔著籬笆向裡看，與兩個月前第一次來時不同的，堂屋大門外，用竹籬笆圍成的三合土院壩裡，鋪著一層還沒有曬乾的穀子和一堆玉米。四周堆著像小山頭一樣的玉米桿，幾隻蜜蜂從牆頭上飛出，嗡嗡的繞著那些稿桿不知尋找什麼。

詹大媽和兩個小孫子，正在曬壩上收拾沒有脫粒乾淨的玉米棒，她的大兒子和媳婦正在園子裡挖土，趕著種上越冬的蔬菜全家人都在忙碌著。儘管他們並不富裕，但田園的樂趣和溫馨卻籠罩著這個家，令人不由得生出一種羨慕來。

我在門外放下行李挑，輕輕地推那柴門，可是那伏在屋簷邊的小狗卻竄了出來，站在壩子裡對著我汪汪的叫個不停。

兩個孩子立即回過頭來，認出是他們的老師來了，一邊喊，一邊跑過來開門，爭先恐後把我的行李擔子拎進了堂屋裡。

詹大媽站起身來，笑眯眯地朝我走來，一面牽著我的手走進堂屋。正在挖地的詹老大夫婦也丟下鋤頭跟了進來。就連那條狗也直甩尾巴向我表示歡迎。

被這盛情的迎接所包圍，我立即感到了家的溫馨，忘卻了白天在場部管教科所留下的不愉快，堂屋裡正燒著樹疙瘩，我在爐火邊的長凳上坐下來。

「手續辦完了吧？」詹大媽問道，一邊坐下，一邊給我端來一杯水，兩個孩子靠著我坐下，大媽接著嘆了口氣說：「要你們這些從重慶來的大學生留下來是不行了，現在總算好了，我說嘛，好人總有好報。」

她快樂的嘮叨著：「這下馬上可以看到你的老母親了！唉，你媽怕六十多歲了吧，這些年怕頭髮都等白了喲，」我望著他那滿布皺紋的臉，體會著天下慈母的心。

真的，媽媽大概接到我將回重慶的信了吧，也許她正在遙遠的蔡家場扳著指頭數著兒子的歸期了！

「在這裡住幾天吧，你這一回重慶，恐怕就再難回到這兒來了，今後還不知道能不能再見到你呢。」詹大媽的挽留充滿著惜別的傷感，然而我早定好了明天要到達西昌的計畫，所以沒有回答她。

大媽起身到灶房去了，兩個孩子湊在我身邊，不斷向我提出許多天真的問題：「從鹽源到重慶有多遠？坐車一天能到麼？」「重慶也像鹽源街上那麼熱鬧麼？」「重慶也像這裡有牛有羊麼？有草場麼？」「重慶也有那麼多土地種馬鈴薯和玉米嗎？」

我卻默默計算：從鹽源到西昌，過了金河到達騾馬堡，出了騾馬堡還要翻越小高山、磨盤山，還不知山上飛雪沒有？馬路是否已經封凍，明天一早在公共汽車站買得到去西昌的車票嗎？倘如買不到，是在鹽源留宿一夜第二天再走，還是改乘運貨的卡車？

「講一個故事吧，老師！」孩子們請求道。

這是我最後給他們講故事了，所以得講一個有意義的，好讓若干年後，孩子們長大成人時，回憶起故事，明白其中的寓意，也回憶這位重慶來的老師，和他們相處的日日夜夜。

「好吧，我就講一個古代的阿拉伯童話，名字叫『國王山努亞和他的一千零一夜。』」

我開始為孩子們講起來，兩個孩子目不轉睛地盯著我。

我知道鹽源山裡的孩子，特別是經過文革荒廢的孩子，暴政剝奪了他們的一切，使他們一貧如洗，更剝奪了他們求知的權利。

照說已是初中生了，但他們還未聽到過阿拉伯的故事。所以向他們講這個故事時，我還要介紹故事的來源。從他們傾聽的面部表情裡，我能體會出他們是多麼渴望知識啊。

「在很古很古以前，印度和中國之間的海

島上有一個名叫薩桑的國家。傳說薩桑王國的國王山努亞非常殘暴，每天要在國內民間，從老百姓家裡強迫他們交出一個女孩子和他成親。但是，過一夜後，等到第二天早晨雞叫頭遍，便要殺掉這個女子，第二天又要在國內再召一個女子，過一夜後，第二天雞叫以後，又要將她殺掉。如此重複了三年，國王殺掉了國家裡一千多個年輕的女孩子。」

我講到這裡看了一下兩個孩子、大孩子張大了嘴巴，顯得十分驚訝！小兒子乾脆把他的小手扒在我的腿上一聲不吭。

「薩桑國的老百姓在這種威脅下，為了拯救自己親生的女兒，紛紛帶著女兒逃命他鄉，眼看薩桑王國已經沒有年輕女子可供他的要求了。於是國王向宰相命令道，『如果宰相完不成任務，那麼就要抓他的兩個女兒進宮。』

這一天晚上，宰相愁眉苦臉的上朝歸來，大女兒桑魯卓一再追問父親為什麼這樣的悲傷？宰相向自己的女兒把國王要他徵召民女的事說一了遍。女兒卻自告奮勇，向父親講了她的主意。」

「第二天宰相無奈，只好順著女兒，親手把她交給了國王，哭著同她告別。但是女兒卻笑著安慰了自己的老父親，並要他明天上早朝的時候在宮裡來聽取她的消息。

晚上桑魯卓在宮中掌燈的時候就向國王講了第一個精彩的故事，一直講到第二天早晨雞叫，故事還沒有講完，聽得入神的國王想聽桑魯卓繼續講完這個故事，終於第一次免去了處死她的計畫。

第二天，宰相上朝時果然一早來打探女兒的下落，當他得知女兒昨夜並沒有死去，一塊石頭才從心上放了下來。

第二天機智的桑魯卓又用新的故事從掌燈時開始講，講到第二天雞叫。故事又剩下一個尾巴，國王再次免去處死她的決定。就這樣桑魯卓整整的向國王講了一千另一個故事，使國王最後決定不再殺死她。

從此改掉了他殘暴的習慣，並且吩府宮中的文官，把桑魯卓所講的故事一個一個地記錄下來，便成了留傳至今的阿拉伯童話。」

我的故事講完，兩個孩子還沉浸在故事的情節中，久久回味著故事裡的情節……

天黑下來了，詹大媽的大兒子已經忙完了「自留地」裡的活，收了工具，進屋裡擺開了桌子。不一會，詹大媽把一盆香噴噴的玉米湯圓端上了桌子，今天她特別的做了幾個菜，端出了平時從來不上飯桌的豆腐肉。詹老大還取出了從梅雨場上買回來的高粱白酒，全家人都為我送行。

大媽不再提他侄女的事，她知道那已是不可能的了。談話中最多的還是我回重慶以後怎麼找工作和安家，她嘮叨著：「你看，你已經四十二歲了，前半輩子給監獄泡蝕了，回家以後頭等的大事就是趕快找一個賢慧的姑娘把家安好，等有了孩子，別忘了把你們的照片寄給大媽看。」

吃過飯，她又親自陪我一同去劉大娘家裡去了，劉家同詹大媽只隔了幾家人，我也是第一次上她家，也是最後來同她老人家告別。

在鹽源前後整整十五年中，監獄將我同老百姓完全割斷了，兩位老人是我最後在六隊交識的鄉親，算是緣份，也是留給我對這裡的紀念。這兩年多來得到她們的照應和教誨，給我留下深深的印象。

回重慶後，我按照詹大媽給我的地址，立即給他們寫信，還將我和母親合照的相片寄給了她們，不久也收到了他們的回信和她們各自的「全家福」。

回到詹家，已是晚上十二點鐘，時間雖然是陰曆七月下旬，但天氣已非常冷，一輪下弦月在樹叢之中為我們照路，野地裡已是夏蟲啾啾：寒風吹動著樹影婆娑，雖然寒氣很重，但我心裡充滿了兩個老人給我的溫暖。

當我和詹大媽推開那個竹柳混編的小門，進得園子裡，詹老大一直還坐在門檻上等我們，兩個孩子已經熟睡。他見我們回來立起身來，按照他母親的吩咐已為我準備好了床和被蓋，因為家裡沒有多餘的舖位，我被安排在與他同榻而眠！

當我睡上了那床，只覺得床面凹凸不平，伸手去摸那床板竟是柳條編的，睡上去柳條之間相互摩擦，嘎嘎作響，而且我感出每連結兩根柳條的地方，就是一個又硬又凸的疙瘩，頂在身上就像赤身睡在乾柴堆上似的，如「臥薪」一般。睡不大一會兒便覺得混身頂得疼痛難忍，不斷的翻身又怕驚著了睡在另一側的男主人，只好強忍著。

不大一會聽見詹老大已鼾聲大作，知道一天勞累了，到此時怎麼也會酣睡，而我實在沒有辦法入睡，便悄悄地坐起身來，不僅為詹家的窮苦深深感觸。相形比較也為自己感到慚愧，睡這床對我竟如臥薪一般，可山裡人苦慣了習以為常。

我坐在床邊，望著從那窗外透進來的月光，一邊想到二十二年前我從學校被押送到南桐趙家灣，接受「農民」監督勞動的第一夜，好像也是這麼一個月夜，只是南桐的五月，氣候可比鹽源的九月份熱得多，那蚊蟲四起的情景宛如昨日。

不過那趙家的床，卻不是這樣難睡，那趙家的家境也如這詹家一樣，只是那時吃的糧食，卻因人民公社和大躍進，而緊張得連民兵隊長也在所轄區的公社玉米地裡，半夜去偷燒玉米吃。那提心吊膽的景況至今猶如昨天，現在過去了整整二十二年，仍宛如前天。

農民終於靠三自一包有了一點可供填飽飢腸的糧食，其他的依然是那麼窮苦，在我剛下農村時，受到共產黨蠱惑宣傳，那趙家父子對我們多少都有點「監視」的敵意。

但恰恰是生活實踐告訴和教育了他們。這二十二年來，我曾經接觸和認識了那麼多貧苦的農民，他們從懷疑我們到同情我們，就如這詹大媽的一家，雖然他們本身還沒有認識到陷他們這麼多年於飢寒交迫是誰，但他們已經從自身的苦頭中體驗到這個暴政了。

堂屋的正中已經將毛澤東的畫像取下來，供上了祖祖輩輩的天地靈位便是信仰的轉變。信仰來源於生活，靠硬灌怎麼能樹立？當我想到在農六隊看守莊稼的最後幾夜，看到當地農民夜襲玉米的那番猛勁，我便感到，陳勝吳廣的馬蹄聲已經在這片過份衰老的民族土地上響了起來，我為民心的叛逆而高興，又為我們國家的明天而擔憂。

因為趕早要去鹽源車站買票，何況一夜幾乎沒有睡著，聽到雞叫兩遍，我便熬不住起床，收拾好自己的行李，那時月亮已經偏西，北斗星還掛在天邊，時間不到五點鐘。

詹大媽大約也是一夜沒有睡好，此時她已經起床，生了灶火為我熱好了昨天晚上的玉米湯圓。詹老大和大嫂也被驚醒了，我忙示意不要驚動孩子們，便匆匆地吃了「早飯」挑著行李，走出了柴門。

臨走時，我向詹大媽手心裡塞了把錢，那理由也同給劉大媽的理由一樣，臨行匆匆已經來不及給她老人家買東西留作紀念，讓他自己撿喜歡的去買吧。至於包裡面的衣物，確實是因為這年頭布票太稀貴了，留給小孫子們縫縫補補還用得著，她收下了那包衣服，給她的錢卻堅決不收，她說，「你留下的舊衣服那已足夠留著紀念，至於錢，你領到的也不多，回重慶要路費，回去後安家還要用，就留著自己用吧。」

一面提出一個沉甸的口袋，一邊說，「我也沒啥好送你的，這是一點自家採集的蜂糖，你帶回重慶，給你老母親嘗一嘗。」

我沒有推託，收下了老人的一片心，趁她把我送給她的衣包拿進屋的時候，趕緊把錢壓在那鬧鐘下面。

挑著的擔子卻被詹老大搶去了，只好拎著包趕了出去。大媽和詹老大就在黎明朦朧之中一直將我送到小河的橋邊。

我一再請他們回去時，驀然在晨曦之中看見那銀白頭髮下受過傷的眼眶裡含著一汪眼淚，不禁心中一酸，情不自禁地也掉下淚來。

一邊握著她那粗糙的手，用臉挨了挨她那花白的頭，便從詹老大的肩上接過我的行李，揮手向他們告別，轉身向橋上走去。

當我走出一百公尺遠再回過身來，還見她仍屹立在橋頭上向我揮手。唐人有詩云，「世亂同南去，時清獨北還，他鄉生白髮，舊國見青山，曉月過殘壘，繁星宿故關，寒禽與衰草，處處伴愁顏」。

到鹽源城裡天已大亮，看了看時間，已是七點鐘了，以前我有幾次經過這座小城，但都是坐在汽車上或出外勞動，或被押著去刑場。在這裡生活了整整十五年，來縣城實地走在街上，只有兩次，第一次是為了給闊別十五年，剛剛才接上聯繫的老母親照一張照片寄回去。那已是六年前借了來鹽源縣城上牛糞的機會，那一天，除了在相館照了相，還參觀了它的最高學府，直到現在我仍清晰的回憶得起那學校門口的佈告櫥窗。

那時鹽源小城除了縱貫東西南北的幾條大街外，便是錯雜排列的矮小平房和分割小城的小巷，大街上攤著一堆堆豬尿牛糞，大街上不時有鈴聲悠悠的馬隊，穿著很髒的馬幫。卻沒注意車站，更不清楚車站在哪裡？

第二次便是兩年前，在這裡被押著來陪劉順森殺場的日子，那一天是我一生中，心情最痛苦的日子。回憶那地方，想不起我眼前的景物是些什麼？

挑著行李我一路問去，很快找到了車站，我才發現這是幾排很舊的房子，候車室裡的牆上泥土已剝落下來。七點鐘，買票的窗口還沒有打開，前面已經站好了五六個等著買票的人。

我排好隊，便向站在我前面的一位本地居民打聽，平時召開宣判大會的「中心廣場」。那人望著我說，縣裡還沒有修好專供開會的中心廣場，只在一個交叉的路口上劃了白線，他指著那交叉路口的方向。

不大一會，賣車票的小窗口打開了，我買到車票後，問好開車的時間。那售票員回答說，「至少還要過兩個小時才發車」。便將行李一併寄放在寄存處，獨自一人向著交叉路口的方向走去，一面不斷的詢問馬路兩旁的商店裡的店員：「平時召開公判大會的地點該怎麼走？」一直問到那塊方圓大約十畝地的開公判會的地方，定睛一看這裡那是什麼廣場？而是幾幢房子用它們的外牆圍成的一片空地。

前年槍殺劉順森的公判大會會場，是用紅布將幾幢樓牆圍成了一圈。當年幾個通街口的過道，顯然是這些房群之間沒有封閉的巷道。

看到這些「巷道」，我立刻在眼前浮現出那天「公判大會」被民兵押著陪殺場的幾隊五類份子隊伍，時間才過了兩年，我就從一個陪殺場的極端反革命份子，變成了「準公民」，提前釋放了。

我慢慢地走上當年佈置主席臺的土丘上面，面朝著整個「廣場」俯身去尋找我當年埋頭默哀的地方，眼前頓時浮現了那些赴刑人慘遭殺害前五花大綁，被打得泥血滿面，遍體鱗傷的赴刑者。

劉順森低著頭一聲不吭的站在前排，他臉色蒼白，青筋突暴，以最大的毅力控制自己始終不發一聲。

我聞到了血腥的氣味，感到一陣昏眩，連忙蹲下身子，坐在地上歇息片刻，才從地上慢慢地爬起來，向著台下當年烈士們挺身就義的刑場走去。

站定後，畢恭畢敬的行了三個禮，再一直走向臨街的幾家店鋪打聽，前年公判大會槍斃的人埋到哪裡去了？

他們張大了眼睛，很奇怪地看著我說：「凡是鹽源開公判大會槍斃的人都埋在西面的松林坡下，怎麼知道你找的人是哪一個墳？」我便順著他們所指的方向望去，遠看有一片松長著荒草。

林的小丘陵，丘陵上的一些小土包隱約可見，

我便加快步子向那裡走近一看，那些被雨水沖刷的地方留下了泥水的痕跡，什麼也分不清楚了，散亂的荒草中有幾處燒成灰的紙錢殘燼，不知是誰給誰留下的。

一陣悲潮湧上我的心頭，想當年反抗毛澤東獨裁死於「非命的」民主鬥士們，犧牲得如此之慘，被媒體禁殺了消息，使他們消失得無聲無息，而今無影無蹤了！想到這裡，我面對著那荒山亂石堆肅立著。朝著那土山坡再次三鞠躬。我想蒼天如果有眼，我寫的他們獄中的英雄事蹟，終有向黎民公開的一天！

當我回到車站時，正趕上班車將要啟動，售票員在那裡剪票，並大聲地催促那些去西昌的旅客快快上車。

我連忙從行李寄存處取了我的行李上了車，知道今天要翻小高山和磨盤山，便打開了帆布的手提包取出了預先就準備好的棉衣。汽車隆隆開出了車站，我從車窗裡向著漸漸退到身後去的小城，投去最後告別的一瞥。

現在，我要踏上東歸的里程了，對著車窗玻璃中滿臉皺紋的我，那臉唯一保存的是倔強和憤怒，其中也許有一種希望。耳聽隆隆車聲夾著風聲，隨著急速駛向遠方的農田，鹽源縣城越來越小，我不禁重重地嘆了一口氣。

前情請見《血紀—從反右到文革》
後續請見《血紀—從平反到改革開放》

血歷史36　PC0259

新銳文創
INDEPENDENT & UNIQUE

血紀
——從文革到平反

作　　者　孔令平
責任編輯　邵亢虎
圖文排版　陳姿廷
封面設計　王嵩賀

出版策劃　新銳文創
發 行 人　宋政坤
法律顧問　毛國樑　律師
製作發行　秀威資訊科技股份有限公司
114 台北市內湖區瑞光路76巷65號1樓
電話：+886-2-2796-3638　傳真：+886-2-2796-1377
服務信箱：service@showwe.com.tw
http://www.showwe.com.tw
郵政劃撥　19563868　戶名：秀威資訊科技股份有限公司
展售門市　國家書店【松江門市】
104 台北市中山區松江路209號1樓
電話：+886-2-2518-0207　傳真：+886-2-2518-0778
網路訂購　秀威網路書店：http://www.bodbooks.com.tw
國家網路書店：http://www.govbooks.com.tw

出版日期　2012年12月　初版
定　　價　600元

國家圖書館出版品預行編目

血紀：從文革到平反 / 孔令平著. -- 初版. -- 臺北市：
新鋭文創, 2012.11
面； 公分. --（血歷史叢書 ; PC0259）
ISBN 978-986-5915-22-3（平裝）

1. 孔令平 2. 回憶錄 3. 文化大革命

628.75 101019027

讀者回函卡

感謝您購買本書，為提升服務品質，請填妥以下資料，將讀者回函卡直接寄回或傳真本公司，收到您的寶貴意見後，我們會收藏記錄及檢討，謝謝！
如您需要了解本公司最新出版書目、購書優惠或企劃活動，歡迎您上網查詢或下載相關資料：http:// www.showwe.com.tw

您購買的書名：______________________________

出生日期：________年________月________日

學歷：□高中（含）以下　□大專　□研究所（含）以上

職業：□製造業　□金融業　□資訊業　□軍警　□傳播業　□自由業
　　　□服務業　□公務員　□教職　□學生　□家管　□其它_____

購書地點：□網路書店　□實體書店　□書展　□郵購　□贈閱　□其他

您從何得知本書的消息？

□網路書店　□實體書店　□網路搜尋　□電子報　□書訊　□雜誌
□傳播媒體　□親友推薦　□網站推薦　□部落格　□其他________

您對本書的評價：（請填代號　1.非常滿意　2.滿意　3.尚可　4.再改進）

封面設計____　版面編排____　內容____　文／譯筆____　價格____

讀完書後您覺得：

□很有收穫　□有收穫　□收穫不多　□沒收穫

對我們的建議：______________________________

____

____

____

請貼
郵票

11466
台北市內湖區瑞光路 76 巷 65 號 1 樓
秀威資訊科技股份有限公司　收
BOD 數位出版事業部

(請沿線對折寄回，謝謝！)

姓　　名：＿＿＿＿＿＿＿＿＿＿　年齡：＿＿＿＿　性別：□女　□男

郵遞區號：□□□□□

地　　址：＿＿＿＿＿＿＿＿＿＿＿＿＿＿＿＿＿＿＿＿＿＿＿＿＿＿＿

聯絡電話：(日)＿＿＿＿＿＿＿＿＿＿＿＿ (夜)＿＿＿＿＿＿＿＿＿＿＿＿

E-mail：＿＿＿＿＿＿＿＿＿＿＿＿＿＿＿＿＿＿＿＿＿＿＿＿＿＿＿